浙江省高职院校“十四五”重点立项建设教材

高等职业教育（本科）公共基础课系列教材

线性代数

主　编　王　飞

副主编　孙　霞　宋　维

参　编　章　茜　范献胜　王晓宇　刘　莹

赵秀永　马晗茜　华荣伟　潘　虹

周培桂

机械工业出版社

本书共分为5章，包括行列式、矩阵、向量与线性方程组、矩阵的特征值与特征向量和二次型。每节开篇有课前导读、知识目标、能力目标、素质目标、学习重点和学习难点，帮助读者理清知识脉络，内容涵盖理论知识、例题讲解、能力拓展驿站和习题，构建了从基础理论到实际应用的完整知识体系。在能力拓展驿站部分精心设计了新工科前沿科技领域的应用案例，并融入数学软件MATLAB编程与课程思政元素。在习题设计上，既有基础题，又有贴合社会生活的计算题和实验题，读者可根据实际情况选学选做。本书配有微课视频，读者可扫描书中二维码学习。

本书可作为高等职业教育物联网工程技术、自动化技术与应用、机械设计制造及自动化、计算机应用工程等工科专业的职业本科生的教材，也可作为非数学专业或研究生入学考试的参考用书。

为方便教学，本书配备电子课件、数学实验MATLAB源程序和课后习题详解等教学资源。凡选用本书作为教材的教师均可登录机械工业出版社教育服务网www.cmpedu.com免费下载。咨询电话：010-88379375。

图书在版编目（CIP）数据

线性代数 / 王飞主编. -- 北京 : 机械工业出版社, 2025. 6. --（高等职业教育（本科）公共基础课系列教材）. -- ISBN 978-7-111-78502-6

Ⅰ. O151.2

中国国家版本馆CIP数据核字第2025SC4991号

机械工业出版社（北京市百万庄大街22号　邮政编码100037）

策划编辑：赵志鹏　　责任编辑：赵志鹏　饶雯婧

责任校对：郑　雪　丁梦卓　　封面设计：马精明

责任印制：邓　博

北京中科印刷有限公司印刷

2025年8月第1版第1次印刷

184mm×260mm • 15.5印张 • 301千字

标准书号：ISBN 978-7-111-78502-6

定价：48.00元

电话服务	网络服务
客服电话：010-88361066	机　工　官　网：www.cmpbook.com
010-88379833	机　工　官　博：weibo.com/cmp1952
010-68326294	金　　书　　网：www.golden-book.com
封底无防伪标均为盗版	机工教育服务网：www.cmpedu.com

前言

党的二十大报告指出：教育、科技、人才是全面建设社会主义现代化国家的基础性、战略性支撑。为全面贯彻党的二十大精神，推进职普融通、产教融合、科教融汇，培养高素质技术技能型人才，本书在编写过程中，坚持以培养人才为目标，以专业需要为依据，以应用能力为主线，以创新思维为导向，团队深入调研职业本科的课程标准与需求，反复比较、剖析国内外主流教材的内容和体系，形成以“知识、能力、应用、育人”的内容设计理念，注重基本概念和实际应用，层次分明，通俗易懂。

本书作为浙江省高职院校“十四五”首批重点教材项目和浙江机电职业技术大学重大数字化教材改革项目的研究成果，由易到难整合知识体系，渗透数学思维模式与融入数学文化。本书体现了如下特点：

（一）结构层次清晰

本书以数学基础理论为本，以问题或者案例作为知识引入，贴近实际生活，启迪学生思考，引出数学原理，阐明数学思想，注重“做中学，学中做”。能力拓展驿站选取的案例具有开放性、科学性、人文性，激发学生的学习兴趣，帮助学生树立“想数学的意识”“学数学的自信”“用数学的能力”。

（二）案例驱动教学

本书精选新工科前沿科技领域的应用案例，注重学科交叉，以数学建模思想为主旨，案例从问题描述、问题分析、模型建立与求解等方面深入剖析，旨在帮助学生深化线性代数知识，开阔视野，培养学生应用线性代数知识解决实际问题的能力，同时提高学生的数学实践与创新能力。

（三）教学资源丰富

本书作为纸媒融合新形态教材，教学资源丰富。除扫描书中二维码观看微课视频、查阅习题答案外，还包括理论知识课件、数学实验、应用案例、拓展阅读、习题库、考研进阶题等数字资源，便于学生立体化、全方位地学习。

本书第1章由浙江机电职业技术大学孙霞、宋维和章茜完成；第2章由浙江机电职业技术大学王飞和王晓宇完成；第3章由杭州医学院华荣伟和潘虹完成；第4章由王飞和浙江建设职业技术学院赵秀永完成；第5章由王飞和浙江商业职业技术学院刘莹完成；应用案例由王飞和杭州科技职业技术学院马晗茜完成；MATLAB实验由浙江机电职业技术大学范献胜、王飞和浙江理工大学科技与艺术学院周培桂完成。本书在编写过程中，得到了浙江省高等教育学会和浙江省数学会职教数学委员会领导的热心指导和资助，浙江机电职业技术大学教务处戎笑处长给予了大力支持，南京工业职业技术大学金跃强教授、深圳职业技术大学张兰教授提出了宝贵的意见和建议，在此一并表示感谢。

由于编者水平有限，书中难免有不足之处，敬请广大读者批评指正。

编　者

微课视频索引

（续）

序号	名称	二维码	页码	序号	名称	二维码	页码
21	逆矩阵的应用——矩阵方程		71	31	非齐次线性方程组解的判定		115
22	分块矩阵的定义和运算		77	32	齐次线性方程组解的判定		118
23	分块对角矩阵		81	33	向量组的线性表示		126
24	矩阵的初等变换1		89	34	向量组的线性相关性		128
25	矩阵的初等变换2		90	35	极大线性无关组		134
26	初等矩阵		91	36	向量空间概述		142
27	初等变换的应用		94	37	基、维数与坐标		144
28	矩阵秩的定义		100	38	基变换与坐标变换		145
29	矩阵秩的性质		103	39	齐次线性方程组的解		152
30	高斯消元法		112	40	非齐次线性方程组的解		154

（续）

序号	名称	二维码	页码	序号	名称	二维码	页码
41	内积、长度与正交		169	49	二次型及其矩阵概述		206
42	施密特正交化方法		171	50	合同矩阵		212
43	正交矩阵		172	51	用正交变换法化二次型为标准形		213
44	特征值与特征向量		178	52	用配方法化二次型为标准形		214
45	特征值的性质		180	53	惯性定理与二次型的规范形		222
46	相似矩阵概述		187	54	正定二次型		226
47	矩阵的对角化		189	55	负定二次型		229
48	实对称矩阵的性质与对角化求解		197				

目录

第 1 章

行 列 式

行列式作为线性代数的一个重要组成部分，它的概念起源于线性方程组求解．行列式理论不仅是矩阵理论、数值分析、几何学、雅可比行列式、线性方程组求解、插值问题、特征值求解等数学分支的重要工具，而且在经济管理、工程技术、人工智能等领域有广泛的应用．

本章首先通过鸡兔同笼和平面直线方程问题引出二、三阶行列式的定义及计算，借助逆序数介绍了 n 阶行列式和特殊行列式．其次，讨论了行列式的性质及拉普拉斯展开定理，进行复杂行列式的计算．最后，介绍了克拉默法则求解线性方程组．能力拓展驿站包括 MATLAB 实验、应用案例或拓展阅读等内容，有助于提升数学应用能力、传播数学文化．

1.1 行列式概述

【课前导读】

行列式是一维到多维空间应用的一个重要工具，从平面几何图形的面积计算到立体空间的体积计算，在线性方程组、数学分析、几何学、二次型理论、数值分析等学科有广泛的应用．本节介绍二、三阶行列式的计算和几何意义，引出逆序数与特殊行列式，方便后续的学习．

知识目标

(1) 理解二、三阶行列式的概念；

(2) 掌握二、三阶行列式的计算；

(3) 理解逆序数与 n 阶行列式的定义；

(4) 熟悉行列式的 MATLAB 编程；

(5) 了解二、三阶行列式的几何意义．

能力目标

(1) 提高类比归纳、联系与转化的思维能力；

(2) 探索数学概念的来龙去脉，增强数学应用能力；

(3) 提升运用数学软件 MATLAB 解决科学问题的能力．

素质目标

(1) 通过数学软件 MATLAB 编程求解几何问题，加强直观几何与抽象代数的联系；

(2) 通过鸡兔同笼案例，了解我国古代数学的辉煌成就；

(3) 通过类比行列式的低阶到高阶，揭示从特殊到一般的辩证哲学原理．

学习重点

(1) 二、三阶行列式的概念；

(2) 二、三阶行列式的计算；

(3) 常见的特殊行列式．

学习难点

(1) 行列式概念的引入；

(2) 二、三阶行列式的几何意义；

(3) n 阶行列式的定义．

1.1.1 二、三阶行列式

【案例引入】平面直线方程

案例 1: 鸡兔同笼问题

鸡兔同笼是我国古代的数学名题之一．大约在 1500 年前，《孙子算经》中就记载了这个有趣的问题：今有雉兔同笼，上有三十五头，下有九十四足，问雉兔各几何？

从问题中不难发现，设雉有 x 只，兔有 y 只．因每只雉有 2 足，每只兔有 4 足，故可以转换为数学关系．

$$\begin{cases} x+y=35, \\ 2x+4y=94. \end{cases}$$

案例 2: 平面直线方程

求解通过两点 $P(1,4), Q(-2,8)$ 的直线方程．一般情况下，设所求直线方程为 $ax+by+c=0$，将两点坐标代入该方程，有如下三元一次线性方程组，即

$$\begin{cases} a+4b+c=0, \\ -2a+8b+c=0, \end{cases}$$

再将 a, b 用 c 来表示得到直线方程．

上述鸡兔同笼问题和直线方程问题都可以转化为二元一次方程组，那有没有其他求解方法？

接下来，引入一种新的求解工具与方法——行列式．首先，思考如何求解给定下列二元一次线性方程组

$$\begin{cases} a_{11}x_1+a_{12}x_2=b_1 & ① \\ a_{21}x_1+a_{22}x_2=b_2 & ② \end{cases}$$

采用高斯加减消元法① $\times a_{22}$ − ② $\times a_{12}$, ② $\times a_{11}$ − ① $\times a_{21}$ 分别得

$$\begin{cases} (a_{11}a_{22}-a_{12}a_{21})x_1=b_1a_{22}-b_2a_{12}, \\ (a_{11}a_{22}-a_{12}a_{21})x_2=b_2a_{11}-b_1a_{21}. \end{cases}$$

二、三阶行列式

当 $a_{11}a_{22}-a_{12}a_{21}\neq 0$ 时，方程组有唯一解，即

$$x_1=\frac{b_1a_{22}-b_2a_{12}}{a_{11}a_{22}-a_{12}a_{21}}, \quad x_2=\frac{b_2a_{11}-b_1a_{21}}{a_{11}a_{22}-a_{12}a_{21}} \qquad ③$$

定义 1 式③中的分子、分母都是四个数分两对分别相乘再相减而得．为便于记忆，引进如下二阶行列式记号：

$$\begin{vmatrix} a_{11} & a_{12} \\ a_{21} & a_{22} \end{vmatrix}=a_{11}a_{22}-a_{12}a_{21},$$

注 "—" 表示主对角线元素；"---" 表示副对角线元素．

其中 a_{ij} 表示行列式的元素，i 表示元素 a_{ij} 的行标，j 表示元素 a_{ij} 的列标．上述计算法则称为**对角线法则**．

例如，$\begin{vmatrix} 3 & -1 \\ 2 & 5 \end{vmatrix}=3\times 5-(-1)\times 2=17.$

由二阶行列式的定义不难发现，$a_{12}=-1$ 表示第 1 行第 2 列元素，$a_{21}=2$ 表示第 2 行第 1 列元素．

通过观察式③与二阶行列式表示，方程组的解中分子分母可以用二阶行列式表示为

$$D=\begin{vmatrix}a_{11} & a_{12}\\ a_{21} & a_{22}\end{vmatrix},\ D_1=\begin{vmatrix}b_1 & a_{12}\\ b_2 & a_{22}\end{vmatrix},\ D_2=\begin{vmatrix}a_{11} & b_1\\ a_{21} & b_2\end{vmatrix}.$$

当 $D\neq0$ 时，方程组的唯一解式③可表示为

$$x_1=\frac{D_1}{D}=\frac{\begin{vmatrix}b_1 & a_{12}\\ b_2 & a_{22}\end{vmatrix}}{\begin{vmatrix}a_{11} & a_{12}\\ a_{21} & a_{22}\end{vmatrix}},\qquad x_2=\frac{D_2}{D}=\frac{\begin{vmatrix}a_{11} & b_1\\ a_{21} & b_2\end{vmatrix}}{\begin{vmatrix}a_{11} & a_{12}\\ a_{21} & a_{22}\end{vmatrix}}.$$

这种求解二元一次方程组的方法称为“**克拉默法则**”，后面在第 1.4 节会详细介绍．

例 1 解二元一次方程组 $\begin{cases}2x_1+3x_2=6,\\ 3x_1+5x_2=4.\end{cases}$

解 $D=\begin{vmatrix}2 & 3\\ 3 & 5\end{vmatrix}=2\times5-3\times3=1\neq0,\ D_1=\begin{vmatrix}6 & 3\\ 4 & 5\end{vmatrix}=18,\ D_2=\begin{vmatrix}2 & 6\\ 3 & 4\end{vmatrix}=-10.$

故方程组的解为 $x_1=\dfrac{D_1}{D}=18,\ x_2=\dfrac{D_2}{D}=-10.$

通过例 1 的方程组的求解过程，也可以求解三元一次方程组

$$\begin{cases}a_{11}x_1+a_{12}x_2+a_{13}x_3=b_1,\\ a_{21}x_1+a_{22}x_2+a_{23}x_3=b_2,\\ a_{31}x_1+a_{32}x_2+a_{33}x_3=b_3.\end{cases}$$

类似地，下面给出三阶行列式的定义．

定义 2 三阶行列式定义如下：

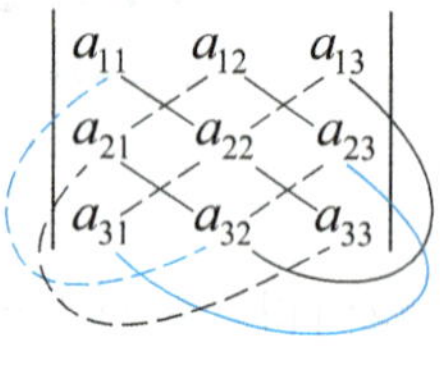

$$\begin{vmatrix}a_{11} & a_{12} & a_{13}\\ a_{21} & a_{22} & a_{23}\\ a_{31} & a_{32} & a_{33}\end{vmatrix}=a_{11}a_{22}a_{33}+a_{12}a_{23}a_{31}+a_{13}a_{21}a_{32}-a_{11}a_{23}a_{32}-a_{12}a_{21}a_{33}-a_{13}a_{22}a_{31}.$$

> **注** “—”表示主对角线三元素乘积取“+”号；“---”表示副对角线三元素乘积取“−”号．

例 2 计算三阶行列式 $D=\begin{vmatrix}2 & 1 & 2\\ -4 & 3 & 1\\ 2 & 3 & 5\end{vmatrix}.$

解 $D=2\times3\times5+1\times1\times2+2\times(-4)\times3$ 主对角线三元素乘积取“+”号

$\quad -1\times(-4)\times5-2\times1\times3-2\times3\times2$ 副对角线三元素乘积取“−”号

$\quad =30+2-24+20-6-12$

$\quad =10.$

例 3 解三元一次方程组 $\begin{cases} 3x_1 - x_2 + x_3 = 26, \\ 2x_1 - 4x_2 - x_3 = 9, \\ x_1 + 2x_2 + x_3 = 16. \end{cases}$

解 $D = \begin{vmatrix} 3 & -1 & 1 \\ 2 & -4 & -1 \\ 1 & 2 & 1 \end{vmatrix} = 5 \neq 0$, $\quad D_1 = \begin{vmatrix} 26 & -1 & 1 \\ 9 & -4 & -1 \\ 16 & 2 & 1 \end{vmatrix} = 55$,

$$D_2 = \begin{vmatrix} 3 & 26 & 1 \\ 2 & 9 & -1 \\ 1 & 16 & 1 \end{vmatrix} = 20, \quad D_3 = \begin{vmatrix} 3 & -1 & 26 \\ 2 & -4 & 9 \\ 1 & 2 & 16 \end{vmatrix} = -15.$$

故方程组解为 $x_1 = \dfrac{D_1}{D} = 11$，$x_2 = \dfrac{D_2}{D} = 4$，$x_3 = \dfrac{D_3}{D} = -3$.

1.1.2 逆序数与特殊行列式

1．逆序数

现代生活已经进入便捷高效的时代，在支付宝、手机、银行卡等密码中，经常出现 6 位阿拉伯数字，相同的数字，如果顺序不一样，就会出现密码错误等现象．此外，在就医挂号过程中，也会经常出现预约挂号的数字号码与当天现场签到电子屏上的号码顺序不一样的情况，这种现象就是所谓的“数字倒序”．接下来为了学习 n 阶行列式，需要引出逆序数的概念．

思考： 若给定的行列式是四阶或者更高阶，如何定义与计算行列式的值？

回顾： 高中学过数的排列，由 1, 2, 3 三个数可以组成哪些排列？

123, 132, 213, 231, 312, 321.

逆序数与特殊行列式

标准排列是指按照由小到大的自然顺序排列，如 123.

定义 3 一个排列 $i_1 i_2 \cdots i_n$ 中，当 $s<t$ 时，第 s 个数与第 t 个数的大小与其顺序相反，即 $i_s > i_t$，则称这一对数构成一个逆序，这个排列中逆序的总数称为这个排列的逆序数，记作 $\tau(i_1 i_2 \cdots i_n)$.

如 $\tau(321) = 3$，$\tau(231) = 2$，$\tau(132) = 1$，$\tau(123) = 0$.

逆序数为奇数的排列称为奇排列，$\tau(i_1 i_2 \cdots i_n) = 2k + 1$；逆序数为偶数的排列称为偶排列，$\tau(i_1 i_2 \cdots i_n) = 2k$.

例 4 求下列排列的逆序数．

1) 45231； 2) $n(n-1)\cdots 21$.

解 1) $\tau(45231) = 3 + 3 + 1 + 1 = 8$；

2) $\tau(n(n-1)\cdots 21) = n - 1 + n - 2 + \cdots + 1 = \dfrac{n(n-1)}{2}$.

观察三阶行列式

$$\begin{vmatrix} a_{11} & a_{12} & a_{13} \\ a_{21} & a_{22} & a_{23} \\ a_{31} & a_{32} & a_{33} \end{vmatrix} = a_{11}a_{22}a_{33} + a_{12}a_{23}a_{31} + a_{13}a_{21}a_{32} - a_{11}a_{23}a_{32} - a_{12}a_{21}a_{33} - a_{13}a_{22}a_{31},$$

有以下特点：

1) 每一项选自不同行不同列元素的乘积；

2) 取“+”的项，列标排列为 123, 231, 312——偶排列；

3) 取“−”的项，列标排列为 132, 213, 321——奇排列；

4) 项数是排列的个数 $3!=6$，且含正负号的项数各占一半．

因此，三阶行列式可以表示为

$$\begin{vmatrix} a_{11} & a_{12} & a_{13} \\ a_{21} & a_{22} & a_{23} \\ a_{31} & a_{32} & a_{33} \end{vmatrix} = \sum_{j_1j_2j_3} (-1)^{\tau(j_1j_2j_3)} a_{1j_1}a_{2j_2}a_{3j_3}.$$

类似地，n 阶行列式的定义如下：

$$D_n = \begin{vmatrix} a_{11} & a_{12} & \cdots & a_{1n} \\ a_{21} & a_{22} & \cdots & a_{2n} \\ \vdots & \vdots & & \vdots \\ a_{n1} & a_{n2} & \cdots & a_{nn} \end{vmatrix} = \sum_{j_1j_2\cdots j_n} (-1)^{\tau(j_1j_2\cdots j_n)} a_{1j_1}a_{2j_2}\cdots a_{nj_n}.$$

例 5 利用行列式定义计算四阶行列式 $D=\begin{vmatrix} 0 & 2 & 0 & 0 \\ 0 & 0 & 3 & 0 \\ 4 & 0 & 0 & 0 \\ 0 & 0 & 0 & 5 \end{vmatrix}$.

解 由定义可知，当 $j_1=2,\ j_2=3,\ j_3=1,\ j_4=4$ 时，$a_{1j_1}a_{2j_2}a_{3j_3}a_{4j_4}\neq 0$.

故 $D=(-1)^{\tau(2314)}a_{1j_1}a_{2j_2}a_{3j_3}a_{4j_4}=(-1)^2\times 2\times 3\times 4\times 5=120$.

2．特殊行列式

通过例 5 发现，行列式中的行或列中零元素较多时，计算行列式相对容易．因此，我们要介绍下列几种特殊的行列式，同时也方便为后续行列式的计算做铺垫．

1) 上三角行列式：主对角线以下的其余元素均为零的行列式．

$$\begin{vmatrix} a_{11} & a_{12} & \cdots & a_{1n} \\ 0 & a_{22} & \cdots & a_{2n} \\ \vdots & \vdots & & \vdots \\ 0 & 0 & \cdots & a_{nn} \end{vmatrix} = a_{11}a_{22}\cdots a_{nn}.$$

特点：上三角行列式的值等于其主对角线上各个元素的乘积．

2) 下三角行列式：主对角线以上的其余元素均为零的行列式．

$$\begin{vmatrix} a_{11} & 0 & \cdots & 0 \\ a_{21} & a_{22} & \cdots & 0 \\ \vdots & \vdots & & \vdots \\ a_{n1} & a_{n2} & \cdots & a_{nn} \end{vmatrix} = a_{11}a_{22}\cdots a_{nn}.$$

特点：下三角行列式的值等于其主对角线上各个元素的乘积．

3) 其他三角行列式：

① 副对角线以下的其余元素均为零的行列式．

$$\begin{vmatrix} a_{11} & a_{12} & \cdots & a_{1n} \\ a_{21} & a_{22} & \cdots & 0 \\ \vdots & \vdots & & \vdots \\ a_{n1} & 0 & \cdots & 0 \end{vmatrix} = (-1)^{\tau(n(n-1)\cdots 1)} a_{1n}a_{2,n-1}\cdots a_{n1} = (-1)^{\frac{n(n-1)}{2}} a_{1n}a_{2,n-1}\cdots a_{n1}.$$

② 副对角线以上的其余元素均为零的行列式．

$$\begin{vmatrix} 0 & \cdots & 0 & a_{1n} \\ 0 & \cdots & a_{2,n-1} & a_{2n} \\ \vdots & & \vdots & \vdots \\ a_{n1} & \cdots & a_{n,n-1} & a_{nn} \end{vmatrix} = (-1)^{\tau(n(n-1)\cdots 1)} a_{1n}a_{2,n-1}\cdots a_{n1} = (-1)^{\frac{n(n-1)}{2}} a_{1n}a_{2,n-1}\cdots a_{n1}.$$

注

上述①②两个三角行列式的值的正负由逆序数决定．

例 6 利用行列式定义计算行列式 $D=\begin{vmatrix} 0 & 1 & 0 & \cdots & 0 \\ 0 & 0 & 2 & \cdots & 0 \\ \vdots & \vdots & \vdots & & \vdots \\ 0 & 0 & 0 & \cdots & n-1 \\ n & 0 & 0 & \cdots & 0 \end{vmatrix}$.

解 由定义可知，当 $j_1=2$, $j_2=3, \cdots$, $j_{n-1}=n$, $j_n=1$ 时,

$$a_{1j_1}a_{2j_2}\cdots a_{n-1j_{n-1}}a_{nj_n}=1\times 2\times\cdots\times(n-1)\times n=n!\ .$$

因此，$D=(-1)^{\tau(23\cdots n1)}a_{1j_1}a_{2j_2}\cdots a_{n-1j_{n-1}}a_{nj_n}=(-1)^{n-1}n!$.

注

利用行列式定义计算时，保证行标按照标准排列，再根据列标的逆序数确定行列式中项数的正负．

1.1.3 能力拓展驿站

1. MATLAB 实验

编程命令：D=det (D)　　　　% 计算行列式的值

(1) 二、三阶数值行列式

例 7 用 MATLAB 软件计算下列行列式的值.

1) $\begin{vmatrix} 1 & 3 \\ -2 & 5 \end{vmatrix}$;　　2) $\begin{vmatrix} 1 & 2 & 3 \\ 4 & 0 & -1 \\ 5 & 2 & 6 \end{vmatrix}$.

1) 输入命令:

```
D1=[1 3;-2 5]                                  % 输入 2 行 2 列的方阵 D1
D=det(D1)                                      % 计算行列式的值
```

输出结果:

```
D1=                                            D =

     1     3                                   11.0000
    -2     5
```

2) 输入命令:

```
D2=[1 2 3;4 0 -1;5 2 6]                        % 输入 3 行 3 列的方阵 D2
D=det(D2)                                      % 计算行列式的值
```

输出结果:

```
D2=                                            D =

     1     2     3                             -32.0000
     4     0    -1
     5     2     6
```

注 输入行列式时,行与行之间用分号,列与列之间用逗号或空格.

(2) 符号行列式

符号行列式是指行列式中的元素含有字母或者变量的行列式.

例 8 用 MATLAB 软件计算符号行列式 $D=\begin{vmatrix} 1 & 1 & 1 \\ a & b & c \\ a^2-bc & b^2-ac & c^2-ab \end{vmatrix}$.

输入命令:

```
syms a b c                                     % 定义 a, b, c 三个变量
A=[1 1 1;a b c;a^2-b*c b^2-a*c c^2-a*b]        % 输入 3 行 3 列的方阵 A
D=det(A)                                       % 计算行列式的值
```

输出结果:

```
A =                                            D=

[        1,          1,          1   ]         0
[        a,          b,          c   ]
[ a^2 - b*c,  b^2 - a*c,  c^2 - a*b]
```

注

符号行列式编程前，先用“syms”定义一个或多个变量.

(3) 行列式方程

例 9　已知 $f(x)=\begin{vmatrix}3 & 1 & 1\\ x & 1 & 0\\ x^2 & 3 & 1\end{vmatrix}$，用 MATLAB 软件求解方程 $f(x)=0$.

输入命令：

```
syms x                           % 定义变量
D=[3 1 1;x 1 0;x^2 3 1]          % 输入 3 行 3 列的方阵 D
f=det(D)                         % 计算行列式的值
a=sym2poly(f)                    % 提取多项式系数
x=roots(a)                       % 求多项式的根
```

输出结果：

```
D =             f=                    a=              x=

[  3, 1, 1]       - x^2 + 2*x + 3      -1   2   3       3.0000
[  x, 1, 0]                                            -1.0000
[ x^2, 3, 1]
```

注

求解多项式，先通过“sym2poly”命令提取多项式的系数，再用“roots”命令求出多项式方程的解.

2. 应用案例

(1) 平行四边形的面积

平行四边形的面积

1) 问题提出

在平面直角坐标系中，存在四个点 $A(0,0)$，$B(3,4)$，$C(1,9)$，$D(-2,5)$，计算由它们构成的平行四边形的面积.

2) 问题分析

求以向量 $\boldsymbol{a}, \boldsymbol{b}$ 为邻边确定的平行四边形面积（见图 1-1).

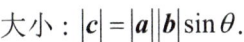

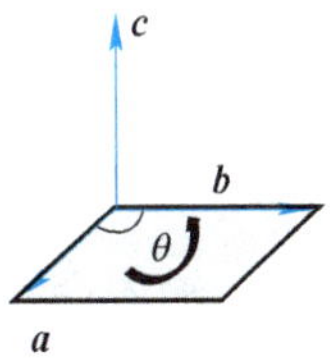

图　1-1

两个夹角为 θ 的非零向量 $\boldsymbol{a}, \boldsymbol{b}$ 所确定的一个向量 $\boldsymbol{c}$ 满足：

方向：$\boldsymbol{c}\perp\boldsymbol{a}, \boldsymbol{c}\perp\boldsymbol{b}$；根据右手法则，$\boldsymbol{a}$ 沿逆时针方向指向 $\boldsymbol{b}$，大拇指所指方向即为 $\boldsymbol{c}$ 的方向；

大小：$|\boldsymbol{c}|=|\boldsymbol{a}||\boldsymbol{b}|\sin\theta$.

记作：$\boldsymbol{c}=\boldsymbol{a}\times\boldsymbol{b}$.

几何意义：$|\boldsymbol{a}\times\boldsymbol{b}|=|\boldsymbol{a}||\boldsymbol{b}|\sin\theta$ 表示以向量 $\boldsymbol{a}, \boldsymbol{b}$ 为邻边确定的平行四边形面积.

根据空间的向量积可用行列式表示，有

$$\boldsymbol{a}\times\boldsymbol{b}=\begin{vmatrix}\boldsymbol{i}&\boldsymbol{j}&\boldsymbol{k}\\a_x&a_y&a_z\\b_x&b_y&b_z\end{vmatrix}=\begin{vmatrix}a_y&a_z\\b_y&b_z\end{vmatrix}\boldsymbol{i}-\begin{vmatrix}a_x&a_z\\b_x&b_z\end{vmatrix}\boldsymbol{j}+\begin{vmatrix}a_x&a_y\\b_x&b_y\end{vmatrix}\boldsymbol{k}$$

$$=(a_yb_z-a_zb_y)\boldsymbol{i}+(a_zb_x-a_xb_z)\boldsymbol{j}+(a_xb_y-a_yb_x)\boldsymbol{k},$$

即
$$|\boldsymbol{a}\times\boldsymbol{b}|=\sqrt{(a_yb_z-a_zb_y)^2+(a_zb_x-a_xb_z)^2+(a_xb_y-a_yb_x)^2}.$$

3) 模型的建立

由四个点 $A(x_1,y_1),B(x_2,y_2),C(x_3,y_3),D(x_4,y_4)$ 构成的平行四边形（见图 1-2）的面积可表示为

$$\overrightarrow{AB}\times\overrightarrow{AD}=\begin{vmatrix}\boldsymbol{i}&\boldsymbol{j}&\boldsymbol{k}\\x_2-x_1&y_2-y_1&0\\x_4-x_1&y_4-y_1&0\end{vmatrix}=\begin{vmatrix}x_2-x_1&y_2-y_1\\x_4-x_1&y_4-y_1\end{vmatrix}\boldsymbol{k},$$

图 1-2

故
$$|\overrightarrow{AB}\times\overrightarrow{AD}|=\left\|\begin{matrix}x_2-x_1&y_2-y_1\\x_4-x_1&y_4-y_1\end{matrix}\right\|.$$

二阶行列式的几何意义：二阶行列式的绝对值表示以行列式两行构成的向量为邻边的平行四边形的面积.

4) 模型的求解

由四个点 $A(0,0)$，$B(3,4)$，$C(1,9)$，$D(-2,5)$ 构成的平行四边形（见图 1-3），有 $\overrightarrow{AB}=(3,4)$，$\overrightarrow{AD}=(-2,5)$，则

$$\overrightarrow{AB}\times\overrightarrow{AD}=\begin{vmatrix}\boldsymbol{i}&\boldsymbol{j}&\boldsymbol{k}\\3&4&0\\-2&5&0\end{vmatrix}=\begin{vmatrix}3&4\\-2&5\end{vmatrix}\boldsymbol{k},$$

$$|\overrightarrow{AB}\times\overrightarrow{AD}|=\left\|\begin{matrix}3&4\\-2&5\end{matrix}\right\|=23.$$

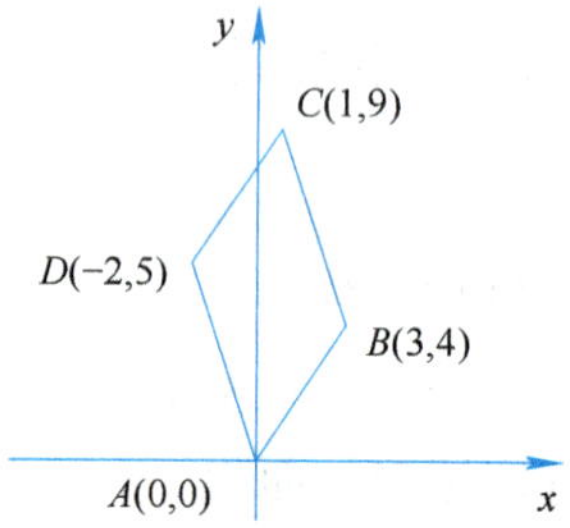

图 1-3

因此，所求平行四边形的面积为 23.

5) MATLAB 实验编程

输入命令：

```
A=[0 0];                    % 输入 A 点坐标
B=[3 4];                    % 输入 B 点坐标
C=[1 9];                    % 输入 C 点坐标
D=[-2 5];                   % 输入 D 点坐标
D1=[B-A;D-A]                % 计算向量 AB, AD
d= det(D1)                  % 计算行列式 D1 的值
abs(d)                      % 计算行列式的绝对值
```

输出结果：

```
D1 =                d=        ans=

    3    4          23        23
   -2    5
```

注

"abs"命令是求解行列式的绝对值.

(2) 平行六面体的体积

1) 问题提出

在空间直角坐标系中，存在一个顶点 $A(1,1,1)$，与其相邻的三个点 $B(1,0,2)$，$C(1,3,2)$，$D(-2,1,1)$ 所构成的平行六面体，计算由它们构成的体积.

平行六面体的体积

2) 问题分析

求以 $\boldsymbol{a}$, $\boldsymbol{b}$, $\boldsymbol{c}$ 为邻边确定的平行六面体体积(见图 1-4).

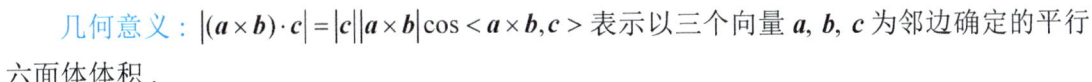

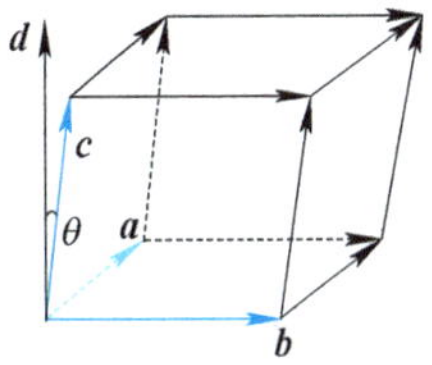

图 1-4

三个非零向量 $\boldsymbol{a}$, $\boldsymbol{b}$, $\boldsymbol{c}$, 满足 $m=(\boldsymbol{a}\times\boldsymbol{b})\cdot\boldsymbol{c}$, 则称 m 为 $\boldsymbol{a}$, $\boldsymbol{b}$, $\boldsymbol{c}$ 的混合积.

向量积：$\boldsymbol{d}=\boldsymbol{a}\times\boldsymbol{b}$.

数量积：$m=\boldsymbol{d}\cdot\boldsymbol{c}$.

平行六面体的底面面积：$|\boldsymbol{d}|=|\boldsymbol{a}\times\boldsymbol{b}|$.

平行六面体的高：向量 $\boldsymbol{c}$ 在 $\boldsymbol{d}$ 上的投影 $h=|\boldsymbol{c}|\times\cos\theta$，$\theta$ 是 $\boldsymbol{d}$ 与 $\boldsymbol{c}$ 的夹角.

几何意义：$|(\boldsymbol{a}\times\boldsymbol{b})\cdot\boldsymbol{c}|=|\boldsymbol{c}||\boldsymbol{a}\times\boldsymbol{b}|\cos<\boldsymbol{a}\times\boldsymbol{b},\boldsymbol{c}>$ 表示以三个向量 $\boldsymbol{a}$, $\boldsymbol{b}$, $\boldsymbol{c}$ 为邻边确定的平行六面体体积.

已知空间向量的坐标分别为 $\boldsymbol{a}=(a_x,a_y,a_z)$，$\boldsymbol{b}=(b_x,b_y,b_z)$，$\boldsymbol{c}=(c_x,c_y,c_z)$，则空间向量混合积的行列式表示为

$$(\boldsymbol{a}\times\boldsymbol{b})\cdot\boldsymbol{c}=\begin{vmatrix} a_x & a_y & a_z \\ b_x & b_y & b_z \\ c_x & c_y & c_z \end{vmatrix}.$$

3) 模型的建立

由一个顶点 $A(x_1,y_1,z_1)$，相邻点 $B(x_2,y_2,z_2)$，$C(x_3,y_3,z_3)$，$D(x_4,y_4,z_4)$ 构成的平行六面体的体积为

$$\left|(\overrightarrow{AB}\times\overrightarrow{AC})\cdot\overrightarrow{AD}\right|=\left\|\begin{matrix} x_2-x_1 & y_2-y_1 & z_2-z_1 \\ x_3-x_1 & y_3-y_1 & z_3-z_1 \\ x_4-x_1 & y_4-y_1 & z_4-z_1 \end{matrix}\right\|.$$

三阶行列式的几何意义：三阶行列式的绝对值表示以一个点为起点，其余三个点为终点的三个空间向量为邻边所构成的平行六面体的体积.

4) 模型的求解

由问题知 $\overrightarrow{AB}=(0,-1,1)$，$\overrightarrow{AC}=(0,2,1)$，$\overrightarrow{AD}=(-3,0,0)$，如图 1-5 所示.

$$\left|(\overrightarrow{AB}\times\overrightarrow{AC})\cdot\overrightarrow{AD}\right|=\left\|\begin{matrix}0 & -1 & 1\\ 0 & 2 & 1\\ -3 & 0 & 0\end{matrix}\right\|=9,$$

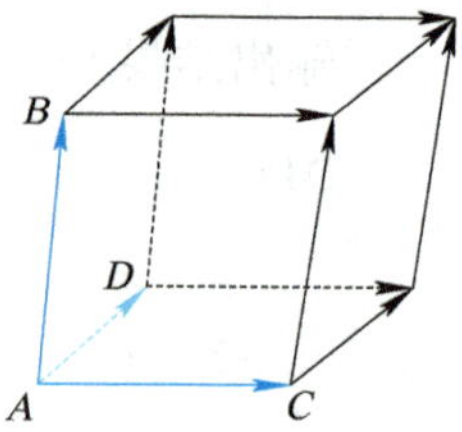

图 1-5

因此，所求平行六面体的体积为 9.

5) MATLAB 实验编程

输入命令：

```
A=[1 1 1];                     % 输入 A 点坐标
B=[1 0 2];                     % 输入 B 点坐标
C=[1 3 2];                     % 输入 C 点坐标
D=[-2 1 1];                    % 输入 D 点坐标
D1=[B-A; C-A; D-A]             % 计算向量 AB, AC, AD
d= det(D1)                     % 计算行列式 D1 的值
abs(d)                         % 计算行列式的绝对值
```

输出结果：

```
D1 =                 d=            ans=

   0   -1   1            9              9
   0    2   1
  -3    0   0
```

习题 1.1

一、选择题

1. 二阶行列式 $\begin{vmatrix}\sin x & -\cos x\\ \cos x & \sin x\end{vmatrix}$ 的值为（　　）.

A. -1　　B. 0　　C. 1　　D. 2

2. 三阶行列式 $\begin{vmatrix}-1 & 1 & 1\\ 1 & -1 & x\\ 1 & 1 & -1\end{vmatrix}$ 展开式中 x 的系数为（　　）.

A. 1　　B. 2　　C. 3　　D. 4

3. 三阶行列式 $\begin{vmatrix}4 & 1 & 4\\ 4 & x & 0\\ 1 & 0 & x\end{vmatrix}\neq 0$，则 x 满足（　　）.

A. $x\neq 0$ 或 $x\neq 2$　　B. $x\neq 2$　　C. $x\neq 0$　　D. $x\neq 0$ 且 $x\neq 2$

二、填空题

1. $\begin{vmatrix}1 & 3\\2 & 4\end{vmatrix}=$ ____________.

2. 已知 $\begin{vmatrix}2 & 2\\m & 5\end{vmatrix}=4$, 则 $m=$ ____________.

3. 三阶行列式 $\begin{vmatrix}4 & 1 & 1\\0 & 6 & x\\0 & 0 & -2\end{vmatrix}=$ ____________.

4. 设 $f(x)=\begin{vmatrix}x^2 & x\\1 & 3\end{vmatrix}$, 则 $f'(1)=$ ____________.

5. 设 $\boldsymbol{a}=(1,3,-1)$, $\boldsymbol{b}=(-1,2,4)$, 则 $\boldsymbol{a}$ 与 $\boldsymbol{b}$ 的向量积为____________.

6. 三阶行列式 $\begin{vmatrix}1 & 1 & 1\\2 & 3 & 4\\4 & 9 & 16\end{vmatrix}=$ ____________.

三、解答题

1. 计算下列二、三阶行列式的值：

(1) $\begin{vmatrix}2 & 3\\8 & 9\end{vmatrix}$;　　(2) $\begin{vmatrix}x-y & y\\x+y & x\end{vmatrix}$;

(3) $\begin{vmatrix}1 & -1 & 3\\2 & 5 & 6\\4 & 0 & 2\end{vmatrix}$;　　(4) $\begin{vmatrix}1 & 1 & 1\\2 & 5 & 6\\4 & 25 & 36\end{vmatrix}$.

2. 设 $f(x)=\begin{vmatrix}1 & 1 & 1\\x & 2 & 1\\1 & 3 & x\end{vmatrix}$, 求方程 $f(x)=2$ 的根.

3. 根据二阶行列式的几何意义，求下列问题：

(1) 已知平面上的四个点 $A(1,3)$, $B(0,-2)$, $C(4,1)$, $D(-3,4)$, 求这四个点所组成的图形的面积.

(2) 已知平面上的四个点 $A(1,-2)$, $B(2,4)$, $C(4,-1)$, $D(5,3)$, 求这四个点所组成的图形的面积.

4. 已知在空间直角坐标系中，以 $A(0,0,0)$ 为顶点，与其余三个点 $B(1,3,0)$，$C(2,5,0)$，$D(1,1,4)$ 组成平行六面体，根据三阶行列式的几何意义，求该平行六面体的体积.

5. 利用行列式求通过两点 $P(2,4)$, $Q(-5,8)$ 的直线方程.

四、实验题

1. 用 MATLAB 软件求解二阶数值行列式$\begin{vmatrix} 2024 & 2025 \\ 2026 & 2027 \end{vmatrix}$.

2. 用 MATLAB 软件求解三阶符号行列式$\begin{vmatrix} a-b & b-c & c-a \\ c-a & a-b & b-c \\ b-c & c-a & a-b \end{vmatrix}$, 分析结果发现了什么？

3. 用 MATLAB 软件求解四阶行列式$\begin{vmatrix} 1 & 1 & 1 & 1 \\ -1 & 3 & 2 & 5 \\ 1 & 9 & 8 & 25 \\ -1 & 27 & 16 & 125 \end{vmatrix}$, 分析结果发现了什么？

1.2 行列式的性质

【课前导读】

行列式的计算是行列式的核心内容．随着行列式阶数的增加，计算难度将会加大．本节主要介绍行列式的转置、交换、数乘、倍加等性质．运用上述性质，巧妙地将复杂的行列式化简为上三角行列式，求解行列式的值可以达到事半功倍的效果．

知识目标

(1) 理解转置行列式；

(2) 掌握行列式的数乘性质；

(3) 掌握行列式的交换性质；

(4) 掌握行列式的倍加性质．

能力目标

(1) 提高类比归纳、联系与转化的思维能力；

(2) 探索数学概念的来龙去脉，增强数学应用能力；

(3) 提升运用数学软件 MATLAB 计算复杂行列式的能力．

素质目标

(1) 在高阶行列式计算复杂的情况下，体会简洁精妙的数学方法，感受数学的技巧与逻辑推理的高效性；

(2) 通过数学软件 MATLAB 编程求解复杂行列式，增强学生运用科学方法解决问题的实践能力；

(3) 通过数学家范德蒙德的介绍，传播数学文化．

学习重点

(1) 行列式的倍加性质；

(2) 行列式的数乘性质；

(3) 行列式的交换性质 .

学习难点

(1) 行列式性质的灵活运用；

(2) 复杂行列式的计算 .

行列式的性质

1.2.1　行列式的基本性质

思考：当行列式的阶数较大时，根据定义计算行列式一般比较烦琐 . 依据行列式的特点，发现其计算规律，能否简化行列式的计算？首先，观察下列两个二阶行列式 .

$$D=\begin{vmatrix}1 & 2\\3 & 4\end{vmatrix}=-2,\ D_1=\begin{vmatrix}1 & 3\\2 & 4\end{vmatrix}=-2.$$

定义　将行列式 D 的行、列互换得到的新行列式称为行列式 D 的转置行列式，记作 D^{T}.

$$D=\begin{vmatrix}a_{11} & a_{12} & \cdots & a_{1n}\\a_{21} & a_{22} & \cdots & a_{2n}\\\vdots & \vdots & & \vdots\\a_{n1} & a_{n2} & \cdots & a_{nn}\end{vmatrix},\text{则 } D^{\mathrm{T}}=\begin{vmatrix}a_{11} & a_{21} & \cdots & a_{n1}\\a_{12} & a_{22} & \cdots & a_{n2}\\\vdots & \vdots & & \vdots\\a_{1n} & a_{2n} & \cdots & a_{nn}\end{vmatrix}.$$　“转置”

性质 1　行列式与它的转置行列式相等，即 $D=D^{\mathrm{T}}$.

注

行列式中行与列具有同等的地位，即对“行”的性质也适用于“列”.

例如，已知 $D=\begin{vmatrix}a_{11} & a_{12}\\a_{21} & a_{22}\end{vmatrix}=2$，则 $D^{\mathrm{T}}=2$.

性质 2　互换行列式的两行（列）的位置，行列式的值变号，即

$$D=\begin{vmatrix}a_{11} & a_{12} & \cdots & a_{1n}\\\vdots & \vdots & & \vdots\\a_{i1} & a_{i2} & \cdots & a_{in}\\\vdots & \vdots & & \vdots\\a_{j1} & a_{j2} & \cdots & a_{jn}\\\vdots & \vdots & & \vdots\\a_{n1} & a_{n2} & \cdots & a_{nn}\end{vmatrix}=-\begin{vmatrix}a_{11} & a_{12} & \cdots & a_{1n}\\\vdots & \vdots & & \vdots\\a_{j1} & a_{j2} & \cdots & a_{jn}\\\vdots & \vdots & & \vdots\\a_{i1} & a_{i2} & \cdots & a_{in}\\\vdots & \vdots & & \vdots\\a_{n1} & a_{n2} & \cdots & a_{nn}\end{vmatrix}=-D.$$　“交换”

例如，已知 $\begin{vmatrix} a_{11} & a_{12} & a_{13} \\ a_{21} & a_{22} & a_{23} \\ a_{31} & a_{32} & a_{33} \end{vmatrix} = 5$，则 $\begin{vmatrix} a_{31} & a_{32} & a_{33} \\ a_{11} & a_{12} & a_{13} \\ a_{21} & a_{22} & a_{23} \end{vmatrix} = 5$.

推论 1 若行列式中有两行（列）的对应元素相同，则该行列式的值为零.

例如，已知 $\begin{vmatrix} a & -1 & -4 & 4 \\ 2 & 3 & 2 & 5 \\ 1 & 7 & 1 & 4 \\ 3 & -2 & 3 & 3 \end{vmatrix} = 0$，则 $a=-4$.

性质 3 若行列式 D 中某一行（列）元素有公因子 k，则可将 k 提取到新行列式 D_1 的外面，即

$$D = \begin{vmatrix} a_{11} & a_{12} & \cdots & a_{1n} \\ \vdots & \vdots & & \vdots \\ ka_{i1} & ka_{i2} & \cdots & ka_{in} \\ \vdots & \vdots & & \vdots \\ a_{n1} & a_{n2} & \cdots & a_{nn} \end{vmatrix} = k \begin{vmatrix} a_{11} & a_{12} & \cdots & a_{1n} \\ \vdots & \vdots & & \vdots \\ a_{i1} & a_{i2} & \cdots & a_{in} \\ \vdots & \vdots & & \vdots \\ a_{n1} & a_{n2} & \cdots & a_{nn} \end{vmatrix} = kD_1.$$ “数乘”

例如，已知 $\begin{vmatrix} a_{11} & a_{12} & a_{13} \\ a_{21} & a_{22} & a_{23} \\ a_{31} & a_{32} & a_{33} \end{vmatrix} = 5$，则 $\begin{vmatrix} 2a_{11} & 2a_{12} & 2a_{13} \\ a_{31} & a_{32} & a_{33} \\ 3a_{21} & 3a_{22} & 3a_{23} \end{vmatrix} = -30$.

推论 2 若行列式中某两行（列）元素对应成比例，则行列式为零.

例如，$\begin{vmatrix} 2 & 1 & 4 \\ -1 & 5 & 3 \\ 4 & 2 & 8 \end{vmatrix} = 0$.

性质 4 将行列式 D 中某一行（列）元素乘以常数 k 加到另一行（列）的对应元素上，行列式的值不变，即

$$D = \begin{vmatrix} a_{11} & a_{12} & \cdots & a_{1n} \\ \vdots & \vdots & & \vdots \\ a_{i1} & a_{i2} & \cdots & a_{in} \\ \vdots & \vdots & & \vdots \\ a_{j1} & a_{j2} & \cdots & a_{jn} \\ \vdots & \vdots & & \vdots \\ a_{n1} & a_{n2} & \cdots & a_{nn} \end{vmatrix} = \begin{vmatrix} a_{11} & a_{12} & \cdots & a_{1n} \\ \vdots & \vdots & & \vdots \\ a_{i1} & a_{i2} & \cdots & a_{in} \\ \vdots & \vdots & & \vdots \\ ka_{i1}+a_{j1} & ka_{i2}+a_{j2} & \cdots & ka_{in}+a_{jn} \\ \vdots & \vdots & & \vdots \\ a_{n1} & a_{n2} & \cdots & a_{nn} \end{vmatrix}.$$ “倍加”

例 1 已知 $\begin{vmatrix} a_{11} & a_{12} & a_{13} \\ a_{21} & a_{22} & a_{23} \\ a_{31} & a_{32} & a_{33} \end{vmatrix} = 2$，求 $\begin{vmatrix} 4a_{11} & 2a_{11}-3a_{12} & 2a_{13} \\ 4a_{21} & 2a_{21}-3a_{22} & 2a_{23} \\ 4a_{31} & 2a_{31}-3a_{32} & 2a_{33} \end{vmatrix}$.

解 $\begin{vmatrix} 4a_{11} & 2a_{11}-3a_{12} & 2a_{13} \\ 4a_{21} & 2a_{21}-3a_{22} & 2a_{23} \\ 4a_{31} & 2a_{31}-3a_{32} & 2a_{33} \end{vmatrix} = 4\times 2\times \begin{vmatrix} a_{11} & 2a_{11}-3a_{12} & a_{13} \\ a_{21} & 2a_{21}-3a_{22} & a_{23} \\ a_{31} & 2a_{31}-3a_{32} & a_{33} \end{vmatrix} = 4\times 2\times \begin{vmatrix} a_{11} & -3a_{12} & a_{13} \\ a_{21} & -3a_{22} & a_{23} \\ a_{31} & -3a_{32} & a_{33} \end{vmatrix}$

$= 4\times 2\times(-3)\times \begin{vmatrix} a_{11} & a_{12} & a_{13} \\ a_{21} & a_{22} & a_{23} \\ a_{31} & a_{32} & a_{33} \end{vmatrix} = -24\times 2 = -48.$

1.2.2 行列式性质的应用

在 1.1 行列式概述中介绍了上三角行列式，有

$$\begin{vmatrix} a_{11} & a_{12} & \cdots & a_{1n} \\ 0 & a_{22} & \cdots & a_{2n} \\ \vdots & \vdots & & \vdots \\ 0 & 0 & \cdots & a_{nn} \end{vmatrix} = a_{11}a_{22}\cdots a_{nn}.$$

行列式性质的应用

思考： 复杂的行列式可以利用行列式的性质化为上三角行列式吗？如何转化为上三角行列式？有什么技巧？接下来，通过下面的例题来了解转化过程．

约定：r 表示行，c 表示列；kr_j+r_i 表示第 j 行的 k 倍加到第 i 行上；$c_i \leftrightarrow c_j$ 表示交换 i, j 两列．

例 2 计算 $D=\begin{vmatrix} 1 & 0 & -1 & 1 \\ 2 & 1 & 1 & 3 \\ -3 & 2 & 5 & 1 \\ 4 & 3 & -2 & 6 \end{vmatrix}$.

解 $D \xlongequal[r_1\times(-4)+r_4]{\substack{r_1\times(-2)+r_2 \\ r_1\times 3+r_3}} \begin{vmatrix} 1 & 0 & -1 & 1 \\ 0 & 1 & 3 & 1 \\ 0 & 2 & 2 & 4 \\ 0 & 3 & 2 & 2 \end{vmatrix} \xlongequal[r_2\times(-3)+r_4]{r_2\times(-2)+r_3} \begin{vmatrix} 1 & 0 & -1 & 1 \\ 0 & 1 & 3 & 1 \\ 0 & 0 & -4 & 2 \\ 0 & 0 & -7 & -1 \end{vmatrix} \xlongequal{c_3\leftrightarrow c_4} -$

$\begin{vmatrix} 1 & 0 & 1 & -1 \\ 0 & 1 & 1 & 3 \\ 0 & 0 & 2 & -4 \\ 0 & 0 & -1 & -7 \end{vmatrix} \xlongequal{r_3\leftrightarrow r_4} \begin{vmatrix} 1 & 0 & 1 & -1 \\ 0 & 1 & 1 & 3 \\ 0 & 0 & -1 & -7 \\ 0 & 0 & 2 & -4 \end{vmatrix} \xlongequal{r_3\times 2+r_4} \begin{vmatrix} 1 & 0 & 1 & -1 \\ 0 & 1 & 1 & 3 \\ 0 & 0 & -1 & -7 \\ 0 & 0 & 0 & -18 \end{vmatrix} = 18.$

例 3 计算 $D=\begin{vmatrix} x & y & \cdots & y \\ y & x & \cdots & y \\ \vdots & \vdots & & \vdots \\ y & y & \cdots & x \end{vmatrix}$.

解 观察此行列式，主对角线元素是 x, 其余元素是 y, 关键是每一行元素的和是固定

值 $x+(n-1)y$，可利用行列式的"倍加"性质，有

$$D\xlongequal[c_n+c_1]{\substack{c_2+c_1\\ c_3+c_1\\ \cdots}}\begin{vmatrix} x+(n-1)y & y & \cdots & y\\ x+(n-1)y & x & \cdots & y\\ \vdots & \vdots & & \vdots\\ x+(n-1)y & y & \cdots & x\end{vmatrix}\xlongequal{c_1\times\frac{1}{x+(n-1)y}}[x+(n-1)y]\begin{vmatrix} 1 & y & \cdots & y\\ 1 & x & \cdots & y\\ \vdots & \vdots & & \vdots\\ 1 & y & \cdots & x\end{vmatrix}$$

$$\xlongequal[r_1\times(-1)+r_n]{\substack{r_1\times(-1)+r_2\\ r_1\times(-1)+r_3}}[x+(n-1)y]\begin{vmatrix} 1 & y & \cdots & y\\ 0 & x-y & \cdots & 0\\ \vdots & \vdots & & \vdots\\ 0 & 0 & \cdots & x-y\end{vmatrix}=[x+(n-1)y](x-y)^{n-1}.$$

例 4 计算 $D=\begin{vmatrix} 1 & 1 & \cdots & 1\\ 1 & 2 & \cdots & 0\\ \vdots & \vdots & & \vdots\\ 1 & 0 & \cdots & n\end{vmatrix}$.

解 观察此行列式，只有两条直角边（第一行、第一列）和主对角线元素不为 0, 其余位置均为 0, 称此行列式为箭头形行列式，即

$$D\xlongequal[c_n\times\left(-\frac{1}{n}\right)+c_1]{\substack{c_2\times\left(-\frac{1}{2}\right)+c_1\\ \cdots}}\begin{vmatrix} 1-\frac{1}{2}-\cdots-\frac{1}{n} & 1 & \cdots & 1\\ 0 & 2 & \cdots & 0\\ \vdots & \vdots & & \vdots\\ 0 & 0 & \cdots & n\end{vmatrix}=\left(1-\frac{1}{2}-\cdots-\frac{1}{n}\right)\times 2\times 3\times\cdots\times n=\left[1-\sum_{i=2}^{n}\frac{1}{i}\right]n!$$

箭头形行列式的形式：↖ ↘ ↗ ↙ .

注

针对上述箭头形行列式，尽可能将一条直角边除顶点外的其余元素化为零，便可化为上三角或者下三角行列式的形式.

总结：复杂行列式化为上三角行列式的步骤为

Step1: 观察行列式 D 中元素的特点.

Step2: 先化 $a_{11}=1$, 运用行列式倍加的性质，将 $a_{11}=1$ 所在列的其余元素依次由上而下化为 0.

Step3: 再将 a_{22} 化为新的 $a'_{22}=1$, 运用行列式的性质，将 $a'_{22}=1$ 所在列其下的其余元素依次由上而下化为 0; 依次类推将主对角线以下的元素均化为 0.

Step4: 计算上三角行列式的值.

上述化三角行列式的步骤仅供参考，也可有其他简便方法.

1.2.3 能力拓展驿站

1. MATLAB 实验

(1) 转置行列式

例 5 用 MATLAB 软件验证行列式 $D=\begin{vmatrix} a & b \\ 3 & 4 \end{vmatrix}$ 的值与其转置的值相等.

输入命令：

```
syms a b                      % 定义变量 a,b
D=[a b;3 4];                  % 输入方阵 D
D1=D';                        % 输入方阵 D 的转置
D=det(D)                      % 计算行列式 D 的值
D1=det(D1)                    % 计算行列式 D1 的值
```

输出结果：

```
D=                            D1=

    4*a-3*b                       4*a-3*b
```

(2) 元素对应成比例行列式

例 6 用 MATLAB 软件验证行列式 $\begin{vmatrix} 1 & 2 & 3 \\ 4 & 0 & -1 \\ 2 & 4 & 6 \end{vmatrix}$ 的值是 0.

输入命令：

```
D=[1 2 3;4 0 -1;2 4 6];       % 输入方阵 D
D=det(D)                      % 计算行列式的值
```

输出结果：

```
D=

    0.0000
```

2. 拓展阅读——数学家范德蒙德

图 1-6

范德蒙德(见图 1-6)，法国数学家，1735 年出生于巴黎，1771 年成为巴黎科学院院士，1796 年 1 月 1 日逝世. 他在高等代数方面有重要贡献. 他在 1771 年发表的论文中证明了多项式方程根的任何对称式都能用方程的系数表示出来. 他不仅把行列式应用于解线性方程组，而且对行列式理论本身进行了开创性研究，是行列式的奠基者. 此外，他给出了用二阶子式和它的余子式来展开行列式的法则，还提出了专门的行列式符号.

习题 1.2

一、选择题

1. 已知 $\begin{vmatrix} 1 & 1 & 2 \\ 2 & 3 & -1 \\ x & y & z \end{vmatrix}=2$，则 $\begin{vmatrix} 2 & 2 & 4 \\ 3 & 4 & 1 \\ 4x & 4y & 4z \end{vmatrix}=$ (   ).

A. 4 B. 8 C. 16 D. 32

2. 已知行列式 $\begin{vmatrix} 1 & 3 & 0 \\ x & y & z \\ 2 & 1 & -1 \end{vmatrix}=6$，则 $\begin{vmatrix} 4 & 12 & 0 \\ x+2 & y+1 & z-1 \\ 4 & 2 & -2 \end{vmatrix}=$ (   ).

A. 24 B. 30 C. 36 D. 48

3. 三阶行列式 $\begin{vmatrix} a_{11} & a_{12} & a_{13} \\ a_{21} & a_{22} & a_{23} \\ a_{31} & a_{32} & a_{33} \end{vmatrix}=3$，则 $\begin{vmatrix} 2a_{11} & 2a_{12} & 2a_{13} \\ a_{31} & a_{32} & a_{33} \\ a_{21} & a_{22} & a_{23} \end{vmatrix}=$ (   ).

A. 3 B. −3 C. 6 D. −6

二、判断题

1. 行列式 $D=5$，则 $D^{\mathrm{T}}=-5$． (   )

2. 根据行列式的性质，有 $\begin{vmatrix} 3 & 0 & 5 \\ 2 & -8 & 6 \\ 4 & -16 & 12 \end{vmatrix}=0$． (   )

3. 根据行列式的性质，有 $\begin{vmatrix} 3415 & 3515 \\ 3615 & 3715 \end{vmatrix}=20000$． (   )

三、填空题

1. 已知行列式 $\begin{vmatrix} 1 & x \\ 3 & y \end{vmatrix}=3$，则 $\begin{vmatrix} 2 & 2x \\ 9 & 3y \end{vmatrix}=$____________．

2. 行列式 $\begin{vmatrix} 1 & 1 & 1 \\ 2 & 3 & a \\ 4 & 9 & a^2 \end{vmatrix}=$____________．

3. 行列式 $\begin{vmatrix} 2 & 3 & 0 \\ x & y & z \\ 1 & 1 & 1 \end{vmatrix}=5$，则 $\begin{vmatrix} 2 & 3 & 0 \\ 3x+2 & 3y+3 & 3z \\ 2 & 2 & 2 \end{vmatrix}=$____________．

4. $\begin{vmatrix} 1 & 1 & 2 \\ 2024 & 2034 & 2044 \\ 2035 & 2045 & 2055 \end{vmatrix}=$____________．

四、解答题

1. 求下列行列式的值：

(1) $\begin{vmatrix} 1 & 3 & 3 \\ 3 & 1 & 3 \\ 3 & 3 & 1 \end{vmatrix}$；　(2) $\begin{vmatrix} a & b & c \\ b & c & a \\ c & a & b \end{vmatrix}$.

2. 计算 $\begin{vmatrix} 2+x & 2 & 2 & 2 \\ 2 & 2+x & 2 & 2 \\ 2 & 2 & 2+x & 2 \\ 2 & 2 & 2 & 2+x \end{vmatrix}$.

3. 计算 $\begin{vmatrix} 1 & 1 & 1 & \cdots & 1 \\ 1 & 2 & 0 & \cdots & 0 \\ 1 & 0 & 4 & \cdots & 0 \\ \vdots & \vdots & \vdots & & \vdots \\ 1 & 0 & 0 & \cdots & 2n-2 \end{vmatrix}$.

4. 根据行列式的性质，证明 $\begin{vmatrix} 1 & 5 & 6 \\ 3 & 0 & 8 \\ 7 & 11 & 4 \end{vmatrix}$ 能被 33 整除 .

5. 平面上任意三个定点 (x_1,y_1)，(x_2,y_2)，(x_3,y_3) 共线，证明：

$$\begin{vmatrix} x_1 & y_1 & 1 \\ x_2 & y_2 & 1 \\ x_3 & y_3 & 1 \end{vmatrix} = 0.$$

五、实验题

1. 用 MATLAB 软件验证 $\begin{vmatrix} 1 & 1 & 1 & 1 \\ 1 & 2 & 3 & d \\ 1 & 4 & 8 & d^2 \\ 1 & 16 & 81 & d^4 \end{vmatrix} = 2(d-1)(d-2)(d-3)(d+6)$.

2. 用 MATLAB 软件计算 $\begin{vmatrix} 2+x & 2 & 2 & 2 \\ 2 & 2+x & 2 & 2 \\ 2 & 2 & 2+x & 2 \\ 2 & 2 & 2 & 2+x \end{vmatrix}$ 的值 .

1.3 拉普拉斯展开定理

【课前导读】

当行列式的阶数很大时，可以通过“降阶”的技巧与工具处理 . 本节介绍余子式、代数余子式及它们与行列式的关系，即拉普拉斯展开定理，感悟数学逻辑思维与应用 .

知识目标

(1) 理解余子式与代数余子式的概念；

(2) 学会计算余子式与代数余子式；

(3) 掌握拉普拉斯展开定理的内容和计算；

(4) 学会零值定理的应用 .

能力目标

(1) 提高高阶行列式的转化与计算能力，联系与转化的思维能力；

(2) 通过拉普拉斯展开定理，加强运用高阶行列式转化为低阶行列式的数学技巧的能力；

(3) 提升运用数学软件 MATLAB 计算余子式与代数余子式的编程能力 .

素质目标

(1) 通过平行线行列式等特殊行列式，发现行列式的特点，抓住主要问题，拓宽探索数学的视野；

(2) 借助拓展阅读了解数学家的历史，传播数学发现规律和弘扬数学文化；

(3) 通过数学软件 MATLAB 编程求解，增强实践应用能力 .

学习重点

(1) 二、三阶行列式的余子式、代数余子式计算；

(2) 利用行列式性质与拉普拉斯展开定理计算四阶行列式；

(3) 特殊行列式的计算 .

学习难点

(1) 行列式与拉普拉斯展开定理的关系；

(2) 将余子式、代数余子式的代数和转化为行列式的思想 .

1.3.1 余子式与代数余子式

思考： 有一款游戏叫做“开心消消乐”，点中某一个小动物，它所在行与列的动物们就会消失，继续闯关游戏，直到通关 . 这样的游戏规则基于什么原理？若给定的行列式大于三阶甚至更高阶时，是否可以通过类似的游戏规则来计算行列式的值？

例如，给定 $D=\begin{vmatrix}1 & -1 & 3 & 2\\0 & 5 & 4 & 1\\2 & -1 & 6 & 0\\3 & 2 & 4 & 0\end{vmatrix}$，可以通过降阶，将行列式变为三阶甚至是二阶行列式进行计算 .

为此，引进余子式与代数余子式的定义，具体如下：

定义　去掉行列式 D 中元素 a_{ij} 所在的第 i 行和第 j 列元素，剩余元素位置保持不变的行列式称为元素 a_{ij} 的余子式，记作 M_{ij}，将 $A_{ij}=(-1)^{i+j}M_{ij}$ 称为元素 a_{ij} 的代数余子式．

例如，二阶行列式 $D=\begin{vmatrix}1 & -1\\ 2 & 5\end{vmatrix}$ 中，根据余子式与代数余子式的定义可知，元素 $a_{11}=1$ 对应的余子式 $M_{11}=5$，代数余子式 $A_{11}=(-1)^{1+1}M_{11}=5$．元素 $a_{21}=2$ 对应的余子式 $M_{21}=-1$，代数余子式 $A_{21}=(-1)^{1+2}M_{21}=1$．

例 1　设三阶行列式 $D=\begin{vmatrix}1 & 1 & 2\\ -1 & 0 & 4\\ 2 & 5 & 6\end{vmatrix}$，求元素 a_{13}，a_{32} 分别对应的余子式与代数余子式．

解　元素 $a_{13}=2$，$M_{13}=\begin{vmatrix}-1 & 0\\ 2 & 5\end{vmatrix}=-5$，$A_{13}=(-1)^{1+3}\begin{vmatrix}-1 & 0\\ 2 & 5\end{vmatrix}=-5$，

元素 $a_{32}=5$，$M_{32}=\begin{vmatrix}1 & 2\\ -1 & 4\end{vmatrix}=6$，$A_{32}=(-1)^{3+2}\begin{vmatrix}1 & 2\\ -1 & 4\end{vmatrix}=-6$．

注

1) 行标与列标之和是奇数时，$A_{ij}=-M_{ij}$；

2) 行标与列标之和是偶数时，$A_{ij}=M_{ij}$．

1.3.2　拉普拉斯展开定理及其应用

拉普拉斯展开定理

(1) 按行按列展开

下面分析三阶行列式与代数余子式的关系．

$$\begin{vmatrix}a_{11} & a_{12} & a_{13}\\ a_{21} & a_{22} & a_{23}\\ a_{31} & a_{32} & a_{33}\end{vmatrix}=a_{11}(a_{22}a_{33}-a_{23}a_{32})+a_{12}(a_{23}a_{31}-a_{21}a_{33})+a_{13}(a_{21}a_{32}-a_{22}a_{31})$$

$$=a_{11}\begin{vmatrix}a_{22} & a_{23}\\ a_{32} & a_{33}\end{vmatrix}-a_{12}\begin{vmatrix}a_{21} & a_{23}\\ a_{31} & a_{33}\end{vmatrix}+a_{13}\begin{vmatrix}a_{21} & a_{22}\\ a_{31} & a_{32}\end{vmatrix}$$

$$=a_{11}A_{11}+a_{12}A_{12}+a_{13}A_{13}.$$

结论：三阶行列式的值等于第一行元素与其对应代数余子式乘积的和．

定理 1　n 阶行列式按行（列）的拉普拉斯展开定理

$D=\begin{vmatrix}a_{11} & a_{12} & \cdots & a_{1n}\\ a_{21} & a_{22} & \cdots & a_{2n}\\ \vdots & \vdots & & \vdots\\ a_{n1} & a_{n2} & \cdots & a_{nn}\end{vmatrix}$ 等于它的任意一行（列）的各元素与其对应的代数余子式的乘

积之和，即

$$D=a_{i1}A_{i1}+a_{i2}A_{i2}+\cdots+a_{in}A_{in},\ (i=1,2,\cdots,n).$$ 按行展开

$$D=a_{1j}A_{1j}+a_{2j}A_{2j}+\cdots+a_{nj}A_{nj},\ (j=1,2,\cdots,n).$$ 按列展开

例 2 利用拉普拉斯展开定理计算三阶行列式 $D=\begin{vmatrix}2&1&2\\-4&3&1\\2&3&5\end{vmatrix}$.

解 方法一：按行展开

$$\begin{aligned}D&=a_{11}A_{11}+a_{12}A_{12}+a_{13}A_{13}\\&=2\times\begin{vmatrix}3&1\\3&5\end{vmatrix}-1\times\begin{vmatrix}-4&1\\2&5\end{vmatrix}+2\times\begin{vmatrix}-4&3\\2&3\end{vmatrix}\\&=2\times12-1\times(-22)+2\times(-18)\\&=10.\end{aligned}$$

方法二：按列展开

$$\begin{aligned}D&=a_{12}A_{12}+a_{22}A_{22}+a_{32}A_{32}\\&=-1\times\begin{vmatrix}-4&1\\2&5\end{vmatrix}+3\times\begin{vmatrix}2&2\\2&5\end{vmatrix}-3\times\begin{vmatrix}2&2\\-4&1\end{vmatrix}\\&=-1\times(-22)+3\times6-3\times10\\&=10.\end{aligned}$$

例 3 利用拉普拉斯展开定理计算四阶行列式 $D=\begin{vmatrix}1&-1&3&2\\0&5&4&1\\2&-1&6&0\\3&2&4&0\end{vmatrix}$.

解
$$\begin{aligned}D&=a_{14}A_{14}+a_{24}A_{24}\\&=2\times(-1)^5\begin{vmatrix}0&5&4\\2&-1&6\\3&2&4\end{vmatrix}+1\times(-1)^6\begin{vmatrix}1&-1&3\\2&-1&6\\3&2&4\end{vmatrix}\\&=2\times(-78)+1\times(-5)\\&=-161.\end{aligned}$$

技巧与方法：运用拉普拉斯展开定理计算行列式，尽可能选择零较多的行或列.

例 4 已知四阶行列式中，第 2 行元素分别为 2, 1, 3, 5, 其对应的余子式的值分别为 4, 2, −2, 6, 求其行列式的值.

解 由题知，$a_{21}=2, a_{22}=1, a_{23}=3, a_{24}=5;\ M_{21}=4, M_{22}=2, M_{23}=-2, M_{24}=6.$

根据拉普拉斯展开定理，有

$$\begin{aligned}D&=a_{21}A_{21}+a_{22}A_{22}+a_{23}A_{23}+a_{24}A_{24}\\&=-a_{21}M_{21}+a_{22}M_{22}-a_{23}M_{23}+a_{24}M_{24}\\&=-2\times4+1\times2-3\times(-2)+5\times6\\&=30.\end{aligned}$$

(2) 拉普拉斯展开定理的应用

思考： 在行列式 D 中，它的任意一行（列）的各元素与其余行（列）元素对应的代数余子式的乘积之和是否等于行列式 D? 下面的**零值定理**给出答案．

定理 2 n 阶行列式 D 中某一行（列）各元素与另外一行（列）对应元素的代数余子式的乘积之和为零，即

$$a_{i1}A_{s1}+a_{i2}A_{s2}+\cdots+a_{in}A_{sn}=0\left(i\neq s\right).\qquad \textbf{行的零值定理}$$

$$a_{1j}A_{1t}+a_{2j}A_{2t}+\cdots+a_{nj}A_{nt}=0\left(j\neq t\right).\qquad \textbf{列的零值定理}$$

拉普拉斯展开定理的应用1

证明 构造辅助行列式，满足第 i 行与第 s 行元素相同，有

$$D=\begin{vmatrix}a_{11}&a_{12}&\cdots&a_{1n}\\\vdots&\vdots&&\vdots\\a_{i1}&a_{i2}&\cdots&a_{in}\\\vdots&\vdots&&\vdots\\a_{i1}&a_{i2}&\cdots&a_{in}\\\vdots&\vdots&&\vdots\\a_{n1}&a_{n2}&\cdots&a_{nn}\end{vmatrix}\begin{matrix}\\\\\text{第 }i\text{ 行}\\\\\text{第 }s\text{ 行}\\\\\\\end{matrix}\ \underline{\underline{\text{按第 }s\text{ 行展开}}}\ a_{i1}A_{s1}+a_{i2}A_{s2}+\cdots+a_{in}A_{sn}=0,$$

同理可证 $a_{1j}A_{1t}+a_{2j}A_{2t}+\cdots+a_{nj}A_{nt}=0$.

例 5 已知四阶行列式中，第 2 行元素分别为 $3,-1,2,x$，第 3 行元素余子式的值分别为 $2,x^2,-3,4$, 求 x.

解 由题知，$a_{21}=3,a_{22}=-1,a_{23}=2,a_{24}=x;M_{31}=2,M_{32}=x^2,M_{33}=-3,M_{34}=4$.

根据零值定理可知，$a_{21}A_{31}+a_{22}A_{32}+a_{23}A_{33}+a_{24}A_{34}=0$, 即 $a_{21}M_{31}-a_{22}M_{32}+a_{23}M_{33}-a_{24}M_{34}=0$, 代入得 $3\times2-(-1)\times x^2+2\times(-3)-x\times4=0$, 化简后得 $x^2-4x=0$, 故解得 $x=0$ 或 $x=4$.

例 6 已知行列式 $D=\begin{vmatrix}2&3&3&4\\1&1&2&5\\1&-5&1&3\\1&1&3&4\end{vmatrix}$, 求 $A_{11}+A_{12}+A_{13}+A_{14}$.

解 根据拉普拉斯展开定理，所求代数余子式的和可以表示为一个新的行列式，并且其系数全部为 1, 故新的行列式只需要将原行列式 D 中的第一行元素分别替换成 1, 其他元素保持不变，即

$$
\begin{aligned}
D_1 &= A_{11}+A_{12}+A_{13}+A_{14}\\
&=1\times A_{11}+1\times A_{12}+1\times A_{13}+1\times A_{14}\\
&=\begin{vmatrix}1&1&1&1\\1&1&2&5\\1&-5&1&3\\1&1&3&4\end{vmatrix}\xlongequal[r_1\times(-1)+r_4]{\substack{r_1\times(-1)+r_2\\ r_1\times(-1)+r_3}}\begin{vmatrix}1&1&1&1\\0&0&1&4\\0&-6&0&2\\0&0&2&3\end{vmatrix}\xlongequal{r_2\to r_3}-\begin{vmatrix}1&1&1&1\\0&-6&0&2\\0&0&1&4\\0&0&2&3\end{vmatrix}=-1\times(-1)^{1+1}\times\begin{vmatrix}-6&0&2\\0&1&4\\0&2&3\end{vmatrix}\\
&=-1\times(-6)\times(-1)^{1+1}\times\begin{vmatrix}1&4\\2&3\end{vmatrix}=6\times(1\times3-2\times4)=6\times(-5)=-30.
\end{aligned}
$$

注

例 6 是利用代数余子式反推拉普拉斯展开定理计算行列式 .

拉普拉斯展开定理的应用 2

下面介绍拉普拉斯展开定理应用的一个重要方法——**递推法** .

例 7 计算 $D_n=\begin{vmatrix}8&4&0&0&\cdots&0&0&0\\3&8&4&0&\cdots&0&0&0\\0&3&8&4&\cdots&0&0&0\\\vdots&\vdots&\vdots&\vdots&&\vdots&\vdots&\vdots\\\vdots&\vdots&\vdots&\vdots&&\vdots&\vdots&\vdots\\0&0&0&0&\cdots&8&4&0\\0&0&0&0&\cdots&3&8&4\\0&0&0&0&\cdots&0&3&8\end{vmatrix}$.

解 观察此行列式，主对角线元素是 8, 与之平行的上边元素是 4, 下边元素是 3, 一般将这种形式的行列式称为“平行线行列式”. 根据拉普拉斯展开定理，对第一列进行展开，得

$$
\begin{aligned}
D_n&=8\times\begin{vmatrix}8&4&0&\cdots&0&0&0\\3&8&4&\cdots&0&0&0\\0&3&8&\cdots&0&0&0\\\vdots&\vdots&\vdots&&\vdots&\vdots&\vdots\\\vdots&\vdots&\vdots&&\vdots&\vdots&\vdots\\0&0&0&\cdots&3&8&4\\0&0&0&\cdots&0&3&8\end{vmatrix}_{n-1}-3\times\begin{vmatrix}4&0&0&\cdots&0&0&0\\3&8&4&\cdots&0&0&0\\0&3&8&\cdots&0&0&0\\\vdots&\vdots&\vdots&&\vdots&\vdots&\vdots\\\vdots&\vdots&\vdots&&\vdots&\vdots&\vdots\\0&0&0&\cdots&3&8&4\\0&0&0&\cdots&0&3&8\end{vmatrix}_{n-1}\\
&=8D_{n-1}-3\times4\times D_{n-2}=8D_{n-1}-12D_{n-2},
\end{aligned}
$$

即满足等式方程

$$D_n = 8D_{n-1} - 12D_{n-2} \tag{1-1}$$

设 $D_n - aD_{n-1} = b(D_{n-1} - aD_{n-2})$，则有

$$D_n = (a+b)D_{n-1} - abD_{n-2} \tag{1-2}$$

结合式 (1-1) 和式 (1-2)，有 $\begin{cases} a+b=8, \\ ab=12. \end{cases}$

解得 $a=6, b=2$ 或 $a=2, b=6$.

由于 $D_1 = 8$，$D_2 = 52$，则有

$$D_n - 6D_{n-1} = 2(D_{n-1} - 6D_{n-2}) = \cdots = 2^{n-2}(D_2 - 6D_1) = 2^n \tag{1-3}$$

$$D_n - 2D_{n-1} = 6(D_{n-1} - 2D_{n-2}) = \cdots = 6^{n-2}(D_2 - 2D_1) = 6^n \tag{1-4}$$

式 (1-3) 和式 (1-4) 可简化为二元一次方程组 $\begin{cases} D_n - 6D_{n-1} = 2^n, \\ D_n - 2D_{n-1} = 6^n. \end{cases}$

解得 $D_n = \dfrac{6^{n+1} - 2^{n+1}}{4}$.

平行行列式所用的这种计算方法称为递推法 .

1.3.3 能力拓展驿站

1. MATLAB 实验

余子式与代数余子式

例 8 三阶行列式 $D = \begin{vmatrix} 1 & 2 & 0 \\ -2 & 3 & 4 \\ 3 & 5 & 2 \end{vmatrix}$，用 MATLAB 软件求解：

1) 元素 $a_{12} = 2$ 的余子式 M_{12}； 2) 元素 $a_{32} = 5$ 的代数余子式 A_{32}.

1) 输入命令：

```
D=[1 2 0;-2 3 4;3 5 2];          % 输入矩阵 D
D(1,:)=[ ];                      % 先删除 D 的第 1 行元素
D(:,2)=[ ];                      % 再删除 D 的第 2 列元素
M12=det(D)                       % 计算余子式
```

输出结果：

```
M12 =

    -16
```

2) 输入命令：

```
D=[1 2 0;-2 3 4;3 5 2];          % 输入矩阵 D
D(3,:)=[ ];                      % 先删除 D 的第 3 行元素
D(:,2)=[ ];                      % 再删除 D 的第 2 列元素
```

```
A32=(-1)^(3+2)*det(D)                    % 计算代数余子式
```

输出结果：

```
A32 =

    -4
```

2. 拓展阅读——数学家拉普拉斯

图 1-7

拉普拉斯(见图 1-7), 1749 年 3 月 23 日出生, 1827 年 3 月 5 日卒于巴黎. 他是法国著名的天文学家和数学家、法国科学院院士、天体力学的主要奠基人、天体演化学的创立者之一. 此外, 他还是分析概率论的创始人, 因此可以说拉普拉斯是应用数学的先驱. 拉普拉斯在研究天体问题的过程中, 创造和发展了许多数学的方法, 以他的名字命名的拉普拉斯变换、拉普拉斯定理和拉普拉斯方程, 在科学技术的各个领域有着广泛的应用. 他发表的天文学、数学和物理学的论文有 270 多篇, 专著合计有 4000 多页. 其中最有代表性的专著有《天体力学》《宇宙体系论》和《概率分析理论》.

习题 1.3

一、选择题

1. 二阶行列式$\begin{vmatrix} 1 & -2 \\ 3 & 5 \end{vmatrix}$中元素 -2 的余子式的值是(　　).

A. 1　　B. 3　　C. -3　　D. -1

2. 三阶行列式的第 2 行元素分别为 2,1,3, 对应元素的余子式的值分别为 3,0,2, 则行列式的值是(　　).

A. 12　　B. 6　　C. 0　　D. -12

3. 设 $D=\begin{vmatrix} 1 & 2 & 1 \\ 6 & -1 & 3 \\ 5 & 2 & 4 \end{vmatrix}$ 中元素 3 对应的代数余子式的值是(　　).

A. -8　　B. 8　　C. 6　　D. -6

二、填空题

1. 二阶行列式$\begin{vmatrix} 2 & 0 \\ 1 & 3 \end{vmatrix}$中元素 0 的代数余子式的值是__________.

2. 行列式$\begin{vmatrix} 1 & 5 & 3 \\ b & 4 & a \\ d & -2 & c \end{vmatrix}$中元素 5 对应的代数余子式的值是____________.

3. 三阶行列式的第 2 行元素分别为 2,0,4, 对应元素的余子式的值分别为 −1,4,5, 则行列式的值是____________.

三、解答题

1. 计算四阶行列式 $D=\begin{vmatrix} 2 & 1 & 3 & 1 \\ 0 & 0 & 2 & 0 \\ 4 & -1 & 3 & 5 \\ 0 & -7 & 6 & 8 \end{vmatrix}$.

2. 四阶行列式中，第 1 行的元素分别为 2, 1, 3, x, 第 3 行元素的代数余子式的值分别为 1, −5, 2, 1, 求 x 的值 .

3. 设 $D=\begin{vmatrix} 1 & -1 & 5 \\ 2 & 1 & 4 \\ 3 & 6 & 2 \end{vmatrix}$, 计算 $M_{21}+M_{22}+M_{23}$.

4. 设 $D=\begin{vmatrix} 1 & 1 & 1 & 2 \\ 1 & 2 & 3 & 2 \\ 2 & -1 & 3 & 1 \\ 1 & 1 & 3 & 2 \end{vmatrix}$, 计算 $A_{11}+A_{12}+A_{13}$.

5. 设 $D=\begin{vmatrix} 1 & 1 & -2 & 3 \\ 1 & 2 & 2 & 1 \\ 2 & 4 & 0 & 1 \\ 3 & -1 & 4 & 3 \end{vmatrix}$, 计算：

(1) $A_{11}+A_{12}+A_{13}$;　　(2) $-2M_{21}+M_{22}+M_{23}-2M_{24}$.

6. 设 $D=\begin{vmatrix} 1 & 3 & 5 & \cdots & 2n-1 \\ 1 & 2 & 0 & \cdots & 0 \\ 1 & 0 & 3 & \cdots & 0 \\ 1 & \vdots & \vdots & & \vdots \\ 1 & 0 & 0 & \cdots & n \end{vmatrix}$, 计算 $A_{11}+A_{12}+\cdots+A_{1n}$.

四、实验题

设 $D=\begin{vmatrix} 1 & 1 & 1 & 2 \\ 1 & 2 & 3 & 2 \\ 2 & -1 & 3 & 1 \\ 1 & 1 & 3 & 2 \end{vmatrix}$, 用 MATLAB 软件求解 $A_{11}+A_{12}+A_{13}$.

1.4 克拉默法则

【课前导读】

求解二、三元线性方程组普遍采用加减消元法，往往要经过多次消元才能解出方程组．本节主要介绍另一种求解线性方程组的方法——克拉默法则，通过克拉默法则进一步了解非齐次和齐次线性方程组有解或无解的情况分类．

知识目标

(1) 理解 n 元线性方程组的概念；

(2) 掌握非齐次线性方程组有唯一解、无解、解不唯一的判定方法；

(3) 掌握齐次线性方程组有零解和非零解的判定方法；

(4) 了解克拉默法则的应用：插值问题．

能力目标

(1) 提高将实际数学问题转化为线性方程组的思维能力；

(2) 探索线性方程组解的来龙去脉，加强数学素养熏陶；

(3) 提升运用数学软件 MATLAB 求解问题的能力．

素质目标

(1) 通过非齐次与齐次线性方程组的解进行类比，寻找不同的解决问题路径；

(2) 通过数学软件 MATLAB 编程求解插值问题，培养解决数学问题的实践能力；

(3) 通过数学家克莱姆的介绍，传播数学文化．

学习重点

(1) 非齐次线性方程组解的情况；

(2) 齐次线性方程组非零解的应用．

学习难点

(1) 求解含参数的线性方程组；

(2) 运用 MATLAB 软件求解插值问题．

1.4.1 非齐次线性方程组的解

思考：采用高斯加减消元法对二元一次方程组进行求解，计算量较大，而运用行列式进行求解方程组较为简单，且方法新颖．下面给出具体的方法——克拉默法则．

定理 1 n 元线性方程组

$$\begin{cases} a_{11}x_1+a_{12}x_2+\cdots+a_{1n}x_n=b_1 \\ a_{21}x_1+a_{22}x_2+\cdots+a_{2n}x_n=b_2 \\ \qquad\vdots \\ a_{n1}x_1+a_{n2}x_2+\cdots+a_{nn}x_n=b_n \end{cases} \tag{1-5}$$

的系数行列式

$$D=\begin{vmatrix} a_{11} & a_{12} & \cdots & a_{1n} \\ a_{21} & a_{22} & \cdots & a_{2n} \\ \vdots & \vdots & & \vdots \\ a_{n1} & a_{n2} & \cdots & a_{nn} \end{vmatrix}\neq 0,$$

克拉默法则

则方程组 (1-5) 有唯一解，即

$$x_1=\frac{D_1}{D},\ x_2=\frac{D_2}{D},\ \cdots,\ x_n=\frac{D_n}{D}.$$

式中，D_j 表示将系数行列式中的第 j 列的元素换成方程组常数项 $b_1,b_2,\cdots,b_n$，其余元素保持不变所构成的 n 阶行列式，即

$$D_j=\begin{vmatrix} a_{11} & \cdots & a_{1,j-1} & b_1 & a_{1,j+1} & \cdots & a_{1n} \\ a_{21} & \cdots & a_{2,j-1} & b_2 & a_{2,j+1} & \cdots & a_{2n} \\ \vdots & & \vdots & \vdots & & & \vdots \\ a_{n1} & \cdots & a_{n,j-1} & b_n & a_{n,j+1} & \cdots & a_{nn} \end{vmatrix}\ (j=1,2,\cdots,n-1).$$

注

当系数行列式 $D\neq 0$ 时，定理 1 称为**克拉默法则，也称克莱姆法则**.

例 1 解三元一次线性方程组 $\begin{cases} 3x_1-x_2+x_3=26, \\ 2x_1-4x_2-x_3=9, \\ x_1+2x_2+x_3=16. \end{cases}$

解 $D=\begin{vmatrix} 3 & -1 & 1 \\ 2 & -4 & -1 \\ 1 & 2 & 1 \end{vmatrix}=5\neq 0$，$D_1=\begin{vmatrix} 26 & -1 & 1 \\ 9 & -4 & -1 \\ 16 & 2 & 1 \end{vmatrix}=55$，

$D_2=\begin{vmatrix} 3 & 26 & 1 \\ 2 & 9 & -1 \\ 1 & 16 & 1 \end{vmatrix}=20$，$D_3=\begin{vmatrix} 3 & -1 & 26 \\ 2 & -4 & 9 \\ 1 & 2 & 16 \end{vmatrix}=-15$.

故方程组的解为 $x_1=\dfrac{D_1}{D}=11$，$x_2=\dfrac{D_2}{D}=4$，$x_3=\dfrac{D_3}{D}=-3$.

当 n 元线性方程组中的 b_i 不全为零时，称式 (1-5) 为非齐次线性方程组. 根据克拉默法则，有

推论 1 若 n 元非齐次线性方程组 $\begin{cases} a_{11}x_1+a_{12}x_2+\cdots+a_{1n}x_n=b_1, \\ a_{21}x_1+a_{22}x_2+\cdots+a_{2n}x_n=b_2, \\ \quad\vdots \\ a_{n1}x_1+a_{n2}x_2+\cdots+a_{nn}x_n=b_n \end{cases}$ 无解或者解不唯一，则 $D=0$.

例 2 已知非齐次线性方程组 $\begin{cases} x_1-x_2+2x_3=-4, \\ x_1+x_2+\lambda x_3=0, \\ -x_1+\lambda x_2+x_3=\lambda^2 \end{cases}$ 有无穷解，求 λ.

解 由推论 1 可知，$\begin{vmatrix} 1 & -1 & 2 \\ 1 & 1 & \lambda \\ -1 & \lambda & 1 \end{vmatrix}=0$，解得 $\lambda=4$.

思考： 为什么 $\lambda\neq-1$?

1.4.2 齐次线性方程组的解

当 n 元线性方程组中的 b_i 全为零时，称式 (1-5) 为齐次线性方程组．根据克拉默法则，有

推论 2 对于 n 元齐次线性方程组

$$\begin{cases} a_{11}x_1+a_{12}x_2+\cdots+a_{1n}x_n=0 \\ a_{21}x_1+a_{22}x_2+\cdots+a_{2n}x_n=0 \\ \quad\vdots \\ a_{n1}x_1+a_{n2}x_2+\cdots+a_{nn}x_n=0 \end{cases} \tag{1-6}$$

①若系数行列式 $D\neq0$，则方程组式 (1-6) **只有零解**．

②若方程组式 (1-6) 有**非零解**，则系数行列式 $D=0$.

例 3 当 λ 取何值时，下列齐次线性方程组有非零解？

$$\begin{cases} \lambda x_1+x_2+3x_3=0, \\ x_1+(\lambda-1)x_2+x_3=0, \\ x_1+x_2+(\lambda-1)x_3=0. \end{cases}$$

解 由推论 2 可知，齐次线性方程组有非零解，则其系数行列式等于零，即

$$D=\begin{vmatrix} \lambda & 1 & 3 \\ 1 & \lambda-1 & 1 \\ 1 & 1 & \lambda-1 \end{vmatrix}=\begin{vmatrix} \lambda & 1 & 3 \\ 1 & \lambda-1 & 1 \\ 0 & 2-\lambda & \lambda-2 \end{vmatrix}=\begin{vmatrix} \lambda & 1 & 4 \\ 1 & \lambda-1 & \lambda \\ 0 & 2-\lambda & 0 \end{vmatrix}$$

$$=(2-\lambda)\cdot(-1)^{2+3}\begin{vmatrix} \lambda & 4 \\ 1 & \lambda \end{vmatrix}=(\lambda-2)^2(\lambda+2)=0.$$

故 $\lambda=2$ 或 $\lambda=-2$ 时，齐次线性方程组有非零解．

1.4.3　能力拓展驿站

1. MATLAB 实验

(1) 克拉默法则求解非齐次线性方程组

例 4　用 MATLAB 软件求解线性方程组 $\begin{cases} x_1+x_2+x_3=-2, \\ 4x_1-6x_2-2x_3=2, \\ 2x_1-x_2+x_3=-1. \end{cases}$

输入命令：

```
D=[1 1 1;4 -6 -2;2 -1 1];          % 输入系数矩阵 D
B=[-2 2 -1]';                      % 输入常数矩阵 B
D1=[B,D(:,2),D(:,3)];              % 替换 D 中的第 1 列
D2=[D(:,1),B,D(:,3)];              % 替换 D 中的第 2 列
D3=[D(:,1),D(:,2),B];              % 替换 D 中的第 3 列
a=det(D),                          % 计算行列式 D
b=det(D1),                         % 计算行列式 D1
c=det(D2),                         % 计算行列式 D2
d=det(D3),                         % 计算行列式 D3
X=[b/a c/a d/a]                    % 计算方程组的解 X
```

输出结果：

```
a=          b=        c=         d=          X=

-8.0000     8.000     8.0000     0.0000      -1.0000   -1.0000   0.0000
```

(2) 含参数的齐次线性方程组

例 5　用 MATLAB 软件求齐次线性方程组 $\begin{cases} (1-\lambda)x_1+x_2+x_3=0, \\ x_1+(1-\lambda)x_2+x_3=0, \\ x_1+x_2+(1-\lambda)x_3=0 \end{cases}$ 有非零解时 λ 的值 .

输入命令：

```
syms lamda                                     % 定义变量 lamda
A=[1-lamda 1 1;1 1-lamda 1;1 1 1-lamda],       % 输入 3 行 3 列方阵 A
det(A)                                         % 计算行列式的值
```

输出结果：

```
A =                                        ans=

[ 1 - lamda,        1,          1    ]     - lamda^3 + 3*lamda^2
[      1,      1 - lamda,       1    ]
[      1,           1,     1 - lamda]
```

输入命令：

```
lamda=solve('- lamda^3 + 3*lamda^2-0')
```

输出结果：

```
lamda =

      0
      0
      3
```

注

针对含有参数的行列式方程时，可以用“solve”命令求其方程的解．

2. 应用案例—— 插值多项式

插值多项式

(1) 问题提出

设一元二次多项式曲线 $f(x)=ax^2+bx+c$，满足 $f(1)=0, f(2)=3, f(-3)=28$，求 $f(x)$ 的表达式并绘图．

(2) 问题分析

通过观察得到 $f(x)$ 在点 x_i 处的函数值 $y_i=f(x_i)(i=1,2,\cdots,n+1)$，满足这些函数值的表达式为多项式时，称 $y=f(x)$ 为**插值多项式**．已知多个点的函数值，如何求多项式的系数？系数是否唯一？

定理 2 已知 $y=f(x)$ 的 $n+1$ 个互异点 (x_i, y_i) $(i=1,2,\cdots,n+1)$，则存在唯一的 n 次多项式 $f(x)=a_0+a_1x+a_2x^2+\cdots+a_nx^n$，满足 $y_i=f(x_i)(i=1,2,\cdots,n+1)$.

根据克拉默法则，由 $y_i=f(x_i)$ 有

$$\begin{cases} a_0+a_1x_1+a_2x_1^2+\cdots+a_nx_1^n=y_1 \\ a_0+a_1x_2+a_2x_2^2+\cdots+a_nx_2^n=y_2 \\ \qquad\vdots \\ a_0+a_1x_{n+1}+a_2x_{n+1}^2+\cdots+a_nx_{n+1}^n=y_{n+1} \end{cases} \tag{1-7}$$

当常数项 y_i 不全为 0 时，式 (1-7) 是关于未知变量 $a_0,a_1,a_2,\cdots,a_n$ 的非齐次线性方程组．根据克拉默法则，式 (1-7) 有唯一解的充要条件是系数行列式 $D\neq 0$.

式 (1-7) 的系数行列式为

$$D=\begin{vmatrix} 1 & x_1 & x_1^2 & \cdots & x_1^n \\ 1 & x_2 & x_2^2 & \cdots & x_2^n \\ \vdots & \vdots & \vdots & & \vdots \\ 1 & x_{n+1} & x_{n+1}^2 & \cdots & x_{n+1}^n \end{vmatrix}=\prod_{1\leqslant j<i\leqslant n+1}(x_i-x_j) \tag{1-8}$$

式 (1-8) 称为范德蒙德行列式．

因为互异点处 $x_i\neq x_j(i\neq j)$，故系数行列式 $D\neq 0$．根据克拉默法则，式 (1-7) 的唯一解

为 $a_i=\dfrac{D_i}{D}$，其中 D_i 为系数行列式 D 中将第 i 列元素依次换成对应的常数项 $y_1,y_2,\cdots,y_{n+1}$.

(3) 模型建立与求解

由题知 $x_1=1$，$x_2=2$，$x_3=-3$，$y_1=0$，$y_2=3$，$y_3=28$，使其满足系数行列式

$$D=\begin{vmatrix}1&1&1\\1&2&4\\1&-3&9\end{vmatrix}=20,\ D_1=\begin{vmatrix}0&1&1\\3&2&4\\28&-3&9\end{vmatrix}=20,$$

$$D_2=\begin{vmatrix}1&0&1\\1&3&4\\1&28&9\end{vmatrix}=-60,\ D_3=\begin{vmatrix}1&1&0\\1&2&3\\1&-3&28\end{vmatrix}=40.$$

得多项式系数为 $c=1$, $b=-3$, $a=2$, 则所求多项式为 $f(x)=2x^2-3x+1$.

运用 MATLAB 软件求解二次多项式曲线的程序如下：

输入命令：

```
D=[1 1 1;1 2 4;1 -3 9];                 % 输入系数矩阵 D
B=[0 3 28]';                            % 输入常数矩阵 B
D1=[B,D(:,2),D(:,3)];                   % 输入替换矩阵 D1
D2=[D(:,1),B,D(:,3)];                   % 输入替换矩阵 D2
D3=[D(:,1),D(:,2),B];                   % 输入替换矩阵 D3
D= det(D);                              % 计算系数行列式 D 的值
D1=det(D1);                             % 计算替换行列式 D1 的值
D2=det(D2);                             % 计算替换行列式 D2 的值
D3=det(D3);                             % 计算替换行列式 D3 的值
X=[D1/D D2/D D3/D]                      % 依次计算多项式的系数 c,b,a
```

输出结果：

```
X =

    1.0000    -3.0000    2.0000
```

故多项式系数为 $c=1$, $b=-3$, $a=2$, 即二次多项式曲线为 $f(x)=2x^2-3x+1$.

(4) 模型可视化

运用 MATLAB 软件中的绘图命令“ezplot”，绘制多项式 $f(x)=2x^2-3x+1$ 的图像 .

输入命令：

```
syms x                                  % 定义自变量 x
x=0:0.2:5;                              % 定义域区间 0 到 5, 间隔 0.2
ezplot('2*x^2-3*x+1')                   % 绘制函数图形命令
xlabel('X 轴 ')                          % 输入横轴
ylabel('Y 轴 ')                          % 输入纵轴
title(' 二次多项式曲线 2*x^2-3*x+1')      % 输入标题
```

输出结果如图 1-8 所示.

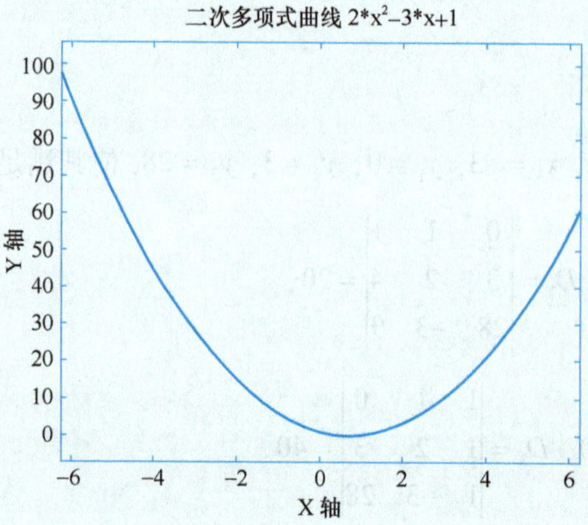

图 1-8

3. 拓展阅读——数学家克莱姆

克莱姆(见图 1-9),瑞士数学家,1704 年 7 月 31 日生于日内瓦,1752 年 1 月 4 日于法国逝世.

图 1-9

1727 年,克莱姆前往巴塞尔进行为期两年的旅行访学,与约翰•伯努利、欧拉等人一起学习交流,成为挚友.后又到英国、荷兰、法国等地拜见许多数学名家,回国后在与他们的长期通信中,加强了数学家之间的联系,为数学宝库留下了大量有价值的文献.他一生未婚,专心治学,平易近人且德高望重,先后当选为伦敦皇家学会、柏林研究院和法国、意大利等学会的成员.

他的主要著作是 1750 年编写的《代数曲线的分析引论》,定义了正则、非正则、超越曲线和无理曲线等概念,第一次正式引入坐标系的纵轴(Y 轴),然后讨论曲线变换,并依据曲线方程的阶数将曲线进行分类.为了确定经过 5 个点的一般二次曲线的系数,应用了著名的"克拉默法则",即由线性方程组的系数确定方程组解的表达式.该法则于 1729 年由英国数学家麦克劳林得到,1748 年发表,但克莱姆的方法与符号使之流传.

习题 1.4

一、判断题

1. 当线性方程组可以利用克拉默法则进行求解时,该方程组一定有唯一解. (　　)
2. n 元齐次线性方程组的系数行列式 $D\neq0$,则该方程组只有零解. (　　)

3. 过两点 $A(1,3)$, $B(-1,5)$ 的直线方程为 $3x-y=4$. ( )

二、填空题

1. 若用克拉默法则求解线性方程组 $\begin{cases} x_1+x_2-x_3=1, \\ x_1+ax_2+x_3=-5, \\ x_1+x_2+ax_3=8 \end{cases}$ 时，则 a 的取值范围是________.

2. 平面上不共线的三个点坐标分别为 $A(0,2)$，$B(1,-4)$，$C(2,6)$，则过这三个点的抛物线方程为____________.

三、解答题

1. 已知齐次线性方程组 $\begin{cases} kx_1+x_2-x_3=0, \\ x_1+kx_2-x_3=0, \\ 2x_1-x_2+kx_3=0 \end{cases}$ 有非零解，求 k.

2. 求非齐次线性方程组 $\begin{cases} x_1+x_2+2x_3=2, \\ 2x_1-x_2+x_3=7, \\ 3x_1+2x_2+x_3=-1 \end{cases}$ 的解.

3. 设一元二次方程 $f(x)=ax^2+bx+c$，满足 $f(1)=7$，$f(-3)=-19$，$f(2)=15$，

(1) 利用克拉默法则求 $f(x)$ 的表达式； (2) 计算 $f(0)$ 和 $f(3)$.

四、实验题

1. 用 MATLAB 软件求齐次线性方程组 $\begin{cases} kx_1+x_2-x_3=0, \\ x_1+kx_2-x_3=0, \\ 2x_1-x_2+kx_3=0 \end{cases}$ 有非零解时 k 的值.

2. 用 MATLAB 软件求非齐次线性方程组 $\begin{cases} x_1+x_2+2x_3=2, \\ 2x_1-x_2+x_3=7, \\ 3x_1+2x_2+x_3=-1 \end{cases}$ 的解.

3. 用 MATLAB 软件求一个三次多项式 $f(x)=a_0+a_1x+a_2x^2+a_3x^3$，使得 $f(-1)=0$，$f(1)=4$，$f(2)=3$，$f(3)=16$，并绘图.

第 2 章

矩　阵

在人工智能、大数据与 AI+ 互联网的数智新时代，矩阵作为线性代数的主要研究对象和重要工具，具有核心地位．它不仅是研究描述数学问题的数表、空间线性变换、向量线性相关及线性方程组求解等的重要工具，而且在信息编码、图像处理、机器人、推荐系统、统计学、生物学等领域有广泛的应用．

本章首先介绍了矩阵的概念，矩阵的线性运算、乘法、方阵的幂、矩阵多项式等运算，逆矩阵，并借助电路控制引出分块矩阵．其次，介绍了矩阵的初等变换和初等矩阵及其应用，借助初等变换揭示矩阵等价的关系，通过矩阵的秩刻画矩阵的本质．能力拓展驿站包含 MATLAB 实验、应用案例或拓展阅读等内容，有助于提升数学应用能力、传播数学文化．

2.1 矩阵的概念

【课前导读】

矩阵是处理线性问题的重要工具，被广泛地应用于自然科学、工程技术及经济研究领域．许多实际问题的描述和计算都常常用到一些数（或函数）的矩形表．本节介绍矩阵的概念及常见的特殊矩阵．

知识目标

(1) 理解矩阵的定义；

(2) 认识行矩阵和列矩阵；

(3) 掌握数量矩阵、单位矩阵、对角矩阵、转置矩阵；

(4) 掌握对称矩阵、反对称矩阵．

能力目标

(1) 提高类比归纳、联系与转化的思维能力；

(2) 探索矩阵概念的来龙去脉，增强数学应用能力；

(3) 提升将实际生活问题转化为矩阵语言的能力．

素质目标

(1) 探索矩阵发展的历史，体会数学发现的背景，感受对数学认识的不断深化，激发学生对数学的兴趣；

(2) 通过特殊矩阵揭示特殊与一般的辩证关系，培养学生辩证的哲理思想和严谨的科学研究态度；

(3) 通过数学软件 MATLAB 编程输出矩阵，增强学生实践能力．

学习重点

(1) 对角矩阵；

(2) 对称矩阵；

(3) 反对称矩阵．

学习难点

(1) 行列式与矩阵的区别和联系；

(2) 对角矩阵与对称矩阵的应用．

2.1.1 矩阵的定义

矩阵的定义

【案例引入】

矩阵在生活、交通、经济等方面无时无刻存在着，如高铁站的信息电子屏、看病的挂号信息屏、购买电影票的平台座位等，这些往往都可以看作是矩阵的“显式”呈现形式．下面通过两个例子引出矩阵的概念．

案例 1：物资调运

某公司的医疗物资有甲、乙、丙三个产地，需要运送到 A、B、C、D、E、F 六个医院，调运方案见表 2-1.

表 2-1 医疗物资的调运方案 (单位：t)

产地	医院					
	A	B	C	D	E	F
甲	9	10	20	30	14	9
乙	16	8	18	7	12	16
丙	10	11	25	14	11	23

表 2-1 中，产地甲每天调运至 A、B、C、D、E、F 六个医院的医疗物资分别为 9t、10t、20t、30t、14t、9t. 以此类推，将表中数据取出，得到**医疗物资数表**为

$$\begin{pmatrix} 9 & 10 & 20 & 30 & 14 & 9 \\ 16 & 8 & 18 & 7 & 12 & 16 \\ 10 & 11 & 25 & 14 & 11 & 23 \end{pmatrix}.$$

案例 2：商品价目

某公司的三家超市出售四种食品，商品价目表见表 2-2.

表 2-2 商品价目表 (单位：元)

超市	食品			
	F_1	F_2	F_3	F_4
M_1	20	16	30	23
M_2	18	17	28	24
M_3	19	15	28	23

表 2-2 中，超市 M_1 的 4 种食品 F_1、F_2、F_3、F_4 的单位售价分别为 20 元、16 元、30 元、23 元．以此类推，把表中数据取出，得到**价格数表**为

$$\begin{pmatrix} 20 & 16 & 30 & 23 \\ 18 & 17 & 28 & 24 \\ 19 & 15 & 28 & 23 \end{pmatrix}.$$

上述两个引例中出现的矩形数表在数学上称为**矩阵**.

定义 1 由 $m\times n$ 个数 $a_{ij}(i=1, 2, \cdots, m; j=1, 2, \cdots, n)$ 排成 m 行 n 列的矩形数表

$$\begin{pmatrix} a_{11} & a_{12} & \cdots & a_{1n} \\ a_{21} & a_{22} & \cdots & a_{2n} \\ \vdots & \vdots & & \vdots \\ a_{m1} & a_{m2} & \cdots & a_{mn} \end{pmatrix},$$

称为 m 行 n 列矩阵, 简称 **$m\times n$ 矩阵**. a_{ij} 称为矩阵的**元素**, 它位于矩阵第 i 行第 j 列 $(i=1, 2, \cdots, m; j=1, 2, \cdots, n)$.

矩阵通常用英文大写字母 $\boldsymbol{A}, \boldsymbol{B}, \boldsymbol{C}, \cdots$ 表示, 也可记作 $\boldsymbol{A}=(a_{ij})_{m\times n}$ 或 $\boldsymbol{A}_{m\times n}$.

例如, $\boldsymbol{A}_{2\times 3}=\begin{pmatrix} 1 & -1 & 2 \\ 0 & 4 & 7 \end{pmatrix}$ 表示 2 行 3 列的矩阵 $\boldsymbol{A}$, 其中 $a_{12}=-1, a_{23}=7$.

特别地, 当 $m=n$ 时, 称 $\boldsymbol{A}=(a_{ij})_{n\times n}$ 为 **n 阶方阵**, 常用 $\boldsymbol{A}_n$ 表示. 方阵 $\boldsymbol{A}_n$ 中从左上角元素到右下角元素的连线称为**主对角线**, 连线上的元素 $a_{ii}(i=1, 2, \cdots, n)$ 称为主对角线上的元素, 从右上角元素到左下角元素的连线称为**次对角线**.

例如, $\boldsymbol{A}_3=\begin{pmatrix} 1 & 0 & -1 \\ 2 & 3 & 1 \\ -1 & 5 & 4 \end{pmatrix}$, 其主对角线元素为 1, 3, 4, 次对角线元素为 −1, 3, −1.

通常, 1 行 n 列的矩阵 $\boldsymbol{A}_{1\times n}$ 称为**行矩阵**, 即 $\boldsymbol{A}_{1\times n}=(a_{11}\ a_{12}\ \cdots\ a_{1n})$; m 行 1 列的矩阵 $\boldsymbol{A}_{m\times 1}$ 称为**列矩阵**, 即 $\boldsymbol{A}_{m\times 1}=\begin{pmatrix} a_{11} \\ a_{21} \\ \vdots \\ a_{m1} \end{pmatrix}$.

当矩阵 $\boldsymbol{A}$、$\boldsymbol{B}$ 具有相同的行数与列数时, 称 $\boldsymbol{A}$、$\boldsymbol{B}$ 为**同型矩阵**. 在矩阵加减法运算中, 同型矩阵是非常重要的一类矩阵.

例如, $\boldsymbol{A}=\begin{pmatrix} 1 & -1 & 5 \\ 6 & 4 & 2 \end{pmatrix}$ 与 $\boldsymbol{B}=\begin{pmatrix} 3 & -1 & 9 \\ 7 & 0 & 5 \end{pmatrix}$ 是同型矩阵.

定义 2 若矩阵 $\boldsymbol{A}$ 与 $\boldsymbol{B}$ 均是 $m\times n$ 矩阵, 且满足 $a_{ij}=b_{ij}(i=1, 2, \cdots, m; j=1, 2, \cdots, n)$, 则称矩阵 $\boldsymbol{A}$ 与 $\boldsymbol{B}$ 相等, 记作 $\boldsymbol{A}=\boldsymbol{B}$.

例 1 已知矩阵 $\boldsymbol{A}=\begin{pmatrix} 1 & 3y & 5 \\ x+1 & 4 & b \end{pmatrix}$, $\boldsymbol{B}=\begin{pmatrix} z & 6 & 9c-4 \\ 7 & 4 & 5 \end{pmatrix}$, 且 $\boldsymbol{A}=\boldsymbol{B}$, 求 x, y, z, b, c 的值.

解 根据矩阵相等的定义, 易得 $z=1, b=5$, 且

$$\begin{cases} x+1=7, \\ 3y=6, \\ 9c-4=5. \end{cases}$$

解得 $x=6, y=2, c=1$.

2.1.2 常见的特殊矩阵

常见的特殊矩阵

1. 零矩阵

所有元素都为零的矩阵称为**零矩阵**，记作 $\boldsymbol{O}_{m\times n}$.

例如，$\boldsymbol{O}_{2\times 3}=\begin{pmatrix} 0 & 0 & 0 \\ 0 & 0 & 0 \end{pmatrix}$, $\boldsymbol{O}_{2\times 2}=\begin{pmatrix} 0 & 0 \\ 0 & 0 \end{pmatrix}$.

2. 对角矩阵

主对角线以外的元素全是零的方阵称为**对角矩阵**，记作 $\boldsymbol{A}=\mathrm{diag}(a_{11},a_{22},\cdots,a_{nn})$.

例如，$\boldsymbol{A}=\mathrm{diag}(1,-2,3,5)=\begin{pmatrix} 1 & 0 & 0 & 0 \\ 0 & -2 & 0 & 0 \\ 0 & 0 & 3 & 0 \\ 0 & 0 & 0 & 5 \end{pmatrix}$.

3. 数量矩阵

主对角线上的元素都相等的对角矩阵称为**数量矩阵**，记作 $\boldsymbol{A}=\begin{pmatrix} a & 0 & \cdots & 0 \\ 0 & a & \cdots & 0 \\ \vdots & \vdots & & \vdots \\ 0 & 0 & \cdots & a \end{pmatrix}$.

例如，$\boldsymbol{A}=\begin{pmatrix} 4 & 0 & 0 \\ 0 & 4 & 0 \\ 0 & 0 & 4 \end{pmatrix}$ 是三阶数量矩阵 .

4. 单位矩阵

主对角线上的元素都是 1 的对角矩阵称为**单位矩阵**，记作 $\boldsymbol{E}$ 或 $\boldsymbol{E}_n$.

例如，$\boldsymbol{E}_2=\begin{pmatrix} 1 & 0 \\ 0 & 1 \end{pmatrix}$, $\boldsymbol{E}_3=\begin{pmatrix} 1 & 0 & 0 \\ 0 & 1 & 0 \\ 0 & 0 & 1 \end{pmatrix}$.

注

单位矩阵在矩阵运算中起到数字“1”的作用 .

5. 上三角矩阵

主对角线以下的元素全是零的方阵称为上三角矩阵，记作 $A=\begin{pmatrix} a_{11} & a_{12} & \cdots & a_{1n} \\ 0 & a_{22} & \cdots & a_{2n} \\ \vdots & \vdots & & \vdots \\ 0 & 0 & \cdots & a_{nn} \end{pmatrix}$.

例如，$A=\begin{pmatrix} 1 & -3 & 2 \\ 0 & 4 & 0 \\ 0 & 0 & 2 \end{pmatrix}$ 是三阶上三角矩阵.

6. 下三角矩阵

主对角线以上的元素全是零的方阵称为下三角矩阵，记作 $A=\begin{pmatrix} a_{11} & 0 & \cdots & 0 \\ a_{21} & a_{22} & \cdots & 0 \\ \vdots & \vdots & & \vdots \\ a_{n1} & a_{n2} & \cdots & a_{nn} \end{pmatrix}$.

例如，$A=\begin{pmatrix} 1 & 0 & 0 \\ 4 & -2 & 0 \\ -1 & 5 & 3 \end{pmatrix}$ 是三阶下三角矩阵.

7. 转置矩阵

在矩阵 $A=(a_{ij})$ 中，将行标与列标互换后的元素 a_{ji} 所组成的矩阵称为 A 的转置矩阵，记作 A^{T}.

例如，$A=\begin{pmatrix} 1 & -1 \\ 2 & 5 \\ 3 & 1 \end{pmatrix}$，它的转置矩阵为 $A^{\mathrm{T}}=\begin{pmatrix} 1 & 2 & 3 \\ -1 & 5 & 1 \end{pmatrix}$.

8. 对称矩阵

若 n 阶方阵 $A=(a_{ij})$ 的元素 $a_{ij}=a_{ji}(i,j=1,2,\cdots,n)$，即 $A=A^{\mathrm{T}}$，则称 A 为对称矩阵.

例如，$A=\begin{pmatrix} 1 & 2 & 1 \\ 2 & 3 & 5 \\ 1 & 5 & 4 \end{pmatrix}$ 是三阶对称矩阵.

注

对称矩阵中关于主对角线对称的元素相等.

9. 反对称矩阵

若 n 阶方阵 $A=(a_{ij})$ 满足元素 $a_{ij}=-a_{ji}(i,j=1,2,\cdots,n)$，则称 A 为反对称矩阵.

例如，$A=\begin{pmatrix}0&2&1\\-2&0&5\\-1&-5&0\end{pmatrix}$是三阶反对称矩阵．

注

反对称矩阵中主对角线元素为零，关于主对角线对称的元素互为相反数．

2.1.3 能力拓展驿站

1. MATLAB 实验

(1) 行矩阵和列矩阵

例 2 用 MATLAB 软件输出矩阵 $A=\begin{pmatrix}1\\1\\1\end{pmatrix}$, $B=(1\quad 2\quad 3\quad 4)$.

输入命令：

```
A=[1;1;1]                    % 输入列矩阵 A
B=[1 2 3 4]                  % 输入行矩阵 B
```

输出结果：

```
A =                          B =

    1                            1   2   3   4
    1
    1
```

注

行与行之间用分号，列与列之间用逗号或空格．

(2) 对角矩阵

编程命令：D=diag (A)　　　　% 输入对角矩阵

例 3 用 MATLAB 软件输出对角矩阵 $A=\begin{pmatrix}4&0&0&0\\0&5&0&0\\0&0&6&0\\0&0&0&7\end{pmatrix}$.

输入命令：

```
A= diag([4 5 6 7])           % 输入列矩阵 A
```

输出结果：

```
A=

    4   0   0   0
```

```
0  5  0  0
0  0  6  0
0  0  0  7
```

(3) 单位矩阵

编程命令：D=eye(n)　　　　　　　　% 输入 n 阶单位矩阵

例 4　用 MATLAB 软件输出五阶单位矩阵 $\boldsymbol{E}=\begin{pmatrix}1&0&0&0&0\\0&1&0&0&0\\0&0&1&0&0\\0&0&0&1&0\\0&0&0&0&1\end{pmatrix}$.

输入命令：

```
E=eye(5)                    % 输入五阶单位矩阵
```

输出结果：

```
E=

1  0  0  0  0
0  1  0  0  0
0  0  1  0  0
0  0  0  1  0
0  0  0  0  1
```

(4) 转置矩阵

编程命令：B=A'　　　　　　　　% 矩阵 A 的转置矩阵

例 5　用 MATLAB 软件输出矩阵 $\boldsymbol{A}=\begin{pmatrix}2&-1&3\\4&-5&1\end{pmatrix}$ 的转置矩阵 .

输入命令：

```
A=[2 -1 3;4 -5 1];          % 输入矩阵 A
B=A'                        % 矩阵 A 的转置矩阵
```

输出结果：

```
B=

 2   4
-1  -5
 3   1
```

2. 拓展阅读——矩阵的历史

矩阵是高等代数学中的常见工具，在数值分析、统计分析、电路学、力学、光学、量子物理、计算机科学、三维动画制作等领域有广泛的应用．

在数学中，矩阵 (Matrix) 是一个按照长方阵列排列的复数或实数集合，最早来自于方程组的系数及常数所构成的方阵，这一概念由 19 世纪英国数学家凯莱首先提出．矩阵作为解决线性方程的工具，也有不短的历史．成书最早在东汉前期的《九章算术》中，用分离系数法表示线性方程组，得到其增广矩阵．在消元过程中，使用的把某行乘以某一非零实数、从某行中减去另一行等运算技巧，相当于矩阵的初等变换．但那时并没有现今理解的矩阵概念，虽然它与现有的矩阵在形式上相同，但在当时只是作为线性方程组的标准表示与处理方式．

矩阵正式作为数学中的研究对象出现，是在行列式的研究发展起来后．在逻辑上，矩阵的概念先于行列式，但在实际的历史上则恰好相反．1683 年，日本数学家关孝和独立建立行列式理论，其后行列式作为解线性方程组的工具逐步发展．1750 年，克莱姆发现了克拉默法则．

矩阵的概念在 19 世纪逐渐形成．19 世纪 80 年代，高斯和若尔当建立了高斯 - 若尔当消去法．1844 年，德国数学家艾森斯坦讨论了“变换”（矩阵）及其乘积．1850 年，英国数学家西尔维斯特首先使用矩阵一词．

习题 2.1

一、选择题

1. 已知$\begin{pmatrix} 1 & 5 & 2 \\ -1 & 4 & 6 \end{pmatrix}=\begin{pmatrix} 1 & z+3 & 2 \\ x-2 & 4 & 2y \end{pmatrix}$, 则 x, y, z 分别为（　　）.

A. 1, 3, 2　　B. 2, 1, 3　　C. 1, 2, 3　　D. 3, 1, 2

2. 设矩阵 $\boldsymbol{A}=(a_{ij})_{2\times3}$, 且 $a_{ij}=2i+j$, 则 $\boldsymbol{A}=$（　　）.

A. $\begin{pmatrix} 3 & 4 & 5 \\ 4 & 5 & 6 \end{pmatrix}$　　B. $\begin{pmatrix} 3 & 4 & 5 \\ 5 & 6 & 7 \end{pmatrix}$　　C. $\begin{pmatrix} 2 & 3 & 4 \\ 5 & 6 & 7 \end{pmatrix}$　　D. $\begin{pmatrix} 2 & 3 & 4 \\ 4 & 5 & 6 \end{pmatrix}$

3. 若矩阵$\begin{pmatrix} 3 & 1 & 3 \\ 1 & 5 & y \\ x & 2 & 6 \end{pmatrix}$为对称矩阵，则 x, y 分别为（　　）.

A. $x=2, y=6$　　B. $x=2, y=3$　　C. $x=6, y=2$　　D. $x=3, y=2$

二、填空题

1. 反对称矩阵元素满足____________.

2. $\boldsymbol{O}_{1\times 4}=$____________; $\boldsymbol{E}_4=$____________.

3. 若矩阵 $\begin{pmatrix} 2 & 4 & 3 \\ 4 & -1 & x-y \\ x+y & 5 & 3 \end{pmatrix}$ 为对称矩阵，则 x, y 分别为____________.

4. 设 $\boldsymbol{A}=\begin{pmatrix} 0 & -2 & 3 \\ x+y & 0 & 2 \\ -3 & 1-y & 0 \end{pmatrix}$ 为反对称矩阵，则 $x=$____________.

5. 主对角线元素分别是 1, 2, 3 的三阶对角矩阵为____________.

6. 主对角元素乘积为 8 的三阶下三角矩阵为____________.

三、解答题

1. 试说说行列式与矩阵两者的本质差别.

2. 请说出下列特殊矩阵的名称：

(1) $(1\quad 0\quad 2)$;

(2) $\begin{pmatrix} 1 & 0 & 0 \\ 0 & 1 & 0 \\ 0 & 0 & 1 \end{pmatrix}$;

(3) $\begin{pmatrix} 1 & 2 & -1 \\ 2 & -2 & 4 \\ -1 & 4 & 5 \end{pmatrix}$;

(4) $\begin{pmatrix} a & 0 & 0 \\ 0 & b & 0 \\ 0 & 0 & c \end{pmatrix}$.

3. 一个工资数据库文件 gz.dbf 包含 6 个字段（工资号、姓名、基本工资、奖金、扣所得税、应发工资）和三条记录，具体如下：

001	李建	5400	1340	59	6681
002	王明	4800	1430	46	6184
003	安森	3800	688	32	4456

试写出工资矩阵.

4. 设某公司旗下四个工厂 A、B、C、D 均能生产三种产品甲、乙、丙，其单位成本见表 2-3. 现需要甲产品 600 件、乙产品 840 件、丙产品 530 件，请写出四个工厂生产甲、乙、丙三种产品的生产成本矩阵.

表 2-3 单位成本 (单位：元)

产品	工厂			
	A	B	C	D
甲	13	14	15	15
乙	15	17	15	16
丙	16	18	17	17

四、实验题

1. 用 MATLAB 软件创建一个主对角线元素为“love”的四阶对角矩阵.

2. 用 MATLAB 软件创建一个五阶单位矩阵.

3. 用 MATLAB 软件输出矩阵 $\boldsymbol{A}=\begin{pmatrix}1 & 2\\ -3 & 5\end{pmatrix}$ 的转置矩阵.

2.2 矩阵的运算

【课前导读】

矩阵的运算包括矩阵的加减法、数乘、乘法、方阵的幂，在理论计算时要注意运算规律. 其次，通过案例应用，知道矩阵运算可以方便、快捷地解决工程技术问题.

知识目标

(1) 理解矩阵的线性运算；

(2) 掌握矩阵乘法的运算法则；

(3) 理解矩阵的运算规律；

(4) 理解方阵幂的概念，掌握各种方阵幂的计算方法；

(5) 掌握矩阵多项式的概念及计算.

能力目标

(1) 联想类比二项式展开定理，提升矩阵的方幂转化为矩阵多项式的能力；

(2) 探索矩阵乘法的数学原理，增强逻辑思维与推理能力；

(3) 增强数学软件 MATLAB 编程求解矩阵的运算能力.

素质目标

(1) 通过引入生产成本与利润，启发学生思考矩阵乘法的数学原理，激发学生对新知识的学习兴趣；

(2) 通过机器人的机械臂转动问题，加强学生数学知识与专业的融合实践；

(3) 通过数学软件 MATLAB 编程矩阵运算，培养学生实践能力．

学习重点

(1) 矩阵线性运算、乘法运算法则；

(2) 方阵的行列式性质；

(3) 方阵幂的计算．

学习难点

(1) 矩阵乘法的运算法则；

(2) 上三角方阵的幂．

2.2.1 矩阵的线性运算

在大学学习期间，学生们特别关心期末总评成绩．一般情况下，期末总评成绩由平时成绩、期中成绩、期末成绩三部分构成．任课教师根据学科和课程的难易程度不同设置每部分的占比，然后在教务系统中输入各部分分值和占比，系统会自动计算出总评成绩．实际上，这种算法涉及加法和数乘，就是矩阵的一种线性运算．

1. 加减法

矩阵的线性运算

定义 1 设 $\boldsymbol{A}=(a_{ij})_{m\times n}$，$\boldsymbol{B}=(b_{ij})_{m\times n}$，则 $\boldsymbol{A}\pm\boldsymbol{B}=(a_{ij}\pm b_{ij})_{m\times n}$．显然，只有当两个矩阵的行数和列数分别相等时，才能进行加减法运算．

$$\boldsymbol{A}=\begin{pmatrix} a_{11} & a_{12} & \cdots & a_{1n} \\ a_{21} & a_{22} & \cdots & a_{2n} \\ \vdots & \vdots & & \vdots \\ a_{m1} & a_{m2} & \cdots & a_{mn} \end{pmatrix},\ \boldsymbol{B}=\begin{pmatrix} b_{11} & b_{12} & \cdots & b_{1n} \\ b_{21} & b_{22} & \cdots & b_{2n} \\ \vdots & \vdots & & \vdots \\ b_{m1} & b_{m2} & \cdots & b_{mn} \end{pmatrix},$$

$$\boldsymbol{C}=\begin{pmatrix} a_{11}\pm b_{11} & a_{12}\pm b_{12} & \cdots & a_{1n}\pm b_{1n} \\ a_{21}\pm b_{21} & a_{22}\pm b_{22} & \cdots & a_{2n}\pm b_{2n} \\ \vdots & \vdots & & \vdots \\ a_{m1}\pm b_{m1} & a_{m2}\pm b_{m2} & \cdots & a_{mn}\pm b_{mn} \end{pmatrix},$$

则称 $\boldsymbol{C}$ 为 $\boldsymbol{A}$ 与 $\boldsymbol{B}$ 的加减法，记作 $\boldsymbol{C}=\boldsymbol{A}\pm\boldsymbol{B}$，满足 $c_{ij}=a_{ij}\pm b_{ij}$.

例 1 设矩阵 $\boldsymbol{A}=\begin{pmatrix} 1 & 0 & -2 \\ 3 & 1 & 5 \end{pmatrix}$，$\boldsymbol{B}=\begin{pmatrix} 2 & -3 & 4 \\ 1 & 6 & 7 \end{pmatrix}$，求 $\boldsymbol{A}+\boldsymbol{B}$ 和 $\boldsymbol{A}-\boldsymbol{B}$.

解 由矩阵加减法定义，得

$$A+B=\begin{pmatrix}1+2 & 0-3 & -2+4\\ 3+1 & 1+6 & 5+7\end{pmatrix}=\begin{pmatrix}3 & -3 & 2\\ 4 & 7 & 12\end{pmatrix};$$

$$A-B=\begin{pmatrix}1-2 & 0+3 & -2-4\\ 3-1 & 1-6 & 5-7\end{pmatrix}=\begin{pmatrix}-1 & 3 & -6\\ 2 & -5 & -2\end{pmatrix}.$$

例 2 已知$\begin{pmatrix}2 & 5 & -7\\ x & 2 & 1\end{pmatrix}+\begin{pmatrix}1 & y & 2\\ -5 & -2 & z^3\end{pmatrix}=\begin{pmatrix}3 & 7 & -5\\ 8 & 0 & 9\end{pmatrix}$, 求 x, y, z 的值 .

解 由矩阵加减法定义可知，$\begin{cases}x+(-5)=8,\\ 5+y=7,\\ 1+z^3=9.\end{cases}$ 故 $x=13, y=2, z=2$.

2. 数乘

定义 2 用数 k 乘以矩阵 A 中每个元素得到的矩阵 B, 称为数 k 与矩阵 A 的乘积，记作 $B=kA$, 即满足 $b_{ij}=ka_{ij}$.

例如，$A=\begin{pmatrix}-1 & 3 & 1\\ 5 & 4 & 2\end{pmatrix}$, 则 $2A=\begin{pmatrix}-1\times 2 & 3\times 2 & 1\times 2\\ 5\times 2 & 4\times 2 & 2\times 2\end{pmatrix}=\begin{pmatrix}-2 & 6 & 2\\ 10 & 8 & 4\end{pmatrix}$.

矩阵的加减法与数乘矩阵满足下列运算规律：

1) $A+B=B+A$;
2) $(A+B)+C=A+(B+C)$;
3) $k(A+B)=kA+kB$;
4) $(k+l)A=kA+lA$.

例 3 已知 $A=\begin{pmatrix}2 & 0 & 1\\ 1 & 1 & 3\end{pmatrix}$, $B=\begin{pmatrix}2 & 3 & 1\\ 1 & 0 & -1\end{pmatrix}$, 求 $3A+B, A-2B$.

解 $$3A+B=\begin{pmatrix}3\times 2+2 & 3\times 0+3 & 3\times 1+1\\ 3\times 1+1 & 3\times 1+0 & 3\times 3-1\end{pmatrix}=\begin{pmatrix}8 & 3 & 4\\ 4 & 3 & 8\end{pmatrix};$$

$$A-2B=\begin{pmatrix}2-2\times 2 & 0-2\times 3 & 1-2\times 1\\ 1-2\times 1 & 1-2\times 0 & 3-2\times(-1)\end{pmatrix}=\begin{pmatrix}-2 & -6 & -1\\ -1 & 1 & 5\end{pmatrix}.$$

2.2.2 矩阵的乘法

矩阵的乘法

【案例引入】某自动化工厂的产值与利润

某自动化工厂由车间Ⅰ、车间Ⅱ、车间Ⅲ生产甲、乙两种商品 . 三个车间一天内生产甲、乙产品的数量矩阵 A 及甲、乙产品的单位价格和单位利润矩阵 B 分别为

$$A=\begin{array}{c}\quad\text{甲}\qquad\text{乙}\\ \begin{pmatrix}120 & 110\\ 150 & 130\\ 180 & 160\end{pmatrix}\end{array}\begin{matrix}\text{车间Ⅰ}\\ \text{车间Ⅱ}\\ \text{车间Ⅲ}\end{matrix},\qquad B=\begin{array}{c}\text{单位}\ \text{单位}\\ \text{价格}\ \text{利润}\\ \begin{pmatrix}20 & 10\\ 40 & 20\end{pmatrix}\end{array}\begin{matrix}\text{甲}\\ \text{乙}\end{matrix}.$$

思考：将该厂三个车间一天内各自的总产值和总利润用矩阵表示出来．

启发：总产值 = 生产数量 × 单位价格；总利润 = 生产数量 × 单位利润．

车间Ⅰ, Ⅱ, Ⅲ对应的总产值和总利润可以用一个矩阵 $\boldsymbol{C}$ 表示为

$$C=\begin{array}{c}\text{总产值}\qquad\qquad\qquad\text{总利润}\\ \begin{pmatrix}120\times20+110\times40 & 120\times10+110\times20\\ 150\times20+130\times40 & 150\times10+130\times20\\ 180\times20+160\times40 & 180\times10+160\times20\end{pmatrix}\end{array}\begin{matrix}\text{车间Ⅰ}\\ \text{车间Ⅱ}\\ \text{车间Ⅲ}\end{matrix}.$$

因此，矩阵 $\boldsymbol{A}, \boldsymbol{B}, \boldsymbol{C}$ 有下列关系：

$$AB=\begin{pmatrix}120 & 110\\ 150 & 130\\ 180 & 160\end{pmatrix}\begin{pmatrix}20 & 10\\ 40 & 20\end{pmatrix}=\begin{pmatrix}120\times20+110\times40 & 120\times10+110\times20\\ 150\times20+130\times40 & 150\times10+130\times20\\ 180\times20+160\times40 & 180\times10+160\times20\end{pmatrix}=C.$$

定义 3　设矩阵 $A_{m\times n}=(a_{ij})_{m\times n}$，$B_{n\times s}=(b_{ij})_{n\times s}$，$C_{m\times s}=(c_{ij})_{m\times s}$，且满足

$c_{ij}=a_{i1}b_{1j}+a_{i2}b_{2j}+\cdots+a_{in}b_{nj}=\sum\limits_{k=1}^{n}a_{ik}b_{kj}\,(i=1,2,\cdots,m;\ j=1,2,\cdots,s)$，则称矩阵 $\boldsymbol{C}$ 为矩阵 $\boldsymbol{A}$ 与 $\boldsymbol{B}$ 的**乘积**，记作 $C=AB$.

由定义 3 看出，矩阵 $\boldsymbol{C}$ 中第 i 行第 j 列元素 c_{ij} 就是 $\boldsymbol{A}$ 的第 i 行与 $\boldsymbol{B}$ 的第 j 列对应元素的乘积之和.

注

1）只有当矩阵 $\boldsymbol{A}$(左边矩阵）的列数等于矩阵 $\boldsymbol{B}$(右边矩阵）的行数时，两个矩阵才能相乘；

2）两矩阵相乘后得到的矩阵行数等于左边矩阵的行数，列数等于右边矩阵的列数.

例 4　已知 $A=\begin{pmatrix}1 & 2\\ 3 & 4\end{pmatrix}$，$B=\begin{pmatrix}2 & 0 & 1\\ 1 & 1 & 0\end{pmatrix}$，求 $\boldsymbol{AB}$.

解　因为 $\boldsymbol{A}$ 的列数等于 $\boldsymbol{B}$ 的行数，所以两个矩阵可以相乘，其乘积矩阵 $\boldsymbol{AB}$ 是一个 2×3 矩阵.

$$AB=\begin{pmatrix}1 & 2\\ 3 & 4\end{pmatrix}\begin{pmatrix}2 & 0 & 1\\ 1 & 1 & 0\end{pmatrix}=\begin{pmatrix}1\times2+2\times1 & 1\times0+2\times1 & 1\times1+2\times0\\ 3\times2+4\times1 & 3\times0+4\times1 & 3\times1+4\times0\end{pmatrix}=\begin{pmatrix}4 & 2 & 1\\ 10 & 4 & 3\end{pmatrix}.$$

例 5 已知 $\boldsymbol{A}=\begin{pmatrix}1&0\\1&0\end{pmatrix}$, $\boldsymbol{B}=\begin{pmatrix}0&0\\1&1\end{pmatrix}$, 求 $\boldsymbol{AB}$ 和 $\boldsymbol{BA}$.

解 $\boldsymbol{AB}=\begin{pmatrix}1&0\\1&0\end{pmatrix}\begin{pmatrix}0&0\\1&1\end{pmatrix}=\begin{pmatrix}0&0\\0&0\end{pmatrix}$; $\boldsymbol{BA}=\begin{pmatrix}0&0\\1&1\end{pmatrix}\begin{pmatrix}1&0\\1&0\end{pmatrix}=\begin{pmatrix}0&0\\2&0\end{pmatrix}$.

注

1) $\boldsymbol{AB}$ 不满足交换律；2) $\boldsymbol{AB}=\boldsymbol{O}$ 不一定能推出 $\boldsymbol{A}=\boldsymbol{O}$ 或 $\boldsymbol{B}=\boldsymbol{O}$.

例 6 已知 $\boldsymbol{A}=\begin{pmatrix}2&4\\-3&-6\end{pmatrix}$, $\boldsymbol{B}=\begin{pmatrix}-1&4\\2&-1\end{pmatrix}$, $\boldsymbol{C}=\begin{pmatrix}1&0\\1&1\end{pmatrix}$, 求 $\boldsymbol{AB}, \boldsymbol{AC}$.

解 $\boldsymbol{AB}=\begin{pmatrix}2&4\\-3&-6\end{pmatrix}\begin{pmatrix}-1&4\\2&-1\end{pmatrix}=\begin{pmatrix}6&4\\-9&-6\end{pmatrix}$;

$\boldsymbol{AC}=\begin{pmatrix}2&4\\-3&-6\end{pmatrix}\begin{pmatrix}1&0\\1&1\end{pmatrix}=\begin{pmatrix}6&4\\-9&-6\end{pmatrix}$.

注

由 $\boldsymbol{AB}=\boldsymbol{AC}$ 不能推出 $\boldsymbol{B}=\boldsymbol{C}$, 即不满足消去律 .

矩阵的乘法满足下列运算规律：

1) $\boldsymbol{A}(\boldsymbol{B}+\boldsymbol{C})=\boldsymbol{AB}+\boldsymbol{AC}$;

2) $(\boldsymbol{B}+\boldsymbol{C})\boldsymbol{A}=\boldsymbol{BA}+\boldsymbol{CA}$;

3) $(\boldsymbol{AB})\boldsymbol{C}=\boldsymbol{A}(\boldsymbol{BC})$;

4) $(k\boldsymbol{A})\boldsymbol{B}=k(\boldsymbol{AB})=\boldsymbol{A}(k\boldsymbol{B})$;

5) $\boldsymbol{E}_m\boldsymbol{A}_{m\times n}=\boldsymbol{A}_{m\times n}\boldsymbol{E}_n=\boldsymbol{A}_{m\times n}$, 可简写成 $\boldsymbol{EA}=\boldsymbol{AE}=\boldsymbol{A}$;

6) $(\boldsymbol{AB})^{\mathrm{T}}=\boldsymbol{B}^{\mathrm{T}}\boldsymbol{A}^{\mathrm{T}}$;

7) $|\boldsymbol{AB}|=|\boldsymbol{A}|\cdot|\boldsymbol{B}|$.

例 7 将下列方程组用矩阵形式表示：

$$\begin{cases}3x_1-x_2+x_3=26,\\2x_1-4x_2-x_3=9,\\x_1+2x_2+x_3=16.\end{cases}$$

解 根据矩阵乘法的运算法则，系数矩阵为 $\boldsymbol{A}=\begin{pmatrix}3&-1&1\\2&-4&-1\\1&2&1\end{pmatrix}$, 变量矩阵为 $\boldsymbol{X}=\begin{pmatrix}x_1\\x_2\\x_3\end{pmatrix}$, 常数矩阵为 $\boldsymbol{B}=\begin{pmatrix}26\\9\\16\end{pmatrix}$. 因此，方程组的矩阵形式为

$$\begin{pmatrix}3 & -1 & 1\\ 2 & -4 & -1\\ 1 & 2 & 1\end{pmatrix}\begin{pmatrix}x_1\\ x_2\\ x_3\end{pmatrix}=\begin{pmatrix}26\\ 9\\ 16\end{pmatrix}.$$

2.2.3 方阵的幂

1. 方阵幂的概念

方阵的幂

定义 4 设 $\boldsymbol{A}$ 为 n 阶方阵，k 为正整数，则 k 个 $\boldsymbol{A}$ 的连乘积称为 $\boldsymbol{A}$ 的 k 次幂，记作 $\boldsymbol{A}^k$, 即 $\boldsymbol{A}^k=\underbrace{\boldsymbol{AA}\cdots\boldsymbol{A}}_{k个}$. 规定 $\boldsymbol{A}^0=\boldsymbol{E}$.

由方阵幂的定义，设 m, n 为正整数，则 $\boldsymbol{A}^{m+n}=\boldsymbol{A}^m\boldsymbol{A}^n$, $(\boldsymbol{A}^m)^n=\boldsymbol{A}^{mn}$.

注

1）一般情况下，矩阵不满足交换律，即 $(\boldsymbol{AB})^n\neq\boldsymbol{A}^n\boldsymbol{B}^n$.

2）当 $\boldsymbol{A}$ 与 $\boldsymbol{B}$ 可交换时，有 $(\boldsymbol{AB})^n=\boldsymbol{A}^n\boldsymbol{B}^n$; $(\boldsymbol{A}+\boldsymbol{B})^2=\boldsymbol{A}^2+2\boldsymbol{AB}+\boldsymbol{B}^2$.

2. 常见的方阵幂

1) **对角矩阵：** 设 n 阶对角矩阵 $\boldsymbol{A}=\mathrm{diag}(\lambda_1,\lambda_2,\cdots,\lambda_n)$, 则 $\boldsymbol{A}^n=\mathrm{diag}(\lambda_1^n,\lambda_2^n,\cdots,\lambda_n^n)$.

例如，3 阶方阵 $\boldsymbol{A}=\begin{pmatrix}1 & 0 & 0\\ 0 & 2 & 0\\ 0 & 0 & 3\end{pmatrix}$, 则 $\boldsymbol{A}^4=\begin{pmatrix}1 & 0 & 0\\ 0 & 16 & 0\\ 0 & 0 & 81\end{pmatrix}$.

2) **幂等矩阵：** 满足 $\boldsymbol{A}^2=\boldsymbol{A}$.

例 8 已知二阶方阵 $\boldsymbol{A}=\begin{pmatrix}1 & -1\\ -1 & 1\end{pmatrix}$, 求 $\boldsymbol{A}^2, \boldsymbol{A}^3, \boldsymbol{A}^n$.

解 $\boldsymbol{A}^2=\begin{pmatrix}1 & -1\\ -1 & 1\end{pmatrix}\begin{pmatrix}1 & -1\\ -1 & 1\end{pmatrix}=\begin{pmatrix}2 & -2\\ -2 & 2\end{pmatrix}=2\boldsymbol{A}$;

$$\boldsymbol{A}^3=\boldsymbol{A}^2\boldsymbol{A}=2\boldsymbol{AA}=2^2\boldsymbol{A}=\begin{pmatrix}4 & -4\\ -4 & 4\end{pmatrix};$$

故 $\boldsymbol{A}^n=2^{n-1}\boldsymbol{A}=\begin{pmatrix}2^{n-1} & -2^{n-1}\\ -2^{n-1} & 2^{n-1}\end{pmatrix}$.

例 9 设 $\boldsymbol{P}=(1\ 2\ 3)$, $\boldsymbol{Q}=\begin{pmatrix}-1\\ 1\\ 1\end{pmatrix}$, 且 $\boldsymbol{B}=\boldsymbol{PQ}$, $\boldsymbol{A}=\boldsymbol{QP}$, 求 $\boldsymbol{A}^n$.

解 $\boldsymbol{B}=\boldsymbol{PQ}=(1\ 2\ 3)\begin{pmatrix}-1\\ 1\\ 1\end{pmatrix}=4$, $\boldsymbol{A}=\boldsymbol{QP}=\begin{pmatrix}-1\\ 1\\ 1\end{pmatrix}(1\ 2\ 3)=\begin{pmatrix}-1 & -2 & -3\\ 1 & 2 & 3\\ 1 & 2 & 3\end{pmatrix}$,

则 $A^n=(QP)^n=Q(B)^{n-1}P=4^{n-1}A=4^{n-1}\begin{pmatrix}-1&-2&-3\\1&2&3\\1&2&3\end{pmatrix}$.

2.2.4 矩阵多项式

矩阵多项式

设 $f(x)=a_nx^n+a_{n-1}x^{n-1}+\cdots+a_1x+a_0$ 是关于 x 的多项式，当 A 是 n 阶方阵，E 是 n 阶单位矩阵时，称 $f(A)=a_nA^n+a_{n-1}A^{n-1}+\cdots+a_1A+a_0E$ 为 A 的矩阵多项式．

例 10 已知 $f(x)=x^2-3x+5$，$A=\begin{pmatrix}1&3\\0&2\end{pmatrix}$，求 $f(A)$.

解 $A^2=\begin{pmatrix}1&3\\0&2\end{pmatrix}\begin{pmatrix}1&3\\0&2\end{pmatrix}=\begin{pmatrix}1&9\\0&4\end{pmatrix}$,

$$f(A)=A^2-3A+5E=\begin{pmatrix}1&9\\0&4\end{pmatrix}-3\begin{pmatrix}1&3\\0&2\end{pmatrix}+5\begin{pmatrix}1&0\\0&1\end{pmatrix}=\begin{pmatrix}3&0\\0&3\end{pmatrix}.$$

回顾：二项式展开定理为

$$(a+b)^n=\mathrm{C}_n^0a^n+\mathrm{C}_n^1a^{n-1}b+\mathrm{C}_n^2a^{n-2}b^2+\cdots+\mathrm{C}_n^{n-1}ab^{n-1}+\mathrm{C}_n^nb^n.$$

设 A 是 n 阶方阵，且 $A=\lambda E+B$，则

$$A^n=(\lambda E+B)^n=\mathrm{C}_n^0(\lambda E)^n+\mathrm{C}_n^1(\lambda E)^{n-1}B+\mathrm{C}_n^2(\lambda E)^{n-2}B^2+\cdots+\mathrm{C}_n^nB^n$$

$$=\mathrm{C}_n^0\lambda^nE+\lambda^{n-1}\mathrm{C}_n^1B+\lambda^{n-2}\mathrm{C}_n^2B^2+\cdots+\mathrm{C}_n^nB^n$$

$$=\lambda^nE+n\lambda^{n-1}B+\frac{n(n-1)}{2}\lambda^{n-2}B^2+\cdots+B^n.$$

注

满足 $B\neq O, B^2\neq O, \cdots, B^{k-1}\neq O, B^k=O, B^{k+1}=O, \cdots, B^n=O$ 的矩阵 B 称为幂零矩阵．

例 11 已知 $A=\begin{pmatrix}2&1&0\\0&2&1\\0&0&2\end{pmatrix}$，求 $A^n(n>3)$.

解 设 $A=2E+B$，其中

$$B=\begin{pmatrix}0&1&0\\0&0&1\\0&0&0\end{pmatrix},\quad B^2=\begin{pmatrix}0&0&1\\0&0&0\\0&0&0\end{pmatrix},\quad B^3=\begin{pmatrix}0&0&0\\0&0&0\\0&0&0\end{pmatrix}.$$

故 $A^n = C_n^0 2^n E + 2^{n-1} C_n^1 B + 2^{n-2} C_n^2 B^2$

$= 2^n E + n2^{n-1} B + n(n-1)2^{n-3} B^2$

$$= \begin{pmatrix} 2^n & n2^{n-1} & n(n-1)2^{n-3} \\ 0 & 2^n & n2^{n-1} \\ 0 & 0 & 2^n \end{pmatrix}.$$

下面介绍方阵的行列式性质 .

1) $|A| = |A^T|$; 2) $|kA| = k^n |A|$;

3) $|AB| = |A| \cdot |B|$; 4) $|A^k| = |A|^k$.

例 12 已知三阶方阵 A, B, 且 $|A| = 2$, $|B| = 4$, 求 $|-2A|$, $|3A^T|$, $|2A^2B^T|$.

解 $|-2A| = (-2)^3 |A| = (-2)^3 \times 2 = -16$,

$|3A^T| = 3^3 |A^T| = 3^3 |A| = 3^3 \times 2 = 54$,

$|2A^2B^T| = 2^3 |A^2| |B^T| = 2^3 |A|^2 |B| = 2^3 \times 2^2 \times 4 = 128$.

2.2.5 能力拓展驿站

1. MATLAB 实验

(1) 矩阵的线性运算

例 13 已知 $A = \begin{pmatrix} 2 & -1 & 5 \\ 4 & 2 & 6 \end{pmatrix}$, $B = \begin{pmatrix} 0 & -1 & 2 \\ 3 & 1 & 0 \end{pmatrix}$, 用 MATLAB 软件求解 :

1) $A+B$; 2) $A-B$; 3) $3A-2B$.

输入命令 :

```
A=[2 -1 5;4 2 6];B=[0 -1 2;3 1 0];          % 输入矩阵 A,B
C=A+B,                                       % 求矩阵 A 与 B 的和
D=A-B,                                       % 求矩阵 A 与 B 的差
F=3*A-2*B                                    % 求矩阵 3 倍 A 与 2 倍 B 的差
```

输出结果 :

```
C=

    2   -2    7
    7    3    6
```

```
D=

    2   0   3
    1   1   6
F=
    6  -1  11
    6   4  18
```

(2) 矩阵的乘法

编程命令：**C=A*B**　　　　　　　　　　　　　% 矩阵 A 与矩阵 B 的乘积

例 14　已知 $\boldsymbol{A}=\begin{pmatrix}2&-1&5\\4&2&6\end{pmatrix}$，$\boldsymbol{B}=\begin{pmatrix}1&-1&2\\3&0&1\\2&-1&4\end{pmatrix}$，用 MATLAB 软件求解 $\boldsymbol{AB}$.

输入命令：

```
A=[2 -1 5;4 2 6];B=[1 -1 2;3 0 1;2 -1 4];     % 输入矩阵 A,B
C=A*B                                          % 求矩阵 A 与 B 的乘积
```

输出结果：

```
C=

    9   -7   23
   22  -10   34
```

(3) 方阵的幂

编程命令：B=A^n　　　　　　　　　　　　　% 求方阵的 n 次幂

例 15　已知矩阵 $\boldsymbol{A}=\begin{pmatrix}2&1&0\\0&2&1\\0&0&2\end{pmatrix}$，用 MATLAB 软件求解 $\boldsymbol{A}^4$.

输入命令：

```
A=[2 1 0;0 2 1;0 0 2];     % 输入矩阵 A
B=A^4                      % 求矩阵的 4 次方
```

输出结果：

```
B=

   16   32   24
    0   16   32
    0    0   16
```

2. 应用案例——机器人的机械臂转动

(1) 问题描述

21 世纪，我国工业化进程日新月异，科技的飞速发展极大地便利了人们的生活，特别是工业机器人 (见图 2-1) 的广泛应用，已经深入到了车间生产线、餐饮服务、交通运输、快递物流以及家政服务等多个领域．工业机器人的运动，一般包括平移、转动、拉伸三个过程．假设机器人围绕三维坐标的原点 $O(0,0,0)^{\mathrm{T}}$ 为中心点，在运动坐标系中有一固定起始点 $P(1,2,3)^{\mathrm{T}}$, 经历如下变换，求变换后的点 Q 在固定坐标系的坐标．

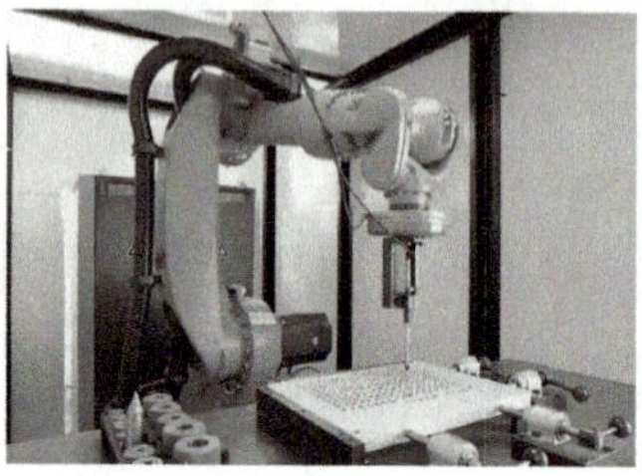

图 2-1

① 绕 x 轴旋转 90°；

② 分别沿 x, y, z 轴平移 1, 1, 1;

③ 绕 z 轴旋转 90°．

(2) 问题分析

运动坐标系的变换是由固定坐标系的一系列沿轴平移变换和绕轴旋转变换所组成的复合变换．任何变换都可以分解为按一定顺序的一组平移变换和旋转变换．为了完成所要求的变换，可以先绕 x 轴旋转，再沿 x, y, z 轴平移，最后再绕 z 轴旋转．但一般情况下这种变换顺序很重要，如果颠倒两个依次变换的顺序，结果将会有所不同．假定运动坐标系 $\boldsymbol{T}_1$ 相对于固定坐标系 $\boldsymbol{T}_0=(x, y, z,1)^{\mathrm{T}}$ 依次进行如下三种变换：

1) 绕 x 轴旋转 α, 矩阵可表示为

$$\boldsymbol{T}_{x,\alpha}=\mathrm{Rot}(x,\alpha)=\begin{pmatrix}1&0&0&0\\0&\cos\alpha&-\sin\alpha&0\\0&\sin\alpha&\cos\alpha&0\\0&0&0&1\end{pmatrix};$$

2) 分别沿 x, y, z 轴平移 d_x, d_y, d_z, 矩阵可表示为 $\boldsymbol{T}_{x,y,z}==\mathrm{trans}(d_x,d_y,d_z)=\begin{pmatrix}1&0&0&d_x\\0&1&0&d_y\\0&0&1&d_z\\0&0&0&1\end{pmatrix}$;

3) 绕 z 轴旋转 β 角，矩阵可表示为 $\boldsymbol{T}_{z,\beta}=\mathrm{Rot}(z,\beta)=\begin{pmatrix}\cos\beta&-\sin\beta&0&0\\\sin\beta&\cos\beta&0&0\\0&0&1&0\\0&0&0&1\end{pmatrix}$.

将上述三种变换合成后得到的运动方程为

$$\boldsymbol{T}_1=\mathrm{Rot}(z,\beta)\times\mathrm{trans}(d_x,d_y,d_z)\times\mathrm{Rot}(x,\alpha)\times\boldsymbol{T}_0.$$

(3) 模型建立与求解

根据问题描述可以将点 $P(1,2,3)^{\mathrm{T}}$ 看作运动的起始点坐标，则

1) 绕 x 轴旋转 90°，矩阵可表示为

$$\boldsymbol{T}_{x,90^\circ}=\mathrm{Rot}(x,90^\circ)=\begin{pmatrix}1&0&0&0\\0&\cos 90^\circ&-\sin 90^\circ&0\\0&\sin 90^\circ&\cos 90^\circ&0\\0&0&0&1\end{pmatrix}.$$

2) 沿 x, y, z 轴平移 1,1,1，矩阵可表示为

$$\mathrm{trans}(d_x,d_y,d_z)=\begin{pmatrix}1&0&0&1\\0&1&0&1\\0&0&1&1\\0&0&0&1\end{pmatrix}.$$

3) 绕 z 轴旋转 90°，矩阵可表示为

$$\boldsymbol{T}_{z,90^\circ}=\mathrm{Rot}(z,90^\circ)=\begin{pmatrix}\cos 90^\circ&-\sin 90^\circ&0&0\\\sin 90^\circ&\cos 90^\circ&0&0\\0&0&1&0\\0&0&0&1\end{pmatrix}.$$

故运动合成后的坐标为

$$\boldsymbol{T}_1=\mathrm{Rot}(z,90^\circ)\times\mathrm{trans}(1,1,1)\times\mathrm{Rot}(x,90^\circ)\times\boldsymbol{T}_0.$$

运动合成后的坐标是运动系坐标（四个分量），点 Q 在 MATLAB 求解后少了一个分量，变成三维坐标 Q.

运用 MATLAB 软件编程求解命令如下：

输入命令：

```
T0=[1 2 3 1]';                                  % 输入起始坐标系
T1=[1 0 0 0;0 cos(pi/2) -sin(pi/2) 0;0 sin(pi/2) cos(pi/2) 0;0 0 0 1];
                                                % 绕 x 轴旋转 90 度旋转矩阵
T2=[1 0 0 1;0 1 0 1;0 0 1 1;0 0 0 1];           % 沿三个坐标轴平移矩阵
T3=[cos(pi/2) -sin(pi/2) 0 0;sin(pi/2) cos(pi/2) 0 0;0 0 1 0;0 0 0 1];
                                                % 绕 z 轴旋转 90 度旋转矩阵
T=T3*T2*T1*T0                                   % 变换后的运动坐标系坐标
Q=T(1:3,:)                                      % 变换后的三维坐标 Q
```

输出结果：

```
T=                          Q=

    2.0000                      2.0000
```

```
2.0000          2.0000
3.0000          3.0000
1.0000
```

由运行结果可知，变换后的点 Q 在固定坐标系的坐标为 $Q(2,2,3)^{\mathrm{T}}$. 具体变换前的 P 点如图 2-2 所示，变换后的 Q 点如图 2-3 所示.

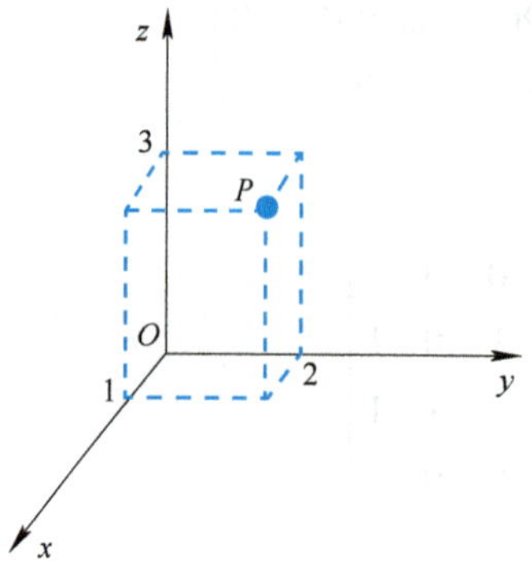

图 2-2

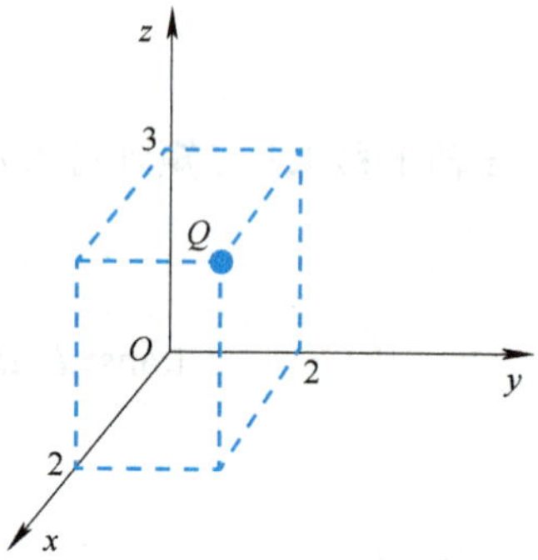

图 2-3

3. 拓展阅读——图像的平移、伸缩与旋转

(1) 图像的平移

图像的平移是指将图像中的每个点进行平移. 设一个三维图像中的任意一点 $P(x,y,z)$ 沿着向量 $\boldsymbol{v}(p,q,l)$ 的方向进行平移，平移后的坐标为

$$P'(x+p,y+q,z+l)=P(x,y,z)+\boldsymbol{v}(p,q,l) \tag{2-1}$$

式 (2-1) 是图像平移的基本公式. 若将一个三维图像中的点用列向量表示，然后将这些列向量按顺序排列在一起，就构成了一个矩阵 $\boldsymbol{A}$, 即

$$\boldsymbol{A}=\begin{pmatrix} x_0 & x_1 & \dots & x_n \\ y_0 & y_1 & \dots & y_n \\ z_0 & z_1 & \dots & z_n \end{pmatrix}.$$

矩阵 $\boldsymbol{A}$ 表示图像中所有点的坐标和位置关系，并构成了完整的图像信息. 对图像进行平移的基本方法就是先将向量 $\boldsymbol{v}(p,q,l)$ 扩展成与矩阵 $\boldsymbol{A}$ 同型的矩阵，即

$$\boldsymbol{V}=\left(\boldsymbol{v}^{\mathrm{T}},\boldsymbol{v}^{\mathrm{T}},\cdots,\boldsymbol{v}^{\mathrm{T}}\right)=\begin{pmatrix} p & p & \dots & p \\ q & q & \dots & q \\ l & l & \dots & l \end{pmatrix},$$

然后直接由矩阵的加法运算求得平移后的图像矩阵 $\boldsymbol{B}$, 即

$$\boldsymbol{B}=\boldsymbol{A}+\boldsymbol{V}=\begin{pmatrix} x_0+p & x_1+p & \dots & x_n+p \\ y_0+q & y_1+q & \dots & y_n+q \\ z_0+l & z_1+l & \dots & z_n+l \end{pmatrix}.$$

(2) 图像的伸缩

图像的伸缩是指将图像沿着 x, y, z 轴的方向分别进行拉伸和压缩，从而改变图像的形状．设一个三维图形中的任意一点 $P(x,y,z)$ 经过伸缩后的坐标位置为

$$P'(x_1,y_1,z_1)=P'(k_x x,k_y y,k_z z) \tag{2-2}$$

式中，k_x, k_y, k_z 分别为 x, y, z 方向的伸缩因子．

可以用矩阵运算的形式表示点的变化，有

$$\begin{pmatrix} x_1 \\ y_1 \\ z_1 \end{pmatrix}=\begin{pmatrix} k_x & 0 & 0 \\ 0 & k_y & 0 \\ 0 & 0 & k_z \end{pmatrix}\begin{pmatrix} x \\ y \\ z \end{pmatrix} \tag{2-3}$$

式中，$\boldsymbol{K}=\begin{pmatrix} k_x & 0 & 0 \\ 0 & k_y & 0 \\ 0 & 0 & k_z \end{pmatrix}$，$\boldsymbol{K}$ 称为伸缩矩阵．

因此，一个三维图像 $\boldsymbol{A}$ 伸缩后的图像 $\boldsymbol{B}$ 为

$$\boldsymbol{B}=\boldsymbol{KA}=\begin{pmatrix} k_x & 0 & 0 \\ 0 & k_y & 0 \\ 0 & 0 & k_z \end{pmatrix}\begin{pmatrix} x_0 & x_1 & \cdots & x_n \\ y_0 & y_1 & \cdots & y_n \\ z_0 & z_1 & \cdots & z_n \end{pmatrix}=\begin{pmatrix} k_x x_0 & k_x x_1 & \cdots & k_x x_n \\ k_y y_0 & k_y y_1 & \cdots & k_y y_n \\ k_z z_0 & k_z z_1 & \cdots & k_z z_n \end{pmatrix}.$$

(3) 图像的旋转

图像的旋转是指将图像沿着向量 $\boldsymbol{v}(p,q,l)$ 的方向进行旋转变换，从而改变图像的摆放位置．我们先让图像沿着某一个坐标轴方向进行旋转，作为图像的基本旋转变换．那么，图像沿着向量 $\boldsymbol{v}(p,q,l)$ 的方向进行旋转变换可以看作是这些基本旋转变换的合成．

如图 2-4 所示，设一个三维图像中的任意一点 $P_1(x_1,y_1,z_1)$，其绕 z 轴旋转角度 θ 后的位置为 $P_2(x_2,y_2,z_2)$，P_1'，P_2' 分别表示 P_1，P_2 在 Oxy 面上的投影．由图 2-4 有

$$\begin{cases} P_1(x_1,y_1,z_1)=P_1(r\cos\theta_1,r\sin\theta_1,z_1) \\ P_2(x_2,y_2,z_2)=P_2(r\cos\theta_2,r\sin\theta_2,z_2) \end{cases} \tag{2-4}$$

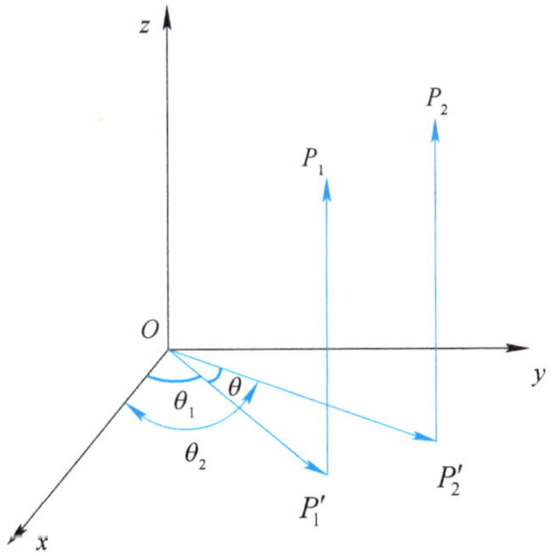

图 2-4

式中，$r=\left|\overrightarrow{OP_1'}\right|=\left|\overrightarrow{OP_2'}\right|$，表示投影点与原点的距离．将 $\theta_2=\theta_1+\theta$ 代入式 (2-4)，再利用三角函数中的和角公式，可以得到

$$\begin{cases}x_2=r\cos\theta_2=r\cos(\theta_1+\theta)=\cos\theta(r\cos\theta_1)-\sin\theta(r\sin\theta_1)\\ y_2=r\sin\theta_2=r\sin(\theta_1+\theta)=\sin\theta(r\cos\theta_1)+\cos\theta(r\sin\theta_1)\end{cases} \tag{2-5}$$

由于 $x_1=r\cos\theta_1$, $y_1=r\sin\theta_1$，代入式 (2-5) 整理得到

$$\begin{cases}x_2=\cos\theta\cdot x_1-\sin\theta\cdot y_1\\ y_2=\sin\theta\cdot x_1+\cos\theta\cdot y_1\end{cases} \tag{2-6}$$

式 (2-6) 的矩阵表达式为

$$\begin{pmatrix}x_2\\ y_2\end{pmatrix}=\begin{pmatrix}\cos\theta & -\sin\theta\\ \sin\theta & \cos\theta\end{pmatrix}\begin{pmatrix}x_1\\ y_1\end{pmatrix}.$$

由于图像绕 z 轴旋转，z 坐标值不变．将上述思想扩展到三维，即可得到图像中的点旋转前后的坐标对应关系为

$$\begin{pmatrix}x_2\\ y_2\\ z_2\end{pmatrix}=\begin{pmatrix}\cos\theta & -\sin\theta & 0\\ \sin\theta & \cos\theta & 0\\ 0 & 0 & 1\end{pmatrix}\begin{pmatrix}x_1\\ y_1\\ z_1\end{pmatrix} \tag{2-7}$$

式中，$\boldsymbol{R}_z=\begin{pmatrix}\cos\theta & -\sin\theta & 0\\ \sin\theta & \cos\theta & 0\\ 0 & 0 & 1\end{pmatrix}$，$\boldsymbol{R}_z$ 称为图像绕 z 轴旋转的旋转矩阵．

同理可得图像绕 x 轴、y 轴旋转的旋转矩阵，见表 2-4.

表 2-4　绕轴旋转的旋转矩阵

绕 x 轴旋转的旋转矩阵	绕 y 轴旋转的旋转矩阵	绕 z 轴旋转的旋转矩阵
$\boldsymbol{R}_{x,\alpha}=\begin{pmatrix}1 & 0 & 0\\ 0 & \cos\alpha & -\sin\alpha\\ 0 & \sin\alpha & \cos\alpha\end{pmatrix}$	$\boldsymbol{R}_{y,\beta}=\begin{pmatrix}\cos\beta & 0 & -\sin\beta\\ 0 & 1 & 0\\ \sin\beta & 0 & \cos\beta\end{pmatrix}$	$\boldsymbol{R}_{z,\theta}=\begin{pmatrix}\cos\theta & -\sin\theta & 0\\ \sin\theta & \cos\theta & 0\\ 0 & 0 & 1\end{pmatrix}$

注：α, β, θ 分别表示图像绕 x 轴、y 轴、z 轴旋转的角度．

一般情况下，图像的旋转是图像绕 x, y, z 轴各自旋转的旋转矩阵的乘积，即

$$\begin{aligned}\boldsymbol{R}&=\boldsymbol{R}_{x,\alpha}\boldsymbol{R}_{y,\beta}\boldsymbol{R}_{z,\theta}\\ &=\begin{pmatrix}\cos\beta\cos\theta & -\cos\beta\sin\theta & -\sin\beta\\ -\sin\alpha\sin\beta\cos\theta+\cos\alpha\sin\theta & \sin\alpha\sin\beta\sin\theta+\cos\alpha\cos\theta & -\sin\alpha\cos\beta\\ \cos\alpha\sin\beta\cos\theta+\sin\alpha\sin\theta & -\cos\alpha\sin\beta\sin\theta+\sin\alpha\cos\theta & \cos\alpha\cos\beta\end{pmatrix}.\end{aligned}$$

图像的平移、伸缩和旋转是图像的三个基本变换方式．任意复杂的图像变换（不考虑

图像的色彩变换）都可以看作是这三种变换的叠加．一般情况下，我们先将图像进行平移，使图像到达相应位置；然后再对图像进行伸缩变换，改变图像的形状；最后对图像进行旋转，调整图像的摆放位置．由此即可完成整个图像的变换过程，其运动方程可用矩阵运算的形式表示为

$$\boldsymbol{B}=\boldsymbol{R}\cdot\boldsymbol{K}\cdot(\boldsymbol{A}+\boldsymbol{V}).$$

习题 2.2

一、选择题

1. $\boldsymbol{A}=\begin{pmatrix}3&0&1\\-2&5&4\end{pmatrix}$, $\boldsymbol{B}=\begin{pmatrix}1&2&6\\3&-4&1\end{pmatrix}$, 则 $3\boldsymbol{A}-2\boldsymbol{B}=$(　　).

A. $\begin{pmatrix}7&-4&-9\\-12&23&14\end{pmatrix}$　　B. $\begin{pmatrix}7&-4&-9\\-12&13&10\end{pmatrix}$

C. $\begin{pmatrix}7&-4&-9\\-12&23&10\end{pmatrix}$　　D. $\begin{pmatrix}7&-4&-9\\-12&23&8\end{pmatrix}$

2. $\boldsymbol{A}=\begin{pmatrix}1&3\\2&-1\end{pmatrix}$, $\boldsymbol{B}=\begin{pmatrix}3&0\\1&2\end{pmatrix}$, 则 $\boldsymbol{AB}=$(　　).

A. $\begin{pmatrix}6&6\\3&-2\end{pmatrix}$　　B. $\begin{pmatrix}5&6\\6&-2\end{pmatrix}$　　C. $\begin{pmatrix}6&-2\\5&6\end{pmatrix}$　　D. $\begin{pmatrix}6&6\\5&-2\end{pmatrix}$

3. 下列说法正确的是（　　）.

A. $\boldsymbol{ABC}=\boldsymbol{ACB}$　　B. $\boldsymbol{A}(\boldsymbol{B}+\boldsymbol{C})=\boldsymbol{AB}+\boldsymbol{AC}$

C. $(\boldsymbol{AB})^{\mathrm{T}}=\boldsymbol{A}^{\mathrm{T}}\boldsymbol{B}^{\mathrm{T}}$　　D. $(\boldsymbol{B}+\boldsymbol{C})\boldsymbol{A}=\boldsymbol{AB}+\boldsymbol{CA}$

二、填空题

1. 设 $3\begin{pmatrix}2&4\\x&y\end{pmatrix}=\begin{pmatrix}2&6\\-1&2y\end{pmatrix}+\begin{pmatrix}4&3z\\x+y&3\end{pmatrix}$，则 x, y, z 分别为____________.

2. 设 $\boldsymbol{A}=\begin{pmatrix}1&0\\4&5\end{pmatrix}$, $\boldsymbol{B}=\begin{pmatrix}2&-1\\3&1\end{pmatrix}$, 则 $(\boldsymbol{A}+2\boldsymbol{B})^{\mathrm{T}}=$____________.

3. $(1\quad 3\quad 5)\begin{pmatrix}2\\4\\6\end{pmatrix}=$____________.

4. 已知 $\boldsymbol{A}=\begin{pmatrix}1 & 0\\ 0 & 2\end{pmatrix}$, 则 $\boldsymbol{A}^5=$____________.

5. 设 $\boldsymbol{A}=\begin{pmatrix}2 & -1\\ -3 & 3\end{pmatrix}$, 且 $f(x)=x^2-5x+4$, 则 $f(\boldsymbol{A})=$____________.

6. 设 $\boldsymbol{A},\boldsymbol{B}$ 均为 n 阶对称矩阵，则 $\boldsymbol{AB}$ 是对称矩阵的充分必要条件是____________.

三、计算题

1. (1) $\begin{pmatrix}1 & -2\\ 5 & 4\end{pmatrix}+\begin{pmatrix}3 & -1\\ -2 & 2\end{pmatrix}$;　　(2) $\begin{pmatrix}0 & 4\\ 1 & -3\end{pmatrix}-\begin{pmatrix}2 & -1\\ -3 & 1\end{pmatrix}$.

2. 已知 $\boldsymbol{A}=\begin{pmatrix}2 & 3\\ 0 & 2\end{pmatrix}$, 计算 $\boldsymbol{A}^n$.

3. 已知 $\boldsymbol{A}=\begin{pmatrix}1 & 3 & 0\\ 2 & 0 & -1\end{pmatrix}$, $\boldsymbol{B}=\begin{pmatrix}2 & 0 & -1\\ -1 & 1 & 4\end{pmatrix}$, 试求：

(1) $3\boldsymbol{A}-2\boldsymbol{B}$;　　(2) $\boldsymbol{A}^{\mathrm{T}}-\boldsymbol{B}^{\mathrm{T}}$;　　(3) $(2\boldsymbol{A})^{\mathrm{T}}$.

4. (1) $\begin{pmatrix}1 & 0 & -2\\ 3 & -1 & 1\end{pmatrix}\begin{pmatrix}2\\ 3\\ 1\end{pmatrix}$;　　(2) $\begin{pmatrix}1 & 2 & 3\end{pmatrix}\begin{pmatrix}2\\ -1\\ 3\end{pmatrix}$;

(3) $\begin{pmatrix}2\\ -1\\ 3\end{pmatrix}\begin{pmatrix}1 & 2 & 3\end{pmatrix}$;　　(4) $\begin{pmatrix}1 & 2 & -1\\ 0 & 1 & 2\\ 0 & 0 & 1\end{pmatrix}\begin{pmatrix}2 & 0 & 0\\ -1 & 1 & 2\\ 0 & 1 & -3\end{pmatrix}$.

5. 将下列方程组用矩阵形式表示：

$$\begin{cases}x_1-2x_2-3x_3+x_4=1,\\ x_1+x_2+x_4=2,\\ 2x_1+2x_2+3x_3-x_4=3.\end{cases}$$

6. 若 $\boldsymbol{P}=\begin{pmatrix}1\\ 2\\ 3\end{pmatrix}$, $\boldsymbol{Q}=\begin{pmatrix}1 & 1 & 1\end{pmatrix}$, $\boldsymbol{A}=\boldsymbol{PQ}$, 计算 $\boldsymbol{A}^n$.

7. (电路动态系统方程) 已知电路中的系统框图中用 $x_1(t), x_2(t), x_3(t)$ 表示状态变量，满足系统动态方程组

$$\begin{cases}\dfrac{\mathrm{d}x_1(t)}{\mathrm{d}t}=x_1(t)-x_2(t),\\[2ex] \dfrac{\mathrm{d}x_2(t)}{\mathrm{d}t}=-6x_1(t)-11x_2(t)-x_3(t),\\[2ex] \dfrac{\mathrm{d}x_3(t)}{\mathrm{d}t}=x_1(t)-x_2(t)+2x_3(t).\end{cases}$$

试用矩阵表示系统动态，方程组的形式．

8. (商品问题)某企业某年出口到三个国家的两种货物的数量见表 2-5，两种货物的单位价格、重量和体积见表 2-6．

表 2-5　A、B 货物出口到各国家的数量

货物	数量		
	美国	英国	德国
A	3000	2000	2500
B	1500	1000	2000

表 2-6　A、B 货物的单位价格、重量和体积

货物	单位价格 / 万元	单位重量 /t	单位体积 /m³
A	0.5	0.05	0.2
B	0.4	0.06	0.5

利用矩阵乘法计算该企业出口到三个国家的货物的总价值、总重量和总体积．

9. (图论优化问题)设 6 个城市 $v_1, v_2, \cdots, v_6$ 之间的一个公路网(见图 2-5)，每条线为两城市之间的公路，线上的数字表示该段公路的长度(单位：百 km)．假设你处在城市 v_1，每百 km 的费用为 50 元，那么从 v_1 到 v_6 应选择哪一路径使费用最省．

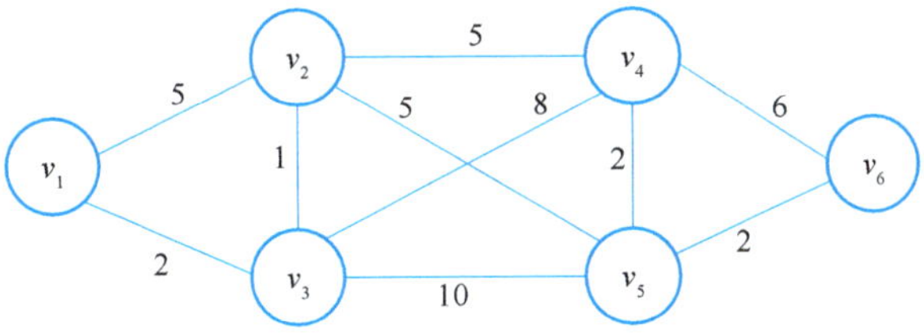

图　2-5

10. (机器人转动问题)现运动坐标系中有一点 $P(1,2,3)^{\mathrm{T}}$ 经历如下变换，求该点在固定坐标系的坐标．

(1) 绕 x 轴旋转 180°；

(2) 分别沿 x, y, z 轴平移 1, 2, 3；

(3) 绕 z 轴旋转 90°．

四、实验题

1. 设矩阵 $\boldsymbol{A}=\begin{pmatrix}1 & 1 & 2\\ 1 & 1 & -1\\ 2 & -1 & 1\end{pmatrix}$，$\boldsymbol{B}=\begin{pmatrix}1 & 2 & 3\\ -1 & -2 & 2\\ 0 & 3 & -1\end{pmatrix}$，用 MATLAB 软件求解：

(1) $2\boldsymbol{A}+\boldsymbol{B}$；　　(2) $(4\boldsymbol{A}+3\boldsymbol{B})^{\mathrm{T}}$；　　(3) $\boldsymbol{AB}$.

2. 设矩阵 $\boldsymbol{A}=\begin{pmatrix}1 & 1 & 2\\ 1 & 1 & -1\\ 2 & -1 & 1\end{pmatrix}$，用 MATLAB 软件求解 $\boldsymbol{A}^5$.

2.3 逆矩阵

【课前导读】

逆矩阵作为矩阵的一种独立而特殊的运算，具有类似于“实数的倒数”运算同等重要的作用．本节主要介绍逆矩阵的定义、伴随矩阵、逆矩阵的计算、逆矩阵的性质、矩阵方程的求解等内容．

知识目标

(1) 理解逆矩阵的定义；

(2) 掌握伴随矩阵的计算；

(3) 学会利用伴随矩阵求逆矩阵；

(4) 掌握逆矩阵的性质；

(5) 学会矩阵方程的求解．

能力目标

(1) 提高实数可逆与矩阵可逆的类比联系的思维能力；

(2) 探索逆矩阵概念的来龙去脉，增强数学应用能力；

(3) 提升求解逆矩阵的 MATLAB 软件编程能力．

素质目标

(1) 引入希尔密码的编码案例，探索在求解逆矩阵的过程中，体会数学的理性和严谨，感受数学的科技应用，激发学生对数学的兴趣；

(2) 通过矩阵可逆和不可逆的矛盾的普遍性关系，培养学生辩证的哲理思想和严谨的科学研究态度；

(3) 通过数学软件 MATLAB 编程求解密码问题，增强学生运用科学方法进行数学建模解决问题的实践能力．

学习重点

(1) 伴随矩阵的概念与计算；

(2) 逆矩阵的判定；

(3) 逆矩阵的性质．

学习难点

(1) 逆矩阵求解；

(2) 矩阵方程的求解．

逆矩阵的定义

2.3.1 逆矩阵的定义

数的乘法有逆运算，即对于任意实数 $a\neq 0$，必存在实数 $b\neq 0$，使得 $ab=ba=1$，此时 $b=a^{-1}$．我们把这个逆运算推广到矩阵乘法中．

定义 设 $\boldsymbol{A}$ 为 n 阶方阵，若存在 n 阶方阵 $\boldsymbol{B}$，使得

$$\boldsymbol{AB}=\boldsymbol{BA}=\boldsymbol{E} \tag{2-8}$$

则称 $\boldsymbol{A}$ 是**可逆矩阵**（$\boldsymbol{A}$ 可逆），$\boldsymbol{B}$ 是 $\boldsymbol{A}$ 的逆矩阵，记作 $\boldsymbol{B}=\boldsymbol{A}^{-1}$．同理，$\boldsymbol{A}$ 是 $\boldsymbol{B}$ 的逆矩阵，记作 $\boldsymbol{A}=\boldsymbol{B}^{-1}$．

反之，若不存在 n 阶方阵 $\boldsymbol{B}$ 满足式 (2-8)，则称矩阵 $\boldsymbol{A}$ **不可逆**．

例 1 设矩阵 $\boldsymbol{A}=\begin{pmatrix}1&1\\1&2\end{pmatrix}$，矩阵 $\boldsymbol{B}=\begin{pmatrix}2&-1\\-1&1\end{pmatrix}$，验证 $\boldsymbol{A}$ 为可逆矩阵，且 $\boldsymbol{B}$ 是 $\boldsymbol{A}$ 的逆矩阵．

证明 因为 $\boldsymbol{AB}=\begin{pmatrix}1&1\\1&2\end{pmatrix}\begin{pmatrix}2&-1\\-1&1\end{pmatrix}=\boldsymbol{E}$，$\boldsymbol{BA}=\begin{pmatrix}2&-1\\-1&1\end{pmatrix}\begin{pmatrix}1&1\\1&2\end{pmatrix}=\boldsymbol{E}$，即满足 $\boldsymbol{AB}=\boldsymbol{BA}=\boldsymbol{E}$，故 $\boldsymbol{A}$ 为可逆矩阵，且 $\boldsymbol{B}$ 是 $\boldsymbol{A}$ 的逆矩阵．

注

1) 矩阵 $\boldsymbol{A}$ 的逆矩阵不能记作 $\dfrac{1}{\boldsymbol{A}}$ 或 $\dfrac{\boldsymbol{E}}{\boldsymbol{A}}$；

2) 若矩阵 $\boldsymbol{A}$ 可逆，则 $\boldsymbol{A}$ 的逆矩阵是唯一的；

3) 若 $\boldsymbol{A}$ 是可逆矩阵，$\boldsymbol{A}$ 也可称为非奇异矩阵或非退化矩阵．

例 2 已知 n 阶方阵 $\boldsymbol{A}$ 满足 $\boldsymbol{A}^2=\boldsymbol{O}$，判定 $\boldsymbol{A}-\boldsymbol{E}$ 是否可逆？若可逆，求其逆矩阵．

解 因为 $\boldsymbol{A}^2=\boldsymbol{A}^2-\boldsymbol{E}^2+\boldsymbol{E}^2=(\boldsymbol{A}-\boldsymbol{E})(\boldsymbol{A}+\boldsymbol{E})+\boldsymbol{E}=\boldsymbol{O}$，即 $-(\boldsymbol{A}-\boldsymbol{E})(\boldsymbol{A}+\boldsymbol{E})=\boldsymbol{E}$，
故 $\boldsymbol{A}-\boldsymbol{E}$ 是可逆矩阵，且 $(\boldsymbol{A}-\boldsymbol{E})^{-1}=-\boldsymbol{A}-\boldsymbol{E}$．

例 3 已知 n 阶方阵 $\boldsymbol{A}$ 满足 $\boldsymbol{A}^2-3\boldsymbol{A}+4\boldsymbol{E}=\boldsymbol{O}$，证明 $\boldsymbol{A}-2\boldsymbol{E}$ 可逆，并求 $(\boldsymbol{A}-2\boldsymbol{E})^{-1}$．

证明 因为 $\boldsymbol{A}^2-3\boldsymbol{A}+4\boldsymbol{E}=(\boldsymbol{A}^2-3\boldsymbol{A}+2\boldsymbol{E})+2\boldsymbol{E}=(\boldsymbol{A}-2\boldsymbol{E})(\boldsymbol{A}-\boldsymbol{E})+2\boldsymbol{E}=\boldsymbol{O}$，

故 $(\boldsymbol{A}-2\boldsymbol{E})(\boldsymbol{A}-\boldsymbol{E})=-2\boldsymbol{E}$，即 $(\boldsymbol{A}-2\boldsymbol{E})\left(-\dfrac{\boldsymbol{A}-\boldsymbol{E}}{2}\right)=\boldsymbol{E}$．

因此，$\boldsymbol{A}-2\boldsymbol{E}$ 可逆，且 $(\boldsymbol{A}-2\boldsymbol{E})^{-1}=-\dfrac{\boldsymbol{A}-\boldsymbol{E}}{2}$．

2.3.2 逆矩阵的伴随矩阵

逆矩阵的伴随矩阵

思考：对于给定数值的矩阵，满足什么条件时该矩阵可逆？若该矩阵可逆，如何求解其逆矩阵？首先，我们引出伴随矩阵的概念.

1. 伴随矩阵

设 n 阶方阵 $\boldsymbol{A}=(a_{ij})_{n\times n}$，且 A_{ij} 为行列式 $|\boldsymbol{A}|$ 中元素 a_{ij} 对应的代数余子式，则称

$$\boldsymbol{A}^*=\begin{pmatrix} A_{11} & A_{21} & \cdots & A_{n1} \\ A_{12} & A_{22} & \cdots & A_{n2} \\ \vdots & \vdots & & \vdots \\ A_{1n} & A_{2n} & \cdots & A_{nn} \end{pmatrix}$$

为方阵 $\boldsymbol{A}$ 的**伴随矩阵**.

注

伴随矩阵 $\boldsymbol{A}^*$ 中的第 i 行第 j 列元素由 $|\boldsymbol{A}|$ 中第 j 行第 i 列元素 a_{ji} 对应的代数余子式 A_{ji} 构成.

例 4 设矩阵 $\boldsymbol{A}=\begin{pmatrix} 2 & 4 \\ 1 & 3 \end{pmatrix}$，求矩阵 $\boldsymbol{A}$ 的伴随矩阵 $\boldsymbol{A}^*$，并验证 $\boldsymbol{A}\boldsymbol{A}^*=\boldsymbol{A}^*\boldsymbol{A}=|\boldsymbol{A}|\boldsymbol{E}$.

解 因为 $\boldsymbol{A}$ 的元素 $a_{11}=2, a_{12}=4, a_{21}=1, a_{22}=3$ 分别对应的代数余子式 $A_{11}=3, A_{12}=-1, A_{21}=-4, A_{22}=2$，故伴随矩阵 $\boldsymbol{A}^*=\begin{pmatrix} A_{11} & A_{21} \\ A_{12} & A_{22} \end{pmatrix}=\begin{pmatrix} 3 & -4 \\ -1 & 2 \end{pmatrix}$.

由矩阵乘法可知，$\boldsymbol{A}\boldsymbol{A}^*=\begin{pmatrix} 2 & 4 \\ 1 & 3 \end{pmatrix}\begin{pmatrix} 3 & -4 \\ -1 & 2 \end{pmatrix}=\begin{pmatrix} 2 & 0 \\ 0 & 2 \end{pmatrix}=2\boldsymbol{E}$,

$$\boldsymbol{A}^*\boldsymbol{A}=\begin{pmatrix} 3 & -4 \\ -1 & 2 \end{pmatrix}\begin{pmatrix} 2 & 4 \\ 1 & 3 \end{pmatrix}=\begin{pmatrix} 2 & 0 \\ 0 & 2 \end{pmatrix}=2\boldsymbol{E}.$$

由 $|\boldsymbol{A}|=\begin{vmatrix} 2 & 4 \\ 1 & 3 \end{vmatrix}=2$ 可知，$\boldsymbol{A}\boldsymbol{A}^*=\boldsymbol{A}^*\boldsymbol{A}=|\boldsymbol{A}|\boldsymbol{E}$.

从例 4 可以看出，方阵 $\boldsymbol{A}$、伴随矩阵 $\boldsymbol{A}^*$ 及其行列式 $|\boldsymbol{A}|$ 之间存在非常重要的关系，可得如下结论：

定理 1 设 $\boldsymbol{A}$ 是 n 阶方阵，$\boldsymbol{A}^*$ 为方阵 $\boldsymbol{A}$ 的伴随矩阵，则

$$\boldsymbol{A}\boldsymbol{A}^*=\boldsymbol{A}^*\boldsymbol{A}=|\boldsymbol{A}|\boldsymbol{E}.$$

证明 利用矩阵乘法运算、拉普拉斯展开定理及零值定理，有

$$AA^* = \begin{pmatrix} a_{11} & a_{12} & \cdots & a_{1n} \\ a_{21} & a_{22} & \cdots & a_{2n} \\ \vdots & \vdots & & \vdots \\ a_{n1} & a_{n2} & \cdots & A_{nn} \end{pmatrix}\begin{pmatrix} A_{11} & A_{21} & \cdots & A_{n1} \\ A_{12} & A_{22} & \cdots & A_{n2} \\ \vdots & \vdots & & \vdots \\ A_{1n} & A_{2n} & \cdots & A_{nn} \end{pmatrix} = \begin{pmatrix} |A| & 0 & \cdots & 0 \\ 0 & |A| & \cdots & 0 \\ \vdots & \vdots & & \vdots \\ 0 & 0 & \cdots & |A| \end{pmatrix} = |A|E.$$

同理可证 $A^*A = |A|E$. 因此 $AA^* = A^*A = |A|E$.

2. 矩阵可逆条件及求解

定理 2　n 阶方阵 A 可逆的充分必要条件为 $|A| \neq 0$, 且当 A 可逆时，则

$$A^{-1} = \frac{A^*}{|A|} \tag{2-9}$$

证明　必要性：由方阵 A 可逆，有 $AA^{-1} = E$, 两边取行列式得

$$|AA^{-1}| = |A| \cdot |A^{-1}| = |E| = 1,$$

故 $|A| \neq 0$, 且 $|A^{-1}| = |A|^{-1}$.

充分性：因为方阵 $|A| \neq 0$, 式 (2-9) 两边同乘以 $\frac{1}{|A|}$, 得

$$A\left(\frac{1}{|A|}A^*\right) = \left(\frac{1}{|A|}A^*\right)A = E,$$

由逆矩阵的定义可知，A 可逆，且 $A^{-1} = \frac{A^*}{|A|}$.

例 5　已知 $A = \begin{pmatrix} 1 & 4 \\ 1 & 3 \end{pmatrix}$，求 A^{-1}.

解　已知 $|A| = \begin{vmatrix} 1 & 4 \\ 1 & 3 \end{vmatrix} = -1 \neq 0$，因此矩阵 A 可逆.

伴随矩阵 $A^* = \begin{pmatrix} A_{11} & A_{21} \\ A_{12} & A_{22} \end{pmatrix} = \begin{pmatrix} 3 & -4 \\ -1 & 1 \end{pmatrix}$，故 $A^{-1} = \frac{1}{|A|}A^* = -\begin{pmatrix} 3 & -4 \\ -1 & 1 \end{pmatrix} = \begin{pmatrix} -3 & 4 \\ 1 & -1 \end{pmatrix}$.

一般地，对二阶方阵 $A = \begin{pmatrix} a & b \\ c & d \end{pmatrix}$, 若 $|A| = ad - bc \neq 0$, 则 A 可逆，且 $A^{-1} = \frac{1}{ad-bc}\begin{pmatrix} d & -b \\ -c & a \end{pmatrix}$.

不难发现，所求二阶方阵的逆矩阵的特点：将矩阵 A 的主对角线元素 a, d 交换位置，副对角线元素 b, c 添加负号，然后除以 A 的行列式即可.

例 6 已知 $\boldsymbol{A}=\begin{pmatrix}1&4&1\\0&2&1\\3&1&2\end{pmatrix}$，求 $\boldsymbol{A}^{-1}$.

解 由 $|\boldsymbol{A}|=\begin{vmatrix}1&4&1\\0&2&1\\3&1&2\end{vmatrix}=9\neq 0$ 可知，$\boldsymbol{A}$ 可逆．各元素的代数余子式

$$A_{11}=\begin{vmatrix}2&1\\1&2\end{vmatrix}=3,\ A_{12}=-\begin{vmatrix}0&1\\3&2\end{vmatrix}=3,\ A_{13}=\begin{vmatrix}0&2\\3&1\end{vmatrix}=-6,$$

$$A_{21}=-\begin{vmatrix}4&1\\1&2\end{vmatrix}=-7,\ A_{22}=\begin{vmatrix}1&1\\3&2\end{vmatrix}=-1,\ A_{23}=-\begin{vmatrix}1&4\\3&1\end{vmatrix}=11,$$

$$A_{31}=\begin{vmatrix}4&1\\2&1\end{vmatrix}=2,\ A_{32}=-\begin{vmatrix}1&1\\0&1\end{vmatrix}=-1,\ A_{33}=\begin{vmatrix}1&4\\0&2\end{vmatrix}=2.$$

故 $\boldsymbol{A}^{*}=\begin{pmatrix}A_{11}&A_{21}&A_{31}\\A_{12}&A_{22}&A_{32}\\A_{13}&A_{23}&A_{33}\end{pmatrix}=\begin{pmatrix}3&-7&2\\3&-1&-1\\-6&11&2\end{pmatrix}$，

因此，$\boldsymbol{A}^{-1}=\dfrac{\boldsymbol{A}^{*}}{|\boldsymbol{A}|}=\dfrac{1}{9}\begin{pmatrix}3&-7&2\\3&-1&-1\\-6&11&2\end{pmatrix}=\begin{pmatrix}\frac{1}{3}&-\frac{7}{9}&\frac{2}{9}\\\frac{1}{3}&-\frac{1}{9}&-\frac{1}{9}\\-\frac{2}{3}&\frac{11}{9}&\frac{2}{9}\end{pmatrix}$.

2.3.3 逆矩阵的性质

逆矩阵的性质

设 $\boldsymbol{A},\boldsymbol{B}$ 为 n 阶可逆矩阵，常数 $k\neq 0$，则

1) $(\boldsymbol{A}^{-1})^{-1}=\boldsymbol{A}$;

2) $(k\boldsymbol{A})^{-1}=\dfrac{1}{k}\boldsymbol{A}^{-1}$;

3) $|\boldsymbol{A}^{-1}|=|\boldsymbol{A}|^{-1}$;

4) $(\boldsymbol{AB})^{-1}=\boldsymbol{B}^{-1}\boldsymbol{A}^{-1}$;

5) $(\boldsymbol{A}^{\mathrm{T}})^{-1}=(\boldsymbol{A}^{-1})^{\mathrm{T}}$;

6) $(\boldsymbol{A}^{k})^{-1}=(\boldsymbol{A}^{-1})^{k}$;

7) $|\boldsymbol{A}^{*}|=|\boldsymbol{A}|^{n-1}\quad(n\geqslant 1)$;

8) $(\boldsymbol{A}^{*})^{*}=|\boldsymbol{A}|^{n-2}\boldsymbol{A}\quad(n\geqslant 2)$;

9) $(\boldsymbol{A}_1\boldsymbol{A}_2\cdots\boldsymbol{A}_k)^{-1}=\boldsymbol{A}_k^{-1}\cdots\boldsymbol{A}_2^{-1}\boldsymbol{A}_1^{-1}$;

10) $(\boldsymbol{A}^{*})^{-1}=(\boldsymbol{A}^{-1})^{*}=\dfrac{\boldsymbol{A}}{|\boldsymbol{A}|}$.

例 7　已知三阶可逆矩阵 $\boldsymbol{A},\boldsymbol{B}$, 且 $|\boldsymbol{A}|=2,|\boldsymbol{B}|=4$, 求：

1) $\left|2\boldsymbol{A}^{\mathrm{T}}\boldsymbol{B}^{-1}\right|$;　　2) $\left|-3(\boldsymbol{A}^2\boldsymbol{B})^{-1}\right|$;　　3) $\left|(\boldsymbol{A}\boldsymbol{B})^*\right|$.

解　1) $\left|2\boldsymbol{A}^{\mathrm{T}}\boldsymbol{B}^{-1}\right|=2^3\left|\boldsymbol{A}^{\mathrm{T}}\right|\left|\boldsymbol{B}^{-1}\right|=8|\boldsymbol{A}||\boldsymbol{B}|^{-1}=8\times2\times\dfrac{1}{4}=4$;

2) $\left|-3(\boldsymbol{A}^2\boldsymbol{B})^{-1}\right|=(-3)^3\left|\boldsymbol{B}^{-1}(\boldsymbol{A}^2)^{-1}\right|=-27|\boldsymbol{B}|^{-1}\left|\boldsymbol{A}^2\right|^{-1}=-27\times\dfrac{1}{4}\times\dfrac{1}{2^2}=-\dfrac{27}{16}$;

3) $\left|(\boldsymbol{A}\boldsymbol{B})^*\right|=|\boldsymbol{A}\boldsymbol{B}|^2=|\boldsymbol{A}|^2|\boldsymbol{B}|^2=2^2\times4^2=64$.

例 8　设 $\boldsymbol{A}$ 为三阶方阵，且 $|\boldsymbol{A}|=2$, 求 $\left|\left(\dfrac{1}{4}\boldsymbol{A}\right)^{-1}-3\boldsymbol{A}^*\right|$.

解　由 $\boldsymbol{A}^*=|\boldsymbol{A}|\boldsymbol{A}^{-1}$，有 $\left(\dfrac{1}{4}\boldsymbol{A}\right)^{-1}-3\boldsymbol{A}^*=4\boldsymbol{A}^{-1}-3|\boldsymbol{A}|\boldsymbol{A}^{-1}=-2\boldsymbol{A}^{-1}$.

因此，$\left|\left(\dfrac{1}{4}\boldsymbol{A}\right)^{-1}-3\boldsymbol{A}^*\right|=\left|-2\boldsymbol{A}^{-1}\right|=(-2)^3|\boldsymbol{A}|^{-1}=-8\times\dfrac{1}{2}=-4$.

例 9　已知 $\boldsymbol{A}=\begin{pmatrix}1&3&2\\-1&0&5\\2&4&1\end{pmatrix}$, 求 $(\boldsymbol{A}^{-1})^*$.

解　$|\boldsymbol{A}|=\begin{vmatrix}1&3&2\\-1&0&5\\2&4&1\end{vmatrix}=5\neq0$,

$$(\boldsymbol{A}^{-1})^*=\frac{\boldsymbol{A}}{|\boldsymbol{A}|}=\frac{1}{5}\begin{pmatrix}1&3&2\\-1&0&5\\2&4&1\end{pmatrix}=\begin{pmatrix}\frac{1}{5}&\frac{3}{5}&\frac{2}{5}\\-\frac{1}{5}&0&1\\\frac{2}{5}&\frac{4}{5}&\frac{1}{5}\end{pmatrix}.$$

2.3.4　逆矩阵的应用——矩阵方程

设 $\boldsymbol{A}$ 为 n 阶方阵，根据克拉默法则和矩阵乘法表示，以 $\boldsymbol{A}$ 为系数矩阵的线性方程组 $\boldsymbol{AX}=\boldsymbol{B}$, 若 $\boldsymbol{A}$ 可逆，即 $|\boldsymbol{A}|\neq0$，则方程组有唯一解 $\boldsymbol{X}=\boldsymbol{A}^{-1}\boldsymbol{B}$, 故可借助逆矩阵求解矩阵方程 .

逆矩阵的应用——矩阵方程

例 10 求解矩阵方程 $\boldsymbol{AX}=\boldsymbol{B}$, 其中 $\boldsymbol{A}=\begin{pmatrix}2&5\\1&3\end{pmatrix}$, $\boldsymbol{B}=\begin{pmatrix}1&0&-1\\2&6&4\end{pmatrix}$.

解 因为 $\boldsymbol{AX}=\boldsymbol{B}$, 则 $\boldsymbol{A}^{-1}\boldsymbol{AX}=\boldsymbol{A}^{-1}\boldsymbol{B}$, 即 $\boldsymbol{X}=\boldsymbol{A}^{-1}\boldsymbol{B}$.

由 $|\boldsymbol{A}|=\begin{vmatrix}2&5\\1&3\end{vmatrix}=1\neq 0$ 可知, $\boldsymbol{A}$ 可逆, 且 $\boldsymbol{A}^{-1}=\begin{pmatrix}3&-5\\-1&2\end{pmatrix}$.

故矩阵方程的解为 $\boldsymbol{X}=\boldsymbol{A}^{-1}\boldsymbol{B}=\begin{pmatrix}3&-5\\-1&2\end{pmatrix}\begin{pmatrix}1&0&-1\\2&6&4\end{pmatrix}=\begin{pmatrix}-7&-30&-23\\3&12&9\end{pmatrix}$.

例 11 设矩阵 $\boldsymbol{X}$ 满足矩阵方程 $\boldsymbol{X}=\boldsymbol{AX}+\boldsymbol{B}$, 且 $\boldsymbol{A}=\begin{pmatrix}0&1&0\\-1&1&1\\-1&0&-1\end{pmatrix}$, $\boldsymbol{B}=\begin{pmatrix}1&-1\\2&0\\5&3\end{pmatrix}$, 求矩阵 $\boldsymbol{X}$.

解 由 $\boldsymbol{X}=\boldsymbol{AX}+\boldsymbol{B}$, 得 $(\boldsymbol{E}-\boldsymbol{A})\boldsymbol{X}=\boldsymbol{B}$. 由于

$$\boldsymbol{E}-\boldsymbol{A}=\begin{pmatrix}1&-1&0\\1&0&-1\\1&0&2\end{pmatrix},\ |\boldsymbol{E}-\boldsymbol{A}|=3\neq 0,$$

则 $\boldsymbol{E}-\boldsymbol{A}$ 可逆, 且 $\boldsymbol{X}=(\boldsymbol{E}-\boldsymbol{A})^{-1}\boldsymbol{B}$. 经计算,

$$(\boldsymbol{E}-\boldsymbol{A})^{-1}=\frac{1}{|\boldsymbol{E}-\boldsymbol{A}|}(\boldsymbol{E}-\boldsymbol{A})^{*}=\frac{1}{3}\begin{pmatrix}0&2&1\\-3&2&1\\0&-1&1\end{pmatrix}.$$

所以 $\boldsymbol{X}=(\boldsymbol{E}-\boldsymbol{A})^{-1}\boldsymbol{B}=\frac{1}{3}\begin{pmatrix}0&2&1\\-3&2&1\\0&-1&1\end{pmatrix}\begin{pmatrix}1&-1\\2&0\\5&3\end{pmatrix}=\begin{pmatrix}3&1\\2&2\\1&1\end{pmatrix}$.

2.3.5 能力拓展驿站

1. MATLAB 实验

(1) 利用 inv 命令求逆矩阵

编程命令 : D=inv (A)　　　　　　　　　　　　% 求矩阵 A 的逆矩阵

例 12 用 MATLAB 软件求解矩阵 $\boldsymbol{P}=\begin{pmatrix}2&1\\4&1\end{pmatrix}$ 的逆矩阵 .

输入命令：

```
P=[2 1;4 1];                          % 输入矩阵 P
A1=inv(P)                             % 求矩阵 P 的逆矩阵
```

输出结果：

```
A1=

   -0.5000    0.5000
    2.0000   -1.0000
```

(2) 利用逆矩阵求伴随矩阵

编程命令：B=inv(A)*det(A)　　　　% 求矩阵 A 的伴随矩阵

例 13　用 MATLAB 软件求解矩阵 $\boldsymbol{A}=\begin{pmatrix}1 & 2\\ 3 & 4\end{pmatrix}$ 的伴随矩阵．

输入命令：

```
A=[1 2;3 4];                          % 输入矩阵 A
B=inv(A)*det(A)                       % 求矩阵 A 的伴随矩阵
```

输出结果：

```
B=

    4.0000   -2.0000
   -3.0000    1.0000
```

(3) 矩阵方程

编程命令：X=inv(A)*B　　　　% 求解矩阵方程

例 14　已知矩阵 $\boldsymbol{A}=\begin{pmatrix}0 & 2 & -1\\ 1 & 1 & 2\\ -1 & -1 & -1\end{pmatrix}$，$\boldsymbol{B}=\begin{pmatrix}2 & 0\\ 0 & 6\\ 4 & 0\end{pmatrix}$，用 MATLAB 软件求解矩阵方程 $\boldsymbol{AX}=\boldsymbol{B}$.

输入命令：

```
A=[0 2 -1;1 1 2;-1 -1 -1];B=[2 0;0 6;4 0];       % 输入矩阵 A,B
X=inv(A)*B                                        % 求解矩阵方程
```

输出结果：

```
X=

   -11   -9
     3    3
     4    6
```

2. 应用案例—— 希尔密码

(1) 问题提出

在军事密码学中，有一种基于线性变换的方法可实现信息编码与解码，需要发送方将要传送的信息用可逆矩阵进行加密，接受方根据约定好的可逆矩阵破解密码，这个可逆矩阵就称为“密钥”．例如，我们可将 26 个英文字母分别与正整数 1,2,3,…,25,26 一一对应，具体如下：

$$\begin{matrix} a & b & \cdots & y & z \\ \updownarrow & \updownarrow & \cdots & \updownarrow & \updownarrow \\ 1 & 2 & \cdots & 25 & 26 \end{matrix}$$

1) 若发送的明文密码是 19,5,14,4,13,15,14,5,25, 接收的暗文密码是 43,105,81,45,118,77,49,128,93, 那么怎样选取加密的可逆矩阵？

2) 假定第 1) 问中的加密矩阵保持不变，发送的明文密码是 *abnbbcdcf*, 请问接收的暗文密码是什么？

(2) 问题分析

1) 为了解密准确，我们选取一个矩阵 $\boldsymbol{A}$, 使得 $\boldsymbol{AB}=\boldsymbol{C}$. 根据编码规则要求，三个矩阵 $\boldsymbol{A}$, $\boldsymbol{B}$, $\boldsymbol{C}$ 均为整数矩阵，且满足 $\boldsymbol{A}$ 为可逆矩阵，那么就易求解加密矩阵 $\boldsymbol{A}=\boldsymbol{CB}^{-1}$.

2) 已知发送的明文密码矩阵 $\boldsymbol{T}$, 根据矩阵乘法运算，易求出接收的暗文密码矩阵．

(3) 模型建立与求解

1) 设发送的明文密码矩阵 $\boldsymbol{B}=\begin{pmatrix} 19 & 4 & 14 \\ 5 & 13 & 5 \\ 14 & 15 & 25 \end{pmatrix}$, 接收的暗文密码为 $\boldsymbol{C}=\begin{pmatrix} 43 & 45 & 49 \\ 105 & 118 & 128 \\ 81 & 77 & 93 \end{pmatrix}$, 则

$$\boldsymbol{A}=\boldsymbol{CB}^{-1}=\begin{pmatrix} 43 & 45 & 49 \\ 105 & 118 & 128 \\ 81 & 77 & 93 \end{pmatrix}\begin{pmatrix} 19 & 4 & 14 \\ 5 & 13 & 5 \\ 14 & 15 & 25 \end{pmatrix}^{-1}=\begin{pmatrix} 1 & 2 & 1 \\ 2 & 5 & 3 \\ 2 & 3 & 2 \end{pmatrix}.$$

2) 设发送的明文密码矩阵 $\boldsymbol{T}=\begin{pmatrix} 1 & 2 & 4 \\ 2 & 2 & 3 \\ 14 & 3 & 6 \end{pmatrix}$, 加密矩阵 $\boldsymbol{A}=\begin{pmatrix} 1 & 2 & 1 \\ 2 & 5 & 3 \\ 2 & 3 & 2 \end{pmatrix}$, 则接收的暗文密码矩阵为

$$\boldsymbol{D}=\boldsymbol{AT}=\begin{pmatrix} 1 & 2 & 1 \\ 2 & 5 & 3 \\ 2 & 3 & 2 \end{pmatrix}\begin{pmatrix} 1 & 2 & 4 \\ 2 & 2 & 3 \\ 14 & 3 & 6 \end{pmatrix}.$$

用 MATLAB 软件求解过程如下：

输入命令：

```
A=[1 2 1;2 5 3;2 3 2];T=[1 2 4;2 2 3;14 3 6];          % 输入矩阵 A,T
D= A*T                                                % 求矩阵 D
```

输出结果：

```
D=
    19    9    16
    54    23    41
    36    16    29
```

习题 2.3

一、选择题

1. 设矩阵 $\boldsymbol{A}=\begin{pmatrix}1 & a\\2 & 6\end{pmatrix}$, 若 $\boldsymbol{A}$ 可逆，则（　　）.

A. $a=3$　　B. $a=-3$　　C. $a\neq3$　　D. $a\neq-3$

2. 设 $\boldsymbol{A}$ 为可逆矩阵，下列各式正确的是（　　）.

A. $(2\boldsymbol{A})^{-1}=2\boldsymbol{A}^{-1}$　　B. $\boldsymbol{A}\boldsymbol{A}^{*}=\boldsymbol{O}$

C. $(\boldsymbol{A}^{*})^{-1}=\dfrac{\boldsymbol{A}^{-1}}{|\boldsymbol{A}|}$　　D. $(\boldsymbol{A}^{-1})^{\mathrm{T}}=(\boldsymbol{A}^{\mathrm{T}})^{-1}$

3. 设 $\boldsymbol{A}=\begin{pmatrix}1 & 1\\1 & 1\end{pmatrix}$, $\boldsymbol{B}=\begin{pmatrix}1 & 2\\3 & 4\end{pmatrix}$, 且满足 $\boldsymbol{X}=\boldsymbol{X}\boldsymbol{A}+\boldsymbol{B}$, 则 $\boldsymbol{X}=$（　　）.

A. $-\begin{pmatrix}2 & 1\\4 & 3\end{pmatrix}$　　B. $-\begin{pmatrix}1 & 2\\4 & 3\end{pmatrix}$　　C. $-\begin{pmatrix}2 & 4\\1 & 3\end{pmatrix}$　　D. $-\begin{pmatrix}2 & 1\\3 & 4\end{pmatrix}$

二、填空题

1. 设 $\boldsymbol{A}=\begin{pmatrix}1 & x\\2 & 4\end{pmatrix}$ 不可逆，则 $x=$____________.

2. 设 $\boldsymbol{A}=\begin{pmatrix}6 & 3\\-2 & 5\end{pmatrix}$, 则 $\boldsymbol{A}$ 的伴随矩阵 $\boldsymbol{A}^{*}=$____________.

3. 设 $\boldsymbol{A}$ 为 n 阶方阵，满足 $\boldsymbol{A}^2+3\boldsymbol{A}-2\boldsymbol{E}=\boldsymbol{O}$，则 $(\boldsymbol{A}+\boldsymbol{E})^{-1}=$____________.

4. 设 $\boldsymbol{A}$ 为三阶方阵，且 $|\boldsymbol{A}|=4$，则 $\left|\boldsymbol{A}^{*}-(2\boldsymbol{A})^{-1}\right|=$____________.

5. 设 $\boldsymbol{A}$ 为四阶方阵，且 $|\boldsymbol{A}|=2$，则 $|\boldsymbol{A}^{*}|=$____________.

6. 已知四阶可逆矩阵 $\boldsymbol{A}$, $\boldsymbol{B}$, 且 $|\boldsymbol{A}|=2$，$|\boldsymbol{B}|=3$，则 $|2\boldsymbol{A}^2\boldsymbol{B}^{-1}|=$____________.

三、计算题

1. 求下列矩阵的逆矩阵：

(1) $\begin{pmatrix} 2 & -1 \\ -3 & 4 \end{pmatrix}$;　　(2) $\begin{pmatrix} 1 & 2 & 0 \\ 2 & 5 & 0 \\ 1 & 3 & 2 \end{pmatrix}$.

2. 设矩阵 $\boldsymbol{A}=\begin{pmatrix} 2 & 1 \\ -1 & 4 \end{pmatrix}$, $\boldsymbol{B}=\begin{pmatrix} 1 & 0 & 3 \\ 2 & -1 & 4 \end{pmatrix}$, 且满足 $3\boldsymbol{X}=\boldsymbol{AX}+\boldsymbol{B}$, 求矩阵 $\boldsymbol{X}$.

3. 设 $\boldsymbol{A}=\begin{pmatrix} 1 & 1 & -1 \\ 0 & 1 & 1 \\ 0 & 0 & -1 \end{pmatrix}$, 且满足 $\boldsymbol{A}-\boldsymbol{AB}=\boldsymbol{E}$, 求矩阵 $\boldsymbol{B}$.

4. 设 $\boldsymbol{P}=\begin{pmatrix} 2 & 1 \\ 4 & 1 \end{pmatrix}$, $\boldsymbol{Q}=\begin{pmatrix} 1 & 0 \\ 0 & -2 \end{pmatrix}$, 且满足 $\boldsymbol{P}^{-1}\boldsymbol{AP}=\boldsymbol{Q}$, 求 $\boldsymbol{A}^{2025}$.

5. 设 $\boldsymbol{A}=\begin{pmatrix} 1 & -3 & -1 \\ 2 & 1 & 2 \\ 4 & 0 & 6 \end{pmatrix}$, 求 $(\boldsymbol{A}^*)^{-1}$.

6. 设 $\boldsymbol{A}, \boldsymbol{B}$ 为三阶可逆矩阵，$|\boldsymbol{A}|=3$, $|\boldsymbol{B}|=6$, 求：(1) $|3\boldsymbol{A}^2\boldsymbol{B}^{-1}|$; (2) $|4\boldsymbol{A}^{-1}\boldsymbol{B}^*|$.

7. 已知 $\boldsymbol{A}^3+3\boldsymbol{A}+\boldsymbol{E}=\boldsymbol{O}$, 证明：$\boldsymbol{A}-2\boldsymbol{E}$ 可逆，并求其逆矩阵 .

8. 根据希尔密码原理，若发出的信息是 linear transfer matric, 利用矩阵乘法来对明文加密．为了加密，即选取一个可逆矩阵 $\boldsymbol{A}$, 使得 $\boldsymbol{AB}=\boldsymbol{C}$, 这样密文将很难被破译 . 假设接收到的密文为 $\boldsymbol{C}$, 解码得到 love math very much, 请根据你想要输出的矩阵选取加密矩阵 $\boldsymbol{A}$.

四、实验题

1. 用 MATLAB 软件求解矩阵 $\boldsymbol{A}=\begin{pmatrix} 1 & -4 & -1 \\ 3 & 1 & 2 \\ 5 & 0 & 1 \end{pmatrix}$ 的逆矩阵 .

2. 用 MATLAB 软件求解矩阵方程 $\begin{pmatrix} 4 & 1 \\ 1 & 5 \end{pmatrix}\boldsymbol{X}=3\boldsymbol{X}+\begin{pmatrix} 1 & 0 & 2 \\ -3 & 2 & 1 \end{pmatrix}$.

2.4 分块矩阵

【课前导读】

在矩阵运算的过程中发现，行列较小的小型矩阵一般计算相对容易，于是在处理行列较大的大型矩阵时，就自然地想到把大型矩阵转化为小型矩阵来处理，这种方法就是本节介绍的分块矩阵法 . 本节主要讨论分块矩阵的加减法、数乘、乘法以及分块对角矩阵的性质及运算 .

知识目标

(1) 理解分块矩阵的概念；

(2) 掌握上三角或下三角分块矩阵的逆矩阵求解；

(3) 理解分块对角矩阵的概念；

(4) 掌握分块对角矩阵的性质.

能力目标

(1) 增强分块对角矩阵的方幂、逆矩阵求解的能力；

(2) 探索分块矩阵的类型，增强合理分类的能力；

(3) 提升 MATLAB 软件编程求解分块矩阵的运算能力.

素质目标

(1) 引入电路区域控制案例，探索矩阵分块的必要性，激发学生团队合作意识；

(2) 通过图像压缩感知技术的拓展阅读，体会数学的科学性、适应性；

(3) 通过数学软件 MATLAB 编程求解分块矩阵问题，增强学生的创新精神.

学习重点

(1) 分块矩阵的乘法；

(2) 上三角或下三角分块矩阵的逆矩阵求解；

(3) 分块对角矩阵的性质.

学习难点

(1) 矩阵的合理分块；

(2) 分块对角矩阵的应用.

2.4.1　分块矩阵的定义

分块矩阵的定义和运算

【案例引入】电路板

生活中，灯光的控制主要依赖于电路板.电路板通过基板的绝缘材料将表面的铜箔导电层隔离开来，使电流能够沿着预先设计好的路径在各种元器件中流动，从而实现诸如做功、放大、衰减、调制、解调和编码等功能.通常，这些功能会被分解到不同的板块中，以便分别控制不同的区域，如图 2-6 所示.

图 2-6

如果将整个电路板看作一个大型矩阵，每个不同的功能区域看作一个小型矩阵，不难发现，大型矩阵可以通过若干个小型矩阵来表示，这就是接下来要介绍的分块矩阵.

定义 1 将矩阵 $\boldsymbol{A}$ 用若干条横线和纵线分成若干个小矩阵，每个小矩阵称为矩阵 $\boldsymbol{A}$ 的子块，以子块为元素的形式上的矩阵称为**分块矩阵**.

例如，$\boldsymbol{A}=\begin{pmatrix}1&-1&1&0\\2&3&0&1\\0&0&4&7\\0&0&-1&2\end{pmatrix}$，对 $\boldsymbol{A}$ 可做如下划分：

1) 第一种方阵分块：令 $\boldsymbol{A}_{11}=\begin{pmatrix}1&-1\\2&3\end{pmatrix}$，$\boldsymbol{E}=\begin{pmatrix}1&0\\0&1\end{pmatrix}$，$\boldsymbol{A}_{22}=\begin{pmatrix}4&7\\-1&2\end{pmatrix}$，则

$$\boldsymbol{A}=\left(\begin{array}{cc|cc}1&-1&1&0\\2&3&0&1\\\hline 0&0&4&7\\0&0&-1&2\end{array}\right)=\begin{pmatrix}\boldsymbol{A}_{11}&\boldsymbol{E}\\\boldsymbol{O}&\boldsymbol{A}_{22}\end{pmatrix}.$$

2) 第二种按行分块：$\boldsymbol{A}=\left(\begin{array}{cccc}1&-1&1&0\\\hline 2&3&0&1\\\hline 0&0&4&7\\\hline 0&0&-1&2\end{array}\right)=\begin{pmatrix}\boldsymbol{A}_1\\\boldsymbol{A}_2\\\boldsymbol{A}_3\\\boldsymbol{A}_4\end{pmatrix}$.

3) 第三种按列分块：$\boldsymbol{A}=\left(\begin{array}{c|c|c|c}1&-1&1&0\\2&3&0&1\\0&0&4&7\\0&0&-1&2\end{array}\right)=(\boldsymbol{A}_1\quad\boldsymbol{A}_2\quad\boldsymbol{A}_3\quad\boldsymbol{A}_4)$.

通过上述 3 种分法，可以得出一个矩阵的分块矩阵不是唯一的，与矩阵行列的不同分

法有关．因此，对于给定的矩阵，可以根据不同的需要采取不同的方法进行分块．分块时既要考虑运算方便，又要使子块在参与运算时有意义．

2.4.2　分块矩阵的运算

对分块矩阵进行运算时，可以把每一个子块看作矩阵的“元素”进行计算．因此，它与矩阵具有类似的运算法则与性质．

1. 加减法与数乘

设 k 为实数，$m\times n$ 矩阵 $\boldsymbol{A}$ 与 $\boldsymbol{B}$ 的分块法一致，若

$$\boldsymbol{A}=\begin{pmatrix}\boldsymbol{A}_{11} & \boldsymbol{A}_{12} & \cdots & \boldsymbol{A}_{1t}\\ \boldsymbol{A}_{21} & \boldsymbol{A}_{22} & \cdots & \boldsymbol{A}_{2t}\\ \vdots & \vdots & & \vdots\\ \boldsymbol{A}_{s1} & \boldsymbol{A}_{s2} & \cdots & \boldsymbol{A}_{st}\end{pmatrix},\quad \boldsymbol{B}=\begin{pmatrix}\boldsymbol{B}_{11} & \boldsymbol{B}_{12} & \cdots & \boldsymbol{B}_{1t}\\ \boldsymbol{B}_{21} & \boldsymbol{B}_{22} & \cdots & \boldsymbol{B}_{2t}\\ \vdots & \vdots & & \vdots\\ \boldsymbol{B}_{s1} & \boldsymbol{B}_{s2} & \cdots & \boldsymbol{B}_{st}\end{pmatrix},$$

其中 $\boldsymbol{A}_{ij}$ 与 $\boldsymbol{B}_{ij}$ 的行数相同、列数相同，则

$$\boldsymbol{A}\pm\boldsymbol{B}=\begin{pmatrix}\boldsymbol{A}_{11}\pm\boldsymbol{B}_{11} & \boldsymbol{A}_{12}\pm\boldsymbol{B}_{12} & \cdots & \boldsymbol{A}_{1t}\pm\boldsymbol{B}_{1t}\\ \boldsymbol{A}_{21}\pm\boldsymbol{B}_{21} & \boldsymbol{A}_{22}\pm\boldsymbol{B}_{22} & \cdots & \boldsymbol{A}_{2t}\pm\boldsymbol{B}_{2t}\\ \vdots & \vdots & & \vdots\\ \boldsymbol{A}_{s1}\pm\boldsymbol{B}_{s1} & \boldsymbol{A}_{s2}\pm\boldsymbol{B}_{s2} & \cdots & \boldsymbol{A}_{st}\pm\boldsymbol{B}_{st}\end{pmatrix},\quad k\boldsymbol{A}=\begin{pmatrix}k\boldsymbol{A}_{11} & k\boldsymbol{A}_{12} & \cdots & k\boldsymbol{A}_{1t}\\ k\boldsymbol{A}_{21} & k\boldsymbol{A}_{22} & \cdots & k\boldsymbol{A}_{2t}\\ \vdots & \vdots & & \vdots\\ k\boldsymbol{A}_{s1} & k\boldsymbol{A}_{s2} & \cdots & k\boldsymbol{A}_{st}\end{pmatrix}.$$

2. 乘法

设 $\boldsymbol{A}$ 为 $m\times l$ 矩阵，$\boldsymbol{B}$ 为 $l\times n$ 矩阵，且 $\boldsymbol{A}$ 的列与 $\boldsymbol{B}$ 的行采用相同的分块法，把 $\boldsymbol{A}$ 与 $\boldsymbol{B}$ 分块为

$$\boldsymbol{A}=\begin{pmatrix}\boldsymbol{A}_{11} & \boldsymbol{A}_{12} & \cdots & \boldsymbol{A}_{1k}\\ \boldsymbol{A}_{21} & \boldsymbol{A}_{22} & \cdots & \boldsymbol{A}_{2k}\\ \vdots & \vdots & & \vdots\\ \boldsymbol{A}_{s1} & \boldsymbol{A}_{s2} & \cdots & \boldsymbol{A}_{sk}\end{pmatrix},\quad \boldsymbol{B}=\begin{pmatrix}\boldsymbol{B}_{11} & \boldsymbol{B}_{12} & \cdots & \boldsymbol{B}_{1t}\\ \boldsymbol{B}_{21} & \boldsymbol{B}_{22} & \cdots & \boldsymbol{B}_{2t}\\ \vdots & \vdots & & \vdots\\ \boldsymbol{B}_{k1} & \boldsymbol{B}_{k2} & \cdots & \boldsymbol{B}_{kt}\end{pmatrix},$$

则 $\boldsymbol{C}=\boldsymbol{AB}=\begin{pmatrix}\boldsymbol{C}_{11} & \boldsymbol{C}_{12} & \cdots & \boldsymbol{C}_{1t}\\ \boldsymbol{C}_{21} & \boldsymbol{C}_{22} & \cdots & \boldsymbol{C}_{2t}\\ \vdots & \vdots & & \vdots\\ \boldsymbol{C}_{s1} & \boldsymbol{C}_{s2} & \cdots & \boldsymbol{C}_{st}\end{pmatrix}$，其中 $\boldsymbol{C}_{ij}=\boldsymbol{A}_{i1}\boldsymbol{B}_{1j}+\boldsymbol{A}_{i2}\boldsymbol{B}_{2j}+\cdots+\boldsymbol{A}_{ik}\boldsymbol{B}_{kj}$ $(i=1,2,\cdots,s;\ j=1,2,\cdots,t)$.

例 1　设 $\boldsymbol{A}=\begin{pmatrix}1 & 2 & 0 & 0\\ 3 & 4 & 0 & 0\\ 1 & 0 & 3 & 1\\ 0 & 1 & 2 & 5\end{pmatrix}$，$\boldsymbol{B}=\begin{pmatrix}1 & 0 & 2 & -3\\ 0 & 1 & 4 & 1\\ 0 & 0 & 2 & 1\\ 0 & 0 & -1 & 0\end{pmatrix}$，利用分块矩阵的乘法计算 $\boldsymbol{AB}$.

解 将矩阵 $\boldsymbol{A}$ 与 $\boldsymbol{B}$ 进行分块，有

$$\boldsymbol{A}=\left(\begin{array}{cc:cc}1&2&0&0\\3&4&0&0\\\hdashline 1&0&3&1\\0&1&2&5\end{array}\right)=\begin{pmatrix}\boldsymbol{A}_{11}&\boldsymbol{O}\\\boldsymbol{E}&\boldsymbol{A}_{22}\end{pmatrix},\quad \boldsymbol{B}=\left(\begin{array}{cc:cc}1&0&2&-3\\0&1&4&1\\\hdashline 0&0&2&1\\0&0&-1&0\end{array}\right)=\begin{pmatrix}\boldsymbol{E}&\boldsymbol{B}_{12}\\\boldsymbol{O}&\boldsymbol{B}_{22}\end{pmatrix},$$

则 $\boldsymbol{AB}=\begin{pmatrix}\boldsymbol{A}_{11}&\boldsymbol{O}\\\boldsymbol{E}&\boldsymbol{A}_{22}\end{pmatrix}\begin{pmatrix}\boldsymbol{E}&\boldsymbol{B}_{12}\\\boldsymbol{O}&\boldsymbol{B}_{22}\end{pmatrix}=\begin{pmatrix}\boldsymbol{A}_{11}&\boldsymbol{A}_{11}\boldsymbol{B}_{12}\\\boldsymbol{E}&\boldsymbol{B}_{12}+\boldsymbol{A}_{22}\boldsymbol{B}_{22}\end{pmatrix}=\begin{pmatrix}1&2&10&-1\\3&4&22&-5\\1&0&7&0\\0&1&3&3\end{pmatrix}$.

3. 转置

设 $\boldsymbol{A}=\begin{pmatrix}\boldsymbol{A}_{11}&\boldsymbol{A}_{12}&\cdots&\boldsymbol{A}_{1t}\\\boldsymbol{A}_{21}&\boldsymbol{A}_{22}&\cdots&\boldsymbol{A}_{2t}\\\vdots&\vdots&&\vdots\\\boldsymbol{A}_{s1}&\boldsymbol{A}_{s2}&\cdots&\boldsymbol{A}_{st}\end{pmatrix}$，则 $\boldsymbol{A}$ 的转置矩阵 $\boldsymbol{A}^{\mathrm{T}}=\begin{pmatrix}\boldsymbol{A}_{11}^{\mathrm{T}}&\boldsymbol{A}_{21}^{\mathrm{T}}&\cdots&\boldsymbol{A}_{s1}^{\mathrm{T}}\\\boldsymbol{A}_{12}^{\mathrm{T}}&\boldsymbol{A}_{22}^{\mathrm{T}}&\cdots&\boldsymbol{A}_{s2}^{\mathrm{T}}\\\vdots&\vdots&&\vdots\\\boldsymbol{A}_{1t}^{\mathrm{T}}&\boldsymbol{A}_{2t}^{\mathrm{T}}&\cdots&\boldsymbol{A}_{st}^{\mathrm{T}}\end{pmatrix}$.

4. 逆矩阵

分块矩阵有不同的分法，作为一种特殊的分块矩阵，我们考虑三角形分块矩阵，形如 $\begin{pmatrix}\boldsymbol{A}&\boldsymbol{O}\\\boldsymbol{B}&\boldsymbol{C}\end{pmatrix}$, $\begin{pmatrix}\boldsymbol{A}&\boldsymbol{B}\\\boldsymbol{O}&\boldsymbol{C}\end{pmatrix}$的逆矩阵计算 .

定理 设方阵 $\boldsymbol{A}, \boldsymbol{C}$ 均可逆，则

1) $\begin{pmatrix}\boldsymbol{A}&\boldsymbol{O}\\\boldsymbol{B}&\boldsymbol{C}\end{pmatrix}^{-1}=\begin{pmatrix}\boldsymbol{A}^{-1}&\boldsymbol{O}\\-\boldsymbol{C}^{-1}\boldsymbol{B}\boldsymbol{A}^{-1}&\boldsymbol{C}^{-1}\end{pmatrix}$;　　2) $\begin{pmatrix}\boldsymbol{A}&\boldsymbol{B}\\\boldsymbol{O}&\boldsymbol{C}\end{pmatrix}^{-1}=\begin{pmatrix}\boldsymbol{A}^{-1}&-\boldsymbol{A}^{-1}\boldsymbol{B}\boldsymbol{C}^{-1}\\\boldsymbol{O}&\boldsymbol{C}^{-1}\end{pmatrix}$.

证明 1) 令 $\boldsymbol{Q}=\begin{pmatrix}\boldsymbol{A}&\boldsymbol{O}\\\boldsymbol{B}&\boldsymbol{C}\end{pmatrix}$. 因为 $\boldsymbol{A}, \boldsymbol{C}$ 均可逆，则 $|\boldsymbol{Q}|=|\boldsymbol{A}||\boldsymbol{C}|\neq 0$, 故 $\boldsymbol{Q}$ 可逆 .

设 $\boldsymbol{P}=\begin{pmatrix}\boldsymbol{X}_1&\boldsymbol{X}_2\\\boldsymbol{X}_3&\boldsymbol{X}_4\end{pmatrix}$, 令 $\boldsymbol{PQ}=\begin{pmatrix}\boldsymbol{X}_1&\boldsymbol{X}_2\\\boldsymbol{X}_3&\boldsymbol{X}_4\end{pmatrix}\begin{pmatrix}\boldsymbol{A}&\boldsymbol{O}\\\boldsymbol{B}&\boldsymbol{C}\end{pmatrix}=\begin{pmatrix}\boldsymbol{E}&\boldsymbol{O}\\\boldsymbol{O}&\boldsymbol{E}\end{pmatrix}$.

根据矩阵乘法可知，$\begin{cases}\boldsymbol{X}_1\boldsymbol{A}+\boldsymbol{X}_2\boldsymbol{B}=\boldsymbol{E},\\\boldsymbol{X}_3\boldsymbol{A}+\boldsymbol{X}_4\boldsymbol{B}=\boldsymbol{O},\\\boldsymbol{X}_2\boldsymbol{C}=\boldsymbol{O},\\\boldsymbol{X}_4\boldsymbol{C}=\boldsymbol{E},\end{cases}\Rightarrow\begin{cases}\boldsymbol{X}_1=\boldsymbol{A}^{-1},\\\boldsymbol{X}_2=\boldsymbol{O},\\\boldsymbol{X}_3=-\boldsymbol{C}^{-1}\boldsymbol{B}\boldsymbol{A}^{-1},\\\boldsymbol{X}_4=\boldsymbol{C}^{-1},\end{cases}$

即 $\boldsymbol{P}=\begin{pmatrix}\boldsymbol{A}^{-1}&\boldsymbol{O}\\-\boldsymbol{C}^{-1}\boldsymbol{B}\boldsymbol{A}^{-1}&\boldsymbol{C}^{-1}\end{pmatrix}$. 同理可证 2).

例 2 设 $Q=\begin{pmatrix}1&2&0&0\\3&7&0&0\\1&4&2&5\\0&1&1&3\end{pmatrix}$，求矩阵 Q 的逆矩阵.

解 将矩阵 Q 分块为 $Q=\left(\begin{array}{cc|cc}1&2&0&0\\3&7&0&0\\\hline 1&4&2&5\\0&1&1&3\end{array}\right)=\begin{pmatrix}A&O\\B&C\end{pmatrix}$，则

$$A^{-1}=\begin{pmatrix}7&-2\\-3&1\end{pmatrix},\quad C^{-1}=\begin{pmatrix}3&-5\\-1&2\end{pmatrix},\quad -C^{-1}BA^{-1}=\begin{pmatrix}0&-1\\1&0\end{pmatrix}.$$

故 $Q^{-1}=\begin{pmatrix}A^{-1}&O\\-C^{-1}BA^{-1}&C^{-1}\end{pmatrix}=\begin{pmatrix}7&-2&0&0\\-3&1&0&0\\0&-1&3&-5\\1&0&-1&2\end{pmatrix}$.

2.4.3 分块对角矩阵

分块对角矩阵

在 2.1.2 常见的特殊矩阵中介绍过对角矩阵，若将分块矩阵也看成类似的特殊矩阵，给出如下分块对角矩阵的概念．

定义 2 形如 $A=\begin{pmatrix}A_1&&&\\&A_2&&\\&&\ddots&\\&&&A_s\end{pmatrix}$ 的分块矩阵称为**分块对角矩阵**，简记为 $A=\mathrm{diag}(A_1,A_2,\cdots,A_s)$，其中主对角线子块 $A_i(i=1,2,\cdots,s)$ 均为方阵，其余子块均为零矩阵.

例 3 将下列矩阵化为分块对角矩阵：

1) $P=\begin{pmatrix}3&0&0\\0&3&1\\0&2&1\end{pmatrix}$；　　2) $Q=\begin{pmatrix}5&2&0&0\\2&1&0&0\\0&0&1&-2\\0&0&1&1\end{pmatrix}$.

解 1) $P=\left(\begin{array}{c|cc}3&0&0\\\hline 0&3&1\\0&2&1\end{array}\right)=\begin{pmatrix}A_1&O\\O&A_2\end{pmatrix}$，其中 $A_1=(3)$，$A_2=\begin{pmatrix}3&1\\2&1\end{pmatrix}$.

2) $Q=\left(\begin{array}{cc|cc}5&2&0&0\\2&1&0&0\\\hline 0&0&1&-2\\0&0&1&1\end{array}\right)=\begin{pmatrix}B_1&O\\O&B_2\end{pmatrix}$，其中 $B_1=\begin{pmatrix}5&2\\2&1\end{pmatrix}$，$B_2=\begin{pmatrix}1&-2\\1&1\end{pmatrix}$.

注

分块对角矩阵每个子块方阵的阶数不一定相等.

分块对角矩阵的运算简单,完全类似于对角矩阵.它有下列重要性质:

性质 1 设 $A=\begin{pmatrix} A_1 & & & \\ & A_2 & & \\ & & \ddots & \\ & & & A_s \end{pmatrix}$, $B=\begin{pmatrix} B_1 & & & \\ & B_2 & & \\ & & \ddots & \\ & & & B_s \end{pmatrix}$, 且每个子块 A_i, B_i 为同型矩阵,则

① $kA=\begin{pmatrix} kA_1 & & & \\ & kA_2 & & \\ & & \ddots & \\ & & & kA_s \end{pmatrix}$;

② $A\pm B=\begin{pmatrix} A_1\pm B_1 & & & \\ & A_2\pm B_2 & & \\ & & \ddots & \\ & & & A_s\pm B_s \end{pmatrix}$;

③ $AB=\begin{pmatrix} A_1B_1 & & & \\ & A_2B_2 & & \\ & & \ddots & \\ & & & A_sB_s \end{pmatrix}$.

性质 2 A 是 n 阶分块对角矩阵,每个子块为 $A_i(i=1,2,\cdots,r)$, 则 $|A|=|A_1||A_2|\cdots|A_r|$.

例 4 已知 $A=\begin{pmatrix} 3 & 4 & 0 & 0 \\ 2 & 1 & 0 & 0 \\ 0 & 0 & 1 & -2 \\ 0 & 0 & 4 & 1 \end{pmatrix}$, 求 $|A|$.

解 将矩阵分块为 $A=\begin{pmatrix} A_1 & O \\ O & A_2 \end{pmatrix}$, 其中 $A_1=\begin{pmatrix} 3 & 4 \\ 2 & 1 \end{pmatrix}$, $A_2=\begin{pmatrix} 1 & -2 \\ 4 & 1 \end{pmatrix}$.

又因 $|A_1|=\begin{vmatrix} 3 & 4 \\ 2 & 1 \end{vmatrix}=-5$, $|A_2|=\begin{vmatrix} 1 & -2 \\ 4 & 1 \end{vmatrix}=9$. 根据性质 2 易知, $|A|=|A_1||A_2|=-45$.

性质 3 A 是 n 阶分块对角矩阵,每个子块 $A_i(i=1,2,\cdots,r)$ 均为可逆矩阵,则

$$A^{-1}=\begin{pmatrix} A_1^{-1} & & & \\ & A_2^{-1} & & \\ & & \ddots & \\ & & & A_r^{-1} \end{pmatrix}.$$

例 5 已知 $\boldsymbol{B}=\begin{pmatrix}2&9&0&0\\1&5&0&0\\0&0&3&4\\0&0&2&3\end{pmatrix}$，求 $\boldsymbol{B}^{-1}$.

解 将矩阵分块为 $\boldsymbol{B}=\begin{pmatrix}\boldsymbol{B}_1&\boldsymbol{O}\\\boldsymbol{O}&\boldsymbol{B}_2\end{pmatrix}$，其中 $\boldsymbol{B}_1=\begin{pmatrix}2&9\\1&5\end{pmatrix}$，$\boldsymbol{B}_2=\begin{pmatrix}3&4\\2&3\end{pmatrix}$.

由性质 2 得，$|\boldsymbol{B}|=|\boldsymbol{B}_1||\boldsymbol{B}_2|=1$，故 $\boldsymbol{B}$ 可逆 .

又因 $\boldsymbol{B}_1^{-1}=\begin{pmatrix}5&-9\\-1&2\end{pmatrix}$，$\boldsymbol{B}_2^{-1}=\begin{pmatrix}3&-4\\-2&3\end{pmatrix}$. 根据性质 3 易知，

$$\boldsymbol{B}^{-1}=\begin{pmatrix}\boldsymbol{B}_1^{-1}&\boldsymbol{O}\\\boldsymbol{O}&\boldsymbol{B}_2^{-1}\end{pmatrix}=\begin{pmatrix}5&-9&0&0\\-1&2&0&0\\0&0&3&-4\\0&0&-2&3\end{pmatrix}.$$

性质 4 $\boldsymbol{A}$ 是 n 阶分块对角矩阵，每个子块为 $\boldsymbol{A}_i\,(i=1,2,\cdots,r)$，则 $\boldsymbol{A}^k=\begin{pmatrix}\boldsymbol{A}_1^k&&&\\&\boldsymbol{A}_2^k&&\\&&\ddots&\\&&&\boldsymbol{A}_r^k\end{pmatrix}$.

例 6 已知 $\boldsymbol{A}=\begin{pmatrix}1&-1&0\\-1&1&0\\0&0&2\end{pmatrix}$，求 $\boldsymbol{A}^n$.

解 将矩阵分块为 $\boldsymbol{A}=\begin{pmatrix}\boldsymbol{A}_1&\boldsymbol{O}\\\boldsymbol{O}&\boldsymbol{A}_2\end{pmatrix}$，其中 $\boldsymbol{A}_1=\begin{pmatrix}1&-1\\-1&1\end{pmatrix}$，$\boldsymbol{A}_2=(2)$.

因 $\boldsymbol{A}_1^2=\begin{pmatrix}2&-2\\-2&2\end{pmatrix}=2\boldsymbol{A}_1$，依次类推 $\boldsymbol{A}_1^n=2^{n-1}\boldsymbol{A}_1=\begin{pmatrix}2^{n-1}&-2^{n-1}\\-2^{n-1}&2^{n-1}\end{pmatrix}$.

根据性质 4 可得 $\boldsymbol{A}^n=\begin{pmatrix}\boldsymbol{A}_1^n&\boldsymbol{O}\\\boldsymbol{O}&\boldsymbol{A}_2^n\end{pmatrix}=\begin{pmatrix}2^{n-1}&-2^{n-1}&0\\-2^{n-1}&2^{n-1}&0\\0&0&2^n\end{pmatrix}$.

2.4.4 能力拓展驿站

1. MATLAB 实验

(1) 分块矩阵的乘积

例 7 已知 $\boldsymbol{A}=\begin{pmatrix}1&0&0&0\\0&1&0&0\\1&2&1&0\\1&1&0&1\end{pmatrix}$, $\boldsymbol{B}=\begin{pmatrix}1&0&2&3\\-1&3&0&4\\1&0&3&1\\-1&1&2&1\end{pmatrix}$, 用 MATLAB 软件计算 $\boldsymbol{AB}$.

输入命令:

```
A1=[1 2;1 1];E1=eye(2);O=zeros(2);A=[E1 O;A1 E1]          % 输入矩阵 A
```

输出结果:

```
A =

    1    0    0    0
    0    1    0    0
    1    2    1    0
    1    1    0    1
```

输入命令:

```
B1=[1 0;-1 3];B2=[2 3;0 4]; B3=[1 0;-1 1];B4=[3 1;2 1];     % 输入分块矩阵
B=[B1 B2;B3 B4]                                            % 输入矩阵 B
```

输出结果:

```
B=

     1    0    2    3
    -1    3    0    4
     1    0    3    1
    -1    1    2    1
```

输入命令:

```
C=A*B                                                      % 求矩阵 A 与 B 乘积
```

输出结果:

```
C=

     1    0    2    3
    -1    3    0    4
     0    6    5   12
    -1    4    4    8
```

(2) 分块对角矩阵的方幂与逆矩阵

例 8 已知 $\boldsymbol{A}=\begin{pmatrix}4&7&0&0\\1&2&0&0\\0&0&2&2\\0&0&1&3\end{pmatrix}$, 用 MATLAB 软件计算 $\boldsymbol{A}^{-1}$ 及 $\boldsymbol{A}^4$.

输入命令:

```
B=[4 7;1 2]; C=[2 2;1 3];O=zeros(2);A=[B O;O C]          % 输入矩阵 A
```

输出结果:

```
A=

  4  7  0  0
  1  2  0  0
  0  0  2  2
  0  0  1  3
```

输入命令:

```
A1=[inv(B) O;O inv(C)],                 % 求矩阵 A 的逆矩阵
A2= [B^4 O;O C^4]                       % 求矩阵 A 的 4 次幂
```

输出结果:

```
A1=

   2.0000   -7.0000        0         0
  -1.0000    4.0000        0         0
        0         0   0.7500   -0.5000
        0         0  -0.2500    0.5000

A2=

  781   1428    0     0
  204    373    0     0
    0      0   86   170
    0      0   85   171
```

2. 拓展阅读——压缩感知与分块对角矩阵

压缩感知 (Compressive Sensing, 简称 CS) 理论是新兴的前沿技术，它能够以远低于奈奎斯特采样定理要求的频率采样，并在采集信号的过程中实现信号压缩，同时高质量地恢复原始信号．该理论在图像处理、视频分析、雷达遥感、信息通信和医学成像等领域具有广泛应用潜力．目前该理论在数据采集领域的应用有 CT（计算机断层扫描）、MRI（磁共振成像）等医学成像和超分辨显微成像等．

在图像处理中，基于分块对角矩阵和 TV (Total Variation) 算法的二维压缩感知模型能够有效提升图像重建质量．逐列重构的子块矩阵适用于灰度梯度纵向变化平缓的图像区域，而分块对角矩阵则适用于灰度梯度横向变化平缓的区域．通过结合这两种方法，在纵向灰

度梯度变化平缓的区域采用逐列重构的子块矩阵，在其他区域使用分块对角矩阵，可以显著改善重建效果（见图 2-7）.

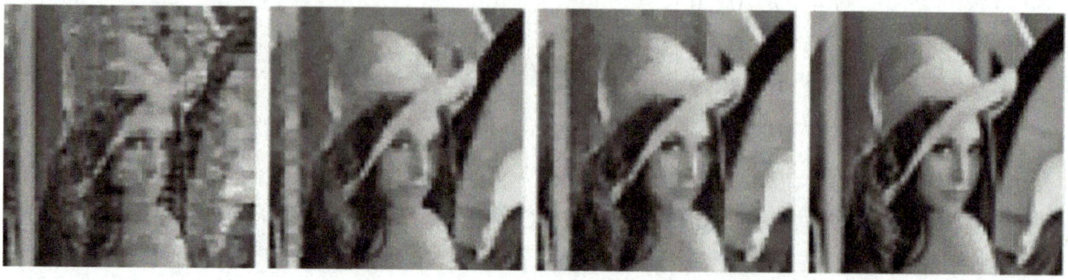

图 2-7

在遥感技术中，压缩感知理论为全球海量遥感数据的获取提供了新思路．遥感数据获取通常分为卫星上的采集、压缩、传输和地面的接收、存储、解压与使用两个阶段．在传感器网络数据收集的过程中，为了有效减少数据量，针对无线传感器网络能量有限、通信链路不可靠的特点，观测矩阵的设计要尽可能减少参与数据收集的节点，可采用一种基于稀疏分块对角矩阵进行压缩感知的分簇 (SBDMC) 数据收集算法．该算法以稀疏分块对角矩阵作为观测矩阵以减少参与数据收集的节点数目，采用分布式分簇路由实现数据的分布式收集，通过分析能耗模型得到最优簇头数目．该算法可以减少通信能耗、延长网络寿命，同时均衡能耗负载．

习题 2.4

一、选择题

1. 设 $\boldsymbol{A},\boldsymbol{B}$ 分别为 m,n 阶方阵，且 $|\boldsymbol{A}|=a$, $|\boldsymbol{B}|=b$, $\boldsymbol{C}=\begin{pmatrix}\boldsymbol{O} & \boldsymbol{A}\\ \boldsymbol{B} & \boldsymbol{O}\end{pmatrix}$, 则 $|\boldsymbol{C}|=$（　　）.

A. ab　　B. $-ab$　　C. $(-1)^{m+n}ab$　　D. $(-1)^{mn}ab$

2. 设 $\boldsymbol{A}=\begin{pmatrix}\boldsymbol{A}_1 & \boldsymbol{B}\\ \boldsymbol{O} & \boldsymbol{A}_2\end{pmatrix}$, 其中 $\boldsymbol{A}_1,\boldsymbol{A}_2$ 均为方阵．若 $\boldsymbol{A}$ 可逆，则下列结论成立的是（　　）.

A. 仅 $\boldsymbol{A}_1$ 可逆　　B. 仅 $\boldsymbol{A}_2$ 可逆

C. $\boldsymbol{A}_1$ 与 $\boldsymbol{A}_2$ 可逆性不定　　D. $\boldsymbol{A}_1$ 与 $\boldsymbol{A}_2$ 均可逆

二、填空题

1. 设 $\boldsymbol{A},\boldsymbol{B}$ 均为可逆方阵，则 $\begin{pmatrix}\boldsymbol{A} & \boldsymbol{O}\\ \boldsymbol{C} & \boldsymbol{B}\end{pmatrix}^{-1}=$____________.

2. 设矩阵 $\boldsymbol{A}=\begin{pmatrix}5&0&0&0\\0&1&1&0\\0&-1&1&0\\0&0&0&2\end{pmatrix}$，则 $\boldsymbol{A}^3=$____________.

3. 设矩阵 $\boldsymbol{A}=\begin{pmatrix}0&0&1&0\\0&0&0&-2\\0&2&0&0\\4&0&0&0\end{pmatrix}$，则 $\boldsymbol{A}^{-1}=$____________.

三、计算题

1. 利用分块矩阵求$\begin{pmatrix}a&0&0&0\\0&a&0&0\\1&0&b&0\\0&1&0&b\end{pmatrix}\begin{pmatrix}1&0&c&0\\0&1&0&c\\0&0&d&0\\0&0&0&d\end{pmatrix}$.

2. 利用分块对角矩阵求$\begin{pmatrix}2&3&0&0\\3&5&0&0\\0&0&1&8\\0&0&1&9\end{pmatrix}$的逆矩阵 .

3. 设矩阵 $\boldsymbol{A}=\begin{pmatrix}3&4&0&0\\4&-3&0&0\\0&0&2&0\\0&0&2&2\end{pmatrix}$，求 $\boldsymbol{A}^{-1}$、$\boldsymbol{A}^4$ 和 $|\boldsymbol{A}^8|$.

4. 设矩阵 $\boldsymbol{A}=\begin{pmatrix}1&4&1&0\\1&3&-1&5\\0&0&2&1\\0&0&3&2\end{pmatrix}$，求 $\boldsymbol{A}^{-1}$.

四、实验题

1. 用 MATLAB 软件计算$\begin{pmatrix}a&0&0&0\\0&a&0&0\\1&0&b&0\\0&1&0&b\end{pmatrix}\begin{pmatrix}1&0&c&0\\0&1&0&c\\0&0&d&0\\0&0&0&d\end{pmatrix}$.

2. 已知 $\boldsymbol{A}=\begin{pmatrix}1&-1&0&0\\-1&1&0&0\\0&0&2&0\\0&0&1&2\end{pmatrix}$，用 MATLAB 软件计算 $\boldsymbol{A}^{-1}$、$\boldsymbol{A}^4$ 和 $|\boldsymbol{A}^8|$.

2.5 矩阵的初等变换和初等矩阵

【课前导读】

矩阵的初等变换是十分重要的矩阵运算，它在矩阵的秩、线性方程组求解、二次型及相关计算问题中发挥着重要的作用．本节主要介绍矩阵的初等变换、初等矩阵和初等变换的应用等内容，并建立矩阵初等变换与矩阵乘法关系．

知识目标

(1) 理解矩阵的六种初等行、列变换与对应的初等矩阵的概念；

(2) 理解矩阵等价的关系与性质；

(3) 掌握矩阵化为行阶梯形矩阵、行最简形矩阵、标准形矩阵的方法；

(4) 理解两个等价矩阵可以用初等矩阵的乘法进行表示．

能力目标

(1) 加强矩阵化为行阶梯形矩阵、行最简形矩阵的计算能力；

(2) 探索矩阵初等变换与初等矩阵之间的数学原理，增强学生的创新思维；

(3) 增强数学软件 MATLAB 编程求解矩阵的行最简形矩阵的运算能力．

素质目标

(1) 引入医院看病挂号屏幕信息的滚动显示情境，启发学生思考矩阵初等变换，激发学生对新知识的学习兴趣；

(2) 通过矩阵初等变换过程，揭示矩阵的变与不变之间的内在联系与区别；

(3) 通过数学软件 MATLAB 编程矩阵运算，培养学生实践能力．

学习重点

(1) 矩阵化为行阶梯形矩阵、行最简形矩阵；

(2) 初等变换的应用．

学习难点

(1) 矩阵的初等变换与矩阵乘法的关系；

(2) 初等变换的过程．

2.5.1 矩阵的初等变换

矩阵的初等变换 1

在医院就诊时，经常会看到屏幕上出现患者的挂号数字、姓名、科室、专家姓名等信息，当前叫到的患者还未到达就医诊室时，医生会呼叫下一个患者，此时后一个患者的信息会自动跳到前面一行．若将患者的信息看作矩阵，这就是矩阵中两行元素之间的一种初等变换形式．下面给出矩阵的初等变换的概念．

定义 1 对矩阵的行(列)作以下三种变换之一，称为矩阵的初等行(列)变换：

1) 交换矩阵的第 i 行(列)与第 j 行(列)，记作 $r_i \leftrightarrow r_j(c_i \leftrightarrow c_j)$;

2) 将一个非零常数 k 乘以矩阵的第 i 行(列)，记作 $r_i \times k(c_i \times k)$;

3) 将矩阵第 i 行(列)的 k 倍加到第 j 行(列)上，记作 $r_i \times k + r_j(c_i \times k + c_j)$.

例 1 已知矩阵 $\boldsymbol{A}=\begin{pmatrix}1&0&-1&3\\2&4&0&5\\-4&2&6&1\end{pmatrix}$，请对其作以下初等变换：

1) 交换第 2 行与第 3 行；

2) 第 2 列乘以 2;

3) 第 2 行乘以 2 加到第 3 行．

解 1) $\boldsymbol{A}=\begin{pmatrix}1&0&-1&3\\2&4&0&5\\-4&2&6&1\end{pmatrix}\xrightarrow{r_2\leftrightarrow r_3}\begin{pmatrix}1&0&-1&3\\-4&2&6&1\\2&4&0&5\end{pmatrix}=\boldsymbol{B}$;

2) $\boldsymbol{A}=\begin{pmatrix}1&0&-1&3\\2&4&0&5\\-4&2&6&1\end{pmatrix}\xrightarrow{c_2\times 2}\begin{pmatrix}1&0&-1&3\\2&8&0&5\\-4&4&6&1\end{pmatrix}=\boldsymbol{C}$;

3) $\boldsymbol{A}=\begin{pmatrix}1&0&-1&3\\2&4&0&5\\-4&2&6&1\end{pmatrix}\xrightarrow{r_2\times 2+r_3}\begin{pmatrix}1&0&-1&3\\2&4&0&5\\0&10&6&11\end{pmatrix}=\boldsymbol{D}$.

思考：矩阵经过初等变换后得到新的矩阵，那么这两个矩阵有什么关系？

定义 2 如果矩阵 $\boldsymbol{A}$ 经过有限次初等变换化为矩阵 $\boldsymbol{B}$，则称矩阵 $\boldsymbol{A}$ 与矩阵 $\boldsymbol{B}$ 等价，记作 $\boldsymbol{A}\sim\boldsymbol{B}$.

例如，$\boldsymbol{A}=\begin{pmatrix}1&0&-1&3\\2&4&0&5\\-4&2&6&1\end{pmatrix}\xrightarrow{r_1\leftrightarrow r_2}\begin{pmatrix}2&4&0&5\\1&0&-1&3\\-4&2&6&1\end{pmatrix}\xrightarrow{c_3\times 2+c_4}\begin{pmatrix}2&4&0&5\\1&0&-1&1\\-4&2&6&13\end{pmatrix}=\boldsymbol{B}$,

则 $\boldsymbol{A}\sim\boldsymbol{B}$.

性质 1 等价矩阵有下列性质：

1) 反身性：$\boldsymbol{A} \sim \boldsymbol{A}$;

2) 对称性：若 $\boldsymbol{A} \sim \boldsymbol{B}$, 则 $\boldsymbol{B} \sim \boldsymbol{A}$;

3) 传递性：若 $\boldsymbol{A} \sim \boldsymbol{B}, \boldsymbol{B} \sim \boldsymbol{C}$, 则 $\boldsymbol{A} \sim \boldsymbol{C}$.

思考： 一个矩阵是否可以经过初等变换后化为特殊形态的矩阵？

矩阵的初等变换 2

例如，矩阵 $\boldsymbol{A}=\begin{pmatrix} 1 & 2 & -1 & 4 \\ 2 & 4 & 3 & 3 \\ -1 & -2 & 6 & -9 \end{pmatrix}$，对该矩阵进行初等行变换，

$$\boldsymbol{A}=\begin{pmatrix} 1 & 2 & -1 & 4 \\ 2 & 4 & 3 & 3 \\ -1 & -2 & 6 & -9 \end{pmatrix} \xrightarrow[r_1+r_3]{r_1\times(-2)+r_2} \begin{pmatrix} 1 & 2 & -1 & 4 \\ 0 & 0 & 5 & -5 \\ 0 & 0 & 5 & -5 \end{pmatrix} \xrightarrow{r_2\times(-1)+r_3} \begin{pmatrix} 1 & 2 & -1 & 4 \\ 0 & 0 & 5 & -5 \\ 0 & 0 & 0 & 0 \end{pmatrix} = \boldsymbol{B}.$$

在矩阵 $\boldsymbol{B}$ 中画一条阶梯线（如上所示），观察后发现有以下几个特点：

1) 线的下方元素均为 0;

2) 每个台阶只有一行；

3) 台阶数是非零行的行数 .

定义 3 若矩阵 $\boldsymbol{A}$ 满足：

1) 如果有零行（元素全为零的行），则零行位于非零行的下方；

2) 各非零行的主元（首个非零元素）的列标随着行标的增大而增大；

则称矩阵 $\boldsymbol{A}$ 为行阶梯形矩阵 .

例如，$\boldsymbol{A}_1=\begin{pmatrix} 1 & 2 & -1 & 4 \\ 0 & 0 & 5 & -5 \\ 0 & 0 & 0 & 0 \end{pmatrix}$ 与 $\boldsymbol{A}_2=\begin{pmatrix} 1 & 2 & 0 & -1 \\ 0 & 0 & 2 & 1 \\ 0 & 0 & 0 & 3 \end{pmatrix}$ 是行阶梯形矩阵；而 $\boldsymbol{B}_1=\begin{pmatrix} 1 & 2 & 0 & -1 \\ 0 & 0 & 2 & 1 \\ 0 & 0 & 1 & 0 \end{pmatrix}$ 与 $\boldsymbol{B}_2=\begin{pmatrix} 1 & 2 & 0 & -1 \\ 0 & 0 & 0 & 1 \\ 2 & 0 & 0 & 0 \end{pmatrix}$ 不是行阶梯形矩阵 .

定义 4 若行阶梯形矩阵 $\boldsymbol{A}$ 满足：

1) 所有非零行的主元均为 1;

2) 主元所在列的其余元素均为零；

则称 $\boldsymbol{A}$ 为行最简形矩阵 .

例如，$\boldsymbol{B}=\begin{pmatrix} 1 & 2 & -1 & 4 \\ 0 & 0 & 5 & -5 \\ 0 & 0 & 0 & 0 \end{pmatrix} \xrightarrow{r_2\times\frac{1}{5}} \begin{pmatrix} 1 & 2 & -1 & 4 \\ 0 & 0 & 1 & -1 \\ 0 & 0 & 0 & 0 \end{pmatrix} \xrightarrow{r_2+r_1} \begin{pmatrix} 1 & 2 & 0 & 3 \\ 0 & 0 & 1 & -1 \\ 0 & 0 & 0 & 0 \end{pmatrix}=\boldsymbol{C}$，则矩阵 $\boldsymbol{C}$ 为行最简形矩阵 .

定义 5 若行最简形矩阵 $\boldsymbol{A}$ 满足：

1) 主元均为 1;

2) 主元所在行与列的其余元素均为零；

则称 $\boldsymbol{A}$ 为标准形矩阵．

例如，$\boldsymbol{C}=\begin{pmatrix}1&2&0&3\\0&0&1&-1\\0&0&0&0\end{pmatrix}\xrightarrow[c_1\times(-3)+c_4]{c_1\times(-2)+c_2}\begin{pmatrix}1&0&0&0\\0&0&1&-1\\0&0&0&0\end{pmatrix}\xrightarrow{c_3+c_4}\begin{pmatrix}1&0&0&0\\0&0&1&0\\0&0&0&0\end{pmatrix}\xrightarrow{c_2\leftrightarrow c_3}$

$\begin{pmatrix}1&0&0&0\\0&1&0&0\\0&0&0&0\end{pmatrix}=\boldsymbol{D}$, 则矩阵 $\boldsymbol{D}$ 为标准形矩阵．

定理 1 1) 任意矩阵都可经过若干次初等行变换化为行阶梯形矩阵、行最简形矩阵．

2) 任意矩阵都可经过若干次初等变换（行变换和列变换）化为标准形矩阵．

思考： 一个矩阵的行阶梯形矩阵、行最简形矩阵和标准形矩阵是否唯一？

例 2 设 $\boldsymbol{A}=\begin{pmatrix}1&2&-2&3\\3&-1&1&9\\4&-3&3&12\end{pmatrix}$, 将 $\boldsymbol{A}$ 化为行阶梯形矩阵、行最简形矩阵和标准形矩阵．

解 对 $\boldsymbol{A}$ 做初等行变换，有

$$\boldsymbol{A}=\begin{pmatrix}1&2&-2&3\\3&-1&1&9\\4&-3&3&12\end{pmatrix}\xrightarrow[r_1\times(-4)+r_3]{r_1\times(-3)+r_2}\begin{pmatrix}1&2&-2&3\\0&-7&7&0\\0&-11&11&0\end{pmatrix}\xrightarrow[r_2\times\left(-\frac{11}{7}\right)+r_3]{r_2\times\left(-\frac{1}{7}\right)}\underset{\text{行阶梯形矩阵}}{\begin{pmatrix}1&2&-2&3\\0&1&-1&0\\0&0&0&0\end{pmatrix}}$$

$$\xrightarrow{r_2\times(-2)+r_1}\underset{\text{行最简形矩阵}}{\begin{pmatrix}1&0&0&3\\0&1&-1&0\\0&0&0&0\end{pmatrix}}\xrightarrow[c_2+c_3]{c_1\times(-3)+c_4}\underset{\text{标准形矩阵}}{\begin{pmatrix}1&0&0&0\\0&1&0&0\\0&0&0&0\end{pmatrix}}.$$

注

1) 行阶梯形矩阵不唯一；2) 行最简形矩阵唯一；3) 标准形矩阵唯一．

2.5.2 初等矩阵

定义 6 由单位矩阵 $\boldsymbol{E}$ 经过一次初等变换得到的矩阵，称为初等矩阵．

三种初等行（列）变换相对应三种初等矩阵．

下面以行变换为例．

初等矩阵

1) 交换单位矩阵 $\boldsymbol{E}$ 的第 i 行与第 j 行，记作 $\boldsymbol{E}(i,j)$.

$$\boldsymbol{E}(i,j)=\begin{pmatrix}1&&&&&&\\&\ddots&&&&&\\&&0&\cdots&1&&\\&&\vdots&&\vdots&&\\&&1&\cdots&0&&\\&&&&&\ddots&\\&&&&&&1\end{pmatrix}\begin{matrix}\\\\第i行\\\\第j行\\\\\\\end{matrix}.$$

2) 一个非零常数 k 乘以单位矩阵 $\boldsymbol{E}$ 的第 i 行，记作 $\boldsymbol{E}(i(k))$.

$$\boldsymbol{E}(i(k))=\begin{pmatrix}1&&&&&&\\&\ddots&&&&&\\&&1&&&&\\&&&k&&&\\&&&&1&&\\&&&&&\ddots&\\&&&&&&1\end{pmatrix}第i行.$$

3) 将单位矩阵 $\boldsymbol{E}$ 的第 i 行乘以 k 倍加到第 j 行，记作：$\boldsymbol{E}(i(k),j)$.

$$\boldsymbol{E}(i(k),j)=\begin{pmatrix}1&&&&&&\\&\ddots&&&&&\\&&1&\cdots&0&&\\&&\vdots&&\vdots&&\\&&k&\cdots&1&&\\&&&&&\ddots&\\&&&&&&1\end{pmatrix}\begin{matrix}\\\\第i行\\\\第j行\\\\\\\end{matrix}.$$

思考： 通过矩阵的初等变换可建立两个矩阵的等价关系，是否可以通过初等矩阵表示两个矩阵的相等关系？

定理 2 设 $\boldsymbol{A}$ 是 $m\times n$ 阶矩阵，对 $\boldsymbol{A}$ 施行一次初等行变换，相当于在 $\boldsymbol{A}$ 的左边乘以一个相对应的 m 阶初等矩阵.

例如，$\boldsymbol{E}(1,2)\boldsymbol{A}=\begin{pmatrix}0&1&0\\1&0&0\\0&0&1\end{pmatrix}\begin{pmatrix}1&0&-1&3\\2&4&0&5\\-4&2&6&1\end{pmatrix}=\begin{pmatrix}2&4&0&5\\1&0&-1&3\\-4&2&6&1\end{pmatrix}=\boldsymbol{B}.$

定理 3 设 $\boldsymbol{A}$ 是 $m\times n$ 阶矩阵，对 $\boldsymbol{A}$ 施行一次初等列变换，相当于在 $\boldsymbol{A}$ 的右边乘以一个相对应的 n 阶初等矩阵.

例如，$AE(3(2),4)=\begin{pmatrix}1&0&-1&3\\2&4&0&5\\-4&2&6&1\end{pmatrix}\begin{pmatrix}1&0&0&0\\0&1&0&0\\0&0&1&2\\0&0&0&1\end{pmatrix}=\begin{pmatrix}1&0&-1&1\\2&4&0&5\\-4&2&6&13\end{pmatrix}=B.$

注 定理1和2建立矩阵初等变换与矩阵乘法的关系，同时给出等价矩阵的等式表达．

性质 2　初等矩阵具有下列性质：

1) 转置：$E(i,j)^{\mathrm{T}}=E(i,j)$; $E(i(k))^{\mathrm{T}}=E(i(k))$; $E(i(k),j)^{\mathrm{T}}=E(j(k),i)$.

2) 行列式：$|E(i,j)|=-1$; $|E(i(k))|=k$; $|E(i(k),j)|=1$.

3) 逆矩阵：$E(i,j)^{-1}=E(i,j)$；$E(i(k))^{-1}=E(i(k^{-1}))$；$E(i(k),j)^{-1}=E(i(-k),j)$ ．

例 3　设 $A=\begin{pmatrix}a_{11}&a_{12}&a_{13}\\a_{21}&a_{22}&a_{23}\\a_{31}&a_{32}&a_{33}\end{pmatrix}$，求 $E(2,3)A$, $AE(1(2),3)$.

解　$E(2,3)A=\begin{pmatrix}1&0&0\\0&0&1\\0&1&0\end{pmatrix}\begin{pmatrix}a_{11}&a_{12}&a_{13}\\a_{21}&a_{22}&a_{23}\\a_{31}&a_{32}&a_{33}\end{pmatrix}=\begin{pmatrix}a_{11}&a_{12}&a_{13}\\a_{31}&a_{32}&a_{33}\\a_{21}&a_{22}&a_{23}\end{pmatrix}.$

说明：$E(2,3)A$ 表示交换矩阵 A 的第二行与第三行元素．

$$AE(1(2),3)=\begin{pmatrix}a_{11}&a_{12}&a_{13}\\a_{21}&a_{22}&a_{23}\\a_{31}&a_{32}&a_{33}\end{pmatrix}\begin{pmatrix}1&0&2\\0&1&0\\0&0&1\end{pmatrix}=\begin{pmatrix}a_{11}&a_{12}&2a_{11}+a_{13}\\a_{21}&a_{22}&2a_{21}+a_{23}\\a_{31}&a_{32}&2a_{31}+a_{33}\end{pmatrix}.$$

说明：$AE(1(2),3)$ 表示将矩阵 A 的第一列乘以 2 加到第三列．

例 4　设 $A=\begin{pmatrix}1&2&-1&4\\2&4&-1&7\\-1&-2&6&-9\end{pmatrix}$，将 A 化为行最简形矩阵的过程用矩阵乘法表示．

解　$$A=\begin{pmatrix}1&2&-1&4\\2&4&-1&7\\-1&-2&6&-9\end{pmatrix}\xrightarrow[r_1+r_3]{r_1\times(-2)+r_2}\begin{pmatrix}1&2&-1&4\\0&0&1&-1\\0&0&5&-5\end{pmatrix}$$

$$\xrightarrow{r_2\times(-5)+r_3}\begin{pmatrix}1&2&-1&4\\0&0&1&-1\\0&0&0&0\end{pmatrix}\xrightarrow{r_2+r_1}\begin{pmatrix}1&2&0&3\\0&0&1&-1\\0&0&0&0\end{pmatrix}=B,$$

故 $A\sim B\Leftrightarrow E(2(1),1)E(2(-5),3)E(1(1),3)E(1(-2),2)A=B$.

例 5 设 $\boldsymbol{A}=\begin{pmatrix}1&2&1\\2&5&0\\3&6&4\end{pmatrix}$, $\boldsymbol{P}_1=\begin{pmatrix}1&0&0\\0&0&1\\0&1&0\end{pmatrix}$, $\boldsymbol{P}_2=\begin{pmatrix}1&0&0\\0&1&0\\-1&0&1\end{pmatrix}$, 求 $\boldsymbol{P}_1\boldsymbol{P}_2\boldsymbol{A}, \boldsymbol{P}_1\boldsymbol{A}\boldsymbol{P}_2$.

解 根据矩阵的初等变换、初等矩阵及矩阵乘法的关系，可知，

$\boldsymbol{P}_1\boldsymbol{P}_2\boldsymbol{A}$ 表示先对 $\boldsymbol{A}$ 的第一行乘以 -1 加到第三行得到新矩阵，再交换第二行与第三行，即

$$\boldsymbol{P}_1\boldsymbol{P}_2\boldsymbol{A}=\boldsymbol{P}_1\begin{pmatrix}1&2&1\\2&5&0\\2&4&3\end{pmatrix}=\begin{pmatrix}1&2&1\\2&4&3\\2&5&0\end{pmatrix}.$$

$\boldsymbol{P}_1\boldsymbol{A}\boldsymbol{P}_2$ 表示先交换 $\boldsymbol{A}$ 的第二行与第三行得到新矩阵，再将第三列乘以 -1 加到第一列，即

$$\boldsymbol{P}_1\boldsymbol{A}\boldsymbol{P}_2=\begin{pmatrix}1&2&1\\3&6&4\\2&5&0\end{pmatrix}\boldsymbol{P}_2=\begin{pmatrix}0&2&1\\-1&6&4\\2&5&0\end{pmatrix}.$$

2.5.3 初等变换的应用

初等变换的应用

定理 4 若 n 阶方阵 $\boldsymbol{A}$ 的行列式 $|\boldsymbol{A}|\neq 0$, 则对 $n\times 2n$ 矩阵 $(\boldsymbol{A}\,\vdots\,\boldsymbol{E})$ 进行初等行变换，当左边的矩阵 $\boldsymbol{A}$ 变成单位矩阵 $\boldsymbol{E}$ 时，右边的单位矩阵 $\boldsymbol{E}$ 就同步变成了 $\boldsymbol{A}^{-1}$, 即 $(\boldsymbol{A}\,\vdots\,\boldsymbol{E})\xrightarrow{\text{初等行变换}}(\boldsymbol{E}\,\vdots\,\boldsymbol{A}^{-1})$.

例 6 设矩阵 $\boldsymbol{A}=\begin{pmatrix}1&4\\1&3\end{pmatrix}$, 利用初等行变换求 $\boldsymbol{A}^{-1}$.

解
$$(\boldsymbol{A}\,\vdots\,\boldsymbol{E})=\left(\begin{array}{cc:cc}1&4&1&0\\1&3&0&1\end{array}\right)\xrightarrow{r_1\times(-1)+r_2}\left(\begin{array}{cc:cc}1&4&1&0\\0&-1&-1&1\end{array}\right)\xrightarrow[r_2\times(-1)]{r_2\times 4+r_1}\left(\begin{array}{cc:cc}1&0&-3&4\\0&1&1&-1\end{array}\right)$$
$$=(\boldsymbol{E}\,\vdots\,\boldsymbol{A}^{-1}),\ \text{故}\ \boldsymbol{A}^{-1}=\begin{pmatrix}-3&4\\1&-1\end{pmatrix}.$$

例 7 设矩阵 $\boldsymbol{A}=\begin{pmatrix}1&2&3\\2&1&2\\1&3&4\end{pmatrix}$, 利用初等行变换求 $\boldsymbol{A}^{-1}$.

解
$$(\boldsymbol{A}\,\vdots\,\boldsymbol{E})=\left(\begin{array}{ccc:ccc}1&2&3&1&0&0\\2&1&2&0&1&0\\1&3&4&0&0&1\end{array}\right)\xrightarrow[r_1\times(-1)+r_3]{r_1\times(-2)+r_2}\left(\begin{array}{ccc:ccc}1&2&3&1&0&0\\0&-3&-4&-2&1&0\\0&1&1&-1&0&1\end{array}\right)$$
$$\xrightarrow[r_3\times 3+r_2]{r_3\times(-2)+r_1}\left(\begin{array}{ccc:ccc}1&0&1&3&0&-2\\0&0&-1&-5&1&3\\0&1&1&-1&0&1\end{array}\right)\xrightarrow[r_2+r_3]{r_2+r_1}\left(\begin{array}{ccc:ccc}1&0&0&-2&1&1\\0&0&-1&-5&1&3\\0&1&0&-6&1&4\end{array}\right)$$

$$\xrightarrow{r_2\times(-1)} \begin{pmatrix} 1 & 0 & 0 & \vdots & -2 & 1 & 1 \\ 0 & 0 & 1 & \vdots & 5 & -1 & -3 \\ 0 & 1 & 0 & \vdots & -6 & 1 & 4 \end{pmatrix} \xrightarrow{r_2\leftrightarrow r_3} \begin{pmatrix} 1 & 0 & 0 & \vdots & -2 & 1 & 1 \\ 0 & 1 & 0 & \vdots & -6 & 1 & 4 \\ 0 & 0 & 1 & \vdots & 5 & -1 & -3 \end{pmatrix} = (E \vdots A^{-1}),$$

故 $A^{-1} = \begin{pmatrix} -2 & 1 & 1 \\ -6 & 1 & 4 \\ 5 & -1 & -3 \end{pmatrix}$.

下面给出常见的矩阵方程形式：$AX=C, XB=C, AXB=C$ 的初等变换情形下的解.

定理 5 1) 对于矩阵方程 $AX=C$，当 A 可逆时，$X=A^{-1}C$，则可利用初等行变换求解，即 $(A \vdots C) \xrightarrow{\text{初等行变换}} (E \vdots A^{-1}C)$.

2) 对于矩阵方程 $XB=C$，当 B 可逆时，$X=CB^{-1}$，则可利用初等列变换求解，即
$$\begin{pmatrix} B \\ \hdashline C \end{pmatrix} \xrightarrow{\text{初等列变换}} \begin{pmatrix} E \\ \hdashline CB^{-1} \end{pmatrix}.$$

3) 对于矩阵方程 $AXB=C$，当 A, B 可逆时，$X=A^{-1}CB^{-1}$，则可先令 $XB=Y$，即 $AY=C$ 用上述 1) 的方法得到 Y，再利用上述 2) 的方法得到 X.

例 8 求解矩阵方程 $AX=C$，其中 $A = \begin{pmatrix} 1 & -1 & 1 \\ 1 & 1 & 0 \\ 3 & 2 & 1 \end{pmatrix}, C = \begin{pmatrix} 2 & 1 \\ 0 & -1 \\ 1 & 0 \end{pmatrix}$.

解 $(A \vdots C) = \begin{pmatrix} 1 & -1 & 1 & \vdots & 2 & 1 \\ 1 & 1 & 0 & \vdots & 0 & -1 \\ 3 & 2 & 1 & \vdots & 1 & 0 \end{pmatrix} \xrightarrow[r_2\times(-3)+r_3]{r_1\times(-1)+r_2} \begin{pmatrix} 1 & -1 & 1 & \vdots & 2 & 1 \\ 0 & 2 & -1 & \vdots & -2 & -2 \\ 0 & -1 & 1 & \vdots & 1 & 3 \end{pmatrix}$

$\xrightarrow[r_3+r_2]{r_3\times(-1)+r_1} \begin{pmatrix} 1 & 0 & 0 & \vdots & 1 & -2 \\ 0 & 1 & 0 & \vdots & -1 & 1 \\ 0 & -1 & 1 & \vdots & 1 & 3 \end{pmatrix} \xrightarrow{r_2+r_3} \begin{pmatrix} 1 & 0 & 0 & \vdots & 1 & -2 \\ 0 & 1 & 0 & \vdots & -1 & 1 \\ 0 & 0 & 1 & \vdots & 0 & 4 \end{pmatrix} = (E \vdots A^{-1}C),$

故 $X = A^{-1}C = \begin{pmatrix} 1 & -2 \\ -1 & 1 \\ 0 & 4 \end{pmatrix}$.

例 9 求解矩阵方程 $XB=C$，其中 $B = \begin{pmatrix} 1 & 1 \\ 2 & 1 \end{pmatrix}, C = \begin{pmatrix} 1 & -1 \\ 4 & 2 \end{pmatrix}$.

解 $\begin{pmatrix} B \\ \hdashline C \end{pmatrix} = \begin{pmatrix} 1 & 1 \\ 2 & 1 \\ \hdashline 1 & -1 \\ 4 & 2 \end{pmatrix} \xrightarrow{c_2\times(-2)+c_1} \begin{pmatrix} -1 & 1 \\ 0 & 1 \\ \hdashline 3 & -1 \\ 0 & 2 \end{pmatrix} \xrightarrow{c_1+c_2} \begin{pmatrix} -1 & 0 \\ 0 & 1 \\ \hdashline 3 & 2 \\ 0 & 2 \end{pmatrix} \xrightarrow{c_1\times(-1)} \begin{pmatrix} 1 & 0 \\ 0 & 1 \\ \hdashline -3 & 2 \\ 0 & 2 \end{pmatrix} = \begin{pmatrix} E \\ \hdashline CB^{-1} \end{pmatrix},$

故 $\boldsymbol{X}=\boldsymbol{C}\boldsymbol{B}^{-1}=\begin{pmatrix}-3 & 2\\0 & 2\end{pmatrix}$.

注

矩阵方程除了用上述初等变换计算外，还可以直接利用逆矩阵和乘法运算进行计算．请自行完成．

2.5.4 能力拓展驿站

1. MATLAB 实验

(1) 利用 rref 命令化为行最简形矩阵

编程命令：B=rref(A)　　　　% 求矩阵 A 的行最简形矩阵

例 10 用 MATLAB 软件化矩阵 $\boldsymbol{A}=\begin{pmatrix}0 & 1 & 3 & -2\\2 & 1 & -4 & 3\\2 & 3 & 2 & -1\end{pmatrix}$ 为行最简形矩阵．

输入命令：

```
A=[0 1 3 -2;2 1 -4 3;2 3 2 -1],        % 输入矩阵 A
B=rref(A)                               % 求矩阵 A 的行最简形矩阵
```

输出结果：

```
A=                      B=

  0   1   3  -2           1.0000        0     -3.5000     2.5000
  2   1  -4   3                0   1.0000      3.0000    -2.0000
  2   3   2  -1                0        0           0          0
```

(2) 利用 rref 与提取命令化为标准形矩阵

编程命令：B=rref(A)　　　　% 求矩阵 A 的行最简形矩阵

B(:,[j1,j2])=zeros(m,j2-j1+1)　　　　% 将第 j1 到 j2 列元素全部变为 0

例 11 用 MATLAB 软件化矩阵 $\boldsymbol{A}=\begin{pmatrix}0 & 1 & 3 & -2\\2 & 1 & -4 & 3\\2 & 3 & 2 & -1\end{pmatrix}$ 为标准形矩阵．

输入命令：

```
A=[0 1 3 -2;2 1 -4 3;2 3 2 -1];        % 输入矩阵 A
B=rref(A)                               % 求矩阵 A 的行最简形矩阵
```

输出结果：

```
B=

    1.0000         0   -3.5000    2.5000
         0    1.0000    3.0000   -2.0000
         0         0         0         0
```

输入命令：

```
B(:,[3 4])=zeros(3,2)                    % 将B矩阵中第三、四列元素全部变为0
```

输出结果：

```
B=

    1  0  0  0
    0  1  0  0
    0  0  0  0
```

2. 拓展阅读——矩阵变换在机器人领域的应用

(1) 机器人运动学分析

在机器人运动学中，通过 D-H 矩阵来描述相邻两个连杆的空间关系．建立机器人的运动学方程后，可利用矩阵初等变换来求解方程，确定机器人末端执行器的位姿，或根据期望的位姿计算关节变量．例如，在 SCARA 机器人中，就可以通过这种方式进行运动学分析，实现对其运动的精确控制．

(2) 机器人坐标系变换

机器人在不同的任务场景中，常常需要在不同的坐标系之间进行转换，如从机器人自身坐标系转换到运动坐标系，或从相机坐标系转换到机器人坐标系等．矩阵初等变换可用于将一个坐标系下的点或向量转换到另一个坐标系中．例如，已知机器人坐标系与相机坐标系的转换关系，当相机移动和旋转后，通过矩阵变换可求出相机在机器人坐标系中的新位姿．

(3) 机器人轨迹规划

在规划机器人的运动轨迹时，需要对机器人的位姿进行一系列的变换和计算．矩阵初等变换可以用于描述机器人在不同时刻的位姿变化，通过对变换矩阵进行操作，生成满足任务要求的轨迹．例如，让机器人沿着一条曲线运动，就可以通过矩阵变换来计算每个时刻机器人的位姿，使它能够准确地跟踪轨迹．

(4) 机器人视觉处理

在机器人视觉系统中，图像的坐标变换和特征提取等操作也会用到矩阵初等变换．例如，将图像中的物体坐标从像素坐标系转换到机器人的空间坐标系，以便机器人能够准确地定位和抓取物体．此外，在对图像进行特征提取和分析时，也可能会使用矩阵变换来简化计算或提取关键特征．

习题 2.5

一、判断题

1. 两个 n 阶方阵 $\boldsymbol{A},\boldsymbol{B}$ 等价的充要条件是存在 n 阶可逆矩阵 $\boldsymbol{P}$ 使得 $\boldsymbol{B}=\boldsymbol{PA}$.　(　)

2. 任何矩阵都可以经过有限次初等行变换化为行阶梯形矩阵，并且化为的行阶梯形矩阵是唯一确定的.　(　)

3. 可逆矩阵 $\boldsymbol{A}$ 总可以只经过有限次初等行变换化为单位矩阵 $\boldsymbol{E}$.　(　)

4. $|\boldsymbol{E}(1,2)|=-1$, $|\boldsymbol{E}(1(-3),2)|=1$.　(　)

5. 所有的初等矩阵的乘积都是可逆矩阵，也是初等矩阵.　(　)

二、填空题

1. 矩阵 $\begin{pmatrix}1&0&2&-1\\2&0&3&1\\3&0&4&-3\end{pmatrix}$ 的行最简形矩阵为____________.

2. $|\boldsymbol{E}(4(3),1)|=$____________.

3. 设有三阶方阵 $\boldsymbol{A}$, 将 $\boldsymbol{A}$ 的第一行的 2 倍加到第三行后对应的初等矩阵是__________.

4. 设 $\boldsymbol{A}=\begin{pmatrix}a_{11}&a_{12}\\a_{21}&a_{22}\end{pmatrix}$，则 $\boldsymbol{AE}(2(-2),1)=$____________.

5. 设 $\boldsymbol{A}=\begin{pmatrix}a_{11}&a_{12}\\a_{21}&a_{22}\end{pmatrix}$, 则 $\boldsymbol{E}(1(4),2)\boldsymbol{A}=$____________.

三、计算题

1. 用初等行变换把下列矩阵化为行最简形矩阵：

(1) $\boldsymbol{A}=\begin{pmatrix}2&2&0&2\\1&2&1&0\\2&5&3&-1\end{pmatrix}$;　(2) $\boldsymbol{A}=\begin{pmatrix}2&3&1&-3\\1&2&0&-2\\3&-2&8&3\\2&-3&7&4\end{pmatrix}$.

2. 利用矩阵的初等变换，将下列方阵化为标准形矩阵：

(1) $\boldsymbol{A}=\begin{pmatrix}1&2&2\\2&3&2\\0&1&3\end{pmatrix}$;　(2) $\boldsymbol{A}=\begin{pmatrix}1&1&1&1\\1&1&-1&-1\\1&-1&1&-1\\1&-1&-1&1\end{pmatrix}$.

3. 求解矩阵方程 $\begin{pmatrix}1&2\\3&4\end{pmatrix}\boldsymbol{A}=\begin{pmatrix}1&-1\\2&4\end{pmatrix}$.

4. 设矩阵 $\boldsymbol{A}$ 和 $\boldsymbol{B}$ 满足关系式 $\boldsymbol{AB}=\boldsymbol{A}+\boldsymbol{B}$, 其中 $\boldsymbol{A}=\begin{pmatrix}3&0&1\\1&1&0\\0&1&4\end{pmatrix}$, 求矩阵 $\boldsymbol{B}$.

5. 设矩阵 $\boldsymbol{A}$ 和 $\boldsymbol{B}$ 满足关系式 $\boldsymbol{AB}=\boldsymbol{A}+2\boldsymbol{B}$, 其中 $\boldsymbol{A}=\begin{pmatrix}1&-1&0\\0&1&-1\\-1&0&1\end{pmatrix}$.

(1) 试判定 $\boldsymbol{A}-2\boldsymbol{E}$ 是否可逆，说明理由；　(2) 求矩阵 $\boldsymbol{B}$.

6. 设 $\begin{pmatrix}0&1&0\\1&0&0\\0&0&1\end{pmatrix}\boldsymbol{A}\begin{pmatrix}1&0&1\\0&1&0\\0&0&1\end{pmatrix}=\begin{pmatrix}1&2&3\\4&5&6\\7&8&9\end{pmatrix}$, 求 $\boldsymbol{A}$.

7. 设矩阵 $\boldsymbol{A}=\begin{pmatrix}1&1&-2&1\\2&0&-1&3\\0&2&-3&0\end{pmatrix}$, 将 $\boldsymbol{A}$ 化为行最简形矩阵的过程用矩阵乘法表示．

四、实验题

1. 用 MATLAB 软件化矩阵 $\boldsymbol{A}=\begin{pmatrix}1&1&1&1\\1&1&-1&-1\\1&-1&1&-1\\1&-1&-1&1\end{pmatrix}$ 为行最简形矩阵．

2. 用 MATLAB 软件化矩阵 $\boldsymbol{A}=\begin{pmatrix}2&-2&1&-1&1\\1&2&-1&1&-2\\4&-10&5&-5&7\\2&-14&7&-7&11\end{pmatrix}$ 为标准形矩阵．

2.6 矩阵的秩

【课前导读】

矩阵的秩是矩阵的一个重要数值特征，也是线性代数中的一个重要概念，对向量、线性方程组、二次型等后续内容的学习起到至关重要的作用．本节主要包含矩阵秩的定义、矩阵秩的计算、矩阵秩的性质和应用等内容．

知识目标

(1) 理解矩阵 k 阶子式、最高阶非零子式，矩阵秩的概念；

(2) 掌握矩阵秩的计算方法；

(3) 掌握矩阵秩的性质 .

能力目标

(1) 加强初等变换不改变矩阵的秩的理解能力，并学会应用矩阵秩的性质；

(2) 挖掘矩阵初等变换与矩阵的秩之间的本质，培养学生的探索精神；

(3) 增强数学软件 MATLAB 编程求解矩阵的秩的运算能力 .

素质目标

(1) 引入奈飞公司的电影评分推荐系统案例，感悟互联网的飞速发展，增强学习新知识的内驱力；

(2) 通过初等变换求解矩阵的秩，揭示透过现象看本质，学会多角度看问题；

(3) 通过数学软件 MATLAB 编程计算矩阵秩，培养学生的实践能力 .

学习重点

(1) 矩阵秩的计算；

(2) 矩阵秩的性质 .

学习难点

(1) 矩阵最高阶非零子式、矩阵秩与行阶梯形矩阵秩的关系；

(2) 矩阵的初等变换不改变矩阵的秩 .

2.6.1 矩阵秩的定义

矩阵秩的定义

为了建立矩阵秩的概念，先给出矩阵子式的定义 .

定义 1 在 $m \times n$ 矩阵 $\boldsymbol{A}$ 中，任取 k 行 k 列 $(1 \leqslant k \leqslant \min(m, n))$，位于这些行列交叉处的 k^2 个元素不改变它们在 $\boldsymbol{A}$ 中所处的位置次序而得到的 k 阶行列式，称为矩阵 $\boldsymbol{A}$ 的 k 阶子式，记作 D_k.

$m \times n$ 矩阵 $\boldsymbol{A}$ 的 k 阶子式共有 $\mathrm{C}_m^k \cdot \mathrm{C}_n^k$ 个 .

例 1 在矩阵 $\boldsymbol{A}=\begin{pmatrix}1 & 2 & 3 & 0\\ -1 & 0 & 2 & 3\\ 0 & 1 & -1 & 0\end{pmatrix}$ 中，

1) 写出由第 1、2 二行，第 3、4 二列构成的二阶子式；

2) 写出由第 1、2、3 三行，第 1、2、3 三列构成的三阶子式；

3) 写出矩阵 $\boldsymbol{A}$ 的二阶子式与三阶子式的个数 .

解 1) 由第 1、2 二行，第 3、4 二列构成的二阶子式为$\begin{vmatrix} 3 & 0 \\ 2 & 3 \end{vmatrix}$；

2) 由第 1、2、3 三行，第 1、2、3 三列构成的三阶子式为$\begin{vmatrix} 1 & 2 & 3 \\ -1 & 0 & 2 \\ 0 & 1 & -1 \end{vmatrix}$；

3) 矩阵 $\boldsymbol{A}$ 的二阶子式的个数为 $C_3^2C_4^2=18$; 矩阵 $\boldsymbol{A}$ 的三阶子式的个数为 $C_3^3C_4^3=4$.

接下来给出矩阵的秩的定义 .

定义 2 在 $m\times n$ 矩阵 $\boldsymbol{A}$ 中，如果存在 $\boldsymbol{A}$ 的 r 阶子式 D_r 不为零，而任何 $r+1$ 阶子式（如果存在的话）全为零，则称 D_r 为矩阵 $\boldsymbol{A}$ 的**最高阶非零子式**，称数 r 为矩阵 $\boldsymbol{A}$ 的秩，记作 $R(\boldsymbol{A})=r$.

规定：零矩阵的秩等于零 .

注

定义 2 实际上包含了两个部分：

1) $R(\boldsymbol{A})\geqslant r$ 的充要条件是 $\boldsymbol{A}$ 有一个 r 阶子式不为零；

2) $R(\boldsymbol{A})\leqslant r$ 的充要条件是 $\boldsymbol{A}$ 的所有 $r+1$ 阶子式全为零 .

例 2 计算矩阵 $\boldsymbol{A}=\begin{pmatrix} 1 & 2 & 3 & 0 \\ -1 & 0 & 2 & 3 \\ 0 & 1 & -1 & 0 \end{pmatrix}$ 的秩 .

解 在 $\boldsymbol{A}$ 中，最高阶子式为三阶子式 . 而三阶子式$\begin{vmatrix} 2 & 3 & 0 \\ 0 & 2 & 3 \\ 1 & -1 & 0 \end{vmatrix}=15\neq 0$, 故 $R(\boldsymbol{A})=3$.

例 3 计算矩阵 $\boldsymbol{A}=\begin{pmatrix} 2 & 1 & 3 & 0 \\ 0 & 3 & -1 & 5 \\ 0 & 0 & 0 & 0 \end{pmatrix}$ 的秩 .

解 在 $\boldsymbol{A}$ 中，由于所有三阶子式全为零，而二阶子式$\begin{vmatrix} 2 & 1 \\ 0 & 3 \end{vmatrix}=6\neq 0$, 故 $R(\boldsymbol{A})=2$.

注

例 3 中 $\boldsymbol{A}$ 为行阶梯形矩阵，$R(\boldsymbol{A})=2$ 恰等于它的非零行行数 .

从例 2 和例 3 可以看出，矩阵的阶数较大时，根据定义求矩阵的秩是很困难的 . 下面给出求矩阵秩的初等变换法 .

定理 1 行阶梯形矩阵的秩等于它的非零行行数.

定理 2 任意矩阵 $\boldsymbol{A}$ 经过若干次初等行变换都可化为行阶梯形矩阵 $\boldsymbol{B}$, 若 $\boldsymbol{A}\xrightarrow{\text{初等行变换}}\boldsymbol{B}$, 则 $R(\boldsymbol{A})=R(\boldsymbol{B})$.

例 4 利用矩阵的初等行变换把矩阵 $\boldsymbol{A}=\begin{pmatrix}2&0&-1&2\\1&1&-2&1\\0&2&-3&0\end{pmatrix}$ 化为行阶梯形矩阵, 并求矩阵 $\boldsymbol{A}$ 的秩.

解
$$\boldsymbol{A}=\begin{pmatrix}2&0&-1&2\\1&1&-2&1\\0&2&-3&0\end{pmatrix}\xrightarrow{r_2\leftrightarrow r_1}\begin{pmatrix}1&1&-2&1\\2&0&-1&2\\0&2&-3&0\end{pmatrix}\xrightarrow{-2r_1+r_2}\begin{pmatrix}1&1&-2&1\\0&-2&3&0\\0&2&-3&0\end{pmatrix}$$
$$\xrightarrow{r_2+r_3}\begin{pmatrix}1&1&-2&1\\0&-2&3&0\\0&0&0&0\end{pmatrix}=\boldsymbol{B}.$$

由于矩阵 $\boldsymbol{B}$ 为阶梯形矩阵, 故 $R(\boldsymbol{A})=R(\boldsymbol{B})=2$.

注

由例 4 可以看出, 求矩阵的秩, 只要利用初等行变换将它化为行阶梯形矩阵, 其非零行行数就等于矩阵的秩, 相比根据定义求矩阵的秩, 该方法更简便.

例 5 根据 a, b 的值讨论矩阵 $\boldsymbol{A}=\begin{pmatrix}1&1&-2&3&0\\2&1&-6&4&-1\\3&2&a&7&-1\\1&-1&-6&-1&b\end{pmatrix}$ 的秩.

解
$$\boldsymbol{A}=\begin{pmatrix}1&1&-2&3&0\\2&1&-6&4&-1\\3&2&a&7&-1\\1&-1&-6&-1&b\end{pmatrix}\xrightarrow[r_1\times(-1)+r_4]{\substack{r_1\times(-2)+r_2\\r_1\times(-3)+r_3}}\begin{pmatrix}1&1&-2&3&0\\0&-1&-2&-2&-1\\0&-1&a+6&-2&-1\\0&-2&-4&-4&b\end{pmatrix}$$
$$\xrightarrow[r_2\times(-2)+r_4]{r_2\times(-1)+r_3}\begin{pmatrix}1&1&-2&3&0\\0&-1&-2&-2&-1\\0&0&a+8&0&0\\0&0&0&0&b+2\end{pmatrix}.$$

1) 当 $a=-8, b=-2$ 时, $R(\boldsymbol{A})=2$;

2) 当 $a\neq-8, b=-2$ 时, $R(\boldsymbol{A})=3$;

3) 当 $a=-8, b\neq-2$ 时, $R(\boldsymbol{A})=3$;

4) 当 $a\neq-8, b\neq-2$ 时, $R(\boldsymbol{A})=4$.

2.6.2 矩阵秩的性质

矩阵秩的性质

定理 3 1) 设 $\boldsymbol{A}$ 为 n 阶方阵，则 $\boldsymbol{A}$ 可逆的充要条件是 $R(\boldsymbol{A})=n$;

2) 对任意矩阵 $\boldsymbol{A}$, $R(\boldsymbol{A})=R(\boldsymbol{A}^{\mathrm{T}})$;

3) 设 $\boldsymbol{A}$ 为 $m\times n$ 矩阵，则 $0\leqslant R(\boldsymbol{A})\leqslant \min(m, n)$;

4) 对任意矩阵 $\boldsymbol{A}$, $R(k\boldsymbol{A})=\begin{cases} 0, & k=0; \\ R(\boldsymbol{A}), & k\neq 0. \end{cases}$

注

对于 n 阶方阵 $\boldsymbol{A}$, $|\boldsymbol{A}|=0$ 的充要条件是 $R(\boldsymbol{A})<n$, 因而，可逆矩阵又称为满秩矩阵，不可逆矩阵又称为降秩矩阵或退化矩阵 .

定理 4 对任意矩阵 $\boldsymbol{A}_{m\times n}$, 若 $\boldsymbol{A}\xrightarrow{\text{初等行变换}}\boldsymbol{B}$，则存在可逆矩阵 $\boldsymbol{P}_{m\times m}$, 满足

$$R(\boldsymbol{A})=R(\boldsymbol{PA})=R(\boldsymbol{B}).$$

例 6 设 $\boldsymbol{A}$ 是 3×4 矩阵，$R(\boldsymbol{A})=2$, $\boldsymbol{B}=\begin{pmatrix} 1 & 0 & 3 \\ 2 & -1 & 4 \\ 1 & -3 & 5 \end{pmatrix}$, 求 $R(\boldsymbol{BA})$.

解 $|\boldsymbol{B}|=\begin{vmatrix} 1 & 0 & 3 \\ 2 & -1 & 4 \\ 1 & -3 & 5 \end{vmatrix}=-8\neq 0$, 故矩阵 $\boldsymbol{B}$ 可逆，因此，$R(\boldsymbol{BA})=R(\boldsymbol{A})=2$.

定理 5 对任意矩阵 $\boldsymbol{A}_{m\times n}$, 若 $\boldsymbol{A}\xrightarrow{\text{初等列变换}}\boldsymbol{B}$，则存在可逆矩阵 $\boldsymbol{Q}_{n\times n}$, 满足

$$R(\boldsymbol{A})=R(\boldsymbol{AQ})=R(\boldsymbol{B}).$$

例 7 已知 $\boldsymbol{P}=\begin{pmatrix} 0 & 0 & 1 \\ 0 & 2 & 0 \\ 1 & 0 & 0 \end{pmatrix}$, $\boldsymbol{BP}=\begin{pmatrix} 1 & 0 & 2 \\ t & -1 & 1 \\ 1 & 2 & 4 \end{pmatrix}$, 且 $R(\boldsymbol{B})=2$, 求 t.

解 $|\boldsymbol{P}|=-2\neq 0$, 故 $\boldsymbol{P}$ 可逆，则 $R(\boldsymbol{BP})=R(\boldsymbol{B})=2$.

$$|\boldsymbol{BP}|=\begin{vmatrix} 1 & 0 & 2 \\ t & -1 & 1 \\ 1 & 2 & 4 \end{vmatrix}=4t-4=0.$$

因此，当 $t=1$ 时，$R(\boldsymbol{BP})=2$.

定理 6 对任意矩阵 $\boldsymbol{A}_{m\times n}$, 若 $\boldsymbol{A}\xrightarrow[\text{初等列变换}]{\text{初等行变换}}\boldsymbol{B}$，存在可逆矩阵 $\boldsymbol{P}_{m\times m}$ 和 $\boldsymbol{Q}_{n\times n}$, 则

$$R(\boldsymbol{A})=R(\boldsymbol{PA})=R(\boldsymbol{AQ})=R(\boldsymbol{PAQ}).$$

推论 1 对任意矩阵 $\boldsymbol{A}_{m\times n}$, 存在可逆矩阵 $\boldsymbol{P}_{m\times m}$ 和 $\boldsymbol{Q}_{n\times n}$, 使得

$$PAQ=\begin{pmatrix} \boldsymbol{E}_r & \boldsymbol{O} \\ \boldsymbol{O} & \boldsymbol{O} \end{pmatrix}_{m\times n},\ R(\boldsymbol{A})=r.$$

式中，$\begin{pmatrix} \boldsymbol{E}_r & \boldsymbol{O} \\ \boldsymbol{O} & \boldsymbol{O} \end{pmatrix}_{m\times n}$ 为 $\boldsymbol{A}$ 的标准形矩阵．任何矩阵 $\boldsymbol{A}$ 都等价于其标准形矩阵．

推论 2 同型矩阵 $\boldsymbol{A}$ 与 $\boldsymbol{B}$ 等价的充要条件是 $R(\boldsymbol{A})=R(\boldsymbol{B})$.

例 8 设 $\boldsymbol{A}=\begin{pmatrix} 1 & -2 & 1 \\ -1 & 1 & 1 \\ 1 & -3 & 3 \end{pmatrix}$，求 $\boldsymbol{A}$ 的标准形矩阵．

解 $\boldsymbol{A}=\begin{pmatrix} 1 & -2 & 1 \\ -1 & 1 & 1 \\ 1 & -3 & 3 \end{pmatrix}\xrightarrow[r_2\times 1+r_3]{r_2\times 1+r_1}\begin{pmatrix} 0 & -1 & 2 \\ -1 & 1 & 1 \\ 0 & -2 & 4 \end{pmatrix}\xrightarrow{r_1\times(-2)+r_3}\begin{pmatrix} 0 & -1 & 2 \\ -1 & 1 & 1 \\ 0 & 0 & 0 \end{pmatrix}$

$\xrightarrow{r_2\leftrightarrow r_1}\begin{pmatrix} -1 & 1 & 1 \\ 0 & -1 & 2 \\ 0 & 0 & 0 \end{pmatrix}\xrightarrow{r_2\times 1+r_1}\begin{pmatrix} -1 & 0 & 3 \\ 0 & -1 & 2 \\ 0 & 0 & 0 \end{pmatrix}\xrightarrow[c_1\times 3+c_3]{c_2\times 2+c_3}\begin{pmatrix} -1 & 0 & 0 \\ 0 & -1 & 0 \\ 0 & 0 & 0 \end{pmatrix}$

$\xrightarrow[r_1\times(-1)]{r_2\times(-1)}\begin{pmatrix} 1 & 0 & 0 \\ 0 & 1 & 0 \\ 0 & 0 & 0 \end{pmatrix}.$

所以 $R(\boldsymbol{A})=2$，故 $\boldsymbol{A}$ 的标准形矩阵为

$$\begin{pmatrix} \boldsymbol{E}_r & \boldsymbol{O} \\ \boldsymbol{O} & \boldsymbol{O} \end{pmatrix}=\begin{pmatrix} 1 & 0 & 0 \\ 0 & 1 & 0 \\ 0 & 0 & 0 \end{pmatrix}.$$

注

当变换进行到 $\boldsymbol{A}=\begin{pmatrix} 1 & -2 & 1 \\ -1 & 1 & 1 \\ 1 & -3 & 3 \end{pmatrix}\rightarrow\begin{pmatrix} -1 & 0 & 3 \\ 0 & -1 & 2 \\ 0 & 0 & 0 \end{pmatrix}$ 这一步时，可直接得出其标准形矩阵．

2.6.3 能力拓展驿站

1. MATLAB 实验

利用 rank 命令求矩阵的秩

编程命令：r=rank (A)　　　　% 求矩阵 A 的秩

例 9 用 MATLAB 软件求解矩阵 $\boldsymbol{A}=\begin{pmatrix} 1 & 2 & 1 \\ 0 & 1 & 1 \\ 1 & -3 & 3 \end{pmatrix}$ 的秩．

输入命令：

```
A=[1 2 1;0 1 1;1 -3 3];                          % 输入矩阵 A
r=rank(A)                                         % 求矩阵 A 的秩
```

输出结果：

```
r =

        3
```

2. 应用案例——Netflix 推荐系统

(1) 问题背景

由于具有巨大的应用价值，推荐系统 (Recommendation System) 开始受到广泛关注，其中最著名的是 Netflix(奈飞) 推荐系统．奈飞是美国的一家影片租赁公司，其 Netflix 推荐系统主要通过少数观影用户在线上对电影评分，从而为潜在观影用户推荐影片．这种推荐越符合用户的喜好，就越能提高该公司影片租赁的业务量．为此，奈飞设立了百万美元的奖金，用于奖励能够显著提升其推荐系统质量的解决方案．

(2) 问题描述

假设矩阵的每一列代表同一用户对不同电影的评分 (分数 1 ～ 5)，每一行代表不同用户对同一电影的评分，由于观影用户人数和电影放映数量巨大，因此这个矩阵的规模巨大．然而由于观影用户参与电影评分的人数和电影数量有限，因此这个矩阵中只有很小一部分的元已知 (见表 2-7)，其中“?”代表用户没有给出评分．如何从这个不完整的矩阵中推测出其中的未知元即矩阵填充问题就是 Netflix 推荐系统需要解决的．矩阵填充得越准确，为用户推荐的电影也就越符合用户的喜好．若不加任何约束，则矩阵填充问题有无穷多解．由于影响用户对电影喜好的因素有限，如电影的题材、演员、年代、导演等，因此这个矩阵本质上是一个**低秩矩阵** (即矩阵的秩远远小于矩阵的行数和列数)．在大数据时代，许多数据信息高度冗余，表示数据的矩阵通常具有这种“低秩”模式．考虑矩阵低秩模式有助于成功解决矩阵的填充问题．

问题：请用合适的方法填充矩阵中缺失的数据，使得矩阵的秩分别等于 3 和 4．

表 2-7　电影评分表

电影	用户			
	用户 1	用户 2	用户 3	用户 4
影片 A	5	5	1	2
影片 B	5	?	?	2
影片 C	?	4	2	?
影片 D	1	1	5	4
影片 E	2	2	5	?

(3) 模型分析与求解

为方便表示，将表 2-7 中的数据用矩阵表示为

$$X=\begin{pmatrix}5&5&1&2\\5&?&?&2\\?&4&2&?\\1&1&5&4\\2&2&5&?\end{pmatrix}.$$

1) 根据表 2-7 中数据可以找到具有相同偏好的用户，经过数据对比发现用户 1 和用户 2 对电影的打分比较接近，那么认为二者具有相同的偏好．同理可得出用户 3 和用户 4 具有相同的偏好．如果某用户有对相关电影存在缺失值，我们可以用具有相同偏好的用户对该电影的评分来代替，则

$$X=\begin{pmatrix}5&5&1&2\\5&5&1&2\\4&4&2&2\\1&1&5&4\\2&2&5&5\end{pmatrix}.$$

通过 MATLAB 调用 rank 函数编程如下：

输入命令：

```
X=[5 5 1 2;5 5 1 2;4 4 2 2;1 1 5 4;2 2 5 5];      % 输入矩阵 X
rank(X)                                          % 求矩阵 X 的秩
```

输出结果：

```
ans=
    3
```

根据编程结果可知，矩阵 X 的秩为 3.

2) 对表中的缺失值，采用其他用户打分的平均值来代替，如果平均值含小数，可采用距离该数值最近的值来代替，采用此方法可得到

$$X=\begin{pmatrix}5&5&1&2\\5&4&3&2\\3&4&2&3\\1&1&5&4\\2&2&5&3\end{pmatrix}.$$

通过 MATLAB 调用 rank 函数编程如下：

输入命令：

```
X=[5 5 1 2;5 4 3 2;3 4 2 3;1 1 5 4;2 2 5 3];        % 输入矩阵 X
rank(X)                                             % 求矩阵 X 的秩
```

输出结果：

```
ans=

   4
```

根据编程结果可知，矩阵 $\boldsymbol{X}$ 的秩为 4.

习题 2.6

一、选择题

1. 设 $\boldsymbol{A}$ 为 $m\times n$ 矩阵，$\boldsymbol{A}$ 的秩为 r, 则（　　）.

   A. $\boldsymbol{A}$ 中有 r 阶子式不为 0

   B. $\boldsymbol{A}$ 中任何 $r+1$ 阶子式为 0

   C. $\boldsymbol{A}$ 中非 0 的子式的阶数小于等于 r

   D. $\boldsymbol{A}$ 中非 0 的子式的最高阶数等于 r

2. 设 $\boldsymbol{A}=\begin{pmatrix}1 & 2 & 3\\ 0 & 1 & 5\\ -1 & -2 & -4\end{pmatrix}$, 则 $R(\boldsymbol{A})=$（　　）.

   A. 0　　B. 1　　C.2　　D. 3

3. 设 $\boldsymbol{A}$ 为 $m\times n$ 非零矩阵，存在 m 阶可逆矩阵 $\boldsymbol{P}$, n 阶可逆矩阵 $\boldsymbol{Q}$, 则下列等式错误的是（　　）.

   A. $R(\boldsymbol{PA})=R(\boldsymbol{A})$　　B. $R(\boldsymbol{AQ})=R(\boldsymbol{A})$

   C. $R(\boldsymbol{PAQ})=R(\boldsymbol{A})$　　D. $R(\boldsymbol{QAP})=R(\boldsymbol{A})$

二、填空题

1. 已知 $\boldsymbol{A}=\begin{pmatrix}3 & 1 & 0 & 2\\ 1 & -1 & 2 & -1\\ 1 & 3 & -4 & 4\end{pmatrix}$, 由第 1、2 二行，第 2、4 二列构成的二阶子式为__________.

2. 设 $\boldsymbol{A}$ 为 $m\times n$ 非零矩阵，则 $0<R(\boldsymbol{A})\leqslant$ __________.

3. 设 $\boldsymbol{A}$ 为 n 阶满秩方阵，则 $R(\boldsymbol{A})=$____________.

4. 若矩阵 $\boldsymbol{A}$ 与 $\boldsymbol{B}$ 等价，则 $R(\boldsymbol{A})$____________$R(\boldsymbol{B})$.

5. 设 $\boldsymbol{A}=\begin{pmatrix}1 & 1\\2 & 0\\1 & 2\end{pmatrix}$，则 $R(\boldsymbol{A})=$____________.

6. 已知 $\boldsymbol{A}=\begin{pmatrix}1 & 1 & -6 & 10\\1 & 4 & k+6 & -11\\2 & 3 & -7 & k+10\end{pmatrix}$ 的秩为 2，则 $k=$____________.

7. 已知矩阵 $\boldsymbol{A}$ 与 $\boldsymbol{B}$ 等价，且 $R(\boldsymbol{A})=3$，则 $R(\boldsymbol{B})=$____________.

8. 已知矩阵 $\boldsymbol{B}=\begin{pmatrix}1 & -1\\2 & 3\end{pmatrix}$，且 $R(\boldsymbol{A})=2$，则 $R(\boldsymbol{AB})$____________.

三、计算题

1. 求下列矩阵的秩：

(1) $\begin{pmatrix}2 & -3 & 8 & 2\\2 & 12 & -2 & 12\\1 & 3 & 1 & 4\end{pmatrix}$；　(2) $\begin{pmatrix}4 & -2 & 1\\1 & 2 & -1\\-1 & 8 & -7\\2 & 14 & 13\end{pmatrix}$；　(3) $\begin{pmatrix}1 & -1 & 2 & 1 & 0\\2 & -2 & 4 & -2 & 0\\3 & 0 & 6 & -1 & 1\\0 & 3 & 0 & 0 & 1\end{pmatrix}$.

2. 已知 $\boldsymbol{A}=\begin{pmatrix}1 & 1 & 1 & 1 & -1\\4 & 3 & 5 & -1 & -1\\a & 1 & 3 & b & 1\end{pmatrix}$ 的秩为 2，求 a, b 的值 .

3. 设 $\boldsymbol{A}=\begin{pmatrix}1 & -2 & 3k\\-1 & 2k & -3\\k & -2 & 3\end{pmatrix}$，问 k 为何值，可使：

(1) $R(\boldsymbol{A})=1$；　(2) $R(\boldsymbol{A})=2$；　(3) $R(\boldsymbol{A})=3$.

4. 求矩阵 $\boldsymbol{A}=\begin{pmatrix}1 & 1 & -1\\3 & 1 & 0\\4 & 4 & 1\\1 & -2 & 1\end{pmatrix}$ 的标准形矩阵 .

5. 求 n 阶方阵 $\boldsymbol{A}=\begin{pmatrix} a & b & \cdots & b \\ b & a & \cdots & b \\ \vdots & \vdots & & \vdots \\ b & b & \cdots & a \end{pmatrix}$ 的秩 .

四、实验题

1. 用 MATLAB 软件求解矩阵 $\boldsymbol{A}=\begin{pmatrix} 1 & -1 & 0 & 2 & 1 \\ 3 & 0 & 4 & 5 & 1 \\ 2 & 1 & 0 & 6 & -2 \\ 5 & 3 & 1 & 4 & 2 \end{pmatrix}$ 的秩 .

2. 用 MATLAB 软件求解 n 阶方阵 $\boldsymbol{A}=\begin{pmatrix} a & b & \cdots & b \\ b & a & \cdots & b \\ \vdots & \vdots & & \vdots \\ b & b & \cdots & a \end{pmatrix}$ 的秩 .

第 3 章

向量与线性方程组

在大模型数字化驱动下的科技发展进程中，线性方程组是线性代数最重要的研究内容之一，具有不可替代性．它不仅是研究描述数学问题的数表、空间线性变换、向量线性相关及线性方程组求解等的重要工具，在空间科学、航空科技、建筑学、气象观察、交通网络、生物学、物质结构、石油勘探等学科领域也有重要的应用．

本章首先借助高斯消元法引出线性方程组解的判定方法，讨论了向量的线性表示与线性相关性，通过极大线性无关组引出向量组的秩及计算．其次，介绍了向量空间的基、维数与坐标，给出了空间的基变换与坐标变换公式．最后，通过齐次、非齐次线性方程组解的结构，给出它们通解的计算．能力拓展驿站包含 MATLAB 实验、应用案例或拓展阅读等内容，有助于提升数学应用能力、传播数学文化．

3.1 高斯消元法

【课前导读】

线性方程组在政治、经济、金融、交通、医学、人工智能、航空等众多领域应用广泛,而高斯消元法是求解线性方程组解的一种重要的思想与方法.本节通过高斯消元法引出非齐次、齐次线性方程组解的判定与秩的关系,进一步理解线性代数的应用.

知识目标

(1) 理解线性方程组的系数矩阵、增广矩阵的概念;

(2) 了解高斯消元法的过程与矩阵初等变换的对应关系;

(3) 掌握非齐次线性方程组解的判定与系数矩阵、增广矩阵的秩的关系;

(4) 掌握齐次线性方程组解的判定与系数矩阵、增广矩阵的秩的关系.

能力目标

(1) 提高高斯消元法与增广矩阵对应关系的认识能力;

(2) 加强空间直线与平面位置关系转化为线性方程组求解的能力;

(3) 增强运用数学软件 MATLAB 编程判定线性方程组解的能力.

素质目标

(1) 了解线性方程组的历史与数学家高斯的成就,传播数学文化;

(2) 通过空间直线与平面位置的关系,体现几何与代数的完美融合;

(3) 培养学生运用数学软件 MATLAB 编程的实践精神.

学习重点

(1) 增广矩阵化为行阶梯形矩阵、行最简形矩阵;

(2) 线性方程组解的判定.

学习难点

矩阵的秩判定线性方程组有解、无解的数学原理.

3.1.1 高斯消元法与增广矩阵

高斯消元法

消元法解简单线性方程组,常用的三种变换是:

1) 互换两个方程的位置;

2) 用一个不等于零的数乘以某个方程；

3) 一个方程的倍数加到 (减去) 另外一个方程 .

不难发现 , 三种变换不会改变方程的同解性 .

由 m 个方程 n 个未知变量组成的线性方程组 , 它的一般形式为

$$\begin{cases} a_{11}x_1 + a_{12}x_2 + \cdots + a_{1n}x_n = b_1 \\ a_{21}x_1 + a_{22}x_2 + \cdots + a_{2n}x_n = b_2 \\ \quad\vdots \\ a_{m1}x_1 + a_{m2}x_2 + \cdots + a_{mn}x_n = b_m \end{cases} \tag{3-1}$$

则线性方程组可以用矩阵形式表示为 $\boldsymbol{AX}=\boldsymbol{B}$.

式中，

$$\boldsymbol{A}=\begin{pmatrix} a_{11} & a_{12} & \cdots & a_{1n} \\ a_{21} & a_{22} & \cdots & a_{2n} \\ \vdots & \vdots & & \vdots \\ a_{m1} & a_{m2} & \cdots & a_{mn} \end{pmatrix},\quad \boldsymbol{X}=\begin{pmatrix} x_1 \\ x_2 \\ \vdots \\ x_n \end{pmatrix},\quad \boldsymbol{B}=\begin{pmatrix} b_1 \\ b_2 \\ \vdots \\ b_m \end{pmatrix}.$$

系数矩阵　　变量矩阵　　常数矩阵

1) 当 b_i 均为零时 , $\boldsymbol{AX}=\boldsymbol{O}$, 称为齐次线性方程组；

2) 当 b_i 不全为零时 , $\boldsymbol{AX}=\boldsymbol{B}$, 称为非齐次线性方程组 .

把 $\overline{\boldsymbol{A}}=(\boldsymbol{A},\boldsymbol{B})=\left(\begin{array}{cccc|c} a_{11} & a_{12} & \cdots & a_{1n} & b_1 \\ a_{21} & a_{22} & \cdots & a_{2n} & b_2 \\ \vdots & \vdots & & \vdots & \vdots \\ a_{m1} & a_{m2} & \cdots & a_{mn} & b_m \end{array}\right)$ 称为增广矩阵 .

注：线性方程组与它的增广矩阵是一一对应的 .

例 1　写出非齐次线性方程组 $\begin{cases} x_1+2x_2-x_3+x_4=1, \\ x_1+x_2+x_3=-2, \\ 2x_1-x_2+2x_3+3x_4=3 \end{cases}$ 的增广矩阵 .

解　该线性方程组的增广矩阵为

$$\overline{\boldsymbol{A}}=\left(\begin{array}{cccc|c} 1 & 2 & -1 & 1 & 1 \\ 1 & 1 & 1 & 0 & -2 \\ 2 & -1 & 2 & 3 & 3 \end{array}\right).$$

通过例 1 发现 , 线性方程组与它的增广矩阵是一一对应的 , 解线性方程组可以通过对原线性方程组施行变换 , 将增广矩阵施行三种初等行变换得到同解的新方程组的增广矩阵 . 下面通过例子进行说明 .

例 2 解线性方程组 $\begin{cases} x_1+x_2+x_3=2, \\ 2x_1+3x_2-2x_3=-10, \\ 3x_1-x_2+x_3=8. \end{cases}$

解 线性方程组 增广矩阵

$$\begin{cases} x_1+x_2+x_3=2 & ① \\ 2x_1+3x_2-2x_3=-10 & ② \\ 3x_1-x_2+x_3=8 & ③ \end{cases} \qquad \overline{\boldsymbol{A}}=\left(\begin{array}{ccc:c} 1 & 1 & 1 & 2 \\ 2 & 3 & -2 & -10 \\ 3 & -1 & 1 & 8 \end{array}\right)$$

$$\xrightarrow[①\times(-3)+③]{①\times(-2)+②}\begin{cases} x_1+x_2+x_3=2 & ④ \\ 0x_1+x_2-4x_3=-14 & ⑤ \\ 0x_1-4x_2-2x_3=2 & ⑥ \end{cases} \qquad \xrightarrow[r_1\times(-3)+r_3]{r_1\times(-2)+r_2}\left(\begin{array}{ccc:c} 1 & 1 & 1 & 2 \\ 0 & 1 & -4 & -14 \\ 0 & -4 & -2 & 2 \end{array}\right)$$

$$\xrightarrow[⑤\times4+⑥]{⑤\times(-1)+④}\begin{cases} x_1+0x_2+5x_3=16 \\ 0x_1+x_2-4x_3=-14 \\ 0x_1-0x_2-18x_3=-54 & ⑦ \end{cases} \qquad \xrightarrow[r_2\times4+r_3]{r_2\times(-1)+r_1}\left(\begin{array}{ccc:c} 1 & 0 & 5 & 16 \\ 0 & 1 & -4 & -14 \\ 0 & 0 & -18 & -54 \end{array}\right)$$

$$\xrightarrow{⑦\times\left(-\frac{1}{18}\right)}\begin{cases} x_1+0x_2+5x_3=16 & ⑧ \\ 0x_1+x_2-4x_3=-14 & ⑨ \\ 0x_1-0x_2+x_3=3 & ⑩ \end{cases} \qquad \xrightarrow{r_3\times\left(-\frac{1}{18}\right)}\left(\begin{array}{ccc:c} 1 & 0 & 5 & 16 \\ 0 & 1 & -4 & -14 \\ 0 & 0 & 1 & 3 \end{array}\right)$$

$$\xrightarrow[⑩\times4+⑨]{⑩\times(-5)+⑧}\begin{cases} x_1+0x_2+0x_3=1 \\ 0x_1+x_2-0x_3=-2 \\ 0x_1-0x_2+x_3=3 \end{cases} \qquad \xrightarrow[r_3\times4+r_2]{r_3\times(-5)+r_1}\left(\begin{array}{ccc:c} 1 & 0 & 0 & 1 \\ 0 & 1 & 0 & -2 \\ 0 & 0 & 1 & 3 \end{array}\right)$$

增广矩阵化为行最简形矩阵，可得 $x_1=1,\ x_2=-2,\ x_3=3$.

上述求解线性方程组的过程，可以通过其增广矩阵施行初等行变换实现，称为高斯消元法. 观察可知，用高斯消元法求解方程组的步骤如下：

1) 写出方程组的增广矩阵，对其施行初等行变换化为行阶梯形矩阵——消元过程；

2) 对行阶梯形矩阵施行初等行变换化成行最简形矩阵，从而直接写出原方程组的解——回代过程.

例 3 利用高斯消元法解线性方程组 $\begin{cases} x_1+x_2+x_3=1, \\ x_1+2x_2+2x_3=3, \\ x_1+3x_2+4x_3=8. \end{cases}$

解 对增广矩阵 $\overline{\boldsymbol{A}}$ 施行初等行变换，有

$$\overline{\boldsymbol{A}}=\left(\begin{array}{ccc:c} 1 & 1 & 1 & 1 \\ 1 & 2 & 2 & 3 \\ 1 & 3 & 4 & 8 \end{array}\right)\xrightarrow[r_1\times(-1)+r_3]{r_1\times(-1)+r_2}\left(\begin{array}{ccc:c} 1 & 1 & 1 & 1 \\ 0 & 1 & 1 & 2 \\ 0 & 2 & 3 & 7 \end{array}\right)\xrightarrow{r_2\times(-2)+r_3}\left(\begin{array}{ccc:c} 1 & 1 & 1 & 1 \\ 0 & 1 & 1 & 2 \\ 0 & 0 & 1 & 3 \end{array}\right)$$

$$\xrightarrow[r_3\times(-1)+r_2]{r_3\times(-1)+r_1}\left(\begin{array}{ccc|c}1 & 1 & 0 & -2\\0 & 1 & 0 & -1\\0 & 0 & 1 & 3\end{array}\right)\xrightarrow{r_2\times(-1)+r_1}\left(\begin{array}{ccc|c}1 & 0 & 0 & -1\\0 & 1 & 0 & -1\\0 & 0 & 1 & 3\end{array}\right).$$

故线性方程组的解为 $x_1=-1,\ x_2=-1,\ x_3=3$.

3.1.2　非齐次线性方程组解的判定

非齐次线性方程组解的判定

两条直线的位置关系可以通过矩阵的乘法和矩阵的秩进行判定．从几何上看，两条直线可以表示成一个二元线性方程组，给定如下三组直线：

1) $\begin{cases}x+y=4,\\x-2y=1;\end{cases}$　　2) $\begin{cases}x+y=4,\\2x+2y=8;\end{cases}$　　3) $\begin{cases}x-y=5,\\x-y=3.\end{cases}$

两条直线的图像和位置关系

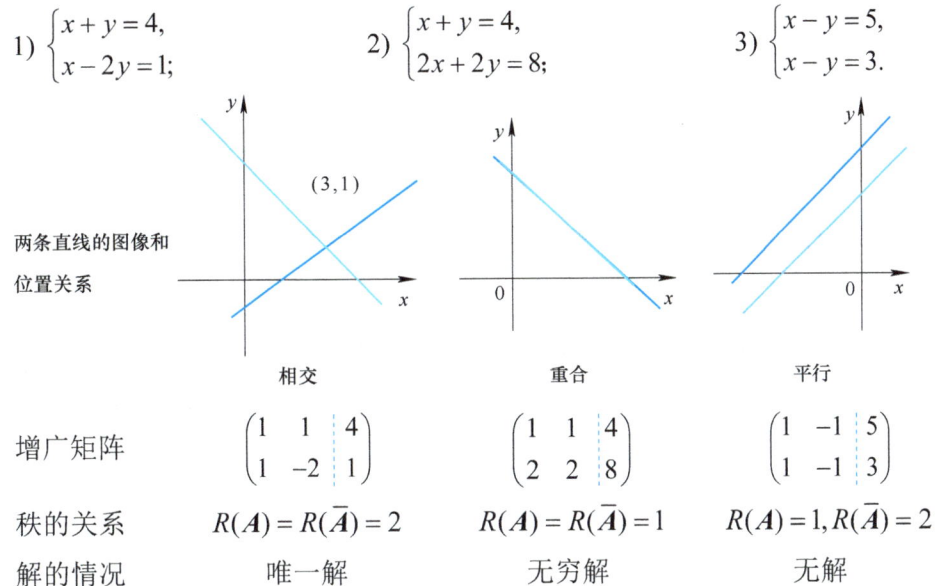

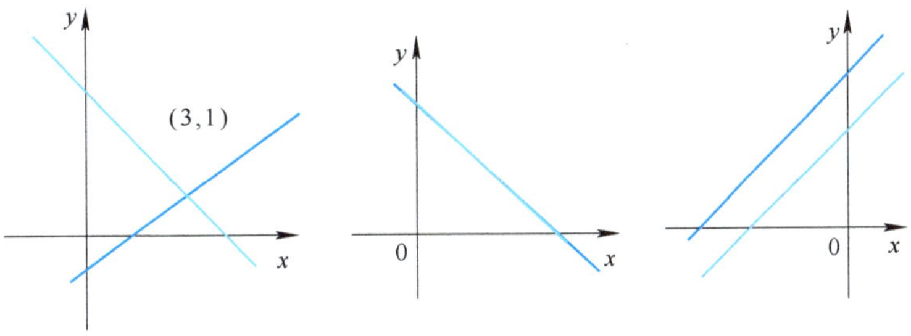

相交　　重合　　平行

	相交	重合	平行
增广矩阵	$\left(\begin{array}{cc\|c}1 & 1 & 4\\1 & -2 & 1\end{array}\right)$	$\left(\begin{array}{cc\|c}1 & 1 & 4\\2 & 2 & 8\end{array}\right)$	$\left(\begin{array}{cc\|c}1 & -1 & 5\\1 & -1 & 3\end{array}\right)$
秩的关系	$R(A)=R(\bar{A})=2$	$R(A)=R(\bar{A})=1$	$R(A)=1, R(\bar{A})=2$
解的情况	唯一解	无穷解	无解

当线性方程组 $\boldsymbol{AX}=\boldsymbol{B}$ 有解，则称该线性方程组相容，否则称为不相容．

思考：线性方程组相容时，有唯一解或无穷解，该如何求解？

启示：线性方程组的解可以通过增广矩阵化为行阶梯形矩阵或行最简形矩阵求得．通过上述三组直线的几何案例发现线性方程组可以通过系数矩阵与增广矩阵的秩判定解的情况．

定理 1　线性方程组 $\boldsymbol{AX}=\boldsymbol{B}$ 有解的充分必要条件是系数矩阵与增广矩阵的秩相等．

1) 当 $R(\boldsymbol{A})<R(\bar{\boldsymbol{A}})=R(\boldsymbol{A},\boldsymbol{B})$ 时，则方程组无解；

2) 当 $R(\boldsymbol{A})=R(\bar{\boldsymbol{A}})=R(\boldsymbol{A},\boldsymbol{B})=n$ 时，则方程组有唯一解；

3) 当 $R(\boldsymbol{A})=R(\bar{\boldsymbol{A}})=R(\boldsymbol{A},\boldsymbol{B})<n$ 时，则方程组有无穷解．

证明　对线性方程组的增广矩阵进行初等行变换化为行最简形矩阵，即

$$\bar{A}=(A,B)\xrightarrow{\text{初等行变换}}\begin{pmatrix}1&0&\cdots&0&c_{1,r+1}&\cdots&c_{1n}&d_1\\0&1&\cdots&0&c_{2,r+1}&\cdots&c_{2n}&d_2\\\vdots&\vdots&&\vdots&\vdots&&\vdots&\vdots\\0&0&\cdots&1&c_{r,r+1}&\cdots&c_{rn}&d_r\\0&0&\cdots&0&0&\cdots&0&d_{r+1}\\0&0&\cdots&0&0&&0&0\\\vdots&\vdots&&\vdots&\vdots&&\vdots&\vdots\\0&0&\cdots&0&0&\cdots&0&0\end{pmatrix}=\bar{C},$$

1) 当 $d_{r+1}\neq 0$ 时，$R(A)=r<R(\bar{A})=R(\bar{C})=r+1$, 故线性方程组无解；

2) 当 $d_{r+1}=0$ 时，$R(A)=R(\bar{A})=R(\bar{C})$，故线性方程组有解．

与增广矩阵 $\bar{A}$ 同解的矩阵 $\bar{C}$ 对应的方程组为

$$\begin{cases}x_1 \quad +c_{1,r+1}x_{r+1}+c_{1,r+2}x_{r+2}+\cdots+c_{1n}x_n=d_1,\\ \quad x_2 \quad +c_{2,r+1}x_{r+1}+c_{2,r+2}x_{r+2}+\cdots+c_{2n}x_n=d_2,\\ \qquad\vdots\\ \qquad x_r+c_{r,r+1}x_{r+1}+c_{r,r+2}x_{r+2}+\cdots+c_{rn}x_n=d_r.\end{cases}$$

①当 $R(A)=R(\bar{A})=R(\bar{C})=n$ 时，易知线性方程组有唯一解，即

$$x_1=d_1,\ x_2=d_2,\ \cdots,\ x_n=d_n;$$

②当 $R(A)=R(\bar{A})=R(\bar{C})<n$ 时，易知线性方程组有无穷解．

将 x_{r+1}, x_{r+2}, $\cdots$ x_n 看作自由未知量，给定一组数可得线性方程组的通解为

$$\begin{cases}x_1=-c_{1,r+1}x_{r+1}-c_{1,r+2}x_{r+2}-\cdots-c_{1n}x_n+d_1,\\x_2=-c_{2,r+1}x_{r+1}-c_{2,r+2}x_{r+2}-\cdots-c_{2n}x_n+d_2,\\\qquad\vdots\\x_r=-c_{r,r+1}x_{r+1}-c_{r,r+2}x_{r+2}-\cdots-c_{rn}x_n+d_r,\\x_{r+1}=\quad x_{r+1}\quad,\\x_{r+2}=\quad x_{r+2}\quad,\\\qquad\vdots\\x_n=\quad x_n\quad.\end{cases}$$

例 4 解非齐次线性方程组 $\begin{cases}x_1+x_2+x_3=1,\\x_1+2x_2+2x_3=2,\\x_1+3x_2+3x_3=5.\end{cases}$

解 对增广矩阵 $\bar{A}$ 施行初等行变换，有

$$\bar{A}=\left(\begin{array}{ccc|c}1&1&1&1\\1&2&2&2\\1&3&3&5\end{array}\right)\xrightarrow[r_1\times(-1)+r_3]{r_1\times(-1)+r_2}\left(\begin{array}{ccc|c}1&1&1&1\\0&1&1&1\\0&2&2&4\end{array}\right)\xrightarrow{r_2\times(-2)+r_3}\left(\begin{array}{ccc|c}1&1&1&1\\0&1&1&1\\0&0&0&2\end{array}\right),$$

可知 $R(A)=2<R(\overline{A})=3$，故线性方程组无解.

例 5 解非齐次线性方程组 $\begin{cases}x_1+x_2+x_3=1,\\x_1+2x_2+2x_3=3,\\x_1+3x_2+4x_3=8.\end{cases}$

解 对增广矩阵 $\overline{A}$ 施行初等行变换，有

$$\overline{A}=\left(\begin{array}{ccc:c}1&1&1&1\\1&2&2&3\\1&3&4&8\end{array}\right)\xrightarrow[r_1\times(-1)+r_3]{r_1\times(-1)+r_2}\left(\begin{array}{ccc:c}1&1&1&1\\0&1&1&2\\0&2&3&7\end{array}\right)\xrightarrow{r_2\times(-2)+r_3}\left(\begin{array}{ccc:c}1&1&1&1\\0&1&1&2\\0&0&1&3\end{array}\right)\xrightarrow[r_3\times(-1)+r_2]{r_3\times(-1)+r_1}$$

$$\left(\begin{array}{ccc:c}1&1&0&-2\\0&1&0&-1\\0&0&1&3\end{array}\right)\xrightarrow{r_2\times(-1)+r_1}\left(\begin{array}{ccc:c}1&0&0&-1\\0&1&0&-1\\0&0&1&3\end{array}\right),$$

可知 $R(A)=R(\overline{A})=3$，故线性方程组有唯一解，即 $x_1=-1,\ x_2=-1,\ x_3=3$.

例 6 求非齐次线性方程组 $\begin{cases}x_1+x_3+x_4=2,\\x_1+x_2+x_3+2x_4=4,\\2x_1-x_2+2x_3+x_4=2\end{cases}$ 的通解.

解 对增广矩阵 $\overline{A}$ 施行初等行变换，有

$$\overline{A}=\left(\begin{array}{cccc:c}1&0&1&1&2\\1&1&1&2&4\\2&-1&2&1&2\end{array}\right)\xrightarrow[r_1\times(-2)+r_3]{r_1\times(-1)+r_2}\left(\begin{array}{cccc:c}1&0&1&1&2\\0&1&0&1&2\\0&-1&0&-1&-2\end{array}\right)\xrightarrow{r_2+r_3}\left(\begin{array}{cccc:c}1&0&1&1&2\\0&1&0&1&2\\0&0&0&0&0\end{array}\right),$$

可知 $R(A)=R(\overline{A})=2<4$，故非齐次线性方程组有无穷多解.

线性方程组转化为 $\begin{cases}x_1+x_3+x_4=2,\\x_2+x_4=2,\end{cases}$ 则 $\begin{cases}x_1=-x_3-x_4+2,\\x_2=0x_3-x_4+2,\\x_3=x_3+0x_4+0,\\x_4=0x_3+x_4+0.\end{cases}$

令自由未知量 $x_3=c_1,\ x_4=c_2$，故非齐次线性方程组的通解 $\boldsymbol{X}=c_1\begin{pmatrix}-1\\0\\1\\0\end{pmatrix}+c_2\begin{pmatrix}-1\\-1\\0\\1\end{pmatrix}+\begin{pmatrix}2\\2\\0\\0\end{pmatrix}$.

3.1.3 齐次线性方程组解的判定

齐次线性方程组解的判定

当 $\boldsymbol{B}=\boldsymbol{O}$ 时，齐次线性方程组 $\boldsymbol{AX}=\boldsymbol{O}$ 的系数矩阵与增广矩阵的秩是相等的，即 $R(\boldsymbol{A})=R(\overline{\boldsymbol{A}})=R(\boldsymbol{A},\boldsymbol{O})$.

定理 2 线性方程组 $\boldsymbol{AX}=\boldsymbol{O}$ 一定有解：零解和非零（无穷）解.

1) 当 $R(\boldsymbol{A})=R(\overline{\boldsymbol{A}})=R(\boldsymbol{A},\boldsymbol{O})=n$ 时，则方程组只有零解；

2) 当 $R(\boldsymbol{A})=R(\overline{\boldsymbol{A}})=R(\boldsymbol{A},\boldsymbol{O})<n$ 时，则方程组有非零（无穷）解.

注

针对齐次线性方程组 $\boldsymbol{AX}=\boldsymbol{O}$，更关心的是其是否有非零解.

例 7 利用高斯消元法求解齐次线性方程组 $\begin{cases}x_1-3x_2+2x_3-x_4=0,\\x_1-3x_2+2x_3+x_4=0,\\x_1-3x_2+2x_3+3x_4=0.\end{cases}$

解 对系数矩阵 $\boldsymbol{A}$ 施行初等行变换，有

$$\boldsymbol{A}=\begin{pmatrix}1&-3&2&-1\\1&-3&2&1\\1&-3&2&3\end{pmatrix}\xrightarrow[r_1\times(-1)+r_3]{r_1\times(-1)+r_2}\begin{pmatrix}1&-3&2&-1\\0&0&0&2\\0&0&0&4\end{pmatrix}\xrightarrow[r_2\times\frac{1}{2}]{r_2\times(-2)+r_4}\begin{pmatrix}1&-3&2&-1\\0&0&0&1\\0&0&0&0\end{pmatrix}$$

$$\xrightarrow{r_2+r_1}\begin{pmatrix}1&-3&2&0\\0&0&0&1\\0&0&0&0\end{pmatrix},$$

可知 $R(\boldsymbol{A})=2<4$，故线性方程组有无穷解.

线性方程组转化为 $\begin{cases}x_1-3x_2+2x_3=0,\\x_4=0,\end{cases}$ 则 $\begin{cases}x_1=3x_2-2x_3,\\x_2=x_2+0x_3,\\x_3=0x_2+x_3,\\x_4=0x_2+0x_3.\end{cases}$

令自由未知量 $x_2=c_1,x_3=c_2$，故齐次线性方程组的通解 $\boldsymbol{X}=c_1\begin{pmatrix}3\\1\\0\\0\end{pmatrix}+c_2\begin{pmatrix}-2\\0\\1\\0\end{pmatrix}$.

思考：齐次线性方程组 $\boldsymbol{AX}=\boldsymbol{O}$ 的系数矩阵是方阵时，能否借助其行列式判定解？

定理 3 1) 齐次线性方程组 $\boldsymbol{AX}=\boldsymbol{O}$ 只有零解的充要条件是系数行列式 $|\boldsymbol{A}|\neq0$;

2) 齐次线性方程组 $\boldsymbol{AX}=\boldsymbol{O}$ 有非零（无穷）解的充要条件是系数行列式 $|\boldsymbol{A}|=0$.

例 8　根据 a 的取值讨论齐次线性方程组 $\begin{cases} x_1 - x_2 + x_3 = 0, \\ 2x_1 + x_2 - x_3 = 0, \\ 3x_1 + ax_2 + 2x_3 = 0 \end{cases}$ 解的情况.

解　$|\boldsymbol{A}| = \begin{vmatrix} 1 & -1 & 1 \\ 2 & 1 & -1 \\ 3 & a & 2 \end{vmatrix} = 3a + 6 = 0$, 则 $a = -2$.

1) 当 $a \neq -2$ 时, $|\boldsymbol{A}| \neq 0$, 故齐次线性方程组只有零解;

2) 当 $a = -2$ 时, $|\boldsymbol{A}| = 0$, 故齐次线性方程组有无穷解.

$$\boldsymbol{A} = \begin{pmatrix} 1 & -1 & 1 \\ 2 & 1 & -1 \\ 3 & -2 & 2 \end{pmatrix} \xrightarrow[r_1 \times (-3) + r_3]{r_1 \times (-2) + r_2} \begin{pmatrix} 1 & -1 & 1 \\ 0 & 3 & -3 \\ 0 & 1 & -1 \end{pmatrix} \xrightarrow[-3r_3 + r_2]{r_3 + r_1} \begin{pmatrix} 1 & 0 & 0 \\ 0 & 0 & 0 \\ 0 & 1 & -1 \end{pmatrix} \xrightarrow{r_2 \leftrightarrow r_3} \begin{pmatrix} 1 & 0 & 0 \\ 0 & 1 & -1 \\ 0 & 0 & 0 \end{pmatrix}.$$

令自由未知量为 $x_2 = c_1$, 故齐次线性方程组的通解为 $\boldsymbol{X} = c_1 \begin{pmatrix} 0 \\ 1 \\ 1 \end{pmatrix}$.

注

当 $\boldsymbol{A}$ 为方阵时, 可借助 $\boldsymbol{A}$ 的行列式是否为零判定齐次线性方程组只有零解或有非零(无穷)解.

3.1.4　能力拓展驿站

1. MATLAB 实验

(1) 非齐次线性方程组解的判定

例 9　用 MATLAB 软件判定下列方程组解的情况.

1) $\begin{cases} x_1 + x_2 + x_3 = 8, \\ x_1 - 2x_2 + 3x_3 = -2, \\ 3x_1 + x_2 + 3x_3 = 1; \end{cases}$　　2) $\begin{cases} x_1 - x_2 + x_3 + 2x_4 = 1, \\ x_1 + x_2 + 3x_3 - x_4 = -4, \\ 3x_1 + x_2 + 3x_3 + x_4 = 2. \end{cases}$

1) 输入命令:

```
A=[1 1 1;1 -2 3;3 1 3];                    % 输入系数矩阵 A
B=[8 -2 1]';                               % 输入常数矩阵 B
R1=rank(A)                                 % 求矩阵 A 的秩
R2=rank([A,B])                             % 求增广矩阵的秩
```

输出结果:

```
R1 =                  R2=

     3                     3
```

实验结果表明: 系数矩阵的秩等于增广矩阵的秩且等于 3, 故方程组有唯一解.

2) 输入命令：

```
A=[1 -1 1 2;1 1 3 -1;3 1 3 1];            % 输入系数矩阵 A
B=[1 -4 2]' ;                             % 输入常数矩阵 B
R1=rank(A)                                % 求矩阵 A 的秩
R2=rank([A,B])                            % 求增广矩阵的秩
```

输出结果：

```
R1 =                R2=

    3                   3
```

实验结果表明：系数矩阵的秩等于增广矩阵的秩且小于 4, 故方程组有无穷解 .

(2) 齐次线性方程组解的判定

例 10 用 MATLAB 软件判定方程组 $\begin{cases} x_1+x_2+x_3+4x_4-3x_5=0, \\ x_1-x_2+3x_3-2x_4-x_5=0, \\ 2x_1+x_2+3x_3+5x_4-5x_5=0, \\ 3x_1+x_2+5x_3+6x_4-7x_5=0 \end{cases}$ 解的情况 .

输入命令：

```
A=[1 1 1 4 -3;1 -1 3 -2 -1;2 1 3 5 -5;3 1 5 6 -7];   % 输入系数矩阵 A
rank(A)                                               % 求矩阵 A 的秩
```

输出结果：

```
ans =

  2
```

实验结果表明：系数矩阵的秩是 2, 且小于 5, 故方程组有无穷解 .

2. 应用案例——直线与平面的位置关系

(1) 问题描述

已知直线 L: $\begin{cases} x+y+z+1=0, \\ 2x-y+3z+4=0, \end{cases}$ 平面 $\pi: x-2y+2z-1=0$, 试判断直线 L 与平面 π 的位置关系 .

(2) 问题分析

直线 L 与平面 π 的位置关系一般有三种情况：

1) 两者无交点 , 则直线与平面平行 ;

2) 两者有唯一交点 , 则直线与平面相交 ;

3) 两者有无穷多交点 , 则直线属于平面 .

设平面与空间直线的一般方程为

$$\pi: A_1x+B_1y+C_1z=D_1,\ L: \begin{cases} A_2x+B_2y+C_2z=D_2, \\ A_3x+B_3y+C_3z=D_3. \end{cases}$$

直线 L 与平面 π 的位置关系问题，可以转化为非齐次线性方程组

$$\begin{cases} A_1x+B_1y+C_1z=D_1, \\ A_2x+B_2y+C_2z=D_2, \\ A_3x+B_3y+C_3z=D_3 \end{cases}$$

解的判定问题 .

设系数矩阵与增广矩阵分别为

$$\boldsymbol{A}=\begin{pmatrix} A_1 & B_1 & C_1 \\ A_2 & B_2 & C_2 \\ A_3 & B_3 & C_3 \end{pmatrix},\quad \overline{\boldsymbol{A}}=\begin{pmatrix} A_1 & B_1 & C_1 & D_1 \\ A_2 & B_2 & C_2 & D_2 \\ A_3 & B_3 & C_3 & D_3 \end{pmatrix},$$

根据非齐次线性方程组解的判定定理，直线 L 与平面 π 的位置关系判定有如下结论：

1) 直线 L 与平面 π 相交的充要条件为 $R(\boldsymbol{A})=R(\overline{\boldsymbol{A}})=3$;

2) 直线 L 与平面 π 平行的充要条件为 $R(\boldsymbol{A})=2$, $R(\overline{\boldsymbol{A}})=3$;

3) 直线 L 属于平面 π 的充要条件为 $R(\boldsymbol{A})=R(\overline{\boldsymbol{A}})=2$.

(3) 模型建立与求解

首先将直线 L 与平面 π 的方程转化为标准的线性方程组 $\begin{cases} x-2y+2z=1, \\ x+y+z=-1, \\ 2x-y+3z=-4, \end{cases}$

则非齐次线性方程组的系数矩阵与增广矩阵分别为

$$\boldsymbol{A}=\begin{pmatrix} 1 & -2 & 2 \\ 1 & 1 & 1 \\ 2 & -1 & 3 \end{pmatrix},\quad \overline{\boldsymbol{A}}=\left(\begin{array}{ccc:c} 1 & -2 & 2 & 1 \\ 1 & 1 & 1 & -1 \\ 2 & -1 & 3 & -4 \end{array}\right).$$

运用 MATLAB 软件编程求解命令如下 .

输入命令：

```
A1=[1 -2 2 1;1 1 1 -1;2 -1 3 -4];          % 输入增广矩阵 A1
A=A1(1:3,1:3);                              % 输入系数矩阵 A
R1=rank(A1)                                 % 求增广矩阵 A1 的秩
R2=rank(A)                                  % 求系数矩阵 A 的秩
```

输出结果：

```
R1 =            R2 =

      3               2
```

从程序运行结果不难发现，$R(\boldsymbol{A})=2$, $R(\overline{\boldsymbol{A}})=3$, 故直线 L 平行于平面 π. 下面将直线 L 平行于平面 π 的位置关系通过 MATLAB 绘图几何直观展示如下：

输入命令：

```
x=-5:0.1:5;                                        % 变量 x 的范围
y=x;                                               % 变量 y 的范围
[X Y]=meshgrid(x,y);                               % 生成平面网格数据
Z=-X-Y-1;                                          % 第一个平面方程
Z1=-(2*X-Y+4)/3;                                   % 第二个平面方程
Z2=-(X-2*Y-1)/2;                                   % 第三个平面方程
figure;
mesh(X,Y,Z,'FaceColor','b')                        % 绘制第一个平面
hold on
mesh(X,Y,Z1,'FaceColor','g')                       % 绘制第二个平面
hold on
mesh(X,Y,Z2,'FaceColor','r')                       % 绘制第三个平面
xlabel('X 轴');                                    % 标记 X 轴
ylabel('Y 轴');                                    % 标记 Y 轴
zlabel('Z 轴');                                    % 标记 Z 轴
title('直线与平面的位置关系')                       % 标题为直线与平面的位置关系
legend('x+y+z+1=0','2x-y+3z+4=0','x-2y+2z-1=0')    % 标记图例
```

输出结果如图 3-1 所示．

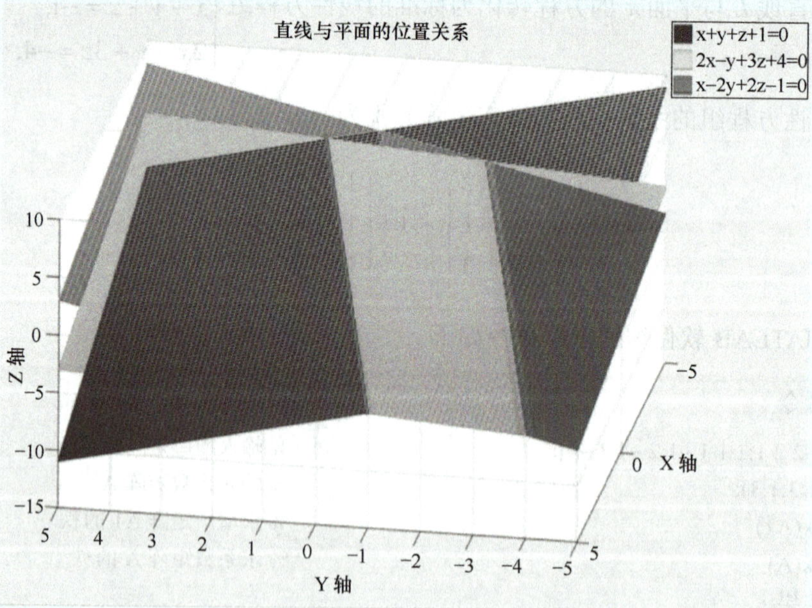

图 3-1

注

利用线性方程组的解的理论判定直线与平面之间的位置关系，通过矩阵的秩有效地将数形结合，给出直线与平面的几何关系，计算简捷．

3. 拓展阅读——数学家高斯

高斯(见图 3-2), 1777 年出生于德国, 德国著名数学家、物理学家、天文学家、几何学家，大地测量学家，被认为是世界上最重要的数学家之一，享有“数学王子”的美誉．

1795 年，高斯发现了质数分布定理和最小二乘法，通过处理足够多的测量数据，得到了一个新的、概率性质的测量结果．在此基础上，高斯专注于曲面与曲线的计算，并成功得到高斯钟形曲线(正态分布曲线), 其函数被命名为标准正态分布或高斯分布，并在概率计算中大量使用．

1796 年，高斯证明了仅用尺规便可以构造出 17 边形，并为流传了 2000 年的欧氏几何提供了自古希腊时代以来的第一次重要补充．

1818—1826 年，高斯主导了汉诺威公国的大地测量工作．这项工作的成果成为微分几何的重要理论基础，显著地提高了测量的精度．

1830 年, 高斯发明了磁强计．他辞去了天文台的工作，转向对物理的研究．他与韦伯在电磁学领域共同工作．他比韦伯年长 27 岁，以亦师亦友的身份与其合作．1833 年，通过受电磁影响的罗盘指针，高斯向韦伯发送出电报．这不仅是韦伯实验室与天文台之间的第一个电话电报系统，也是世界第一个电话电报系统．

1840 年, 高斯和韦伯画出了世界上第一张地球磁场图．

图　3-2

习题 3.1

一、选择题

1. 四元线性方程组 $\begin{cases} 2x_2-3x_3+x_4=2, \\ x_4=1 \end{cases}$ 自由未知量的个数是(　　).

A. 1　　B. 2　　C. 3　　D. 4

2. 非齐次线性方程组 $\begin{cases} x_1-x_2+x_3=3, \\ x_2+x_3=2 \end{cases}$ 的一个特解为(　　).

A. $(2,1,-1)^{\mathrm{T}}$　　B. $(-2,1,-1)^{\mathrm{T}}$　　C. $(3,1,1)^{\mathrm{T}}$　　D. $(3,-1,-1)^{\mathrm{T}}$

3. n 元非齐次线性方程组 $\boldsymbol{AX}=\boldsymbol{B}$ 有无穷多组解，则方程组 $\begin{cases} \boldsymbol{AX}=\boldsymbol{B}, \\ \boldsymbol{AX}=\boldsymbol{O} \end{cases}$ (　　).

A. 有解　　B. 唯一解　　C. 无解　　D. 解的情况无法确定

二、填空题

1. 非齐次线性方程组 $\begin{cases} x_1+2x_2-3x_3+x_4=2, \\ 2x_1-x_2+x_3+2x_4=-1, \\ 4x_1+x_2-3x_3=3 \end{cases}$ 的增广矩阵是________.

2. 已知非齐次线性方程组 $\begin{cases} x_1+2x_2=2, \\ 2x_1-ax_2=b \end{cases}$ 有无穷解，则 $a=$______，$b=$______.

三、解答题

1. 简述利用高斯消元法求解非齐次线性方程组的过程.

2. 已知齐次线性方程组 $\begin{cases} \mu x_1+x_2-x_3=0, \\ x_1+\mu x_2-x_3=0, \\ 2x_1-x_2+\mu x_3=0 \end{cases}$ 有非零解，求 μ 的值.

3. 已知齐次线性方程组 $\begin{cases} kx_1+x_2-x_3=0, \\ x_1+kx_2-x_3=0, \\ 2x_1-x_2+kx_3=0, \end{cases}$ 当 k 为何值时，

(1) 只有零解； (2) 有无穷解，并求出其通解.

4. 已知非齐次线性方程组 $\begin{cases} x_1+x_2+x_3=1, \\ x_2+x_3=1, \\ x_1+2x_2+2x_3=2, \end{cases}$ 判定它是否存在无穷解？若存在，请表示其通解.

5. 已知非齐次线性方程组 $\begin{cases} x_1+x_2+(Hk)x_3=k, \\ x_1+(1+k)x_2+x_3=3, \\ (1+k)x_1+x_2+x_3=0, \end{cases}$ 当 k 为何值时，

(1) 无解； (2) 有唯一解； (3) 有无穷解，并求其通解.

四、实验题

1. 用 MATLAB 软件求齐次线性方程组 $\begin{cases} kx_1+x_2-x_3=0, \\ x_1+kx_2-x_3=0, \\ 2x_1-x_2+kx_3=0 \end{cases}$ 有无穷解时 k 的值.

2. 用 MATLAB 软件判定非齐次线性方程组 $\begin{cases} x_1+x_2+2x_3=2, \\ x_1-x_2+5x_3=9, \\ 4x_1+2x_2+x_3=-1 \end{cases}$ 解的情况.

3. 已知直线 L：$\begin{cases} x-2y+z=0, \\ 3x-y+z-1=0, \end{cases}$ 平面 $\pi: 4x-y+z-1=0$，用 MATLAB 软件求解：(1) 判定直线 L 与平面 π 的位置关系；(2) 绘图说明 L 与平面 π 的位置关系.

4. 利用数学建模的思想求解配方问题：

已知某调料公司用 7 种原材料来制造多种调味品，表 3-1 列出了 6 种调味品 A、B、C、D、E、F 每包所需各种原材料的量（以盎司为单位）：

表 3-1　调味品原材料分配表

原材料	调味品					
	A	B	C	D	E	F
红辣椒	3	1.5	4.5	7.5	9	4.5
姜黄	2	4	0	8	1	6
胡椒	1	2	0	4	2	3
欧莳萝	1	2	0	4	1	3
大蒜粉	0.5	1	0	2	2	1.5
盐	0.5	1	0	2	2	1.5
丁香油	0.25	0.5	0	2	1	0.75

求解下列问题：

(1) 一个顾客为了避免购买全部 6 种调味品，它可以只购买其中一部分并用他们配制出其余几种调味品．为了能配制出其余几种调味品，这位顾客必须购买的最少调味品的种类是多少？写出一种所需最少的调味品的集合．

(2) 利用在 (1) 中找到的最小调味品的集合，按下列原材料（红辣椒：18, 姜黄：18, 胡椒：9, 欧莳萝：9, 大蒜粉：4.8, 盐 4.5, 丁香油：3.25) 配制一种新的调味品，写出需要的调味品的包数．

(3) 另一顾客希望按下列原材料（红辣椒：9, 姜黄：12, 胡椒：6, 欧莳萝：6, 大蒜粉：3, 盐 :3, 丁香油：1.5) 配制一种调味品，它需要购买的一种最少调味品的集合是什么？

3.2 向量组的线性表示与线性相关性

【课前导读】

当线性方程组有无穷解时，它们的解该如何表示，解之间需要满足怎样的关系．本节首先通过非齐次线性方程组解的情况给出向量组的线性表示．其次，通过齐次线性方程组的解给出向量组的线性相关性的判定．最后，通过建筑混凝土配方感受数学在工程中的应用．

知识目标

(1) 理解向量组的线性运算；

(2) 掌握向量组的线性表示及其判定；

(3) 理解向量组线性相关与线性无关的概念；

(4) 学会向量组线性相关与线性无关的判定方法．

能力目标

(1) 加强向量组线性相关性问题转化为求解矩阵秩的能力；

(2) 培养将混凝土配方问题转化为判断向量组线性相关性的能力；

(3) 增强运用数学软件 MATLAB 编程求解向量组的线性相关性的能力 .

素质目标

(1) 通过混凝土配方问题，启迪学生思考，科学合理优化问题；

(2) 培养学生运用数学软件 MATLAB 编程的实践精神 .

学习重点

(1) 向量组的线性表示 (线性组合);

(2) 向量组线性相关性的判定 .

学习难点

(1) 向量组的线性相关、线性无关与齐次线性方程组有非零解与零解的关系；

(2) 向量组线性相关与线性无关概念的理解 .

3.2.1 向量组的线性表示

向量组的线性表示

定义 1 由 n 个数组成的有序数组 $(a_1,a_2,\cdots,a_n)$ 称为 n 维向量 .

例如，三维行向量：$\boldsymbol{\alpha}=(1\quad -1\quad 2)$, 三维列向量：$\boldsymbol{\beta}=(1\quad -1\quad 2)^{\mathrm{T}}=\begin{pmatrix}1\\-1\\2\end{pmatrix}$.

例 1 已知 $\boldsymbol{\alpha}=(1,0,2)$, $\boldsymbol{\beta}=(3,-1,1)$, $\boldsymbol{\gamma}=(0,1,3)$, 求 $2\boldsymbol{\alpha}+\boldsymbol{\beta}-3\boldsymbol{\gamma}$.

解
$$\begin{aligned}2\boldsymbol{\alpha}+\boldsymbol{\beta}-3\boldsymbol{\gamma}&=2(1,0,2)+(3,-1,1)-3(0,1,3)\\&=(2,0,4)+(3,-1,1)-(0,3,9)=(5,-4,-4).\end{aligned}$$

非齐次线性方程组式 (3-1) 中，

令 $\boldsymbol{\alpha}_1=\begin{pmatrix}a_{11}\\a_{21}\\\vdots\\a_{m1}\end{pmatrix}$, $\boldsymbol{\alpha}_2=\begin{pmatrix}a_{12}\\a_{22}\\\vdots\\a_{m2}\end{pmatrix}$, $\cdots$, $\boldsymbol{\alpha}_n=\begin{pmatrix}a_{1n}\\a_{2n}\\\vdots\\a_{mn}\end{pmatrix}$, $\boldsymbol{\beta}=\begin{pmatrix}b_1\\b_2\\\vdots\\b_m\end{pmatrix}$, 则线性方程组的系数矩阵可以表示为 $\boldsymbol{A}=(\boldsymbol{\alpha}_1,\boldsymbol{\alpha}_2,\cdots,\boldsymbol{\alpha}_n)$.

非齐次线性方程组的向量表示为 $x_1\boldsymbol{\alpha}_1+x_2\boldsymbol{\alpha}_2+\cdots+x_n\boldsymbol{\alpha}_n=\boldsymbol{\beta}$.

观察： 非齐次线性方程组是否有解 $\leftrightarrow$ 是否存在一组数 x_1, x_2, $\cdots$, x_n 满足式 (3-1), 如果

满足，下面将给出向量组线性组合的概念.

定义 2　对 n 维向量 $\boldsymbol{\alpha}_1,\boldsymbol{\alpha}_2,\cdots,\boldsymbol{\alpha}_n$，如果存在数 $k_1, k_2, \cdots, k_n$，使

$$\boldsymbol{\beta}=k_1\boldsymbol{\alpha}_1+k_2\boldsymbol{\alpha}_2+\cdots+k_n\boldsymbol{\alpha}_n,$$

则称向量 $\boldsymbol{\beta}$ 是向量组 $\boldsymbol{\alpha}_1,\boldsymbol{\alpha}_2,\cdots,\boldsymbol{\alpha}_n$ 的一个线性组合，或称向量 $\boldsymbol{\beta}$ 可由向量组 $\boldsymbol{\alpha}_1,\boldsymbol{\alpha}_2,\cdots,\boldsymbol{\alpha}_n$ 线性表示.

例如，$\boldsymbol{\alpha}_1=\begin{pmatrix}1\\0\end{pmatrix}$，$\boldsymbol{\alpha}_2=\begin{pmatrix}1\\5\end{pmatrix}$，$\boldsymbol{\beta}=\begin{pmatrix}5\\15\end{pmatrix}$，有 $\boldsymbol{\beta}=2\boldsymbol{\alpha}_1+3\boldsymbol{\alpha}_2$，即 $\boldsymbol{\beta}$ 可由向量组 $\boldsymbol{\alpha}_1, \boldsymbol{\alpha}_2$ 线性表示.

思考： 已知向量组 $\boldsymbol{\alpha}_1,\boldsymbol{\alpha}_2,\cdots,\boldsymbol{\alpha}_n$，如何判断 $\boldsymbol{\beta}$ 能否由 $\boldsymbol{\alpha}_1,\boldsymbol{\alpha}_2,\cdots,\boldsymbol{\alpha}_n$ 线性表示？

回顾： 非齐次线性方程组 $x_1\boldsymbol{\alpha}_1+x_2\boldsymbol{\alpha}_2+\cdots+x_n\boldsymbol{\alpha}_n=\boldsymbol{\beta}$ 有解 $\Leftrightarrow(\boldsymbol{\alpha}_1,\boldsymbol{\alpha}_2,\cdots,\boldsymbol{\alpha}_n)\boldsymbol{x}=\boldsymbol{\beta}$ 有解 $\Leftrightarrow R(\boldsymbol{\alpha}_1,\boldsymbol{\alpha}_2,\cdots,\boldsymbol{\alpha}_n)=R(\boldsymbol{\alpha}_1,\boldsymbol{\alpha}_2,\cdots,\boldsymbol{\alpha}_n,\boldsymbol{\beta})$.

定理 1　向量 $\boldsymbol{\beta}$ 可由向量组 $\boldsymbol{\alpha}_1,\boldsymbol{\alpha}_2,\cdots,\boldsymbol{\alpha}_n$ 线性表示的充分必要条件是向量组 $\boldsymbol{\alpha}_1,\boldsymbol{\alpha}_2,\cdots,\boldsymbol{\alpha}_n$ 的秩等于向量组 $\boldsymbol{\alpha}_1,\boldsymbol{\alpha}_2,\cdots,\boldsymbol{\alpha}_n$，$\boldsymbol{\beta}$ 的秩，即 $R(\boldsymbol{\alpha}_1,\boldsymbol{\alpha}_2,\cdots,\boldsymbol{\alpha}_n)=R(\boldsymbol{\alpha}_1,\boldsymbol{\alpha}_2,\cdots,\boldsymbol{\alpha}_n,\boldsymbol{\beta})$.

例 2　已知 $\boldsymbol{\alpha}_1=\begin{pmatrix}1\\1\\0\end{pmatrix}$，$\boldsymbol{\alpha}_2=\begin{pmatrix}0\\1\\-1\end{pmatrix}$，$\boldsymbol{\alpha}_3=\begin{pmatrix}1\\0\\2\end{pmatrix}$，$\boldsymbol{\beta}=\begin{pmatrix}1\\1\\1\end{pmatrix}$，判断 $\boldsymbol{\beta}$ 能否由向量组 $\boldsymbol{\alpha}_1,\boldsymbol{\alpha}_2,\boldsymbol{\alpha}_3$ 线性表示.

解　对增广矩阵 $\overline{\boldsymbol{A}}=(\boldsymbol{\alpha}_1,\boldsymbol{\alpha}_2,\boldsymbol{\alpha}_3,\boldsymbol{\beta})$ 施行初等行变换，得

$$\overline{\boldsymbol{A}}=\begin{pmatrix}1&0&1&1\\1&1&0&1\\0&-1&2&1\end{pmatrix}\to\begin{pmatrix}1&0&1&1\\0&1&-1&0\\0&-1&2&1\end{pmatrix}\to\begin{pmatrix}1&0&0&0\\0&1&0&1\\0&0&1&1\end{pmatrix}.$$

由 $R(\boldsymbol{A})=R(\overline{\boldsymbol{A}})=3$，故 $\boldsymbol{\beta}$ 可唯一线性表示为 $\boldsymbol{\beta}=0\boldsymbol{\alpha}_1+1\boldsymbol{\alpha}_2+1\boldsymbol{\alpha}_3$.

例 3　已知 $\boldsymbol{\alpha}_1=\begin{pmatrix}1\\2\\-1\end{pmatrix}$，$\boldsymbol{\alpha}_2=\begin{pmatrix}2\\4\\-2\end{pmatrix}$，$\boldsymbol{\alpha}_3=\begin{pmatrix}-1\\1\\-2\end{pmatrix}$，$\boldsymbol{\beta}=\begin{pmatrix}2\\1\\1\end{pmatrix}$，判断 $\boldsymbol{\beta}$ 能否由向量组 $\boldsymbol{\alpha}_1,\boldsymbol{\alpha}_2,\boldsymbol{\alpha}_3$ 线性表示.

解　对增广矩阵 $\overline{\boldsymbol{A}}=(\boldsymbol{\alpha}_1,\boldsymbol{\alpha}_2,\boldsymbol{\alpha}_3,\boldsymbol{\beta})$ 施行初等行变换，得

$$\overline{\boldsymbol{A}}=\begin{pmatrix}1&2&-1&2\\2&4&1&1\\-1&-2&-2&1\end{pmatrix}\to\begin{pmatrix}1&2&-1&2\\0&0&3&-3\\0&0&-3&3\end{pmatrix}\to\begin{pmatrix}1&2&0&1\\0&0&1&-1\\0&0&0&0\end{pmatrix}.$$

由 $R(\boldsymbol{A})=R(\overline{\boldsymbol{A}})=2<3$，故 $\boldsymbol{\beta}$ 可由向量组 $\boldsymbol{\alpha}_1,\boldsymbol{\alpha}_2,\boldsymbol{\alpha}_3$ 线性表示，但不唯一.

同解方程组为 $\begin{cases}k_1+2k_2=1,\\k_3=-1,\end{cases}$ 即 $\begin{cases}k_1=1-2k_2,\\k_3=-1.\end{cases}$

令 $k_2=c$, 则 $\boldsymbol{\beta}=(1-2c)\boldsymbol{\alpha}_1+c\boldsymbol{\alpha}_2-\boldsymbol{\alpha}_3$.

总结： 向量 $\boldsymbol{\beta}$ 能否由向量组 $\boldsymbol{\alpha}_1,\boldsymbol{\alpha}_2,\cdots,\boldsymbol{\alpha}_n$ 线性表示的判断步骤为

Step1: 写出增广矩阵 $\overline{\boldsymbol{A}}=(\boldsymbol{\alpha}_1,\boldsymbol{\alpha}_2,\cdots,\boldsymbol{\alpha}_n,\boldsymbol{\beta})$;

Step2: 将增广矩阵 $\overline{\boldsymbol{A}}$ 进行初等行变换化为行阶梯形矩阵；

Step3: 根据 $R(\boldsymbol{A})$ 与 $R(\overline{\boldsymbol{A}})$ 是否相等判定是否能线性表示；

Step4: 在可线性表示的情况下，化增广矩阵 $\overline{\boldsymbol{A}}$ 为行最简形矩阵，确定表示系数．

3.2.2 向量组的线性相关性

向量组的线性相关性

给定非齐次线性方程组 $\begin{cases}x_1+2x_2+3x_3=4,\\2x_1-3x_2+4x_3=1,\\x_1-5x_2+x_3=-3.\end{cases}$

观察： 第二个方程减去第一个方程就得到第三个方程，即第三个方程是多余的．也就是说原方程与线性方程组 $\begin{cases}x_1+2x_2+3x_3=4,\\2x_1-3x_2+4x_3=1\end{cases}$ 是同解方程组．

思考： 1) 如何判断线性方程组中是否有多余的方程？

2) 若有多余的方程，如何找出多余的方程？

定义 3 设有 n 维向量组 $\boldsymbol{\alpha}_1,\boldsymbol{\alpha}_2,\cdots,\boldsymbol{\alpha}_n$, 若存在不全为零的数 $k_1,\ k_2,\ \cdots,\ k_n$, 使得 $k_1\boldsymbol{\alpha}_1+k_2\boldsymbol{\alpha}_2+\cdots+k_n\boldsymbol{\alpha}_n=0$, 则称向量组 $\boldsymbol{\alpha}_1,\boldsymbol{\alpha}_2,\cdots,\boldsymbol{\alpha}_n$ 线性相关．

例如，给定 $\boldsymbol{\alpha}_1=\begin{pmatrix}1\\1\\1\end{pmatrix}$, $\boldsymbol{\alpha}_2=\begin{pmatrix}3\\3\\3\end{pmatrix}$, $\boldsymbol{\alpha}_3=\begin{pmatrix}4\\1\\5\end{pmatrix}$, 存在不全为零的数 3, −1, 0, 使得 $3\boldsymbol{\alpha}_1+(-1)\boldsymbol{\alpha}_2+0\boldsymbol{\alpha}_3=3\begin{pmatrix}1\\1\\1\end{pmatrix}-\begin{pmatrix}3\\3\\3\end{pmatrix}+0\begin{pmatrix}4\\1\\5\end{pmatrix}=0$，故向量组 $\boldsymbol{\alpha}_1,\boldsymbol{\alpha}_2,\boldsymbol{\alpha}_3$ 线性相关．

定义 4 设有 n 维向量组 $\boldsymbol{\alpha}_1,\boldsymbol{\alpha}_2,\cdots,\boldsymbol{\alpha}_n$, 若仅存在全为零的数 $k_1=k_2=\cdots=k_n=0$, 使得 $k_1\boldsymbol{\alpha}_1+k_2\boldsymbol{\alpha}_2+\cdots+k_n\boldsymbol{\alpha}_n=0$, 则称向量组 $\boldsymbol{\alpha}_1,\boldsymbol{\alpha}_2,\cdots,\boldsymbol{\alpha}_n$ 线性无关．

例如，$\boldsymbol{\alpha}_1=\begin{pmatrix}1\\0\\0\end{pmatrix}$, $\boldsymbol{\alpha}_2=\begin{pmatrix}0\\1\\0\end{pmatrix}$, $\boldsymbol{\alpha}_3=\begin{pmatrix}0\\0\\1\end{pmatrix}$, 对任意的一组数 $k_1,\ k_2,\ k_3$, 有

$$k_1\boldsymbol{\alpha}_1+k_2\boldsymbol{\alpha}_2+k_3\boldsymbol{\alpha}_3=k_1\begin{pmatrix}1\\0\\0\end{pmatrix}+k_2\begin{pmatrix}0\\1\\0\end{pmatrix}+k_3\begin{pmatrix}0\\0\\1\end{pmatrix}=\begin{pmatrix}k_1\\k_2\\k_3\end{pmatrix},$$

当且仅当 $k_1=k_2=k_3=0$ 时，$k_1\boldsymbol{\alpha}_1+k_2\boldsymbol{\alpha}_2+k_3\boldsymbol{\alpha}_3=0$，则向量组 $\boldsymbol{\alpha}_1,\boldsymbol{\alpha}_2,\boldsymbol{\alpha}_3$ 线性无关.

思考： 已知向量组 $\boldsymbol{\alpha}_1,\boldsymbol{\alpha}_2,\cdots,\boldsymbol{\alpha}_n$，如何判断 $\boldsymbol{\alpha}_1,\boldsymbol{\alpha}_2,\cdots,\boldsymbol{\alpha}_n$ 的线性相关性？

回顾： 齐次线性方程组 $k_1\boldsymbol{\alpha}_1+k_2\boldsymbol{\alpha}_2+\cdots+k_n\boldsymbol{\alpha}_n=0$ 一定有零解或者非零解.下面给出向量组线性相关性的判定定理.

定理 2 向量组 $\boldsymbol{\alpha}_1,\boldsymbol{\alpha}_2,\cdots,\boldsymbol{\alpha}_n$ 线性相关的充分必要条件是齐次线性方程组 $k_1\boldsymbol{\alpha}_1+k_2\boldsymbol{\alpha}_2+\cdots+k_n\boldsymbol{\alpha}_n=0$ 有非零解，即 $R(\boldsymbol{\alpha}_1,\boldsymbol{\alpha}_2,\cdots,\boldsymbol{\alpha}_n)<n$.

定理 3 向量组 $\boldsymbol{\alpha}_1,\boldsymbol{\alpha}_2,\cdots,\boldsymbol{\alpha}_n$ 线性无关的充分必要条件是齐次线性方程组 $k_1\boldsymbol{\alpha}_1+k_2\boldsymbol{\alpha}_2+\cdots+k_n\boldsymbol{\alpha}_n=0$ 只有零解，即 $R(\boldsymbol{\alpha}_1,\boldsymbol{\alpha}_2,\cdots,\boldsymbol{\alpha}_n)=n$.

例 4 已知 $\boldsymbol{\alpha}_1=\begin{pmatrix}1\\2\\-1\end{pmatrix}$，$\boldsymbol{\alpha}_2=\begin{pmatrix}1\\0\\2\end{pmatrix}$，$\boldsymbol{\alpha}_3=\begin{pmatrix}2\\-8\\0\end{pmatrix}$，判断 $\boldsymbol{\alpha}_1,\boldsymbol{\alpha}_2,\boldsymbol{\alpha}_3$ 的线性相关性.

解 对 $\boldsymbol{A}=(\boldsymbol{\alpha}_1,\boldsymbol{\alpha}_2,\boldsymbol{\alpha}_3)$ 施行初等行变换，得

$$\boldsymbol{A}=\begin{pmatrix}1&1&2\\2&0&-8\\-1&2&0\end{pmatrix}\to\begin{pmatrix}1&1&2\\0&-2&-12\\0&3&2\end{pmatrix}\to\begin{pmatrix}1&1&2\\0&1&6\\0&0&-16\end{pmatrix}.$$

由 $R(\boldsymbol{A})=3$，故 $\boldsymbol{\alpha}_1,\boldsymbol{\alpha}_2,\boldsymbol{\alpha}_3$ 线性无关.

例 5 设向量组 $\boldsymbol{\alpha}_1=(1,-1,1)^{\mathrm{T}}$，$\boldsymbol{\alpha}_2=(k,2,1)^{\mathrm{T}}$，$\boldsymbol{\alpha}_3=(2,k,0)^{\mathrm{T}}$，根据 k 的取值，讨论 $\boldsymbol{\alpha}_1,\boldsymbol{\alpha}_2,\boldsymbol{\alpha}_3$ 的线性相关性.

解 向量组表示 $\boldsymbol{A}=(\boldsymbol{\alpha}_1,\boldsymbol{\alpha}_2,\boldsymbol{\alpha}_3)$ 是三阶方阵.根据定理 2 和 3，通过行列式的值是否为零可以判定其线性相关性.

$$|\boldsymbol{A}|=|\boldsymbol{\alpha}_1\ \boldsymbol{\alpha}_2\ \boldsymbol{\alpha}_3|=\begin{vmatrix}1&k&2\\-1&2&k\\1&1&0\end{vmatrix}=k^2-k-6.$$

1) 当 $k=3$ 或 $k=-2$ 时，即 $|\boldsymbol{A}|=0$，$\boldsymbol{\alpha}_1$，$\boldsymbol{\alpha}_2$，$\boldsymbol{\alpha}_3$ 线性相关.

2) 当 $k\neq3$ 且 $k\neq-2$ 时，即 $|\boldsymbol{A}|\neq0$，$\boldsymbol{\alpha}_1$，$\boldsymbol{\alpha}_2$，$\boldsymbol{\alpha}_3$ 线性无关.

注

当向量组 $\boldsymbol{\alpha}_1$，$\boldsymbol{\alpha}_2,\cdots,\boldsymbol{\alpha}_n$ 构成方阵时，可借助其行列式判定其线性相关性.

总结： 判定向量组 $\boldsymbol{\alpha}_1,\boldsymbol{\alpha}_2,\cdots,\boldsymbol{\alpha}_n$ 线性相关性的步骤为

Step1: 写出矩阵 $\boldsymbol{A}=(\boldsymbol{\alpha}_1,\boldsymbol{\alpha}_2,\cdots,\boldsymbol{\alpha}_n)$；

Step2: 将矩阵 $\boldsymbol{A}$ 进行初等行变换化为行阶梯形矩阵；

Step3: 通过 $R(\boldsymbol{A})$ 判定向量组的线性相关性.

3.2.3 能力拓展驿站

1. MATLAB 实验

例 6 用 MATLAB 软件判定下列向量组的线性相关性:

1) $\boldsymbol{\alpha}_1=(1,2,-1,0)^{\mathrm{T}}$, $\boldsymbol{\alpha}_2=(1,1,0,2)^{\mathrm{T}}$, $\boldsymbol{\alpha}_3=(2,1,1,6)^{\mathrm{T}}$;

2) $\boldsymbol{\alpha}_1=(1,2,0)^{\mathrm{T}}$, $\boldsymbol{\alpha}_2=(4,7,1)^{\mathrm{T}}$, $\boldsymbol{\alpha}_3=(2,3,2)^{\mathrm{T}}$.

1) 输入命令:

```
A=[1 2 -1 0;1 1 0 2;2 1 1 6]'          % 输入矩阵 A
rank(A)                                % 求矩阵 A 的秩
```

输出结果:

```
A=                     ans =

     1    1    2            2
     2    1    1
    -1    0    1
     0    2    6
```

实验结果表明: $\boldsymbol{\alpha}_1,\boldsymbol{\alpha}_2,\boldsymbol{\alpha}_3$ 线性相关.

2) 输入命令:

```
A=[1 2 0;4 7 1;2 3 2]'                 % 输入矩阵 A
rank(A)                                % 求矩阵 A 的秩
```

输出结果:

```
A=                   ans =

  1  4  2                3
  2  7  3
  0  1  2
```

实验结果表明: $\boldsymbol{\alpha}_1,\boldsymbol{\alpha}_2,\boldsymbol{\alpha}_3$ 线性无关.

注

通过 MATLAB 软件中的"rank"函数命令,比较其结果与向量组个数的大小来判断向量组的线性相关性.

2. 应用案例——混凝土配方

(1) 问题提出

混凝土生产企业的设备只能生产 3 种基本类型的混凝土,即超强型、通用型和长寿型,它们的配方(见表 3-2). 求下列问题:

1) 假如客户要求混凝土的 5 种用料配方分别为 16, 10, 21, 9, 4, 这种材料能否用 A, B, C 配成？请给出理由 .

2) 假设客户要求混凝土的 5 种用料配方分别为 16, 12, 19, 9, 4, 这种材料能否用 A, B, C 配成？请给出理由 .

表 3-2　3 种基本类型的混凝土配方　　（单位：kg）

用料	混凝土类型		
	超强型 A	通用型 B	长寿型 C
水泥 c	20	18	12
水 w	10	10	10
沙 s	20	25	15
石 g	10	5	15
灰 f	0	2	8

(2) 问题分析

每一种基本类型的混凝土可以用一个 5 维的列向量 $(c,w,s,g,f)^{T}$ 表示，生产企业希望客户所订购的其他混凝土都由这 3 种基本类型按一定比例混合而成，故客户的需求是否能满足可以转化为向量的线性表示问题 .

(3) 模型的建立与求解

将客户要求的 2 种混凝土分别用向量 w_1, w_2 来表示，已知的 3 种基本类型的混凝土分别用向量 $\boldsymbol{v}_A, \boldsymbol{v}_B, \boldsymbol{v}_C$ 表示，问题转化为向量 w_1, w_2 是否可以用向量组 $\boldsymbol{v}_A, \boldsymbol{v}_B, \boldsymbol{v}_C$ 线性表示 .

3 种基本类型混凝土的向量 $\boldsymbol{v}_A, \boldsymbol{v}_B, \boldsymbol{v}_C$ 和 2 种待配制混凝土的向量 w_1, w_2 分别表示为

$$\boldsymbol{v}_A=\begin{pmatrix}20\\10\\20\\10\\0\end{pmatrix},\ \boldsymbol{v}_B=\begin{pmatrix}18\\10\\25\\5\\2\end{pmatrix},\ \boldsymbol{v}_C=\begin{pmatrix}12\\10\\15\\15\\8\end{pmatrix},\ w_1=\begin{pmatrix}16\\10\\21\\9\\4\end{pmatrix},\ w_2=\begin{pmatrix}16\\12\\19\\9\\4\end{pmatrix}.$$

将向量写成矩阵的形式，即

$$\boldsymbol{A}=(\boldsymbol{v}_A,\boldsymbol{v}_B,\boldsymbol{v}_C,w_1,w_2)=\begin{pmatrix}20&18&12&16&16\\10&10&10&10&12\\20&25&15&21&19\\10&5&15&9&9\\0&2&8&4&4\end{pmatrix}.$$

用 MATLAB 软件中的 rref 命令函数进行编程，具体如下：

输入命令：

```
A=[20 10 20 10 0;18 10 25 5 2;12 10 15 15 8;16 10 21 9 4;16 12 19 9 4]'    % 输入矩阵 A
rref(A)                                                                   % 将矩阵 A 化为行最简形矩阵
```

输出结果：

ans =

1.0000	0	0	0.0800	0
0	1.0000	0	0.5600	0
0	0	1.0000	0.3600	0
0	0	0	0	1.0000
0	0	0	0	0

实验结果表明：$R(\boldsymbol{v}_A,\boldsymbol{v}_B,\boldsymbol{v}_C)=3$，$R(\boldsymbol{v}_A,\boldsymbol{v}_B,\boldsymbol{v}_C,w_1)=3$，$R(\boldsymbol{v}_A,\boldsymbol{v}_B,\boldsymbol{v}_C,w_2)=4$，故 w_1 能由 $\boldsymbol{v}_A$，$\boldsymbol{v}_B$，$\boldsymbol{v}_C$ 线性表示，即 w_1 能由 3 种基本类型的混凝土 $\boldsymbol{v}_A$，$\boldsymbol{v}_B$，$\boldsymbol{v}_C$ 混合而成，而 w_2 不能由 3 种基本类型的混凝土 $\boldsymbol{v}_A$，$\boldsymbol{v}_B$，$\boldsymbol{v}_C$ 配制．

另一方面，从 MATLAB 编程结果可得 w_1 的具体表达式为

$$w_1=0.08\boldsymbol{v}_A+0.56\boldsymbol{v}_B+0.36\boldsymbol{v}_C,$$

即客户要求的混凝土 w_1 由 8% 的超强型、56% 的通用型和 36% 的长寿型配合而成．

习题 3.2

一、选择题

1. 已知向量组 $\boldsymbol{\alpha}=(1,2)^T$，$\boldsymbol{\beta}=(-1,4)^T$，则 $\boldsymbol{\alpha}+2\boldsymbol{\beta}=$ (　　).

A. $(0,6)^T$　　B. $(1,10)^T$　　C. $(-1,10)^T$　　D. $(1,-10)^T$

2. 已知 $\boldsymbol{\alpha}=(5,-1,2)^T$，$\boldsymbol{\beta}=(1,-8,1)^T$，且 $2\boldsymbol{\alpha}-3\boldsymbol{\gamma}=\boldsymbol{\beta}$，则 $\boldsymbol{\gamma}=$ (　　).

A. $(3,2,1)^T$　　B. $(3,1,2)^T$　　C. $(2,3,1)^T$　　D. $(1,2,3)^T$

3. 已知向量 $\boldsymbol{\beta}=(1,1,1)^T$，$\boldsymbol{\alpha}_1=(0,1,-1)^T$，$\boldsymbol{\alpha}_2=(1,1,0)^T$，$\boldsymbol{\alpha}_3=(1,0,2)^T$，则 (　　).

A. $\boldsymbol{\beta}=\boldsymbol{\alpha}_1+\boldsymbol{\alpha}_2+2\boldsymbol{\alpha}_3$　　B. $\boldsymbol{\beta}=\boldsymbol{\alpha}_1+\boldsymbol{\alpha}_2$

C. $\boldsymbol{\beta}=\boldsymbol{\alpha}_1+\boldsymbol{\alpha}_3$　　D. $\boldsymbol{\beta}=\boldsymbol{\alpha}_1+2\boldsymbol{\alpha}_2+\boldsymbol{\alpha}_3$

4. 已知 $\boldsymbol{\alpha}_1=(1,1,1)^T$，$\boldsymbol{\alpha}_2=(1,2,4)^T$，$\boldsymbol{\alpha}_3=(1,0,2)^T$，则 $\boldsymbol{\alpha}_1,\boldsymbol{\alpha}_2,\boldsymbol{\alpha}_3$ (　　).

A. 线性相关　　B. 线性无关　　C. 无法确定

5. 已知向量 $\boldsymbol{\alpha}=(1,2,3)^T$，$\boldsymbol{\beta}=(a,b,6)^T$，且 $\boldsymbol{\alpha}$ 与 $\boldsymbol{\beta}$ 线性相关，则 (　　).

A. $a=1,\ b=4$　　B. $a=4,\ b=1$

C. $a=2,\ b=4$　　D. $a=4,\ b=2$

二、填空题

1. 已知 $\boldsymbol{\alpha}=(1,1,2)^T$，$\boldsymbol{\beta}=(0,-2,3)^T$，$\boldsymbol{\gamma}=(1,3,3)^T$，则 $\boldsymbol{\alpha}+2\boldsymbol{\beta}-3\boldsymbol{\gamma}=$ ________.

2. 已知 $\boldsymbol{\alpha}=(2,a-1)^T$，$\boldsymbol{\beta}=(b+2,3)^T$，且 $\boldsymbol{\alpha}+2\boldsymbol{\beta}=(1,5)^T$，则 $a=$ ______，$b=$ ______.

3. 已知向量 $\boldsymbol{\alpha}=(1,1-m,8)^{\mathrm{T}}$，$\boldsymbol{\beta}=(-2,5,3t+m)^{\mathrm{T}}$，且 $\boldsymbol{\alpha}$ 与 $\boldsymbol{\beta}$ 线性相关，则 $t=$________.

4. n 阶方阵 $\boldsymbol{A}=(\boldsymbol{\alpha}_1,\boldsymbol{\alpha}_2,\cdots,\boldsymbol{\alpha}_n)$，$\boldsymbol{\alpha}_1=\boldsymbol{\alpha}_2+\boldsymbol{\alpha}_3$，则 $|\boldsymbol{A}|=$____________.

5. 若 $\boldsymbol{\alpha}_1=(1,4,3)^{\mathrm{T}}$，$\boldsymbol{\alpha}_2=(2,t,-1)^{\mathrm{T}}$，$\boldsymbol{\alpha}_3=(-2,3,1)^{\mathrm{T}}$，且 $\boldsymbol{\alpha}_1$，$\boldsymbol{\alpha}_2$，$\boldsymbol{\alpha}_3$ 线性相关，则 $t=$______.

三、解答题

1. 已知 $\boldsymbol{\alpha}=(1,2,2)$，$\boldsymbol{\beta}=(5,1,-3)$，且 $\boldsymbol{\alpha}+2\boldsymbol{\beta}-3\boldsymbol{\gamma}=(-2,3,1)^{\mathrm{T}}$，求 $\boldsymbol{\gamma}$ 的值.

2. 判定下列向量组的线性相关性：

(1) $\boldsymbol{\alpha}_1=(1,-2,3)^{\mathrm{T}}$，$\boldsymbol{\alpha}_2=(0,2,-5)^{\mathrm{T}}$，$\boldsymbol{\alpha}_3=(2,0,-4)^{\mathrm{T}}$；

(2) $\boldsymbol{\alpha}_1=(1,1,1)^{\mathrm{T}}$，$\boldsymbol{\alpha}_2=(-1,2,6)^{\mathrm{T}}$，$\boldsymbol{\alpha}_3=(2,-1,3)^{\mathrm{T}}$；

(3) $\boldsymbol{\alpha}=(1,-3,5)^{\mathrm{T}}$，$\boldsymbol{\beta}=(3,b,a+b)^{\mathrm{T}}$.

3. 已知向量组 $\boldsymbol{\alpha}_1=(1,1,0)^{\mathrm{T}}$，$\boldsymbol{\alpha}_2=(0,1,-1)^{\mathrm{T}}$，$\boldsymbol{\alpha}_3=(1,0,2)^{\mathrm{T}}$，$\boldsymbol{\beta}=(1,1,3)^{\mathrm{T}}$，问 $\boldsymbol{\beta}$ 能否由向量组 $\boldsymbol{\alpha}_1$，$\boldsymbol{\alpha}_2$，$\boldsymbol{\alpha}_3$ 线性表示？若可以表示，请写出一种表示或全部表示式.

4. 已知向量组 $\boldsymbol{\alpha}_1=(1,1,2,2)^{\mathrm{T}}$，$\boldsymbol{\alpha}_2=(1,2,1,3)^{\mathrm{T}}$，$\boldsymbol{\alpha}_3=(1,-1,4,0)^{\mathrm{T}}$，$\boldsymbol{\beta}=(1,0,3,1)^{\mathrm{T}}$，问 $\boldsymbol{\beta}$ 能否由向量组 $\boldsymbol{\alpha}_1$，$\boldsymbol{\alpha}_2$，$\boldsymbol{\alpha}_3$ 线性表示？若可以表示，请写出一种表示或全部表示式.

5. 已知向量组 $\boldsymbol{\alpha}_1=(1,-1,1)^{\mathrm{T}}$，$\boldsymbol{\alpha}_2=(a,2,1)^{\mathrm{T}}$，$\boldsymbol{\alpha}_3=(2,a,0)^{\mathrm{T}}$，当 a 取何值时，(1) $\boldsymbol{\alpha}_1$，$\boldsymbol{\alpha}_2$，$\boldsymbol{\alpha}_3$ 线性无关；(2) $\boldsymbol{\alpha}_1$，$\boldsymbol{\alpha}_2$，$\boldsymbol{\alpha}_3$ 线性相关.

6. (2023 年考研真题) 已知向量 $\boldsymbol{\alpha}_1=(1,2,3)^{\mathrm{T}}$，$\boldsymbol{\alpha}_2=(2,1,1)^{\mathrm{T}}$，$\boldsymbol{\beta}_1=(2,5,9)^{\mathrm{T}}$，$\boldsymbol{\beta}_2=(1,0,1)^{\mathrm{T}}$. 若 $\boldsymbol{\gamma}$ 即可由 $\boldsymbol{\alpha}_1$，$\boldsymbol{\alpha}_2$ 线性表示，又可由 $\boldsymbol{\beta}_1$，$\boldsymbol{\beta}_2$ 线性表示，求 $\boldsymbol{\gamma}$.

四、证明题

1. 已知向量组 $\boldsymbol{\alpha}_1$，$\boldsymbol{\alpha}_2$，$\boldsymbol{\alpha}_3$ 线性无关，且 $\boldsymbol{\beta}_1=\boldsymbol{\alpha}_1+3\boldsymbol{\alpha}_2-2\boldsymbol{\alpha}_3$，$\boldsymbol{\beta}_2=2\boldsymbol{\alpha}_1+\boldsymbol{\alpha}_2-\boldsymbol{\alpha}_3$，$\boldsymbol{\beta}_3=\boldsymbol{\alpha}_1+2\boldsymbol{\alpha}_2+5\boldsymbol{\alpha}_3$，证明：$\boldsymbol{\beta}_1$，$\boldsymbol{\beta}_2$，$\boldsymbol{\beta}_3$ 线性无关.

2. 已知向量组 $\boldsymbol{\alpha}_0$，$\boldsymbol{\alpha}_1$，$\boldsymbol{\alpha}_2$，$\cdots$，$\boldsymbol{\alpha}_n$ 线性无关，且 $\boldsymbol{\beta}_0=\boldsymbol{\alpha}_0$，$\boldsymbol{\beta}_1=\boldsymbol{\alpha}_0+\boldsymbol{\alpha}_1$，$\boldsymbol{\beta}_2=\boldsymbol{\alpha}_0+\boldsymbol{\alpha}_2$，$\cdots$，$\boldsymbol{\beta}_n=\boldsymbol{\alpha}_0+\boldsymbol{\alpha}_n$，证明：向量组 $\boldsymbol{\beta}_0$，$\boldsymbol{\beta}_1$，$\boldsymbol{\beta}_2$，$\cdots$，$\boldsymbol{\beta}_n$ 线性无关.

五、实验题

1. 用 MATLAB 软件判定下列向量组的线性相关性：

$\boldsymbol{\alpha}_1=(1,2,3,1)^{\mathrm{T}}$，$\boldsymbol{\alpha}_2=(1,1,2,-1)^{\mathrm{T}}$，$\boldsymbol{\alpha}_3=(-2,-6,1,-6)^{\mathrm{T}}$，$\boldsymbol{\alpha}_4=(3,4,7,-1)^{\mathrm{T}}$.

2. 用 MATLAB 软件验证 $\boldsymbol{\beta}=(1,0,3,1)^{\mathrm{T}}$ 能否由 $\boldsymbol{\alpha}_1=(1,1,2,2)^{\mathrm{T}}$，$\boldsymbol{\alpha}_2=(1,2,1,3)^{\mathrm{T}}$，$\boldsymbol{\alpha}_3=(1,-1,4,0)^{\mathrm{T}}$ 线性表示.

3.3 向量组的秩

【课前导读】

向量组的秩是向量组所具有的一种属性，主要揭示了向量组中各个向量间的内在关系，它不仅能够判定向量组的线性相关性，而且在线性方程组通解、矩阵的特征向量、二次型等理论中有重要作用．本节介绍向量组的秩、极大线性无关组的概念与计算方法．

知识目标

(1) 了解向量组的秩的概念；

(2) 理解并掌握极大线性无关组的概念和计算方法；

(3) 学会利用矩阵的初等变换将矩阵化为行阶梯形矩阵并求向量组的秩；

(4) 掌握其余向量用极大线性无关组进行表示的方法．

能力目标

(1) 强化向量组化为行阶梯形矩阵、行最简形矩阵的计算能力；

(2) 提升生活问题转化为求解向量组秩的能力；

(3) 增强运用数学软件 MATLAB 编程求解向量组的秩的能力．

素质目标

(1) 通过新安江水电站的水位观测站案例，启迪学生实时监测的科学性，珍惜水资源；

(2) 培养学生运用数学软件 MATLAB 解决实际工程问题的实践精神．

学习重点

(1) 向量极大线性无关组的确定；

(2) 向量组秩的求解．

学习难点

极大线性无关组的概念．

3.3.1 极大线性无关组

极大线性无关组

思考： 当增广矩阵的行向量线性相关时，出现多余的方程，一个线性方程组中会有多少个多余方程？多余方程的个数由什么确定？

定义 1 设 A 由 n 个向量组 $\boldsymbol{\alpha}_1, \boldsymbol{\alpha}_2, \cdots, \boldsymbol{\alpha}_n$ 组成，有 r 个向量 $\boldsymbol{\alpha}_{i1}, \boldsymbol{\alpha}_{i2}, \cdots, \boldsymbol{\alpha}_{ir}$，满足条件：

1) 向量组 $\alpha_{i1},\alpha_{i2},\cdots,\alpha_{ir}$ 线性无关；

2) 任意向量 α_i 可由 $\alpha_{i1},\alpha_{i2},\cdots,\alpha_{ir}$ 线性表示，则称 $\alpha_{i1},\alpha_{i2},\cdots,\alpha_{ir}$ 是向量组 $\alpha_1,\alpha_2,\cdots,\alpha_n$ 的一个极大线性无关组，简称极大无关组．

注

由条件 2) 可知，$\alpha_{i1},\alpha_{i2},\cdots,\alpha_{ir},\alpha_i$ 线性相关．

例 1　求 $\alpha_1=\begin{pmatrix}2\\1\\0\end{pmatrix}, \alpha_2=\begin{pmatrix}1\\0\\1\end{pmatrix}, \alpha_3=\begin{pmatrix}3\\1\\1\end{pmatrix}$ 的极大无关组．

解　因 α_1,α_2 对应的分量不成比例，故 α_1,α_2 线性无关．又因

$$\alpha_1=1\cdot\alpha_1+0\cdot\alpha_2,\ \alpha_2=0\cdot\alpha_1+1\cdot\alpha_2,\ \alpha_3=1\cdot\alpha_1+1\cdot\alpha_2,$$

即 $\alpha_1,\alpha_2,\alpha_3$ 可由 α_1,α_2 线性表示，所以 α_1,α_2 是 $\alpha_1,\alpha_2,\alpha_3$ 的一个极大无关组．

同理 α_1,α_3 与 α_2,α_3 也是 $\alpha_1,\alpha_2,\alpha_3$ 的极大无关组．

说明： 一个向量组的极大无关组不唯一，但任意两个极大无关组所含向量的个数相同．

定义 2　设 n 个向量组 $\alpha_1,\alpha_2,\cdots,\alpha_n$ 的所含极大无关组 $\alpha_{i1},\alpha_{i2},\cdots,\alpha_{ir}$ 向量的个数称为向量组 $\alpha_1,\alpha_2,\cdots,\alpha_n$ 的秩，记作 $R(\alpha_1,\alpha_2,\cdots,\alpha_n)=r$．

例 2　求 $\alpha_1=\begin{pmatrix}1\\-1\\0\end{pmatrix}, \alpha_2=\begin{pmatrix}1\\2\\3\end{pmatrix}, \alpha_3=\begin{pmatrix}2\\0\\2\end{pmatrix}, \alpha_4=\begin{pmatrix}3\\1\\4\end{pmatrix}$ 的秩．

解　$(\alpha_1,\alpha_2,\alpha_3,\alpha_4)=\begin{pmatrix}1&1&2&3\\-1&2&0&1\\0&3&2&4\end{pmatrix}\longrightarrow\begin{pmatrix}1&1&2&3\\0&3&2&4\\0&0&0&0\end{pmatrix}$，因此，$R(\alpha_1,\alpha_2,\alpha_3,\alpha_4)=2$.

例3　已知 $\alpha_1=(1\quad 0\quad 1\quad 0)^{\mathrm T},\alpha_2=(1\quad 1\quad 0\quad 0)^{\mathrm T},\alpha_3=(2\quad 1\quad 1\quad 0)^{\mathrm T},\alpha_4=(0\quad 0\quad 1\quad 1)^{\mathrm T}$，求：1) 该向量组的秩和一个极大无关组；　2) 其余向量用该极大无关组表示．

解　令 $A=(\alpha_1,\alpha_2,\alpha_3,\alpha_4)$，对其施行初等行变换，得

$$A=\begin{pmatrix}1&1&2&0\\0&1&1&0\\1&0&1&1\\0&0&0&1\end{pmatrix}\longrightarrow\begin{pmatrix}1&1&2&0\\0&1&1&0\\0&-1&-1&1\\0&0&0&1\end{pmatrix}\longrightarrow\begin{pmatrix}1&0&1&0\\0&1&1&0\\0&0&0&1\\0&0&0&0\end{pmatrix}.$$

故 $R(\alpha_1,\alpha_2,\alpha_3,\alpha_4)=3$，则一个极大无关组为 $\alpha_1,\alpha_2,\alpha_4$ 或 $\alpha_2,\alpha_3,\alpha_4$.

取 $\alpha_1,\ \alpha_2,\ \alpha_4$ 是一个极大无关组，则其余向量 $\alpha_3=1\cdot\alpha_1+1\cdot\alpha_2+0\cdot\alpha_4$.

总结： 求解向量组 $\alpha_1,\alpha_2,\cdots,\alpha_n$ 的秩、极大线性无关组及其表示的步骤为

Step1: 写出向量组 $A=(\alpha_1,\alpha_2,\cdots,\alpha_n)$；

Step2：将向量组 $\boldsymbol{A}=(\boldsymbol{\alpha}_1,\boldsymbol{\alpha}_2,\cdots,\boldsymbol{\alpha}_n)$ 进行初等行变换化为行最简形矩阵；

Step3：通过观察行最简形矩阵得到向量组的秩 $R(\boldsymbol{A})=R(\boldsymbol{\alpha}_1,\boldsymbol{\alpha}_2,\cdots,\boldsymbol{\alpha}_n)$；

Step4：找到秩为 $R(\boldsymbol{A})$ 的一个极大无关组及其余向量的表示 .

3.3.2 能力拓展驿站

1.MATLAB 实验

(1) 求向量组的秩

例 4 用 MATLAB 软件求下列向量组的秩：

$\boldsymbol{\alpha}_1=(1,2,3,4)^{\mathrm{T}}$，$\boldsymbol{\alpha}_2=(2,3,4,5)^{\mathrm{T}}$，$\boldsymbol{\alpha}_3=(3,4,5,6)^{\mathrm{T}}$，$\boldsymbol{\alpha}_4=(4,5,6,7)^{\mathrm{T}}$.

输入命令：

```
A=[1 2 3 4;2 3 4 5;3 4 5 6;4 5 6 7]'        % 输入矩阵 A
rank(A)                                     % 求矩阵 A 的秩
```

输出结果：

```
A=                              ans =

     1    2    3    4                 2
     2    3    4    5
     3    4    5    6
     4    5    6    7
```

实验结果表明：$R(\boldsymbol{\alpha}_1,\boldsymbol{\alpha}_2,\boldsymbol{\alpha}_3,\boldsymbol{\alpha}_4)=2$.

(2) 极大线性无关组及表示

例 5 用 MATLAB 软件求下列向量组的秩及一个极大线性无关组：

$\boldsymbol{\alpha}_1=(1,0,1,0)^{\mathrm{T}}$，$\boldsymbol{\alpha}_2=(1,1,0,0)^{\mathrm{T}}$，$\boldsymbol{\alpha}_3=(2,1,1,0)^{\mathrm{T}}$，$\boldsymbol{\alpha}_4=(0,0,1,1)^{\mathrm{T}}$.

输入命令：

```
A=[1 0 1 0;1 1 0 0;2 1 1 0;0 0 1 1]'        % 输入矩阵 A
rank(A)                                     % 求矩阵 A 的秩
```

输出结果：

```
A=                              ans =

     1  1  2  0                       3
     0  1  1  0
     1  0  1  1
     0  0  0  1
```

实验结果表明：向量组 $\boldsymbol{\alpha}_1$，$\boldsymbol{\alpha}_2$，$\boldsymbol{\alpha}_3$，$\boldsymbol{\alpha}_4$ 的极大线性无关组的个数为 3.

输入命令：

```
rref(A)                                     % 将矩阵 A 化为行最简形矩阵
```

输出结果：

```
ans=

     1  0  1  0
     0  1  1  0
     0  0  0  1
     0  0  0  0
```

实验结果表明：向量组 $\alpha_1,\alpha_2,\alpha_4$ 可以作为向量组的一个极大线性无关组，且其余向量 $\alpha_3=\alpha_1+\alpha_2$.

2. 应用案例——水位观测站问题

(1) 问题描述

图　3-3

新安江水电站（见图 3-3）位于浙江省杭州市建德市原铜官镇，是中国第一座自行设计、自制设备、自己施工建造的大型水电站，被人们誉为“长江三峡的试验田”“华东电网的明珠”，是社会主义制度集中力量办大事的范例，是我国水利电力事业史上的一座丰碑、我国人民勤劳智慧的杰作．它于 1960 年开始投产发电，年均发电量为 18.6 亿 kW • h，装机总容量达到 66.25 万 kW，已安全稳定运行 60 多年，主要担负华东电网调峰、调频和事故备用任务，并且有防洪、灌溉、航运和养殖等综合效益，对华东电网的稳定和安全运行、提高电能质量、促进电网范围内的工农业生产和满足人民生活用电需要等方面，也都发挥了重要的作用．

每年到了梅雨季节，为了防止洪涝灾害的发生，新安江水库的水位监测工作非常重要，现有 10 个水位观测站，近 8 年来各个水位观测站的水位观测数据见表 3-3.

表 3-3　水位观测数据　（单位：mm）

年份	水位观测站编号									
	1 号	2 号	3 号	4 号	5 号	6 号	7 号	8 号	9 号	10 号
2017	239.1	192.7	411.1	436.2	366.3	289.9	245.7	466.2	357.4	219.7
2018	158.9	246.2	327	232.4	372.5	246.7	256.6	460.4	298.7	314.5
2019	324.8	291.7	289.9	311	254	502.4	251.3	245.6	401	266.5
2020	321	466.5	277.5	158.9	425.1	223.5	246.2	251.4	315.4	317.4
2021	282.9	258.6	199.3	327.4	430.9	432.1	466.5	256.6	389.7	413.2
2022	467.2	453.4	315.6	365.5	258.1	357.6	453.6	278.8	355.2	228.5
2023	367.7	158.5	342.4	271	344.2	410.2	159.2	250	376.4	179.4
2024	284.9	324.8	281.2	406.5	288.8	235.7	283.4	192.6	290.5	343.7

为了有效监测水位数据和节省人力成本开支，想要适当取消水位观测站．那么，哪些编号的水位观测站可以取消，使所得水位观测的数据信息仍然准确？

(2) 问题分析

用 $\boldsymbol{\alpha}_1,\boldsymbol{\alpha}_2,\cdots,\boldsymbol{\alpha}_{10}$ 分别表示水位观测站在 2017—2024 年水位观测数据的列向量，由于 $\boldsymbol{\alpha}_1,\boldsymbol{\alpha}_2,\cdots,\boldsymbol{\alpha}_{10}$ 是含有 10 个向量的 8 维向量组，所以该向量组必然线性相关．若能求出一个极大无关组，则极大无关组所对应的水位观测站数据就可以将其他水位观测站的数据资料表示出来，因而其他观测站就是可以减少的．因此，最多只需要 8 个水位观测站．

(3) 模型建立与求解

以 $\boldsymbol{\alpha}_1,\boldsymbol{\alpha}_2,\cdots,\boldsymbol{\alpha}_{10}$ 为列向量组作矩阵 $\boldsymbol{A}$，可以求矩阵 $\boldsymbol{A}$ 的秩，判定它的极大无关组，自然就知道了需要取消的水位观测站编号．根据 3.2 节中的向量组的线性表示，可以进一步知道取消的水位观测站的数据可以通过所判断的极大无关组进行表示．具体过程如下：

1) 建立 2017—2024 年的 10 个水位观测站的矩阵 $\boldsymbol{A}$.

$$\boldsymbol{A}=\begin{pmatrix} 239.1 & 192.7 & 411.1 & 436.2 & 366.3 & 289.9 & 245.7 & 466.2 & 357.4 & 219.7 \\ 158.9 & 246.2 & 327 & 232.4 & 372.5 & 246.7 & 256.6 & 460.4 & 298.7 & 314.5 \\ 324.8 & 291.7 & 289.9 & 311 & 254 & 502.4 & 251.3 & 245.6 & 401 & 266.5 \\ 321 & 466.5 & 277.5 & 158.9 & 425.1 & 223.5 & 246.2 & 251.4 & 315.4 & 317.4 \\ 282.9 & 258.6 & 199.3 & 327.4 & 430.9 & 432.1 & 466.5 & 256.6 & 389.7 & 413.2 \\ 467.2 & 453.4 & 315.6 & 365.5 & 258.1 & 357.6 & 453.6 & 278.8 & 355.2 & 228.5 \\ 367.7 & 158.5 & 342.4 & 271 & 344.2 & 410.2 & 159.2 & 250 & 376.4 & 179.4 \\ 284.9 & 324.8 & 281.2 & 406.5 & 288.8 & 235.7 & 283.4 & 192.6 & 290.5 & 343.7 \end{pmatrix}$$

2) 用 MATLAB 软件求解矩阵 $\boldsymbol{A}$ 的秩．

输入命令：

```
A=[239.1 192.7 411.1 436.2 366.3 289.9 245.7 466.2 357.4 219.7;
   158.9 246.2 327 232.4 372.5 246.7 256.6 460.4 298.7 314.5;
   324.8 291.7 289.9 311 254 502.4 251.3 245.6 401 266.5;
   321 466.5 277.5 158.9 425.1 223.5 246.2 251.4 315.4 317.4;
   282.9 258.6 199.3 327.4 430.9 432.1 466.5 256.6 389.7 413.2;
   467.2 453.4 315.6 365.5 258.1 357.6 453.6 278.8 355.2 228.5;
   367.7 158.5 342.4 271 344.2 410.2 159.2 250 376.4 179.4;
   284.9 324.8 281.2 406.5 288.8 235.7 283.4 192.6 290.5 343.7];
rank(A)                                        % 求矩阵 A 的秩
```

输出结果：

```
ans =

     8
```

MATLAB 编程结果说明：最多只需要 8 个水位观测站，因此应该去掉其中的两个水位观测站，而去掉的两个水位观测站的数据可以通过其他 8 个水位观测站的数据得到．

3) 假设编号 9 和编号 10 的水位观测站需要去掉，下面通过 MATLAB 编程找到编号 1 ～ 8 的水位观测站表示编号 9 和编号 10 的关系．

输入命令：

```
rref(A)                                  % 将矩阵 A 化为行最简形矩阵
```

输出结果：

```
ans =

 1 至 7 列

   1.0000        0         0         0         0         0         0
        0   1.0000         0         0         0         0         0
        0        0    1.0000         0         0         0         0
        0        0         0    1.0000         0         0         0
        0        0         0         0    1.0000         0         0
        0        0         0         0         0    1.0000         0
        0        0         0         0         0         0    1.0000
        0        0         0         0         0         0         0

 8 至 10 列

        0    0.2498   -2.6581
        0    0.1277    0.1826
        0   -0.3480    4.1508
        0    0.2589   -0.9864
        0    0.2943    0.3437
        0    0.4489    0.4419
        0   -0.2599    2.0088
   1.0000    0.2770   -2.5818
```

MATLAB 编程结果说明：编号 9 和编号 10 的水位观测数据向量 $\boldsymbol{\alpha}_9$, $\boldsymbol{\alpha}_{10}$ 可以通过编号 1 ～ 8 的水位观测数据 $\boldsymbol{\alpha}_1,\boldsymbol{\alpha}_2,\cdots,\boldsymbol{\alpha}_8$ 得到，即

$$\boldsymbol{\alpha}_9=0.2498\boldsymbol{\alpha}_1+0.1277\boldsymbol{\alpha}_2-0.3480\boldsymbol{\alpha}_3+0.2589\boldsymbol{\alpha}_4+0.2943\boldsymbol{\alpha}_5+0.4489\boldsymbol{\alpha}_6-0.2599\boldsymbol{\alpha}_7+0.2770\boldsymbol{\alpha}_8,$$
$$\boldsymbol{\alpha}_{10}=-2.6581\boldsymbol{\alpha}_1+0.1826\boldsymbol{\alpha}_2+4.1508\boldsymbol{\alpha}_3-0.9864\boldsymbol{\alpha}_4+0.3437\boldsymbol{\alpha}_5+0.4419\boldsymbol{\alpha}_6+2.0088\boldsymbol{\alpha}_7-2.5818\boldsymbol{\alpha}_8.$$

故可以去掉第 9 和 10 个水位观测站，可以使得到的水位测量信息仍然准确．

思考：去掉其他两个水位观测站，是否也可以准确测量水位的数据信息呢？

习题 3.3

一、选择题

1. 已知向量组 $\boldsymbol{\alpha}=(1,-3)^{\mathrm{T}}$，$\boldsymbol{\beta}=(1,4)^{\mathrm{T}}$，则向量组 $\boldsymbol{\alpha}$，$\boldsymbol{\beta}$ 的秩为（　　）．

A. 0　　　　B. 1　　　　C. 2　　　　D. 3

2. 已知向量 $\boldsymbol{\alpha}_1=(0,1,-1)^{\mathrm{T}}$，$\boldsymbol{\alpha}_2=(1,1,0)^{\mathrm{T}}$，$\boldsymbol{\alpha}_3=(1,0,2)^{\mathrm{T}}$，则它们的秩为（　　）.

A. 0　　B. 1　　C. 2　　D. 3

3. 已知向量 $\boldsymbol{\alpha}_1=(1,1,1)^{\mathrm{T}}$，$\boldsymbol{\alpha}_2=(x,0,y)^{\mathrm{T}}$，$\boldsymbol{\alpha}_3=(1,3,2)^{\mathrm{T}}$，它们的秩为 2，则（　　）.

A. $x=3y$　　B. $y=3x$　　C. $y=2x$　　D. $x=2y$

4. 已知 $\boldsymbol{\alpha}_1=(1,1,1)^{\mathrm{T}}$，$\boldsymbol{\alpha}_2=(2,2,2)^{\mathrm{T}}$，$\boldsymbol{\alpha}_3=(1,0,2)^{\mathrm{T}}$，则不是极大线性无关组的为（　　）.

A. $\boldsymbol{\alpha}_1$，$\boldsymbol{\alpha}_2$　　B. $\boldsymbol{\alpha}_1$，$\boldsymbol{\alpha}_3$　　C. $\boldsymbol{\alpha}_2$，$\boldsymbol{\alpha}_3$　　D. 无法确定

5. 已知向量 $\boldsymbol{\alpha}=(1,2,3)^{\mathrm{T}}$，$\boldsymbol{\beta}=(a,b,6)^{\mathrm{T}}$，且 $R(\boldsymbol{\alpha},\boldsymbol{\beta})=1$，则（　　）.

A. $a=1,\ b=4$　　B. $a=4,\ b=1$

C. $a=2,\ b=4$　　D. $a=4,\ b=2$

二、判断题

1. 线性无关的向量组的极大线性无关组是其本身 .（　　）

2. 向量组的极大无关组不唯一，但其个数是确定的 .（　　）

3. 已知向量组Ⅰ：$\boldsymbol{\alpha}_1=(1,1,0,0)^{\mathrm{T}}$，$\boldsymbol{\alpha}_2=(1,0,1,1)^{\mathrm{T}}$，向量组Ⅱ：$\boldsymbol{\beta}_1=(2,-1,3,3)^{\mathrm{T}}$，$\boldsymbol{\beta}_2=(0,1,-1,-1)^{\mathrm{T}}$，则向量组Ⅰ与向量组Ⅱ不等价 .（　　）

三、填空题

1. 已知 $\boldsymbol{\alpha}=(1,1)^{\mathrm{T}}$，$\boldsymbol{\beta}=(0,2)^{\mathrm{T}}$，$\boldsymbol{\gamma}=(1,2)^{\mathrm{T}}$，则向量组 $\boldsymbol{\alpha}$，$\boldsymbol{\beta}$，$\boldsymbol{\gamma}$ 的秩为________.

2. 已知 $\boldsymbol{\alpha}=(2,6)^{\mathrm{T}}$，$\boldsymbol{\beta}=(b+2,3)^{\mathrm{T}}$，且 $R(\boldsymbol{\alpha},\boldsymbol{\beta})=1$，则 $b=$________.

3. 若 $\boldsymbol{\alpha}_1=(1,-1,1)^{\mathrm{T}}$，$\boldsymbol{\alpha}_2=(2,1,0)^{\mathrm{T}}$，$\boldsymbol{\alpha}_3=(3,0,1)^{\mathrm{T}}$，则它们的极大线性无关组为________.

4. 若 $\boldsymbol{\alpha}_1=(1,4,3)^{\mathrm{T}}$，$\boldsymbol{\alpha}_2=(2,1,-1)^{\mathrm{T}}$，$\boldsymbol{\alpha}_3=(-2,3,1)^{\mathrm{T}}$，则 $\boldsymbol{\alpha}_1$，$\boldsymbol{\alpha}_2$，$\boldsymbol{\alpha}_3$ 的秩为________.

四、解答题

1. 求下列向量组的秩：

(1) $\boldsymbol{\alpha}_1=(1,1,0,1)^{\mathrm{T}}$，$\boldsymbol{\alpha}_2=(1,0,1,1)^{\mathrm{T}}$，$\boldsymbol{\alpha}_3=(1,1,1,0)^{\mathrm{T}}$；

(2) $\boldsymbol{\alpha}_1=(1,-2,3)^{\mathrm{T}}$，$\boldsymbol{\alpha}_2=(0,2,-5)^{\mathrm{T}}$，$\boldsymbol{\alpha}_3=(2,0,-4)^{\mathrm{T}}$.

2. 设向量组 $\boldsymbol{\alpha}_1=(1,1,1)^{\mathrm{T}}$，$\boldsymbol{\alpha}_2=(1,2,4)^{\mathrm{T}}$，$\boldsymbol{\alpha}_3=(2,-1,7)^{\mathrm{T}}$，$\boldsymbol{\alpha}_4=(1,0,3)^{\mathrm{T}}$，求该向量组的秩及一个极大线性无关组 .

3. 已知向量组 $\boldsymbol{\alpha}_1=(1,1,2,-2)^{\mathrm{T}}$，$\boldsymbol{\alpha}_2=(1,3,-p,-2p)^{\mathrm{T}}$，$\boldsymbol{\alpha}_3=(1,-1,6,0)^{\mathrm{T}}$，它们的秩为 2，求 p 的值 .

4. 设向量组 $\boldsymbol{\alpha}_1=(1,0,1,0)^{\mathrm{T}}$，$\boldsymbol{\alpha}_2=(1,1,0,0)^{\mathrm{T}}$，$\boldsymbol{\alpha}_3=(2,1,1,0)^{\mathrm{T}}$，$\boldsymbol{\alpha}_4=(0,0,1,2)^{\mathrm{T}}$，求该向量组的秩及一个极大线性无关组 .

5. 设$\boldsymbol{\alpha}_1=(1,1,1,3)^{\mathrm{T}}$，$\boldsymbol{\alpha}_2=(-1,-3,5,1)^{\mathrm{T}}$，$\boldsymbol{\alpha}_3=(3,2,-1,a+2)^{\mathrm{T}}$，$\boldsymbol{\alpha}_4=(-2,-6,10,a)^{\mathrm{T}}$，且向量组$\boldsymbol{\alpha}_1$, $\boldsymbol{\alpha}_2$, $\boldsymbol{\alpha}_3$, $\boldsymbol{\alpha}_4$线性相关，求：(1) a的值；(2) 它们的极大线性无关组．

6. (2025年考研真题) 设矩阵$\boldsymbol{A}=\begin{pmatrix}1&-1&3&0&-1\\-1&0&-2&-a&-1\\1&1&a&2&3\end{pmatrix}$的秩为2.

(1) 求a的值；

(2) 求$\boldsymbol{A}$的列向量组的一个极大线性无关组$\boldsymbol{\alpha}$, $\boldsymbol{\beta}$, 并求$\boldsymbol{H}$, 使得$\boldsymbol{A}=\boldsymbol{GH}$，其中$\boldsymbol{G}=(\boldsymbol{\alpha},\boldsymbol{\beta})$.

五、证明题

已知向量组Ⅰ：$\boldsymbol{\alpha}_1=(1,2,1,3)^{\mathrm{T}}$，$\boldsymbol{\alpha}_2=(4,-1,-5,-6)^{\mathrm{T}}$，向量组Ⅱ：$\boldsymbol{\beta}_1=(-1,3,4,7)^{\mathrm{T}}$. $\boldsymbol{\beta}_2=(2,-1,-3,-4)^{\mathrm{T}}$. 证明：向量组Ⅰ与向量组Ⅱ等价．

六、实验题

1. 用MATLAB软件求解下列向量组的秩：

$$\boldsymbol{\alpha}_1=\begin{pmatrix}1\\2\\3\\-4\end{pmatrix},\ \boldsymbol{\alpha}_2=\begin{pmatrix}2\\3\\-4\\1\end{pmatrix},\ \boldsymbol{\alpha}_3=\begin{pmatrix}2\\-5\\8\\-3\end{pmatrix},\ \boldsymbol{\alpha}_4=\begin{pmatrix}5\\26\\-9\\-12\end{pmatrix},\ \boldsymbol{\alpha}_5=\begin{pmatrix}3\\-4\\1\\2\end{pmatrix}.$$

2. 用MATLAB软件求解下列问题：

向量组$\boldsymbol{\alpha}_1=(1,1,1,1)^{\mathrm{T}}$，$\boldsymbol{\alpha}_2=(2,1,-3,1)^{\mathrm{T}}$，$\boldsymbol{\alpha}_3=(3,2,-1,2)^{\mathrm{T}}$，$\boldsymbol{\alpha}_4=(1,-1,2,4)^{\mathrm{T}}$，求：

(1) 它们的秩；(2) 找到极大线性无关组．

3.4 向量空间

【课前导读】

线性空间是向量空间的一种特殊空间，从一维空间的直线到三维空间的立体几何，不同图形之间的线性变换都与向量组的基、坐标变换密切相关．本节介绍向量空间的概念，向量空间的基、维数、坐标以及基变换与坐标变换．

知识目标

(1) 理解向量空间的概念；

(2) 掌握向量空间的基、维数与坐标；

(3) 理解过渡矩阵；

(4) 掌握基变换与坐标变换公式 .

能力目标

(1) 加强向量空间抽象概念的理解能力；

(2) 提高学生对向量空间不同基下坐标变换的认识能力；

(3) 增强学生运用数学软件 MATLAB 编程求解向量空间的维数与基的能力 .

素质目标

(1) 引入一维、二维、三维几何结构，抓住基与坐标变换的本质；

(2) 通过数学家笛卡尔与物质质心坐标的案例介绍，传播数学文化；

(3) 培养学生运用数学软件 MATLAB 解决实际工程问题的实践精神 .

学习重点

(1) 向量空间的基、维数；

(2) 基变换公式、坐标变换公式 .

学习难点

(1) 向量空间的概念；

(2) 过渡矩阵与基变换、坐标变换的关系 .

3.4.1 向量空间概述

向量空间概述

定义 1 设 $\boldsymbol{V}$ 是 n 维向量非空集合，如满足下列运算：

1) 任意 $\boldsymbol{\alpha},\ \boldsymbol{\beta}\in\boldsymbol{V}$，则 $\boldsymbol{\alpha}+\boldsymbol{\beta}\in\boldsymbol{V}$；

2) 任意 $k\in\mathbf{R},\ \boldsymbol{\alpha}\in\boldsymbol{V}$，则 $k\boldsymbol{\alpha}\in\boldsymbol{V}$；

则向量加法和数乘是封闭运算，并称集合 $\boldsymbol{V}$ 构成一个向量空间 .

例如，n 维向量全体组成的集合 $\mathbf{R}^n$ 是一个向量空间 . $n=1$ 表示一维直线空间；$n=2$ 表示二维平面空间；$n=3$ 表示三维立体空间 .

运算规律：设 $\boldsymbol{V}$ 是 n 维向量空间，$\boldsymbol{\alpha},\boldsymbol{\beta},\boldsymbol{\gamma}\in\boldsymbol{V},\ k,l\in\mathbf{R}$，则满足：

1) 加法交换律：$\boldsymbol{\alpha}+\boldsymbol{\beta}=\boldsymbol{\beta}+\boldsymbol{\alpha}$；

2) 加法结合律：$(\boldsymbol{\alpha}+\boldsymbol{\beta})+\boldsymbol{\gamma}=\boldsymbol{\alpha}+(\boldsymbol{\beta}+\boldsymbol{\gamma})$；

3) 零元律：$\boldsymbol{\alpha}+\mathbf{0}=\boldsymbol{\alpha}$；

4) 负元律：$\boldsymbol{\alpha}+(-\boldsymbol{\alpha})=\mathbf{0}$；

5) 单位元：$1\boldsymbol{\alpha}=\boldsymbol{\alpha}$；

6) 结合律：$\lambda(\mu\boldsymbol{\alpha})=(\lambda\mu)\boldsymbol{\alpha}$；

7) 数分配律：$(\lambda+\mu)\boldsymbol{\alpha}=\lambda\boldsymbol{\alpha}+\mu\boldsymbol{\alpha}$；

8) 元素分配律：$\lambda(\boldsymbol{\alpha}+\boldsymbol{\beta})=\lambda\boldsymbol{\alpha}+\lambda\boldsymbol{\beta}$.

定义 2　设 $\boldsymbol{V}$ 是一个线性空间，$\boldsymbol{W}$ 是 $\boldsymbol{V}$ 的一个非空子集，满足 $\boldsymbol{W}$ 对向量加法和数乘是封闭运算，则称 $\boldsymbol{W}$ 是 $\boldsymbol{V}$ 的一个子空间.

定理 1　线性空间 $\boldsymbol{V}$ 的一个非空子集 $\boldsymbol{W}$ 是线性空间的充分必要条件是 $\boldsymbol{W}$ 对向量的线性运算是封闭的.

例如，几何空间 $\mathbf{R}^3$ 中，过原点的平面 π 上所有向量构成几何空间 $\mathbf{R}^3$ 的一个子空间，即 $\boldsymbol{W}=\left\{(x,y,z)\middle|x+y+z=0\right\}$.

例 1　已知 $\boldsymbol{V}=\{(1,0,x)^{\mathrm{T}}|x\in\mathbf{R}\}$，验证：$\boldsymbol{V}$ 不是向量空间.

解　设 $\boldsymbol{\alpha}=(1,0,a)^{\mathrm{T}}\in\boldsymbol{V}$，而 $\lambda\boldsymbol{\alpha}=(\lambda,0,\lambda a)^{\mathrm{T}}\notin\boldsymbol{V}$，所以 $\boldsymbol{V}$ 对数乘不封闭，故 $\boldsymbol{V}$ 不是向量空间.

例 2　已知 $\boldsymbol{V}=\left\{(x,-x,0)^{\mathrm{T}}\middle|x\in\mathbf{R}\right\}$，验证：$\boldsymbol{V}$ 是向量空间.

解　设 $\boldsymbol{\alpha}=(a,-a,0)^{\mathrm{T}}\in\boldsymbol{V}$，$\boldsymbol{\beta}=(b,-b,0)^{\mathrm{T}}\in\boldsymbol{V}$，则

$\lambda\boldsymbol{\alpha}=(\lambda a,-\lambda a,0)^{\mathrm{T}}\in\boldsymbol{V}$，$\boldsymbol{\alpha}+\boldsymbol{\beta}=(a+b,-a-b,0)^{\mathrm{T}}\in\boldsymbol{V}$，

所以 $\boldsymbol{V}$ 对数乘和加法封闭，故 $\boldsymbol{V}$ 是向量空间.

定义 3　设 $\boldsymbol{\alpha}_1, \boldsymbol{\alpha}_2, \cdots, \boldsymbol{\alpha}_n\in\mathbf{R}^n$，令

$$\boldsymbol{L}=\left\{k_1\boldsymbol{\alpha}_1+k_2\boldsymbol{\alpha}_2+\cdots+k_n\boldsymbol{\alpha}_n\middle|k_1,k_2,\cdots,k_n\in\mathbf{R}\right\},$$

则 $\boldsymbol{L}$ 构成 $\mathbf{R}^n$ 的子空间称为向量组 $\boldsymbol{\alpha}_1, \boldsymbol{\alpha}_2, \cdots, \boldsymbol{\alpha}_n$ 的生成子空间，记作 $\boldsymbol{L}(\boldsymbol{\alpha}_1,\boldsymbol{\alpha}_2,\cdots,\boldsymbol{\alpha}_n)$.

例 3　证明齐次线性方程组 $\boldsymbol{AX}=\boldsymbol{O}$ 的解向量的全体：$\boldsymbol{L}=\left\{\xi\middle|\boldsymbol{A}\xi=\boldsymbol{O},\xi\in\mathbf{R}^n\right\}$ 构成 $\mathbf{R}^n$ 的生成子空间.

解　$\boldsymbol{O}\in\boldsymbol{L}$，设 $\xi_1, \xi_2\in\boldsymbol{L}$，$k\in\mathbf{R}$，则

$\boldsymbol{A}(\xi_1+\xi_2)=\boldsymbol{A}\xi_1+\boldsymbol{A}\xi_2=\boldsymbol{O}$，即 $\xi_1+\xi_2\in\boldsymbol{L}$，

$\boldsymbol{A}(k\xi_1)=k\boldsymbol{A}\xi_1=k\boldsymbol{O}=\boldsymbol{O}$，即 $k\xi_1\in\boldsymbol{L}$.

即 $\boldsymbol{L}$ 对数乘和加法是封闭的，构成 $\mathbf{R}^n$ 的生成子空间.

注

向量组生成空间 $\boldsymbol{L}(\xi_1,\xi_1,\cdots,\xi_n)$ 是齐次线性方程组 $\boldsymbol{AX}=\boldsymbol{O}$ 的解空间.

练习　已知 $\boldsymbol{\alpha}_1, \boldsymbol{\alpha}_2\in\mathbf{R}^n$，$\boldsymbol{L}=\left\{k_1\boldsymbol{\alpha}_1+k_2\boldsymbol{\alpha}_2\middle|k_1,k_2\in\mathbf{R}\right\}$，验证：$\boldsymbol{L}$ 是 $\mathbf{R}^n$ 的生成子空间.

3.4.2 基、维数与坐标

基、维数与坐标

定义 4 设 $\boldsymbol{V}$ 是向量空间，$\boldsymbol{\alpha}_1, \boldsymbol{\alpha}_2, \cdots, \boldsymbol{\alpha}_r \in \boldsymbol{V}$，且满足

1) $\boldsymbol{\alpha}_1, \boldsymbol{\alpha}_2, \cdots, \boldsymbol{\alpha}_r$ 线性无关；

2) $\boldsymbol{V}$ 中任一向量均可由 $\boldsymbol{\alpha}_1, \boldsymbol{\alpha}_2, \cdots, \boldsymbol{\alpha}_r$ 线性表示；

则称 $\boldsymbol{\alpha}_1, \boldsymbol{\alpha}_2, \cdots, \boldsymbol{\alpha}_r$ 为向量空间 $\boldsymbol{V}$ 的一个基，r 称为向量空间 $\boldsymbol{V}$ 的维数，记作 $\dim \boldsymbol{V}=r$，并称 $\boldsymbol{V}$ 是 r 维向量空间．

例如，向量空间 $\boldsymbol{V}$ 中有向量组 $\boldsymbol{\alpha}_1=\begin{pmatrix}1\\2\end{pmatrix}$，$\boldsymbol{\alpha}_2=\begin{pmatrix}2\\3\end{pmatrix}$，$\boldsymbol{\alpha}=\begin{pmatrix}0\\2\end{pmatrix}$，不难判断，$\boldsymbol{\alpha}_1,\boldsymbol{\alpha}_2$ 线性无关，且 $\boldsymbol{\alpha}=4\boldsymbol{\alpha}_1-2\boldsymbol{\alpha}_2$．因此，向量空间 $\boldsymbol{V}$ 的一个基是 $\boldsymbol{\alpha}_1,\boldsymbol{\alpha}_2$，维数 $\dim \boldsymbol{V}=2$．

例 4 已知 $\mathbf{R}^n$ 中 $n-1$ 维基本单位向量组 $\boldsymbol{\varepsilon}_1=\begin{pmatrix}1\\0\\\vdots\\0\end{pmatrix}$，$\boldsymbol{\varepsilon}_2=\begin{pmatrix}0\\1\\\vdots\\0\end{pmatrix}$，$\cdots$，$\boldsymbol{\varepsilon}_{n-1}=\begin{pmatrix}0\\0\\\vdots\\1\end{pmatrix}$．

求 $\boldsymbol{V}=\left\{\boldsymbol{\alpha}=(a_1,a_2,\cdots,a_{n-1})^{\mathrm{T}} \,\middle|\, a_1,a_2,\cdots,a_{n-1}\in\mathbf{R}\right\}$ 的一个基和维数．

解 易知 $\boldsymbol{\varepsilon}_1, \boldsymbol{\varepsilon}_2, \cdots, \boldsymbol{\varepsilon}_{n-1}$ 线性无关，且

$$\boldsymbol{\alpha}=\begin{pmatrix}a_1\\a_2\\\vdots\\a_{n-1}\end{pmatrix}=a_1\begin{pmatrix}1\\0\\\vdots\\0\end{pmatrix}+a_2\begin{pmatrix}0\\1\\\vdots\\0\end{pmatrix}+\cdots+a_{n-1}\begin{pmatrix}0\\0\\\vdots\\1\end{pmatrix}=a_1\boldsymbol{\varepsilon}_1+a_2\boldsymbol{\varepsilon}_2+\cdots+a_{n-1}\boldsymbol{\varepsilon}_{n-1}.$$

故 $\boldsymbol{V}$ 的一个基是 $\boldsymbol{\varepsilon}_1, \boldsymbol{\varepsilon}_2, \cdots, \boldsymbol{\varepsilon}_{n-1}$，维数 $\dim \boldsymbol{V}=n-1$．

说明： 1) 只含零向量的向量空间没有基，规定维数为零；

2) 向量空间 $\boldsymbol{V}$ 的基不唯一，但基所含向量个数唯一确定；

3) 向量空间 $\boldsymbol{V}$ 中任意一个极大线性无关组都是 $\boldsymbol{V}$ 的基；

4) n 维向量空间 $\mathbf{R}^n$ 中任意 n 个线性无关的向量均可作为 $\mathbf{R}^n$ 的一个基；

5) 将 $\boldsymbol{V}$ 看作向量组，则它的秩就是向量空间 $\boldsymbol{V}$ 的维数．

启发： 求向量空间 $\boldsymbol{V}$ 的一个基和维数，本质就是求向量组的极大线性无关组及其秩．

例 5 已知 $\boldsymbol{V}$ 由下列向量组 $\boldsymbol{\alpha}_1,\boldsymbol{\alpha}_2,\boldsymbol{\alpha}_3,\boldsymbol{\alpha}_4$ 生成的子空间，求它的一个基和维数：

$\boldsymbol{\alpha}_1=(1,2,0,1)^{\mathrm{T}}$，$\boldsymbol{\alpha}_2=(2,1,3,1)^{\mathrm{T}}$，$\boldsymbol{\alpha}_3=(-1,1,-3,0)^{\mathrm{T}}$，$\boldsymbol{\alpha}_4=(1,1,1,1)^{\mathrm{T}}$．

解 $$\boldsymbol{A}=(\boldsymbol{\alpha}_1,\boldsymbol{\alpha}_2,\boldsymbol{\alpha}_3,\boldsymbol{\alpha}_4)=\begin{pmatrix}1&2&-1&1\\2&1&1&1\\0&3&-3&1\\1&1&0&1\end{pmatrix}\xrightarrow{\text{初等行变换}}\begin{pmatrix}1&2&-1&1\\0&1&-1&0\\0&0&0&1\\0&0&0&0\end{pmatrix},$$

故 V 的一个基是 $\boldsymbol{\alpha}_2,\boldsymbol{\alpha}_3,\boldsymbol{\alpha}_4$，维数 $\dim V=3$.

定义 5　若 $\boldsymbol{\alpha}_1,\boldsymbol{\alpha}_2,\cdots,\boldsymbol{\alpha}_r$ 是向量空间 V 中的一个基，对任意的 $\boldsymbol{\beta}\in V$，存在唯一的实数 $k_1,k_2,\cdots,k_r$，使

$$\boldsymbol{\beta}=k_1\boldsymbol{\alpha}_1+k_2\boldsymbol{\alpha}_2+\cdots+k_r\boldsymbol{\alpha}_r,$$

则称数 $k_1,k_2,\cdots,k_r$ 是向量 $\boldsymbol{\beta}$ 在基 $\boldsymbol{\alpha}_1,\boldsymbol{\alpha}_2,\cdots,\boldsymbol{\alpha}_r$ 下的坐标，记作 $(k_1,k_2,\cdots,k_r)^{\mathrm{T}}$.

例如，向量组 $\boldsymbol{\alpha}_1,\boldsymbol{\alpha}_2,\boldsymbol{\alpha}_3$ 是向量空间 V 中线性无关的一个基，$\boldsymbol{\beta}=2\boldsymbol{\alpha}_1-\boldsymbol{\alpha}_2+3\boldsymbol{\alpha}_3$，$\boldsymbol{\beta}$ 在基 $\boldsymbol{\alpha}_1,\boldsymbol{\alpha}_2,\boldsymbol{\alpha}_3$ 下的坐标为 $(2,-1,3)^{\mathrm{T}}$.

思考： 给定向量空间中的一个基，如何求解另一向量在这个基下的坐标？

启发： 由定义出发易知，所求坐标就是非齐次线性方程组的唯一解，可经过下列过程求解其坐标.

矩阵初等变换——→行最简形矩阵——→秩及唯一解.

例 6　已知 V 中的两个基：$\boldsymbol{\alpha}_1=(1,0,0)^{\mathrm{T}}$，$\boldsymbol{\alpha}_2=(0,-2,0)^{\mathrm{T}}$，$\boldsymbol{\alpha}_3=(0,0,-1)^{\mathrm{T}}$ 及 $\boldsymbol{\beta}_1=(-1,0,0)^{\mathrm{T}}$，$\boldsymbol{\beta}_2=(1,-1,0)^{\mathrm{T}}$，$\boldsymbol{\beta}_3=(1,2,1)^{\mathrm{T}}$，求向量 $\boldsymbol{\alpha}=(1,2,3)^{\mathrm{T}}$ 分别在两个基下的坐标.

解　由题易知，$\boldsymbol{\alpha}=\boldsymbol{\alpha}_1-\boldsymbol{\alpha}_2-3\boldsymbol{\alpha}_3$，故 $\boldsymbol{\alpha}$ 在基 $\boldsymbol{\alpha}_1,\boldsymbol{\alpha}_2,\boldsymbol{\alpha}_3$ 下的坐标为 $(1,-1,-3)^{\mathrm{T}}$；

$$\boldsymbol{A}=(\boldsymbol{\beta}_1,\boldsymbol{\beta}_2,\boldsymbol{\beta}_3,\boldsymbol{\alpha})=\begin{pmatrix}-1&1&1&1\\0&-1&2&2\\0&0&1&3\end{pmatrix}\xrightarrow{\text{初等行变换}}\begin{pmatrix}1&0&0&6\\0&1&0&4\\0&0&1&3\end{pmatrix},$$

易得 $\boldsymbol{\alpha}=6\boldsymbol{\beta}_1+4\boldsymbol{\beta}_2+3\boldsymbol{\beta}_3$，故 α 在基 $\boldsymbol{\beta}_1,\boldsymbol{\beta}_2,\boldsymbol{\beta}_3$ 下的坐标为 $(6,4,3)^{\mathrm{T}}$.

3.4.3　基变换与坐标变换

基变换与坐标变换

思考： 同一个向量在不同基下有不同坐标，那么向量在不同基下的坐标有什么关系？

定义 6　已知 $\mathbf{R}^n$ 中的两个基：$\boldsymbol{\alpha}_1,\boldsymbol{\alpha}_2,\cdots,\boldsymbol{\alpha}_n$ 及 $\boldsymbol{\beta}_1,\boldsymbol{\beta}_2,\cdots,\boldsymbol{\beta}_n$，且

$$\begin{cases}\boldsymbol{\beta}_1=a_{11}\boldsymbol{\alpha}_1+a_{12}\boldsymbol{\alpha}_2+\cdots+a_{1n}\boldsymbol{\alpha}_n\\\boldsymbol{\beta}_2=a_{21}\boldsymbol{\alpha}_1+a_{22}\boldsymbol{\alpha}_2+\cdots+a_{2n}\boldsymbol{\alpha}_n\\\qquad\vdots\\\boldsymbol{\beta}_n=a_{n1}\boldsymbol{\alpha}_1+a_{n2}\boldsymbol{\alpha}_2+\cdots+a_{nn}\boldsymbol{\alpha}_n\end{cases}\tag{3-2}$$

根据矩阵乘法，式 (3-2) 可表示为

$$(\boldsymbol{\beta}_1,\boldsymbol{\beta}_2,\cdots,\boldsymbol{\beta}_n)=(\boldsymbol{\alpha}_1,\boldsymbol{\alpha}_2,\cdots,\boldsymbol{\alpha}_n)\boldsymbol{A},$$

矩阵 $\boldsymbol{A}=\begin{pmatrix}a_{11}&\cdots&a_{1n}\\\vdots&&\vdots\\a_{n1}&\cdots&a_{nn}\end{pmatrix}$ 称为基 $\boldsymbol{\alpha}_1,\boldsymbol{\alpha}_2,\cdots,\boldsymbol{\alpha}_n$ 到 $\boldsymbol{\beta}_1,\boldsymbol{\beta}_2,\cdots,\boldsymbol{\beta}_n$ 的可逆过渡矩阵，式 (3-2) 称为基

变换公式 .

例如，已知 $\mathbf{R}^3$ 中的两个基：$\boldsymbol{\alpha}_1,\boldsymbol{\alpha}_2,\boldsymbol{\alpha}_3$ 及 $\boldsymbol{\beta}_1,\boldsymbol{\beta}_2,\boldsymbol{\beta}_3$，满足

$$\begin{cases}\boldsymbol{\beta}_1=\boldsymbol{\alpha}_1-2\boldsymbol{\alpha}_2+4\boldsymbol{\alpha}_3,\\ \boldsymbol{\beta}_2=2\boldsymbol{\alpha}_1+\boldsymbol{\alpha}_2-\boldsymbol{\alpha}_3,\\ \boldsymbol{\beta}_3=\boldsymbol{\alpha}_1+2\boldsymbol{\alpha}_2+5\boldsymbol{\alpha}_3.\end{cases}$$

根据矩阵乘法可知，$(\boldsymbol{\beta}_1,\boldsymbol{\beta}_2,\boldsymbol{\beta}_3)=(\boldsymbol{\alpha}_1,\boldsymbol{\alpha}_2,\boldsymbol{\alpha}_3)\begin{pmatrix}1&2&1\\-2&1&2\\4&-1&5\end{pmatrix}$，则基 $\boldsymbol{\alpha}_1,\boldsymbol{\alpha}_2,\boldsymbol{\alpha}_3$ 到基 $\boldsymbol{\beta}_1,\boldsymbol{\beta}_2,\boldsymbol{\beta}_3$ 的可逆过渡矩阵为 $A=\begin{pmatrix}1&2&1\\-2&1&2\\4&-1&5\end{pmatrix}$.

定理 2 已知向量空间 $\mathbf{R}^n$ 中的两个基：$\boldsymbol{\alpha}_1,\boldsymbol{\alpha}_2,\cdots,\boldsymbol{\alpha}_n$ 和 $\boldsymbol{\beta}_1,\boldsymbol{\beta}_2,\cdots,\boldsymbol{\beta}_n$，且 $(\boldsymbol{\beta}_1,\boldsymbol{\beta}_2,\cdots,\boldsymbol{\beta}_n)=(\boldsymbol{\alpha}_1,\boldsymbol{\alpha}_2,\cdots,\boldsymbol{\alpha}_n)\boldsymbol{A}$. 向量 $\boldsymbol{\alpha}\in\mathbf{R}^n$ ，$\boldsymbol{\alpha}$ 在基 $\boldsymbol{\alpha}_1,\boldsymbol{\alpha}_2,\cdots,\boldsymbol{\alpha}_n$ 和 $\boldsymbol{\beta}_1,\boldsymbol{\beta}_2,\cdots,\boldsymbol{\beta}_n$ 下的坐标分别为 $(x_1,x_2,\cdots,x_n)^{\mathrm{T}}$ 和 $(y_1,y_2,\cdots,y_n)^{\mathrm{T}}$，则

$$\begin{pmatrix}x_1\\x_2\\\vdots\\x_n\end{pmatrix}=\boldsymbol{A}\begin{pmatrix}y_1\\y_2\\\vdots\\y_n\end{pmatrix}\quad\text{或}\quad\begin{pmatrix}y_1\\y_2\\\vdots\\y_n\end{pmatrix}=\boldsymbol{A}^{-1}\begin{pmatrix}x_1\\x_2\\\vdots\\x_n\end{pmatrix}\tag{3-3}$$

式 (3-3) 称为坐标变换公式 .

例 7 已知向量组 $\boldsymbol{\alpha}_1=(1,0,0)^{\mathrm{T}}$，$\boldsymbol{\alpha}_2=(0,-2,0)^{\mathrm{T}}$，$\boldsymbol{\alpha}_3=(0,0,-1)^{\mathrm{T}}$ 及 $\boldsymbol{\beta}_1=(-1,0,0)^{\mathrm{T}}$，$\boldsymbol{\beta}_2=(1,-1,0)^{\mathrm{T}}$，$\boldsymbol{\beta}_3=(1,2,1)^{\mathrm{T}}$ 是向量空间 $\mathbf{R}^3$ 中的两个基 .

1) 求由基 $\boldsymbol{\alpha}_1,\boldsymbol{\alpha}_2,\boldsymbol{\alpha}_3$ 到基 $\boldsymbol{\beta}_1,\boldsymbol{\beta}_2,\boldsymbol{\beta}_3$ 的过渡矩阵； 2) 写出坐标变换公式 .

解 1) 设 $\boldsymbol{\alpha}_1,\boldsymbol{\alpha}_2,\boldsymbol{\alpha}_3$ 到 $\boldsymbol{\beta}_1,\boldsymbol{\beta}_2,\boldsymbol{\beta}_3$ 的过渡矩阵为 $\boldsymbol{C}$，$\boldsymbol{A}=(\boldsymbol{\alpha}_1,\boldsymbol{\alpha}_2,\boldsymbol{\alpha}_3)$，$\boldsymbol{B}=(\boldsymbol{\beta}_1,\boldsymbol{\beta}_2,\boldsymbol{\beta}_3)$. 根据基变换公式，有 $\boldsymbol{B}=\boldsymbol{AC}$，则 $\boldsymbol{C}=\boldsymbol{A}^{-1}\boldsymbol{B}$.

$$(\boldsymbol{A}\,\vdots\,\boldsymbol{B})=\left(\begin{array}{ccc:ccc}1&0&0&-1&1&1\\0&-2&0&0&-1&2\\0&0&-1&0&0&1\end{array}\right)\xrightarrow{\text{初等行变换}}\left(\begin{array}{ccc:ccc}1&0&0&-1&1&1\\0&1&0&0&\frac{1}{2}&-1\\0&0&1&0&0&-1\end{array}\right),$$

故过渡矩阵为 $\boldsymbol{C}=\boldsymbol{A}^{-1}\boldsymbol{B}=\begin{pmatrix}-1&1&1\\0&\frac{1}{2}&-1\\0&0&-1\end{pmatrix}$.

2) 设向量 $\boldsymbol{\alpha}\in\mathbf{R}^3$ ，$\boldsymbol{\alpha}$ 在基 $\boldsymbol{\alpha}_1,\boldsymbol{\alpha}_2,\boldsymbol{\alpha}_3$ 和 $\boldsymbol{\beta}_1,\boldsymbol{\beta}_2,\boldsymbol{\beta}_3$ 下的坐标分别为 $(x_1,x_2,x_3)^{\mathrm{T}}$ 和 $(y_1,y_2,y_3)^{\mathrm{T}}$，则坐标变换公式为

$$\begin{pmatrix} x_1 \\ x_2 \\ x_3 \end{pmatrix} = \begin{pmatrix} -1 & 1 & 1 \\ 0 & \frac{1}{2} & -1 \\ 0 & 0 & -1 \end{pmatrix} \begin{pmatrix} y_1 \\ y_2 \\ y_3 \end{pmatrix}.$$

总结：基 $\boldsymbol{\alpha}_1, \boldsymbol{\alpha}_2, \cdots, \boldsymbol{\alpha}_n$ 到 $\boldsymbol{\beta}_1, \boldsymbol{\beta}_2, \cdots, \boldsymbol{\beta}_n$ 的过渡矩阵的求解步骤为

Step1: 写出向量组 $(\boldsymbol{A} \vdots \boldsymbol{B}) = (\boldsymbol{\alpha}_1, \boldsymbol{\alpha}_2, \cdots, \boldsymbol{\alpha}_n \vdots \boldsymbol{\beta}_1, \boldsymbol{\beta}_2, \cdots, \boldsymbol{\beta}_n)$；

Step2: 对 $(\boldsymbol{A} \vdots \boldsymbol{B})$ 进行初等行变换化为 $(\boldsymbol{A} \vdots \boldsymbol{B}) \xrightarrow{r} (\boldsymbol{E} \vdots \boldsymbol{C})$；

Step3: 写出过渡矩阵 $\boldsymbol{C}$；

Step4: 写出坐标变换公式 $\boldsymbol{X} = \boldsymbol{C}\boldsymbol{Y}$.

3.4.4　能力拓展驿站

1. MATLAB 实验

(1) 向量空间的基与维数

例 8　已知向量组 $\boldsymbol{\alpha}_1 = (1,2,-1,0)^{\mathrm{T}}$，$\boldsymbol{\alpha}_2 = (1,1,0,2)^{\mathrm{T}}$，$\boldsymbol{\alpha}_3 = (2,1,1,6)^{\mathrm{T}}$，用 MATLAB 软件求解向量组形成向量空间的基与维数 .

输入命令：

```
A=[1 2 -1 0;1 1 0 2;2 1 1 6]'          % 输入向量组形成矩阵 A
rref(A)                                % 将矩阵 A 化为行最简形矩阵
dim=rank(A)                            % 求矩阵 A 的秩
```

输出结果：

```
ans =

      1    0   -1
      0    1    3
      0    0    0
      0    0    0

dim =

      2
```

实验结果表明：$\boldsymbol{\alpha}_1, \boldsymbol{\alpha}_2, \boldsymbol{\alpha}_3$ 形成向量空间的基是 $\boldsymbol{\alpha}_1, \boldsymbol{\alpha}_2$，维数是 2.

(2) 向量空间的坐标

例 9　用 MATLAB 软件求解向量 $\boldsymbol{\alpha}=(20,14,31)^{\mathrm{T}}$ 在基 $\boldsymbol{\alpha}_1=(2,1,3)^{\mathrm{T}}$，$\boldsymbol{\alpha}_2=(3,2,5)^{\mathrm{T}}$，$\boldsymbol{\alpha}_3=(4,3,6)^{\mathrm{T}}$ 下的坐标 .

输入命令：

```
A=[2 3 4 20;1 2 3 14;3 5 6 31]          % 输入向量组形成矩阵 A
```

```
rref(A)                          % 将矩阵 A 化为行最简形矩阵
```

输出结果：

```
ans =

    1  0  0  1
    0  1  0  2
    0  0  1  3
```

实验结果表明：向量 α 在基 $\alpha_1,\alpha_2,\alpha_3$ 下的坐标为 $(1,2,3)^T$.

2. 应用案例——物质的质心坐标

(1) 问题描述

质心的概念在工程学、建筑学、物理学等多个领域都有广泛应用 . 例如，在设计桥梁和高层建筑时，需要考虑质心的位置以确保结构的稳定性 . 在物理学中，质心是许多力学问题的关键，如转动动力学、碰撞问题等 . 除此之外，质心也是刚体动力学中的一个重要概念，因为刚体的运动可以看作是质点的运动 . 现在已知三维空间 $\mathbf{R}^3$ 中，存在一组质点坐标 P_i，它们的质量分别为 m_i (单位为 g), 根据下列四个质点坐标和质量 (见表 3-4), 计算下列问题：

1) 四个质点组成的质点系的质心坐标；

2) 若再加入一个质点 $P_5(8,-2,5)$, 质量为 6g, 判断 $P(3,-1,2)$ 是否为五个质点组成的质点系的质心坐标 .

表 3-4　质点坐标与质量

点	P_1	P_2	P_3	P_4
质点坐标	(5, −4, 3)	(4, 3, −2)	(−4, −3, −1)	(−9, 8, 6)
质量	2g	5g	2g	1g

(2) 问题分析

在物理学中，具有坐标 P_i 和质量 m_i 的物体称为质点 . 质点系的质心坐标等于所有质点坐标以质量为权重的加权平均值 . 质心不变原理是动力学普遍定理之一，即质点系的质心运动和一个位于质心的质点的运动相同，且质点的质量等于质点系的总质量 . 因此，首先计算出质点系的总质量，接着计算各个质点的加权系数，就能计算出质点系的质心坐标 .

(3) 模型建立与求解

1) 计算四个质点的总质量 $m=m_1+m_2+m_3+m_4$，设加权平均值的加权系数为 $w_i=\dfrac{m_i}{m}$，运用 MATLAB 软件编程求解命令如下：

输入命令：

```
M=2+5+2+1;                       % 求所有质点的总质量
```

```
w=[2 5 2 1]/M;                          % 求质量的加权平均值
A=[5 -4 3;4 3 -2;-4 -3 -1;-9 8 6];      % 输入 4 个质点坐标的系数矩阵 A
P=w*A                                   % 求质心坐标
```

输出结果：

```
w=

    0.2000    0.5000    0.2000    0.1000
P =

    1.3000    0.9000    0.0000
```

由结论可以看出，四个质点的权重系数分别为 0.2, 0.5, 0.2, 0.1, 它们组成的质点系的质心坐标为 $P(1.3,0.9,0)$.

2) 计算五个质点的总质量 $m=m_1+m_2+m_3+m_4+m_5$, 设加权平均值的加权系数为 $w_i=\dfrac{m_i}{m}$, 运用 MATLAB 软件编程求解命令如下：

输入命令：

```
M1=2+5+2+1+6;                                  % 求所有质点的总质量
w1=[2 5 2 1 6]/M1;                             % 求质量的加权平均值
A1=[5 -4 3;4 3 -2;-4 -3 -1;-9 8 6;8 -2 5];     % 输入 5 个质点坐标的系数矩阵 A1
P1=w1*A1                                       % 求质心坐标
```

输出结果：

```
w1=

    0.1250    0.3125    0.1250    0.0625    0.3750
P1 =

    3.8125    -0.3750    2.1250
```

由结论可以看出，五个质点的权重系数分别为 0.125, 0.3125, 0.125, 0.0625, 0.375, 它们组成的质点系的质心坐标为 $P(3.8125,-0.375,2.125)$, 故题中所给的坐标 $(3,-1,2)$ 不是 5 个质点组成的质点系的质心坐标．

3. 拓展阅读——数学家笛卡尔

笛卡尔（见图 3-4), 1596 年 3 月 31 日出生于法国，1650 年 2 月 11 日逝于瑞典．他是法国哲学家、数学家、物理学家，西方现代哲学思想的奠基人之一，近代唯心论的开拓者．

笛卡尔最为世人熟知的是其作为数学家的成就．他于 1637 年发明了现代数学的基础工具之一——坐标系，将几何和代数相结合，创立了解析几何学．同时，他也推导出了笛卡尔定理等几何学公式．

在哲学上，笛卡尔是一个二元论者以及理性主义者．他是欧陆“理性主义”的先驱．关于笛卡尔的哲学思想，最著名的就是他那句“我思故我在”．他的《第一哲学沉思集》

(又名《形而上学的沉思》)仍然是许多大学哲学系的必读书目之一.

在物理学方面,笛卡尔将其坐标几何学应用到光学研究上,在《屈光学》中第一次对折射定律做出了理论上的推证.在他的《哲学原理》第二章中以第一和第二自然定律的形式首次比较完整地表述了惯性定律,并首次明确地提出了动量守恒定律.这些都为后来牛顿、惠更斯等人的研究奠定了一定的基础.

图 3-4

习题 3.4

一、选择题

1. 向量 $\boldsymbol{\alpha}=(1,-3)^{\mathrm{T}}$ 在基 $\boldsymbol{\alpha}_1=(1,1)^{\mathrm{T}}$, $\boldsymbol{\alpha}_2=(0,1)^{\mathrm{T}}$ 下的坐标是(　　).

A. $(1,4)^{\mathrm{T}}$　　B. $(1,-4)^{\mathrm{T}}$　　C. $(-1,4)^{\mathrm{T}}$　　D. $(-1,-4)^{\mathrm{T}}$

2. 向量 $\boldsymbol{\alpha}_1=(0,1,-1)^{\mathrm{T}}$, $\boldsymbol{\alpha}_2=(1,1,0)^{\mathrm{T}}$, $\boldsymbol{\alpha}_3=(1,0,2)^{\mathrm{T}}$ 组成向量空间的维数是(　　).

A. 0　　B. 1　　C. 2　　D. 3

二、判断题

1. 向量空间中的向量满足加法和数乘封闭运算.　　(　　)

2. 向量 $\boldsymbol{\alpha}_1=(1,-2,0)^{\mathrm{T}}$, $\boldsymbol{\alpha}_2=(2,-5,-3)^{\mathrm{T}}$, $\boldsymbol{\alpha}_3=(2,-1,4)^{\mathrm{T}}$ 是 $\mathbf{R}^3$ 中的一个基.　　(　　)

3. 向量空间中的基是线性无关的.　　(　　)

4. 向量满足 $\boldsymbol{V}=\{x=(x_1,0,x_2)^{\mathrm{T}} \mid x_1+x_2=1, x_i\in\mathbf{R}\}$, 它可以构成向量空间.　　(　　)

三、填空题

1. 已知 $\boldsymbol{\alpha}=(2,4)^{\mathrm{T}}$ 在基 $\boldsymbol{\alpha}_1=(1,0)^{\mathrm{T}}$, $\boldsymbol{\alpha}_2=(0,2)^{\mathrm{T}}$ 下的坐标是________.

2. 向量空间中的 $\boldsymbol{\alpha}_1=(1,1,1)^{\mathrm{T}}$, $\boldsymbol{\alpha}_2=(1,-2,1)^{\mathrm{T}}$, 则 $\dim(\boldsymbol{\alpha}_1,\boldsymbol{\alpha}_2)=$__________.

3. $\boldsymbol{\alpha}_1$, $\boldsymbol{\alpha}_2$ 及 $\boldsymbol{\beta}_1$, $\boldsymbol{\beta}_2$ 是向量空间 $\boldsymbol{V}$ 的两个基,且 $\begin{cases}\boldsymbol{\beta}_1=2\boldsymbol{\alpha}_1+\boldsymbol{\alpha}_2,\\ \boldsymbol{\beta}_2=\boldsymbol{\alpha}_1-\boldsymbol{\alpha}_2,\end{cases}$ 则由 $\boldsymbol{\alpha}_1,\boldsymbol{\alpha}_2$ 到 $\boldsymbol{\beta}_1,\boldsymbol{\beta}_2$ 的过渡矩阵是____________.

四、解答题

1. 已知 $\boldsymbol{V}$ 中的向量 $\boldsymbol{\alpha}_1=(1,1,0,0)^{\mathrm{T}}$, $\boldsymbol{\alpha}_2=(1,0,1,1)^{\mathrm{T}}$, $\boldsymbol{\alpha}_3=(1,-1,3,3)^{\mathrm{T}}$, $\boldsymbol{\alpha}_4=(0,1,-1,-1)^{\mathrm{T}}$, 求它生成的子空间的维数与一个基.

2. 求向量 $\boldsymbol{\alpha}=(1,2,1,1)^{\mathrm{T}}$ 在基 $\boldsymbol{\alpha}_1=(1,1,1,1)^{\mathrm{T}}$, $\boldsymbol{\alpha}_2=(1,1,-1,1)^{\mathrm{T}}$, $\boldsymbol{\alpha}_3=(1,-1,1,-1)^{\mathrm{T}}$, $\boldsymbol{\alpha}_4=(1,-1,-1,1)^{\mathrm{T}}$ 下的坐标 .

3. 设 $\mathbf{R}^3$ 中的两个基: $\boldsymbol{\alpha}_1=(1,1,1)^{\mathrm{T}}$, $\boldsymbol{\alpha}_2=(1,0,-1)^{\mathrm{T}}$, $\boldsymbol{\alpha}_3=(1,0,1)^{\mathrm{T}}$ 和 $\boldsymbol{\beta}_1=(1,2,1)^{\mathrm{T}}$, $\boldsymbol{\beta}_2=(2,3,4)^{\mathrm{T}}$, $\boldsymbol{\beta}_3=(3,4,2)^{\mathrm{T}}$, 求由基 $\boldsymbol{\alpha}_1$, $\boldsymbol{\alpha}_2$, $\boldsymbol{\alpha}_3$ 到 $\boldsymbol{\beta}_1$, $\boldsymbol{\beta}_2$, $\boldsymbol{\beta}_3$ 的过渡矩阵 .

五、证明题

给定向量组 $\boldsymbol{\alpha}_1=(1,0,1)^{\mathrm{T}}$, $\boldsymbol{\alpha}_2=(0,1,0)^{\mathrm{T}}$, $\boldsymbol{\alpha}_3=(1,2,3)^{\mathrm{T}}$, $\boldsymbol{\beta}=(1,3,5)^{\mathrm{T}}$,

(1) 证明: $\boldsymbol{\alpha}_1,\boldsymbol{\alpha}_2,\boldsymbol{\alpha}_3$ 是 $\mathbf{R}^3$ 中的一个基;　(2) 求 $\boldsymbol{\beta}$ 在基 $\boldsymbol{\alpha}_1,\boldsymbol{\alpha}_2,\boldsymbol{\alpha}_3$ 下的坐标 .

六、实验题

1. 用 MATLAB 软件求解下列向量组形成的向量空间的基和维数:

$$\boldsymbol{\alpha}_1=\begin{pmatrix}1\\2\\3\\-4\end{pmatrix},\ \boldsymbol{\alpha}_2=\begin{pmatrix}2\\3\\-4\\1\end{pmatrix},\ \boldsymbol{\alpha}_3=\begin{pmatrix}2\\-5\\8\\-3\end{pmatrix},\ \boldsymbol{\alpha}_4=\begin{pmatrix}5\\26\\-9\\-12\end{pmatrix},\ \boldsymbol{\alpha}_5=\begin{pmatrix}3\\-4\\1\\2\end{pmatrix}.$$

2. 用 MATLAB 软件求解 $\boldsymbol{\alpha}=(1,-1,2,4)^{\mathrm{T}}$ 在基 $\boldsymbol{\alpha}_1=(1,1,1,1)^{\mathrm{T}}$, $\boldsymbol{\alpha}_2=(2,1,-3,1)^{\mathrm{T}}$, $\boldsymbol{\alpha}_3=(3,2,-1,2)^{\mathrm{T}}$ 下的坐标 .

3.5 线性方程组的解

【课前导读】

线性方程组理论是线性代数的核心内容之一，也是矩阵理论的重要体现. 实际中很多问题都可归结为线性方程组的求解. 本节将介绍齐次线性方程组的基础解系、通解结构，非齐次线性方程组解的结构，进一步给出应用案例 .

知识目标

(1) 理解齐次线性方程组解的结构;

(2) 掌握齐次线性方程组基础解系的求解;

(3) 理解非齐次线性方程组解的结构;

(4) 掌握非齐次线性方程组的通解的求解方法 .

能力目标

(1) 注重线性方程组解的结构的理解与计算能力;

(2) 加强科技问题转化为线性方程组求解的能力；

(3) 增强运用数学软件 MATLAB 编程求解向量组的秩的能力．

素质目标

(1) 辨别齐次与非齐次线性方程组解的结构的区别和联系，用发展的眼光对待问题；

(2) 通过北斗卫星导航系统案例，增强民族自豪感，追求科学家精神；

(3) 培养学生运用数学软件 MATLAB 解决空间定位的创新精神．

学习重点

(1) 齐次线性方程组基础解系的求解；

(2) 非齐次线性方程组通解的表示．

学习难点

非齐次线性方程组通解结构的理解．

齐次线性方程组的解

3.5.1 齐次线性方程组的解

已知齐次线性方程组 $\begin{cases} a_{11}x_1 + a_{12}x_2 + \cdots + a_{1n}x_n = 0, \\ a_{21}x_1 + a_{22}x_2 + \cdots + a_{2n}x_n = 0, \\ \vdots \\ a_{m1}x_1 + a_{m2}x_2 + \cdots + a_{mn}x_n = 0, \end{cases}$ 令 $\boldsymbol{A} = \begin{pmatrix} a_{11} & a_{12} & \cdots & a_{1n} \\ a_{21} & a_{22} & \cdots & a_{2n} \\ \vdots & \vdots & & \vdots \\ a_{m1} & a_{m2} & \cdots & a_{mn} \end{pmatrix}$，$\boldsymbol{X} = \begin{pmatrix} x_1 \\ x_2 \\ \vdots \\ x_n \end{pmatrix}$．

思考：通过 3.1 节的定理 2 可知，齐次线性方程组一定有解．当齐次线性方程组 $\boldsymbol{AX} = \boldsymbol{O}$ 有非零解（无穷解）时，解与解之间有什么关系？解的结构是怎样的？

性质 1 若 ξ_1, ξ_2 是齐次线性方程组 $\boldsymbol{AX} = \boldsymbol{O}$ 的解，则

1) $\xi_1 + \xi_2$ 是齐次线性方程组 $\boldsymbol{AX} = \boldsymbol{O}$ 的解；

2) $c\xi_1$ 是齐次线性方程组 $\boldsymbol{AX} = \boldsymbol{O}$ 的解．

证明 由 ξ_1, ξ_2 是齐次线性方程组 $\boldsymbol{AX} = \boldsymbol{O}$ 的解可知，$\boldsymbol{A}\xi_1 = \boldsymbol{O}$，$\boldsymbol{A}\xi_2 = \boldsymbol{O}$．

故 $\boldsymbol{A}(\xi_1 + \xi_2) = \boldsymbol{A}\xi_1 + \boldsymbol{A}\xi_2 = \boldsymbol{O}$；$\boldsymbol{A}(c\xi_1) = c\boldsymbol{A}\xi_1 = c\boldsymbol{O} = \boldsymbol{O}$．

推论 $c_1\xi_1 + c_2\xi_2$ 是齐次线性方程组 $\boldsymbol{AX} = \boldsymbol{O}$ 的解．

性质 2 若 $\xi_1, \xi_2, \cdots, \xi_t$ 均是齐次线性方程组 $\boldsymbol{AX} = \boldsymbol{O}$ 的解，则它们的线性组合 $c_1\xi_1 + c_2\xi_2 + \cdots + c_t\xi_t$ $(c_1, c_2, \cdots, c_t \in R)$ 也是齐次线性方程组 $\boldsymbol{AX} = \boldsymbol{O}$ 的解．

例如，已知 $\boldsymbol{\alpha}_1$，$\boldsymbol{\alpha}_2$ 是齐次线性方程组 $\boldsymbol{AX} = \boldsymbol{O}$ 的解向量，则 $\boldsymbol{A}(3\boldsymbol{\alpha}_1 - 5\boldsymbol{\alpha}_2) = \boldsymbol{O}$．又如，若 $\xi_1 = \begin{pmatrix} 1 \\ 1 \end{pmatrix}$，$\xi_2 = \begin{pmatrix} 1 \\ 0 \end{pmatrix}$，$\xi_3 = \begin{pmatrix} -1 \\ 2 \end{pmatrix}$ 是 $\boldsymbol{AX} = \boldsymbol{O}$ 的解向量，则齐次线性方程组的解向量也可以表示

为 $\xi = c_1\begin{pmatrix}1\\1\end{pmatrix}+c_2\begin{pmatrix}1\\0\end{pmatrix}+c_3\begin{pmatrix}-1\\2\end{pmatrix}$.

基础解系： 设 $\xi_1,\xi_2,\cdots,\xi_t$ 是齐次线性方程组 $\boldsymbol{AX}=\boldsymbol{O}$ 的一组解，若

1) $\xi_1,\xi_2,\cdots,\xi_t$ 线性无关；

2) 方程组 $\boldsymbol{AX}=\boldsymbol{O}$ 的任一解 ξ_i 可由 $\xi_1,\xi_2,\cdots,\xi_t$ 线性表示；

则称 $\xi_1,\xi_2,\cdots,\xi_t$ 是齐次线性方程组 $\boldsymbol{AX}=\boldsymbol{O}$ 的一个基础解系．

注

1) $\boldsymbol{AX}=\boldsymbol{O}$ 的基础解系 $\xi_1,\xi_2,\cdots,\xi_t$ 是 $\boldsymbol{AX}=\boldsymbol{O}$ 的全体解向量组的极大无关组．

2) $\boldsymbol{AX}=\boldsymbol{O}$ 的基础解系 $\xi_1,\xi_2,\cdots,\xi_t$ 也是 $\boldsymbol{AX}=\boldsymbol{O}$ 的解空间的一个基．

思考： 当满足什么条件时齐次线性方程组的基础解系存在？它的个数如何确定？

定理 1　若 n 元齐次线性方程组 $\boldsymbol{AX}=\boldsymbol{O}$ 的系数矩阵 $\boldsymbol{A}$ 的秩 $R(\boldsymbol{A})=r<n$，则方程组 $\boldsymbol{AX}=\boldsymbol{O}$ 存在基础解系，且基础解系所含解向量的个数为 $n-r$ ．

例 1　求齐次线性方程组 $\begin{cases}x_1+x_3=0,\\x_2+x_3=0\end{cases}$ 的一个基础解系．

解　系数矩阵 $\boldsymbol{A}=\begin{pmatrix}1&0&1\\0&1&1\end{pmatrix}$，其秩为 2，故基础解系的个数为 1.

取 $x_3=1$，则 $x_1=-1$，$x_2=-1$，故基础解系为 $\xi=\begin{pmatrix}-1\\-1\\1\end{pmatrix}$.

定理 2（通解结构）　设 $\xi_1,\xi_2,\cdots,\xi_{n-r}$ 是齐次线性方程组 $\boldsymbol{AX}=\boldsymbol{O}$ 的一个基础解系，则齐次线性方程组 $\boldsymbol{AX}=\boldsymbol{O}$ 的全部通解（非零解）可表示为

$$\boldsymbol{X}=c_1\xi_1+c_2\xi_2+\cdots+c_{n-r}\xi_{n-r}.$$

注

1) 齐次方程组的基础解系不唯一；

2) 任意 $n-r$ 个线性无关解都是方程组 $\boldsymbol{AX}=\boldsymbol{O}$ 的基础解系．

例 2　求齐次线性方程组 $\begin{cases}x_1+2x_2+x_3+3x_4=0,\\2x_1+5x_2+2x_3+x_4=0\end{cases}$ 的基础解系，并表示其通解．

解　系数矩阵 $\boldsymbol{A}=\begin{pmatrix}1&2&1&3\\2&5&2&1\end{pmatrix}\xrightarrow{r_1\times(-2)+r_2}\begin{pmatrix}1&2&1&3\\0&1&0&-5\end{pmatrix}\xrightarrow{r_2\times(-2)+r_1}\begin{pmatrix}1&0&1&13\\0&1&0&-5\end{pmatrix}$.

由 $R(\boldsymbol{A})=2$ 可知，齐次线性方程组的基础解系有 2 个．

矩阵转化为 $\begin{cases}x_1+x_3+13x_4=0,\\x_2-5x_4=0,\end{cases}$ 则 $\begin{cases}x_1=-x_3-13x_4,\\x_2=5x_4.\end{cases}$

取 $\begin{pmatrix} x_3 \\ x_4 \end{pmatrix} = \begin{pmatrix} 1 \\ 0 \end{pmatrix}, \begin{pmatrix} 0 \\ 1 \end{pmatrix}$, 则 $\begin{pmatrix} x_1 \\ x_2 \end{pmatrix} = \begin{pmatrix} -1 \\ 0 \end{pmatrix}, \begin{pmatrix} -13 \\ 5 \end{pmatrix}$,

故基础解系分别为 $\xi_1 = \begin{pmatrix} -1 \\ 0 \\ 1 \\ 0 \end{pmatrix}, \ \xi_2 = \begin{pmatrix} -13 \\ 5 \\ 0 \\ 1 \end{pmatrix}$.

因此, 齐次线性方程组的通解为 $\boldsymbol{X} = c_1\xi_1 + c_2\xi_2 = c_1 \begin{pmatrix} -1 \\ 0 \\ 1 \\ 0 \end{pmatrix} + c_2 \begin{pmatrix} -13 \\ 5 \\ 0 \\ 1 \end{pmatrix}$.

也可取 $\begin{pmatrix} x_3 \\ x_4 \end{pmatrix} = \begin{pmatrix} 1 \\ 1 \end{pmatrix}, \begin{pmatrix} 1 \\ 2 \end{pmatrix}$, 也可取 $\begin{pmatrix} x_1 \\ x_2 \end{pmatrix} = \begin{pmatrix} -14 \\ 5 \end{pmatrix}, \begin{pmatrix} -27 \\ 10 \end{pmatrix}$,

故基础解系分别为 $\xi_3 = \begin{pmatrix} -14 \\ 5 \\ 1 \\ 1 \end{pmatrix}, \ \xi_4 = \begin{pmatrix} -27 \\ 10 \\ 1 \\ 2 \end{pmatrix}$.

故齐次线性方程组的通解为 $\boldsymbol{X} = c_1\xi_3 + c_2\xi_4 = c_1 \begin{pmatrix} -14 \\ 5 \\ 1 \\ 1 \end{pmatrix} + c_2 \begin{pmatrix} -27 \\ 10 \\ 1 \\ 2 \end{pmatrix}$.

注

基础解系不唯一, 通解是其线性表示.

3.5.2 非齐次线性方程组的解

非齐次线性方程组的解

非齐次线性方程组 $\begin{cases} a_{11}x_1 + a_{12}x_2 + \cdots + a_{1n}x_n = b_1, \\ a_{21}x_1 + a_{22}x_2 + \cdots + a_{2n}x_n = b_2, \\ \qquad \vdots \\ a_{m1}x_1 + a_{m2}x_2 + \cdots + a_{mn}x_n = b_m. \end{cases}$

令 $\boldsymbol{A} = \begin{pmatrix} a_{11} & a_{12} & \cdots & a_{1n} \\ a_{21} & a_{22} & \cdots & a_{2n} \\ \vdots & \vdots & & \vdots \\ a_{m1} & a_{m2} & \cdots & a_{mn} \end{pmatrix}, \ \boldsymbol{X} = \begin{pmatrix} x_1 \\ x_2 \\ \vdots \\ x_n \end{pmatrix}, \ \boldsymbol{\beta} = \begin{pmatrix} b_1 \\ b_2 \\ \vdots \\ b_m \end{pmatrix}$.

思考: 当非齐次线性方程组 $\boldsymbol{AX} = \boldsymbol{\beta}$ 有无穷解时, 如何表示它的通解?

性质 3 若 $\boldsymbol{\eta}_1, \boldsymbol{\eta}_2$ 是方程组 $\boldsymbol{AX} = \boldsymbol{\beta}$ 的解, 则

1) $\boldsymbol{\eta}_1 - \boldsymbol{\eta}_2$ 是方程组 $\boldsymbol{AX} = \boldsymbol{O}$ 的解;

2) $2\eta_1-\eta_2$ 是方程组 $AX=\beta$ 的解.

证明 由 η_1, η_2 是方程组 $AX=\beta$ 的解可知, $A\eta_1=\beta$, $A\eta_2=\beta$, 故 $A(\eta_1-\eta_2)=A\eta_1-A\eta_2=O$, $A(2\eta_1-\eta_2)=2A\eta_1-A\eta_2=2\beta-\beta=\beta$.

性质 4 若 η 是非齐次方程组 $AX=\beta$ 的解, ξ 是导出组 $AX=O$ 的解, 则 $\eta+\xi$ 是非齐次线性方程组 $AX=\beta$ 的解.

证明 由 η 是非齐次方程组 $AX=\beta$ 的解, ξ 是导出组 $AX=O$ 的解可知, $A\eta=\beta$, $A\xi=O$, 故 $A(\eta+\xi)=A\eta+A\xi=\beta+O=\beta$.

例如, 已知 ξ_1, ξ_2 是 $AX=O$ 的解, η^* 是 $AX=\beta$ 的解, 则非齐次线性方程组的解可以表示为 $X=c_1\xi_1+c_2\xi_2+\eta^*$.

定理 3(通解结构) 设 $\xi_1,\xi_2,\cdots,\xi_{n-r}$ 是导出组 $AX=O$ 的一个基础解系, 且 $r=R(A)$, η^* 是 $AX=\beta$ 的特解, 则非齐次线性方程组的通解为

$$X=c_1\xi_1+c_2\xi_2+\cdots+c_{n-r}\xi_{n-r}+\eta^* \quad (c_1,c_2,\cdots,c_{n-r}\in\mathbf{R}).$$

证明 设 X 是 $AX=\beta$ 的任一解. 由性质 3 可知, $X-\eta^*$ 是 $AX=O$ 的任一解.

由 $\xi_1,\xi_2,\cdots,\xi_{n-r}$ 是导出组 $AX=O$ 的基础解系可知, 存在常数 $c_1,c_2,\cdots,c_{n-r}$, 使 $X-\eta^*=c_1\xi_1+c_2\xi_2+\cdots+c_{n-r}\xi_{n-r}$, 即结论得证.

注

非齐次线性方程组的通解 = 齐次线性方程组的通解 + 非齐次线性方程组的特解.

例 3 设三元非齐次线性方程组 $AX=\beta$ 的系数矩阵的秩为 2, η_1, η_2, η_3 是 $AX=\beta$ 的三个解, 且 $\eta_1=(1,2,3)^{\mathrm{T}}$, $\eta_2+\eta_3=(3,5,8)^{\mathrm{T}}$, 求该方程组的通解.

解 由非齐次线性方程组的性质可知, 导出组 $AX=O$ 的解为

$$\xi=(\eta_2+\eta_3)-2\eta_1=(3,5,8)^{\mathrm{T}}-(2,4,6)^{\mathrm{T}}=(1,1,2)^{\mathrm{T}}.$$

由题知, $R(A)=2$. 未知量的个数 $n=3$, 故 $AX=O$ 有一个基础解系是 $\xi=(1,1,2)^{\mathrm{T}}$. 因此, 该方程组的通解为 $X=c_1\xi+\eta_1=c_1(1,1,2)^{\mathrm{T}}+(1,2,3)^{\mathrm{T}}$.

思考: 例 3 中得到的通解是否唯一? 是否有其他表示形式?

例 4 求非齐次线性方程组 $\begin{cases}x_1+x_3+x_4=1,\\x_1+x_2+x_3=0,\\2x_1-x_2+2x_3+3x_4=3\end{cases}$ 的通解.

解 增广矩阵可表示为

$$\overline{A}=\left(\begin{array}{cccc:c}1&0&1&1&1\\1&1&1&0&0\\2&-1&2&3&3\end{array}\right)\xrightarrow[r_1\times(-2)+r_3]{r_1\times(-1)+r_2}\left(\begin{array}{cccc:c}1&0&1&1&1\\0&1&0&-1&-1\\0&-1&0&1&1\end{array}\right)\xrightarrow{r_2+r_3}\left(\begin{array}{cccc:c}1&0&1&1&1\\0&1&0&-1&-1\\0&0&0&0&0\end{array}\right).$$

故 $R(A)=R(\overline{A})=2<4$，即非齐次线性方程组有无穷多解．

矩阵转化为 $\begin{cases}x_1+x_3+x_4=1,\\x_2-x_4=-1,\end{cases}$ 则 $\begin{cases}x_1=-x_3-x_4+1,\\x_2=0x_3+x_4-1,\\x_3=x_3+0x_4+0,\\x_4=0x_3+x_4+0.\end{cases}$

令自由未知量 $x_3=c_1$，$x_4=c_2$，

故非齐次线性方程组的通解 $\boldsymbol{X}=c_1\begin{pmatrix}-1\\0\\1\\0\end{pmatrix}+c_2\begin{pmatrix}-1\\1\\0\\1\end{pmatrix}+\begin{pmatrix}1\\-1\\0\\0\end{pmatrix}$.

3.5.3 能力拓展驿站

1. MATLAB 实验

(1) 齐次线性方程组

编程命令：Z=null(A,' r')　　　　% 求解齐次线性方程组的基础解系

例 5 用MATLAB软件求齐次线性方程组 $\begin{cases}x_1+x_2+x_3+4x_4-3x_5=0,\\x_1-x_2+3x_3-2x_4-x_5=0,\\2x_1+x_2+3x_3+5x_4-5x_5=0,\\3x_1+x_2+5x_3+6x_4-7x_5=0\end{cases}$ 的基础解系，并表示其通解．

输入命令：

```
A=[1 1 1 4 -3;1 -1 3 -2 -1;2 1 3 5 -5;3 1 5 6 -7]     % 输入系数矩阵 A
C=null(A,' r')                                        % 求解齐次线性方程组的基础解系
```

输出结果：

```
A=

     1   1   1   4  -3
     1  -1   3  -2  -1
     2   1   3   5  -5
     3   1   5   6  -7
C =

    -2  -1   2
     1  -3   1
     1   0   0
```

```
    0   1   0
    0   0   1
```

即齐次线性方程组的基础解系为

$$\xi_1=\begin{pmatrix}-2\\1\\1\\0\\0\end{pmatrix},\quad \xi_2=\begin{pmatrix}-1\\-3\\0\\1\\0\end{pmatrix},\quad \xi_3=\begin{pmatrix}2\\1\\0\\0\\1\end{pmatrix}.$$

输入命令：

```
syms  k1 k2 k3                              % 定义符号变量
X=k1*C(:,1)+k2*C(:,2)+k3*C(:,3)             % 求方程组的通解
```

输出结果：

```
X =

    2*k3 – k2 – 2*k1
     k1 – 3*k2 + k3
           k1
           k2
           k3
```

整理实验结果：

```
X =

       – 2*k1 – k2+2*k3
         k1 – 3*k2 +k3
         k1
                  k2
                        k3
```

即齐次线性方程组的通解为

$$\boldsymbol{X}=k_1\begin{pmatrix}-2\\1\\1\\0\\0\end{pmatrix}+k_2\begin{pmatrix}-1\\-3\\0\\1\\0\end{pmatrix}+k_3\begin{pmatrix}2\\1\\0\\0\\1\end{pmatrix}.$$

(2) 非齐次线性方程组

例 6　用 MATLAB 软件求非齐次线性方程组 $\begin{cases}x_1+5x_2-x_3-x_4=-1,\\x_1-2x_2+x_3+3x_4=3,\\3x_1+8x_2-x_3+x_4=1,\\x_1-9x_2+3x_3+7x_4=7\end{cases}$ 的通解 .

输入命令：

```
A=[1 5 -1 -1 -1;1 -2 1 3 3;3 8 -1 1 1;1 -9 3 7 7]    % 输入增广矩阵 A
a=rank(A)                                            % 求增广矩阵 A 的秩
b=rank(A(:,(1:4)))                                   % 求系数矩阵 A 的秩
B=rref(A)                                            % 将矩阵 A 化为行最简形矩阵
```

输出结果：

```
A =

     1     5    -1    -1    -1
     1    -2     1     3     3
     3     8    -1     1     1
     1    -9     3     7     7
a =                    b =

     2                      2
B=

     1.0000         0     0.4286     1.8571     1.8571
          0    1.0000    -0.2857    -0.5714    -0.5714
          0         0          0          0          0
          0         0          0          0          0
```

实验结果表明：$R(A)=R(\bar{A})=2$，非齐次线性方程组有解，且解不唯一.

输入命令：

```
C=null(A(:,(1:4)),' r')                              % 求齐次线性方程组的基础解系
```

输出结果：

```
C =

   -0.4286    -1.8571
    0.2857     0.5714
    1.0000          0
         0     1.0000
```

实验结果表明：齐次线性方程组的基础解系可表示为

$$\xi_1=\begin{pmatrix}-0.4286\\0.2857\\1\\0\end{pmatrix},\ \xi_2=\begin{pmatrix}-1.8571\\0.5714\\0\\1\end{pmatrix}.$$

即非齐次线性方程组的通解为

$$\boldsymbol{X}=k_1\begin{pmatrix}-0.4286\\0.2857\\1\\0\end{pmatrix}+k_2\begin{pmatrix}-1.8571\\0.5714\\0\\1\end{pmatrix}+\begin{pmatrix}1.8571\\-0.5714\\0\\0\end{pmatrix}.$$

2. 应用案例—— 北斗卫星导航系统

(1) 问题背景

北斗卫星导航系统是我国着眼于国家安全和社会经济发展需要，自主建设运行的全球卫星导航系统，是为全球用户提供全天候、全天时、高精度的定位、导航和授时服务的重要基础设施 (见图 3-5). 随着卫星导航系统建设和服务能力的发展，相关产品已广泛用于交通运输、海洋渔业、水文监测、气象预报、测绘地理信息系统、森林防火、通信系统、电力调度、救灾减灾、应急搜救等领域，逐步渗透到人类社会生产和生活的方方面面，为全球经济和社会发展注入新的活力 .

北斗卫星导航系统的基本原理是测量出已知位置的卫星到用户接收器之间的距离，然后综合多颗卫星的数据计算出接收器的具体位置，而卫星的位置可以根据星载时钟所记录的时间在卫星星历中查出 . 在卫星导航系统中，卫星的作用就是不断地发射导航电文 . 当用户接收到导航电文时，提取出卫星时间并将其与自己的时钟作对比，便可得出卫星与用户的距离，再利用导航电文中的卫星星历数据推算出卫星发射电文时所处的位置，从而得到用户在大地坐标系中的位置、速度等信息 .

图 3-5

(2) 问题提出

设接收器接收到 4 颗卫星的数据见表 3-5, 其中位置由经度、纬度、海拔高度组成，信号传播速率 $c = 0.469$ km/s, 求接收器的位置 .

表 3-5 北斗卫星的位置和时间

卫星	位置	时间 /s
1	(1.12, 2.10, 1.40)	00:00:1.06
2	(0.00, 1.53, 2.30)	00:00:0.56
3	(1.40, 1.12, 2.10)	00:00:1.16
4	(2.30, 0.00, 1.53)	00:00:0.75

(3) 问题分析

因为导航卫星中心接收器使用的时钟与卫星星载时钟不可能总同步，所以除了用户的三维坐标(x,y,z)外，还要引进卫星与接收器之间的时间差Δt作为未知数，然后用 4 个方程将这 4 个未知数解出来．如果想知道接收器所处的位置，那么至少要能接收到 4 颗卫星的信号．将已知 4 颗卫星数据代入建立的数学模型，由前 3 个线性方程解得位置(x,y,z)与时间t的关系，代入第 4 个方程求得时间t，继而确定该时刻的位置．

(4) 模型的建立与求解

设接收器在空间的位置坐标为(x,y,z)，第i颗卫星在空间的位置坐标为(x_i,y_i,z_i)，则它们之间的距离为

$$(x-x_i)^2+(y-y_i)^2+(z-z_i)^2=c^2(t-t_i)^2\ (i=1,\ 2,\ 3,\ 4),$$

整理得

$$2x_ix+2y_iy+2z_iz-2c^2t_it=x^2+y^2+z^2+x_i^2+y_i^2+z_i^2-c^2t^2-c^2t_i^2.$$

当$i=1,\ 2,\ 3,\ 4$时，以$i=4$时的方程为基准，$i=1,\ 2,\ 3$时的方程与$i=4$的方程相减，得到下面四个方程组，通过求解该方程组得到接收器的位置坐标(x,y,z)．

$$\begin{cases}(x_1-x_4)x+(y_1-y_4)y+(z_1-z_4)z-c^2(t_1-t_4)t=d_1\\(x_2-x_4)x+(y_2-y_4)y+(z_2-z_4)z-c^2(t_2-t_4)t=d_2\\(x_3-x_4)x+(y_3-y_4)y+(z_3-z_4)z-c^2(t_3-t_4)t=d_3\\2x_4x+2y_4y+2z_4z-2c^2t_4t=x^2+y^2+z^2+x_4^2+y_4^2+z_4^2-c^2t^2-c^2t_4^2\end{cases}\tag{3-4}$$

其中，

$$d_i=0.5(x_i^2+y_i^2+z_i^2-x_4^2-y_4^2-z_4^2-c^2t_i^2+c^2t_4^2)\tag{3-5}$$

当$i=1,\ 2,\ 3,\ 4$时，将表 3-5 中的卫星坐标位置(x_i,y_i,z_i)及速率$c=0.469$代入式 (3-5)，运用 MATLAB 编程命令如下：

输入命令：

```
syms c t1 t2 t3 t4                                   % 定义变量
c=0.469;                                             % 光速
t1=1.06;                                             % 卫星 1 的时间
t2=0.56;                                             % 卫星 2 的时间
t3=1.16;                                             % 卫星 3 的时间
t4=0.75;                                             % 卫星 4 的时间
x1=[1.12 2.10 1.40];                                 % 卫星 1 的坐标位置
x2=[0.00 1.53 2.30];                                 % 卫星 2 的坐标位置
x3=[1.40 1.12 2.10];                                 % 卫星 3 的坐标位置
x4=[2.30 0.00 1.53];                                 % 卫星 4 的坐标位置
d1=vpa(0.5*(x1*(x1)'-x4*(x4)'-(c*t1)^2+(c*t4)^2),2),  % 计算 d1
d2=vpa(0.5*(x2*(x2)'-x4*(x4)'-(c*t2)^2+(c*t4)^2),2),  % 计算 d2
d3=vpa(0.5*(x3*(x3)'-x4*(x4)'-(c*t3)^2+(c*t4)^2),2),  % 计算 d3
```

输出结果：

```
d1 =          d2 =          d3 =

-0.065        0.027         -0.089
```

由 MATLAB 编程结果可知，$d_1=-0.065$，$d_2=0.027$，$d_3=-0.089$.

当 $i=1, 2, 3, 4$ 时，将表 3-5 中的卫星坐标位置 (x_i, y_i, z_i)，速率 c 及上述所求的 d_1, d_2, d_3 代入式 (3-4)，运用 MATLAB 编程命令如下：

输入命令：

```
syms c t1 t2 t3 t4                          % 定义变量
c=0.469;                                    % 光速
t1=1.06;                                    % 卫星 1 的时间
t2=0.56;                                    % 卫星 2 的时间
t3=1.16;                                    % 卫星 3 的时间
t4=0.75;                                    % 卫星 4 的时间
x1=[1.12 2.10 1.40];                        % 卫星 1 的坐标位置
x2=[0.00 1.53 2.30];                        % 卫星 2 的坐标位置
x3=[1.40 1.12 2.10];                        % 卫星 3 的坐标位置
x4=[2.30 0.00 1.53];                        % 卫星 4 的坐标位置
T1=[t1 t2 t3];                              % 卫星 1,2,3 的时间矩阵
T2=[t4 t4 t4];                              % 卫星 4 的时间矩阵
t=c^2*(T1-T2);                              % 时间矩阵
A=[x1-x4;x2-x4;x3-x4]';                     % 卫星 1,2,3 与 4 的坐标差
B=[A;-t]'                                   % 线性方程组的系数
```

输出结果：

```
B =

  -1.1800   2.1000  -0.1300  -0.0682
  -2.3000   1.5300   0.7700   0.0418
  -0.9000   1.1200   0.5700  -0.0902
```

根据 MATLAB 编程结果，式 (3-4) 相应的方程组为

$$
\begin{cases}
-1.18x+2.10y-0.13z-0.0682t=-0.065 \\
-2.3x+1.53y+0.77z+0.0418t=0.027 \\
-0.9x+1.12y+0.57z-0.0902t=-0.089
\end{cases}
\tag{3-6}
$$

下面运用 MATLAB 编程求解式 (3-6) 中 x, y, z 关于时间变量 t 的表达式，具体如下：

输入命令：

```
syms t                                                    % 定义变量
A=[-1.18 2.10 -0.13;-2.3 1.53 0.77;-0.9 1.12 0.57];       % 方程组的系数矩阵
B=[-0.065+0.0682*t; 0.027-0.0418*t; -0.089+0.0902*t];     % 方程组含变量 t 的常数矩阵
vpa(inv(A)*B,4)                                           % 求方程组的解
```

输出结果：

```
ans =

 0.1529*t - 0.1376
 0.1276*t - 0.1172
 0.1489*t - 0.1433
```

根据 MATLAB 编程结果，可得到线性方程组式 (3-6) 的解，即接收器位置坐标可表示为

$$\begin{cases} x = -0.1376 + 0.1529t \\ y = -0.1172 + 0.1276t \\ z = -0.1433 + 0.1489t \end{cases} \tag{3-7}$$

将式 (3-7) 代入式 (3-4) 的第 4 个方程，运用 MATLAB 编程求出时间 t，具体如下：

输入命令：

```
syms t                                   % 定义变量
c=0.469;                                 % 光速
x=2.30;                                  % 卫星 4 的位置坐标 x
z=1.53;                                  % 卫星 4 的位置坐标 z
t4=0.75;                                 % 卫星 4 的时间
x1=0.1529*t - 0.1376;                    % 接收器的位置坐标 x1
y1= 0.1276*t - 0.1172;                   % 接收器的位置坐标 y1
z1=0.1489*t - 0.1433;                    % 接收器的位置坐标 z1
m=simplify( 2*x*x1+2*z*z1-2*c^2*t4*t-(x^2+z^2+(x1)^2+(y1)^2+(z1)^2-c^2*t^2-
c^2*(t4)^2));                            % 化简时间表达式
digits(3)                                % 定义精度
vpa(m)                                   % 保留三位有效数字
```

输出结果：

```
ans =

0.158*t^2 + 0.944*t - 8.63
```

输入命令：

```
solve('0.158*t^2 + 0.944*t - 8.63=0')    % 求解时间 t
```

输出结果：

```
ans =

 -11.0
   4.98
```

根据 MATLAB 编程结果可知，时间 $t = 4.98$，代入式 (3-7)，运用 MATLAB 编程求出接收器位置坐标，具体如下：

输入命令：

```
t=4.98;                                  % 时间
```

```
x1=0.1529*t - 0.1376                %接收器的位置坐标 x1
y1= 0.1276*t - 0.1172               %接收器的位置坐标 y1
z1=0.1489*t - 0.1433                %接收器的位置坐标 z1
```

输出结果：

```
x1 =          y1 =          z1 =

 0.6238        0.5182        0.5982
```

由 MATLAB 编程结果可知，接收器在 00 : 00 : 4.98 时刻位置坐标为(0.6238, 0.5182, 0.5982).

总结： 卫星在空间的位置坐标满足的方程组虽然不是线性方程组，但其前 3 个方程可用线性方程组的理论求解，通过代入法得到该方程组的解，这也是对部分方程是线性方程组的一种解法.

习题 3.5

一、选择题

1. 已知齐次线性方程组 $\begin{cases} x_1 + x_2 = 0, \\ x_3 + x_4 = 0, \end{cases}$ 它的一个基础解系为(　　).

A. $\xi_1 = (-1,1,0,0)^{\mathrm{T}}$, $\xi_2 = (0,0,-1,1)^{\mathrm{T}}$　　B. $\xi_1 = (-1,0,1,0)^{\mathrm{T}}$, $\xi_2 = (0,0,-1,1)^{\mathrm{T}}$

C. $\xi_1 = (-1,1,0,0)^{\mathrm{T}}$, $\xi_2 = (0,0,1,1)^{\mathrm{T}}$　　D. $\xi_1 = (1,1,0,0)^{\mathrm{T}}$, $\xi_2 = (0,0,1,1)^{\mathrm{T}}$

2. 已知向量组 $\boldsymbol{\alpha}_1, \boldsymbol{\alpha}_2, \boldsymbol{\alpha}_3$ 是齐次线性方程组 $\boldsymbol{AX} = \boldsymbol{O}$ 的一个基础解系，则下列也属于 $\boldsymbol{AX} = \boldsymbol{O}$ 的基础解系的是(　　).

A. $\boldsymbol{\alpha}_1 + \boldsymbol{\alpha}_2$, $\boldsymbol{\alpha}_2 + \boldsymbol{\alpha}_3$, $\boldsymbol{\alpha}_1 + \boldsymbol{\alpha}_3$

B. $\boldsymbol{\alpha}_1 + 2\boldsymbol{\alpha}_2$, $\boldsymbol{\alpha}_2 + 3\boldsymbol{\alpha}_3$, $2\boldsymbol{\alpha}_1 - 8\boldsymbol{\alpha}_3$

C. $\boldsymbol{\alpha}_1 - \boldsymbol{\alpha}_2$, $\boldsymbol{\alpha}_2 - \boldsymbol{\alpha}_3$, $\boldsymbol{\alpha}_3 - \boldsymbol{\alpha}_1$

D. $\boldsymbol{\alpha}_1 - \boldsymbol{\alpha}_3$, $\boldsymbol{\alpha}_3 - \boldsymbol{\alpha}_2$, $\boldsymbol{\alpha}_2 - \boldsymbol{\alpha}_1$

3. 五元线性方程组 $\boldsymbol{AX} = \boldsymbol{O}$ 的系数矩阵的秩为 2, 则它的基础解系所含向量的个数为(　　).

A. 1　　B. 2　　C. 3　　D.4

4. 非齐次线性方程组 $\boldsymbol{AX} = \boldsymbol{B}$ 的解向量为 η_1, η_2，则下列说法错误的是(　　).

A. $\eta_1 - \eta_2$ 是 $\boldsymbol{AX} = \boldsymbol{O}$ 的解向量　　B. $\eta_1 + \eta_2$ 是 $\boldsymbol{AX} = 2\boldsymbol{B}$ 的解向量

C. $2\eta_1 - \eta_2$ 是 $\boldsymbol{AX} = \boldsymbol{O}$ 的解向量　　D. $3\eta_1 - 2\eta_2$ 是 $\boldsymbol{AX} = \boldsymbol{B}$ 的解向量

二、判断题

1. 线性方程组 $\boldsymbol{AX} = \boldsymbol{O}$ 的解是 ξ_1, ξ_2, ξ_3, 则 $2\xi_1 - \xi_2 + \xi_3$ 也是 $\boldsymbol{AX} = \boldsymbol{O}$ 的解.　　(　　)

2. 齐次线性方程组 $\boldsymbol{AX}=\boldsymbol{O}$ 的解是 ξ_1，ξ_2，则 $\boldsymbol{A}(4\xi_1-\xi_2)=\boldsymbol{O}$.　（　）

3. 五元线性方程组 $\boldsymbol{AX}=\boldsymbol{B}$ 有无穷解，$R(\boldsymbol{A})=3$，则 $\boldsymbol{AX}=\boldsymbol{O}$ 的基础解系有 3 个 .　（　）

三、填空题

1. 齐次线性方程组 $\boldsymbol{AX}=\boldsymbol{O}$ 的解是 ξ_1，ξ_2，则 $\boldsymbol{A}(3\xi_1+2\xi_2)=$____________.

2. 已知 $\boldsymbol{AX}=\boldsymbol{O}$ 的解向量为 $\xi_1=(2,1)^{\mathrm{T}}$，$\xi_2=(1,-1)^{\mathrm{T}}$，则它的通解可表示为__________.

3. 三元非齐次线性方程组 $\boldsymbol{AX}=\boldsymbol{B}$ 的系数矩阵的秩为 2，$\boldsymbol{\eta}_1=(1,0,2)^{\mathrm{T}}$，$\boldsymbol{\eta}_2=(2,1,-1)^{\mathrm{T}}$ 是 $\boldsymbol{AX}=\boldsymbol{B}$ 的 2 个解向量，则 $\boldsymbol{AX}=\boldsymbol{B}$ 的通解可表示为____________.

4. 设 $\boldsymbol{\alpha}_1,\boldsymbol{\alpha}_2,\boldsymbol{\alpha}_3$ 是三元方程组 $\boldsymbol{AX}=\boldsymbol{B}$ 的三个特解，且 $\boldsymbol{\alpha}_1=(1,1,1)^{\mathrm{T}}$，$\boldsymbol{\alpha}_2+\boldsymbol{\alpha}_3=(1,2,3)^{\mathrm{T}}$. 若 $R(\boldsymbol{A})=2$，则 $\boldsymbol{AX}=\boldsymbol{B}$ 的通解可表示为____________.

四、解答题

1. 求齐次线性方程组 $\begin{cases}x_1+3x_2+x_3=0,\\3x_1+2x_2-4x_3=0\end{cases}$ 的基础解系 .

2. 求齐次线性方程组 $\begin{cases}x_1-x_2+x_3+x_4=0,\\x_1-x_2-x_3+3x_4=0,\\x_1-x_2-2x_3+4x_4=0\end{cases}$ 的基础解系 .

3. 求非齐次线性方程组 $\begin{cases}x_1+x_2+x_3+x_4=-1,\\4x_1+3x_2+5x_3-x_4=-1,\\2x_1+x_2+3x_3-3x_4=1\end{cases}$ 的通解 .

4. 设有齐次线性方程组 $\begin{cases}(1+a)x_1+x_2+\cdots+x_n=0,\\2x_1+(2+a)x_2+\cdots+2x_n=0,\\\qquad\vdots\\nx_1+nx_2+\cdots+(n+a)x_n=0,\end{cases}$

试问：当 a 为何值时，该方程组有非零解，并求出其通解 .

5. 已知 $\boldsymbol{\alpha}_1,\boldsymbol{\alpha}_2$ 是齐次线性方程组 $\boldsymbol{AX}=\boldsymbol{O}$ 的一个基础解系，$\beta_1=(m-1)\boldsymbol{\alpha}_1+3\boldsymbol{\alpha}_2$，$\beta_2=2\boldsymbol{\alpha}_1+m\boldsymbol{\alpha}_2$. 当 m 满足什么条件时，β_1,β_2 也是齐次线性方程组 $\boldsymbol{AX}=\boldsymbol{O}$ 的一个基础解系 .

6. 已知四阶方阵 $\boldsymbol{A}=(\boldsymbol{\alpha}_1,\boldsymbol{\alpha}_2,\boldsymbol{\alpha}_3,\boldsymbol{\alpha}_4)$，且 $\boldsymbol{\alpha}_1,\boldsymbol{\alpha}_2,\boldsymbol{\alpha}_3,\boldsymbol{\alpha}_4$ 为 4 维列向量，$\boldsymbol{\alpha}_2,\boldsymbol{\alpha}_3,\boldsymbol{\alpha}_4$ 线性无关，$\boldsymbol{\alpha}_1=2\boldsymbol{\alpha}_2-\boldsymbol{\alpha}_3$. 若 $\boldsymbol{\beta}=\boldsymbol{\alpha}_1+\boldsymbol{\alpha}_2+\boldsymbol{\alpha}_3+\boldsymbol{\alpha}_4$，求 $\boldsymbol{AX}=\boldsymbol{\beta}$ 的通解 .

7. 已知四元非齐次线性方程组 $\boldsymbol{AX}=\boldsymbol{B}$ 的系数矩阵的秩为 3，$\eta_1,\boldsymbol{\eta}_2,\boldsymbol{\eta}_3$ 是 $\boldsymbol{AX}=\boldsymbol{B}$ 的三个解向量，且 $\boldsymbol{\eta}_1=(2,3,4,5)^{\mathrm{T}}$，$\boldsymbol{\eta}_2+\boldsymbol{\eta}_3=(1,2,3,4)^{\mathrm{T}}$，求非齐次线性方程组 $\boldsymbol{AX}=\boldsymbol{B}$ 的通解 .

8. (2022 年考研真题) 设 $A=\begin{pmatrix}1&a&0&0\\0&1&a&0\\0&0&1&a\\a&0&0&1\end{pmatrix}$, $\beta=\begin{pmatrix}1\\-1\\0\\0\end{pmatrix}$, 求:

(1) 行列式 $|A|$; (2) 当实数 a 为何值时, 方程组 $AX=\beta$ 有无穷解, 并求出其通解.

9. (2025 年考研真题) 设矩阵 $A=(\alpha_1,\alpha_2,\alpha_3,\alpha_4)$, 若 $\alpha_1,\alpha_2,\alpha_3$ 线性无关, 且 $\alpha_1+\alpha_2=\alpha_3+\alpha_4$, 求方程组 $AX=\alpha_1+4\alpha_4$ 的通解.

五、证明题

设 A 为 4×3 阶矩阵, η_1, η_2, η_3 是非齐次线性方程组 $AX=B$ 的三个线性无关的解向量, k_1, k_2 为任意常数, 证明: $(3\eta_1-2\eta_2)+k_1(\eta_1-\eta_2)+k_2(\eta_3-\eta_2)$ 是 $AX=B$ 的通解.

六、实验题

1. 用 MATLAB 软件求解齐次线性方程组 $\begin{cases}x_1+2x_2+x_3-x_4=0,\\2x_1+x_2-x_3-2x_4=0,\\x_1+4x_2+3x_3-4x_4=0\end{cases}$ 的基础解系和通解.

2. 用 MATLAB 软件求解非齐次线性方程组 $\begin{cases}x_1+x_2+x_3+x_4=-1,\\4x_1+3x_2+5x_3-x_4=-1,\\2x_1+x_2+3x_3-3x_4=1\end{cases}$ 的通解.

3. 利用数学建模的思想求解新能源汽车租赁问题.

新能源汽车租赁公司在同一个城市相邻的 A、B、C 三个区运营, 在某一个区租赁的汽车可以在任意一个区归还. 在 A 区租赁的汽车, 在 A、B、C 区归还的比例分别为 0.2, 0.7, 0.1; 在 B 区租赁的汽车, 在 A、B、C 区归还的比例分别为 0.3, 0.3, 0.4; 在 C 区租赁的汽车, 在 A、B、C 区归还的比例分别为 0.1, 0.3, 0.6.

(1) 若公司开业时将 600 辆汽车平均分配到 3 个区, 试建立运营中汽车数量在 3 个区之间转移的模型;

(2) 讨论时间充分长以后汽车数量分配的变化趋势.

4. (化学方程式元素的配平) 已知下列化学反应方程式,

$C_6H_2OHCOONa+H_2O_2+NaOH \rightarrow C_6H_2O_2(ONa)_2\cdot 2H_2O+H_2O+O_2\uparrow+CO_2\uparrow$.

请完成下列问题:

(1) 通过化学元素平衡原理, 建立线性方程组;

(2) 运用 MATLAB 软件求解配平后的化学反应方程式.

第 4 章

矩阵的特征值与特征向量

矩阵的特征值与特征向量是线性代数的核心概念之一.它不仅是线性变换、数列通项求解、几何不变性、二次型理论等的重要工具,而且在物体做功、人口迁移、离散线性动力系统、电路控制系统、振动与信号处理、材料力学的结构稳定性等方面具有广泛的应用.

本章首先借助物体做功引出向量的内积、长度,介绍了正交向量组与正交矩阵,重点讨论施密特正交化方法.其次,通过几何案例引出特征值与特征向量的概念,介绍了特征矩阵、特征方程、特征多项式、特征值的计算与性质.最后,介绍了相似矩阵,讨论矩阵对角化的性质与判定方法,尤其是实对称矩阵对角化的正交化方法与计算.能力拓展驿站包含 MATLAB 实验、应用案例或拓展阅读等内容,有助于提升数学应用能力、传播数学文化.

4.1 向量的内积、长度与正交

【课前导读】

向量在空间解析几何中是处理线段的长度、夹角与位置关系的重要工具，也是矩阵的一种特殊形式．本节将介绍向量的内积、长度与正交，将向量的相交通过施密特正交化方法转化为向量的正交，有助于刻画几何图形中两条线的垂直关系与代数表示．

知识目标

(1) 理解向量的内积、长度与正交的概念；

(2) 掌握正交向量组与标准正交向量组；

(3) 学会施密特正交化方法；

(4) 掌握正交矩阵的概念与性质．

能力目标

(1) 加强将物理问题转化为线性代数的问题的能力；

(2) 运用几何直观与代数方法深刻理解施密特正交变换过程；

(3) 提升运用数学软件 MATLAB 编程求解向量内积、长度与正交的能力．

素质目标

(1) 引入物体做功原理，贴近学生生活与知识，提高学生的学习兴趣；

(2) 通过数学家施密特的介绍，传播数学文化；

(3) 培养学生运用数学软件 MATLAB 编程的实践精神．

学习重点

(1) 向量组的内积、长度与正交计算；

(2) 标准正交向量组的概念；

(3) 正交矩阵的性质．

学习难点

(1) 施密特正交化方法；

(2) 正交矩阵与标准正交向量组的关系．

4.1.1　内积、长度与正交

内积、长度与正交

【案例引入】物体做功

已知力 $\boldsymbol{F}$ 作用于某物体（见图 4-1），使其位移为 $\boldsymbol{s}$，力与位移的夹角为 θ，力在位移的方向上对物体做的功为 $W=|\boldsymbol{F}||\boldsymbol{s}|\cos\theta$.

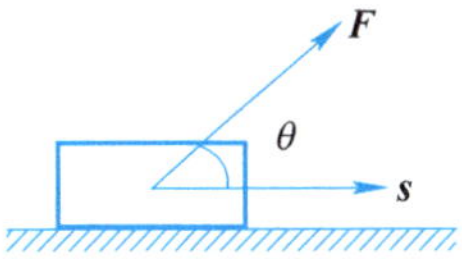

图　4-1

在空间解析几何中，已知向量 $\boldsymbol{a}=(a_1,a_2,a_3)$，$\boldsymbol{b}=(b_1,b_2,b_3)$，夹角为 θ，则它们的数量积为 $\boldsymbol{a}\cdot\boldsymbol{b}=|\boldsymbol{a}||\boldsymbol{b}|\cos\theta=a_1b_1+a_2b_2+a_3b_3$.

上述数量积的表示就是向量的内积，下面给出它的定义：

定义 1　设 $\boldsymbol{\alpha}=(a_1,a_2,\cdots,a_n)^{\mathrm{T}}$，$\boldsymbol{\beta}=(b_1,b_2,\cdots,b_n)^{\mathrm{T}}$ 是两个 n 维向量，

$$\sum_{i=1}^{n}a_ib_i=a_1b_1+a_2b_2+\cdots+a_nb_n$$

称为两个向量 $\boldsymbol{\alpha}$ 与 $\boldsymbol{\beta}$ 的内积，记作 $[\boldsymbol{\alpha},\boldsymbol{\beta}]=a_1b_1+a_2b_2+\cdots+a_nb_n$.

根据矩阵的乘法，向量 $\boldsymbol{\alpha}$ 与 $\boldsymbol{\beta}$ 的内积有如下表示形式：

$$[\boldsymbol{\alpha},\boldsymbol{\beta}]=\boldsymbol{\alpha}^{\mathrm{T}}\boldsymbol{\beta}=(a_1,a_2,\cdots,a_n)\begin{pmatrix}b_1\\b_2\\\vdots\\b_n\end{pmatrix}=a_1b_1+a_2b_2+\cdots+a_nb_n.$$

例 1　已知 $\boldsymbol{\alpha}=(1,-2,3)^{\mathrm{T}}$，$\boldsymbol{\beta}=(5,-1,4)^{\mathrm{T}}$，求 $[\boldsymbol{\alpha},\boldsymbol{\beta}]$.

解　根据向量内积的定义，$[\boldsymbol{\alpha},\boldsymbol{\beta}]=1\cdot5+(-2)\cdot(-1)+3\cdot4=19$.

下面给出向量内积的性质：

1) **对称性**：$[\boldsymbol{\alpha},\boldsymbol{\beta}]=[\boldsymbol{\beta},\boldsymbol{\alpha}]$;

2) **线性性**：对任意的实数 k, l, 有 $[k\boldsymbol{\alpha}+l\boldsymbol{\beta},\boldsymbol{\gamma}]=k[\boldsymbol{\alpha},\boldsymbol{\gamma}]+l[\boldsymbol{\beta},\boldsymbol{\gamma}]$;

3) **非负性**：$[\boldsymbol{\alpha},\boldsymbol{\alpha}]\geqslant0$, 当且仅当 $\boldsymbol{\alpha}=\boldsymbol{0}$ 时，等号成立.

例 2　设 $\boldsymbol{\alpha}=(1,2,1,-2)^{\mathrm{T}}$，$\boldsymbol{\beta}=(1,0,2,-6)^{\mathrm{T}}$，$\boldsymbol{\gamma}=(2,3,t,1)^{\mathrm{T}}$，且 $[2\boldsymbol{\alpha}+3\boldsymbol{\gamma},\boldsymbol{\beta}]=0$，求 t 的值.

解　$2\boldsymbol{\alpha}+3\boldsymbol{\gamma}=2(1,2,1,-2)^{\mathrm{T}}+3(2,3,t,1)^{\mathrm{T}}=(8,13,2+3t,-1)^{\mathrm{T}}$，

由 $[2\boldsymbol{\alpha}+3\boldsymbol{\gamma},\boldsymbol{\beta}]=0$ 知，$8\cdot1+13\cdot0+(2+3t)\cdot2+(-1)\cdot(-6)=0$，解得 $t=-3$.

定义 2　设 $\boldsymbol{\alpha}=(a_1,a_2,\cdots,a_n)^{\mathrm{T}}$，令 $\|\boldsymbol{\alpha}\|=\sqrt{a_1^2+a_2^2+\cdots+a_n^2}$，称 $\|\boldsymbol{\alpha}\|$ 为 n 维向量 $\boldsymbol{\alpha}$ 的长度（范数或模）.

注

若 $\|\boldsymbol{\alpha}\|=1$，则称 $\boldsymbol{\alpha}$ 为单位向量．显然，任意向量 $\boldsymbol{\alpha}$ 的单位向量为 $\dfrac{\boldsymbol{\alpha}}{\|\boldsymbol{\alpha}\|}$.

例 3 已知 $\boldsymbol{\alpha}=(1,-1,1)^{\mathrm{T}}$，$\boldsymbol{\beta}=(0,-1,2)^{\mathrm{T}}$，$\boldsymbol{\gamma}=\boldsymbol{\alpha}+2\boldsymbol{\beta}$，求 $\|\boldsymbol{\gamma}\|$ 并将其单位化．

解 $\boldsymbol{\gamma}=\boldsymbol{\alpha}+2\boldsymbol{\beta}=(1,-1,1)^{\mathrm{T}}+2(0,-1,2)^{\mathrm{T}}=(1,-3,5)^{\mathrm{T}}$，

故 $\|\boldsymbol{\gamma}\|=\sqrt{1^2+(-3)^2+5^2}=\sqrt{35}$，$\dfrac{\boldsymbol{\gamma}}{\|\boldsymbol{\gamma}\|}=\dfrac{(1,-3,5)^{\mathrm{T}}}{\sqrt{35}}=\left(\dfrac{1}{\sqrt{35}},-\dfrac{3}{\sqrt{35}},\dfrac{5}{\sqrt{35}}\right)^{\mathrm{T}}$．

下面给出向量长度的性质：

1) **非负性**：$\|\boldsymbol{\alpha}\|\geqslant 0$；当且仅当 $\boldsymbol{\alpha}=\mathbf{0}$ 时，等号成立．

2) **齐次性**：对任意的实数 k，$\|k\boldsymbol{\alpha}\|=|k|\|\boldsymbol{\alpha}\|$．

3) **三角不等式**：$\|\boldsymbol{\alpha}+\boldsymbol{\beta}\|\leqslant\|\boldsymbol{\alpha}\|+\|\boldsymbol{\beta}\|$．

例 4 已知 $\boldsymbol{\alpha}=(1,2,-2,0)^{\mathrm{T}}$，$\boldsymbol{\beta}=(-1,3,5,1)^{\mathrm{T}}$，求 $\|\boldsymbol{\alpha}\|$，$\|\boldsymbol{\beta}\|$ 及 $\|\boldsymbol{\alpha}+\boldsymbol{\beta}\|$．

解 $\|\boldsymbol{\alpha}\|=\sqrt{1^2+2^2+(-2)^2+0^2}=3$，$\|\boldsymbol{\beta}\|=\sqrt{(-1)^2+3^2+5^2+1^2}=6$，$\|\boldsymbol{\alpha}+\boldsymbol{\beta}\|=\sqrt{0^2+5^2+3^2+1^2}=\sqrt{35}$．

不难发现，$\|\boldsymbol{\alpha}+\boldsymbol{\beta}\|<\|\boldsymbol{\alpha}\|+\|\boldsymbol{\beta}\|$．

定义 3 设两个向量 $\boldsymbol{\alpha}$ 与 $\boldsymbol{\beta}$ 的内积 $[\boldsymbol{\alpha},\boldsymbol{\beta}]=0$，则称向量 $\boldsymbol{\alpha}$ 与 $\boldsymbol{\beta}$ 正交．

例如，$\boldsymbol{\alpha}=(1,-1,1)^{\mathrm{T}}$，$\boldsymbol{\beta}=(2,3,1)^{\mathrm{T}}$，易知 $[\boldsymbol{\alpha},\boldsymbol{\beta}]=1\cdot2+(-1)\cdot3+1\cdot1=0$，故 $\boldsymbol{\alpha}$ 与 $\boldsymbol{\beta}$ 正交．

定义 4 若非零向量组中任意两个向量都正交，则称这个向量组是正交向量组．

例如，$\boldsymbol{\alpha}_1=(0,-1,1)^{\mathrm{T}}$，$\boldsymbol{\alpha}_2=(0,1,1)^{\mathrm{T}}$，$\boldsymbol{\alpha}_3=(1,0,0)^{\mathrm{T}}$，易证 $[\boldsymbol{\alpha}_1,\boldsymbol{\alpha}_2]=[\boldsymbol{\alpha}_1,\boldsymbol{\alpha}_3]=[\boldsymbol{\alpha}_2,\boldsymbol{\alpha}_3]=0$，故向量组 $\boldsymbol{\alpha}_1,\boldsymbol{\alpha}_2,\boldsymbol{\alpha}_3$ 是正交向量组．

定义 5 若正交向量组中每个向量都是单位向量，则称这个向量组是标准正交向量组，即满足

$$[\boldsymbol{\alpha}_i,\boldsymbol{\alpha}_j]=\begin{cases}0, i\neq j,\\ 1, i=j.\end{cases}$$

例如，$\boldsymbol{\alpha}_1=(1,0,0)^{\mathrm{T}}$，$\boldsymbol{\alpha}_2=(0,1,0)^{\mathrm{T}}$，$\boldsymbol{\alpha}_3=(0,0,1)^{\mathrm{T}}$，易证 $\boldsymbol{\alpha}_1,\boldsymbol{\alpha}_2,\boldsymbol{\alpha}_3$ 是标准正交向量组．

例 5 已知 $\boldsymbol{\alpha}=(1,1,1)^{\mathrm{T}}$，$\boldsymbol{\beta}=(1,-2,1)^{\mathrm{T}}$，求一个向量 $\boldsymbol{\gamma}$，使 $\boldsymbol{\alpha},\boldsymbol{\beta},\boldsymbol{\gamma}$ 为正交向量组．

解 设 $\boldsymbol{\gamma}=(x,y,z)$，由 $[\boldsymbol{\alpha},\boldsymbol{\gamma}]=0$，$[\boldsymbol{\beta},\boldsymbol{\gamma}]=0$ 可知，$\begin{cases}x+y+z=0,\\ x-2y+z=0.\end{cases}$

齐次线性方程组的系数矩阵 $\boldsymbol{A}=\begin{pmatrix}1&1&1\\1&-2&1\end{pmatrix}\to\begin{pmatrix}1&0&1\\0&1&0\end{pmatrix}$．

因此，齐次线性方程组有无穷解，它的解向量 $\boldsymbol{\gamma}=(-c,0,c)^{\mathrm{T}}$．

4.1.2　施密特正交化方法

正交向量组是线性无关的，但是线性无关的向量组不一定正交．已知一组线性无关的向量组，如何构造一组正交的向量组呢？下面请看一个例子（见图 4-2）.

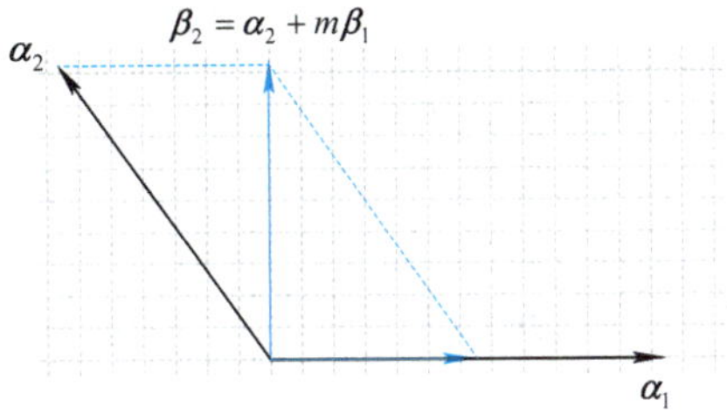

图　4-2

施密特正交化方法

给定一个平面上两个不共线的向量 α_1, α_2, 可找到一个正交向量组 β_1, β_2, 取 $\beta_1=\alpha_1$, $\beta_2=\alpha_2+m\beta_1=\alpha_2+m\alpha_1$.

因 $[\beta_1,\beta_2]=0$, 故 $[\alpha_1,\alpha_2+m\alpha_1]=0$, 解得 $m=-\dfrac{[\alpha_1,\alpha_2]}{[\alpha_1,\alpha_1]}$, 故 $\beta_2=\alpha_2-\dfrac{[\alpha_1,\alpha_2]}{[\alpha_1,\alpha_1]}\alpha_1$.

例如，已知 $\alpha_1=(1,2)^{\mathrm{T}}$，$\alpha_2=(1,0)^{\mathrm{T}}$，则 $[\alpha_1,\alpha_2]=1$.

取 $\beta_1=\alpha_1=\begin{pmatrix}1\\2\end{pmatrix}$, $\beta_2=\alpha_2-\dfrac{[\alpha_1,\alpha_2]}{[\alpha_1,\alpha_1]}\alpha_1=\begin{pmatrix}1\\0\end{pmatrix}-\dfrac{1}{5}\begin{pmatrix}1\\2\end{pmatrix}=\begin{pmatrix}\dfrac{4}{5}\\-\dfrac{2}{5}\end{pmatrix}$.

因 $[\beta_1,\beta_2]=1\cdot\dfrac{4}{5}+2\cdot\left(-\dfrac{2}{5}\right)=0$，故 β_1 与 β_2 正交．

定理 1　给定 n 维向量空间 $\mathbf{R}^n$ 中任一个线性无关的向量组 $\alpha_1,\alpha_2,\cdots,\alpha_n$, 可找到一组与之等价的正交向量组 $\beta_1,\beta_2,\cdots,\beta_n$, 满足：

$$\beta_1=\alpha_1;$$

$$\beta_2=\alpha_2-\frac{[\alpha_2,\beta_1]}{[\beta_1,\beta_1]}\beta_1;$$

$$\beta_3=\alpha_3-\frac{[\alpha_3,\beta_1]}{[\beta_1,\beta_1]}\beta_1-\frac{[\alpha_3,\beta_2]}{[\beta_2,\beta_2]}\beta_2;$$

$$\vdots$$

$$\beta_n=\alpha_n-\frac{[\alpha_n,\beta_1]}{[\beta_1,\beta_1]}\beta_1-\frac{[\alpha_n,\beta_2]}{[\beta_2,\beta_2]}\beta_2-\cdots-\frac{[\alpha_n,\beta_{n-1}]}{[\beta_{n-1},\beta_{n-1}]}\beta_{n-1}.$$

得到正交向量组 $\beta_1,\beta_2,\cdots,\beta_n$, 再将 $\beta_1,\beta_2,\cdots,\beta_n$ 单位化，有

$$\eta_1=\frac{\beta_1}{\|\beta_1\|},\ \eta_2=\frac{\beta_2}{\|\beta_2\|},\ \cdots,\ \eta_n=\frac{\beta_n}{\|\beta_n\|},$$

则 $\boldsymbol{\eta}_1, \boldsymbol{\eta}_2, \cdots, \boldsymbol{\eta}_n$ 是一组标准正交向量组，上述过程称为施密特正交化方法．

注

将实对称矩阵对角化的时候要用到这个方法．

例 6 利用施密特正交化方法，将下列向量组化为标准正交向量组：

$\boldsymbol{\alpha}_1=(1,1,1)^{\mathrm{T}}$，$\boldsymbol{\alpha}_2=(1,2,3)^{\mathrm{T}}$，$\boldsymbol{\alpha}_3=(1,4,9)^{\mathrm{T}}$．

解 取 $\boldsymbol{\beta}_1=\boldsymbol{\alpha}_1=\begin{pmatrix}1\\1\\1\end{pmatrix}$，$\boldsymbol{\beta}_2=\boldsymbol{\alpha}_2-\dfrac{[\boldsymbol{\alpha}_2,\boldsymbol{\beta}_1]}{[\boldsymbol{\beta}_1,\boldsymbol{\beta}_1]}\boldsymbol{\beta}_1=\begin{pmatrix}1\\2\\3\end{pmatrix}-\dfrac{6}{3}\begin{pmatrix}1\\1\\1\end{pmatrix}=\begin{pmatrix}-1\\0\\1\end{pmatrix}$，

$$\boldsymbol{\beta}_3=\boldsymbol{\alpha}_3-\frac{[\boldsymbol{\alpha}_3,\boldsymbol{\beta}_1]}{[\boldsymbol{\beta}_1,\boldsymbol{\beta}_1]}\boldsymbol{\beta}_1-\frac{[\boldsymbol{\alpha}_3,\boldsymbol{\beta}_2]}{[\boldsymbol{\beta}_2,\boldsymbol{\beta}_2]}\boldsymbol{\beta}_2=\begin{pmatrix}1\\4\\9\end{pmatrix}-\frac{14}{3}\begin{pmatrix}1\\1\\1\end{pmatrix}-\frac{8}{2}\begin{pmatrix}-1\\0\\1\end{pmatrix}=\frac{1}{3}\begin{pmatrix}1\\-2\\1\end{pmatrix}.$$

再将正交向量组 $\boldsymbol{\beta}_1, \boldsymbol{\beta}_2, \boldsymbol{\beta}_3$ 单位化，令

$$\boldsymbol{\eta}_1=\frac{\boldsymbol{\beta}_1}{\|\boldsymbol{\beta}_1\|}=\frac{1}{\sqrt{3}}\begin{pmatrix}1\\1\\1\end{pmatrix},\ \boldsymbol{\eta}_2=\frac{\boldsymbol{\beta}_2}{\|\boldsymbol{\beta}_2\|}=\frac{1}{\sqrt{2}}\begin{pmatrix}-1\\0\\1\end{pmatrix},\ \boldsymbol{\eta}_3=\frac{\boldsymbol{\beta}_3}{\|\boldsymbol{\beta}_3\|}=\frac{1}{\sqrt{6}}\begin{pmatrix}1\\-2\\1\end{pmatrix},$$

则 $\boldsymbol{\eta}_1, \boldsymbol{\eta}_2, \boldsymbol{\eta}_3$ 即为所求的与 $\boldsymbol{\alpha}_1, \boldsymbol{\alpha}_2, \boldsymbol{\alpha}_3$ 等价的标准正交向量组．

4.1.3 正交矩阵

正交矩阵

定义 6 n 阶方阵 $\boldsymbol{A}$ 满足 $\boldsymbol{A}^{\mathrm{T}}\boldsymbol{A}=\boldsymbol{E}$，则称 $\boldsymbol{A}$ 为正交矩阵．

例如，$\boldsymbol{E}=\begin{pmatrix}1&0\\0&1\end{pmatrix}$，$\boldsymbol{E}^{\mathrm{T}}\boldsymbol{E}=\begin{pmatrix}1&0\\0&1\end{pmatrix}\begin{pmatrix}1&0\\0&1\end{pmatrix}=\begin{pmatrix}1&0\\0&1\end{pmatrix}$，则 $\boldsymbol{E}$ 为正交矩阵．

$\boldsymbol{A}=\begin{pmatrix}\cos t&-\sin t\\\sin t&\cos t\end{pmatrix}$，$\boldsymbol{A}^{\mathrm{T}}\boldsymbol{A}=\begin{pmatrix}\cos t&\sin t\\-\sin t&\cos t\end{pmatrix}\begin{pmatrix}\cos t&-\sin t\\\sin t&\cos t\end{pmatrix}=\begin{pmatrix}1&0\\0&1\end{pmatrix}$，则 $\boldsymbol{A}$ 为正交矩阵．

例 7 已知 $\boldsymbol{A}=\begin{pmatrix}0&1&0\\\dfrac{\sqrt{2}}{2}&0&-\dfrac{\sqrt{2}}{2}\\\dfrac{\sqrt{2}}{2}&0&\dfrac{\sqrt{2}}{2}\end{pmatrix}$，判断 $\boldsymbol{A}$ 是否为正交矩阵．

解 $\boldsymbol{A}^{\mathrm{T}}\boldsymbol{A}=\begin{pmatrix}0&\dfrac{\sqrt{2}}{2}&\dfrac{\sqrt{2}}{2}\\1&0&0\\0&-\dfrac{\sqrt{2}}{2}&\dfrac{\sqrt{2}}{2}\end{pmatrix}\begin{pmatrix}0&1&0\\\dfrac{\sqrt{2}}{2}&0&-\dfrac{\sqrt{2}}{2}\\\dfrac{\sqrt{2}}{2}&0&\dfrac{\sqrt{2}}{2}\end{pmatrix}=\begin{pmatrix}1&0&0\\0&1&0\\0&0&1\end{pmatrix}=\boldsymbol{E}$，则 $\boldsymbol{A}$ 是正交矩阵．

性质　n 阶方阵 $\boldsymbol{A}$ 是正交矩阵，则 1) $\boldsymbol{A}^{-1}=\boldsymbol{A}^{\mathrm{T}}$；　2) $|\boldsymbol{A}|=\pm 1$.

证明　1) 由 $\boldsymbol{A}^{\mathrm{T}}\boldsymbol{A}=\boldsymbol{E}$ 易得 $\boldsymbol{A}^{-1}=\boldsymbol{A}^{\mathrm{T}}$；

2) 由 $\boldsymbol{A}^{\mathrm{T}}\boldsymbol{A}=\boldsymbol{E}$ 可知，$|\boldsymbol{A}^{\mathrm{T}}\boldsymbol{A}|=|\boldsymbol{E}|=1$, 即 $|\boldsymbol{A}|^2=1$, 故 $|\boldsymbol{A}|=\pm 1$.

例 8　已知 $\boldsymbol{A}=\begin{pmatrix}1 & t\\ t & 1\end{pmatrix}$ 为正交矩阵，求 t.

解　由上述性质可知，$\boldsymbol{A}$ 是正交矩阵，则 $|\boldsymbol{A}|=\pm 1$.

故 $1-t^2=1$ 或 $1-t^2=-1$, 解得 $t=0$ 或 $t=\pm\sqrt{2}$（舍去）.

思考：为什么舍去 $t=\pm\sqrt{2}$ ？

定理 2　n 阶方阵 $\boldsymbol{A}$ 是正交矩阵的充分必要条件是 $\boldsymbol{A}$ 的列（或行）向量组是标准正交向量组.

证明　设 $\boldsymbol{A}=\begin{pmatrix}a_{11} & a_{12} & \cdots & a_{1n}\\ a_{21} & a_{22} & \cdots & a_{2n}\\ \vdots & \vdots & & \vdots\\ a_{n1} & a_{n2} & \cdots & a_{nn}\end{pmatrix}=(\boldsymbol{\alpha}_1,\boldsymbol{\alpha}_2,\cdots,\boldsymbol{\alpha}_n)$.

$$\boldsymbol{A}\text{是正交矩阵，有 }\boldsymbol{A}^{\mathrm{T}}\boldsymbol{A}=\boldsymbol{E}\Longleftrightarrow\begin{pmatrix}\boldsymbol{\alpha}_1^{\mathrm{T}}\\ \boldsymbol{\alpha}_2^{\mathrm{T}}\\ \vdots\\ \boldsymbol{\alpha}_n^{\mathrm{T}}\end{pmatrix}(\boldsymbol{\alpha}_1,\boldsymbol{\alpha}_2,\cdots,\boldsymbol{\alpha}_n)=\boldsymbol{E}\Longleftrightarrow\begin{pmatrix}\boldsymbol{\alpha}_1^{\mathrm{T}}\boldsymbol{\alpha}_1 & \boldsymbol{\alpha}_1^{\mathrm{T}}\boldsymbol{\alpha}_2 & \cdots & \boldsymbol{\alpha}_1^{\mathrm{T}}\boldsymbol{\alpha}_n\\ \boldsymbol{\alpha}_2^{\mathrm{T}}\boldsymbol{\alpha}_1 & \boldsymbol{\alpha}_2^{\mathrm{T}}\boldsymbol{\alpha}_2 & \cdots & \boldsymbol{\alpha}_2^{\mathrm{T}}\boldsymbol{\alpha}_n\\ \vdots & \vdots & & \vdots\\ \boldsymbol{\alpha}_n^{\mathrm{T}}\boldsymbol{\alpha}_1 & \boldsymbol{\alpha}_n^{\mathrm{T}}\boldsymbol{\alpha}_2 & \cdots & \boldsymbol{\alpha}_n^{\mathrm{T}}\boldsymbol{\alpha}_n\end{pmatrix}=\boldsymbol{E}$$

$\Longleftrightarrow \boldsymbol{A}^{\mathrm{T}}\boldsymbol{A}$ 的第 i 行第 j 列 $\boldsymbol{\alpha}_i^{\mathrm{T}}\boldsymbol{\alpha}_j=[\boldsymbol{\alpha}_i,\boldsymbol{\alpha}_j]=\begin{cases}1, i=j,\\ 0, i\neq j\end{cases}$　$(i,j=1,2,\cdots,n)\Longleftrightarrow \boldsymbol{\alpha}_1,\ \boldsymbol{\alpha}_2,\cdots,\ \boldsymbol{\alpha}_n$ 是标准正交向量组.

例 9　已知 $\boldsymbol{A}=\begin{pmatrix}\frac{1}{3} & 0 & \frac{4}{3\sqrt{2}}\\ -\frac{2}{3} & \frac{1}{\sqrt{2}} & \frac{1}{3\sqrt{2}}\\ \frac{2}{3} & \frac{1}{\sqrt{2}} & -\frac{1}{3\sqrt{2}}\end{pmatrix}$，证明：$\boldsymbol{A}$ 是正交矩阵.

证明　令 $\boldsymbol{\alpha}_1=\left(\frac{1}{3},-\frac{2}{3},\frac{2}{3}\right)^{\mathrm{T}}$，$\boldsymbol{\alpha}_2=\left(0,\frac{1}{\sqrt{2}},\frac{1}{\sqrt{2}}\right)^{\mathrm{T}}$，$\boldsymbol{\alpha}_3=\left(\frac{4}{3\sqrt{2}},\frac{1}{3\sqrt{2}},-\frac{1}{3\sqrt{2}}\right)^{\mathrm{T}}$，

则 $\boldsymbol{A}=(\boldsymbol{\alpha}_1,\boldsymbol{\alpha}_2,\boldsymbol{\alpha}_3)$, 易验证：$\|\boldsymbol{\alpha}_1\|=\|\boldsymbol{\alpha}_2\|=\|\boldsymbol{\alpha}_3\|=1$，$[\boldsymbol{\alpha}_1,\boldsymbol{\alpha}_2]=[\boldsymbol{\alpha}_1,\boldsymbol{\alpha}_3]=[\boldsymbol{\alpha}_2,\boldsymbol{\alpha}_3]=0$.
故 $\boldsymbol{A}$ 的列向量组是标准正交向量组. 根据定理 2 可知，$\boldsymbol{A}$ 是正交矩阵.

4.1.4 能力拓展驿站

1. MATLAB 实验

(1) 向量的内积

编程命令：dot(A,B)　　　　% 求向量 A 与 B 的内积

例 10 用 MATLAB 软件求向量 $\boldsymbol{\alpha}_1=(1,2,-1,5)^{\mathrm{T}}$ 与 $\boldsymbol{\alpha}_2=(2,-4,0,1)^{\mathrm{T}}$ 的内积.

输入命令：

```
aph1=[1 2 -1 5]';          % 输入向量 aph1
aph2=[2 -4 0 1]';          % 输入向量 aph2
dot(aph1,aph2)             % 求向量 aph1 与 aph2 的内积
```

输出结果：

```
ans =

    -1
```

实验结果表明：$[\boldsymbol{\alpha}_1,\boldsymbol{\alpha}_2]=-1$.

(2) 向量的模

编程命令：norm(A,B)　　　　% 求向量的模

例 11 已知 $\boldsymbol{\alpha}_1=(1,2,1)^{\mathrm{T}}$，$\boldsymbol{\alpha}_2=(-1,0,2)^{\mathrm{T}}$，用 MATLAB 软件求 $\|2\boldsymbol{\alpha}_1-\boldsymbol{\alpha}_2\|$.

输入命令：

```
aph1=[1 2 1]';             % 输入向量 aph1
aph2=[-1 0 2]';            % 输入向量 aph2
aph3=2*aph1-aph2;          % 计算向量 aph3
norm(aph3)                 % 求向量 aph3 的模
```

输出结果：

```
ans =

    5
```

实验结果表明：$\|2\boldsymbol{\alpha}_1-\boldsymbol{\alpha}_2\|=5$.

(3) 向量的正交

编程命令：dot 和 norm　　　　% 施密特正交化方法用到的命令

例 12 已知 $\boldsymbol{\alpha}_1=(1,2,1)^{\mathrm{T}}$，$\boldsymbol{\alpha}_2=(2,0,1)^{\mathrm{T}}$，$\boldsymbol{\alpha}_3=(0,1,-1)^{\mathrm{T}}$，用 MATLAB 软件求一组正交的向量组 $\boldsymbol{\beta}_1$，$\boldsymbol{\beta}_2$，$\boldsymbol{\beta}_3$ 与向量组 $\boldsymbol{\alpha}_1$，$\boldsymbol{\alpha}_2$，$\boldsymbol{\alpha}_3$ 等价.

输入命令：

```
aph1=[1 2 1]';             % 输入向量 aph1
```

```
aph2=[2 0 1]';                                        % 输入向量 aph2
aph3=[0 1 -1]';                                       % 输入向量 aph3
beta1=aph1                                            %beta1 取为 aph1
beta2=aph2-dot(aph2,beta1)/norm(beta1)*beta1          % 计算 beta2
beta3=aph3-dot(aph3,beta1)/norm(beta1)*beta1-dot(aph3,beta2)/norm(beta2)*beta2
                                                      % 计算 beta3
```

输出结果：

```
beta1 =

     1
     2
     1
beta2 =

      0.7753
     -2.4495
     -0.2247
beta3 =

      0.2605
     -1.9295
     -1.6021
```

实验结果表明：$\beta_1=(1,2,1)^T$，$\beta_2=(0.7753,-2.4495,-0.2247)^T$，$\beta_3$=(0.2605, −1.9295, −1.6021)^T 为所求正交向量组 .

(4) 标准正交向量组

编程命令：orth(A)　　　　　　　　　　　　　　% 求 A 对应的标准正交向量组矩阵

例 13　用 MATLAB 软件求已知向量组 $\alpha_1=(1,1,1,1)^T$，$\alpha_2=(3,1,-1,1)^T$，$\alpha_3=(1,0,1,2)^T$ 的一组标准正交向量组 .

输入命令：

```
A=[1 1 1 1;3 1 -1 1;1 0 1 2]';                % 输入向量 aph1,aph2,aph3
Z=orth(A)                                      % 求 A 对应的标准正交向量组矩阵
```

输出命令：

```
Z=

   -0.4042    0.4014   -0.8219
   -0.7903   -0.6056    0.0929
   -0.4605    0.6870    0.5621
```

实验结果表明：一组标准正交向量组为 $\beta_1=(-0.4042,-0.7903,-0.4605)^T$，$\beta_2$ = (0.4014, −0.6056, 0.6870)^T，$\beta_3=(-0.8219,0.0929,0.5621)^T$.

2. 拓展阅读——数学家施密特

图 4-3

施密特（见图 4-3），德国数学家，1876 年出生，1959 年卒于柏林．施密特在柏林和哥廷根学习，他的主要兴趣是在积分方程和希尔伯特空间．他采取了各种思想的希尔伯特的积分方程，并结合到这些概念的希尔伯特空间上．在线性代数中，由他的名字命名的施密特正交化是很重要的工具．

习题 4.1

一、选择题

1. 已知向量 $\boldsymbol{\alpha}=(1,-2)^{\mathrm{T}}$，$\boldsymbol{\beta}=(2,3)^{\mathrm{T}}$，则它们的内积为（　　）.

A. 4　　B. −4　　C. 6　　D. −6

2. 向量 $\boldsymbol{\alpha}=(0,-1,1)^{\mathrm{T}}$，$\boldsymbol{\beta}=(0,1,t)^{\mathrm{T}}$，且 $\boldsymbol{\alpha}$ 与 $\boldsymbol{\beta}$ 是正交向量组，则 $t=$（　　）.

A. 0　　B. 1　　C. −1　　D. 2

3. 设向量 $\boldsymbol{\alpha}=(a+2,1,-2)^{\mathrm{T}}$，$\boldsymbol{\beta}=(3,-2,4)^{\mathrm{T}}$，且 $[\boldsymbol{\alpha},\boldsymbol{\beta}]=5$，则 a 的值为（　　）.

A. 1　　B. 2　　C. 3　　D. 4

4. 下列矩阵不是正交矩阵的是（　　）.

A. $\begin{pmatrix}1 & 0\\ 0 & 1\end{pmatrix}$　　B. $\begin{pmatrix}\cos t & -\sin t\\ \sin t & \cos t\end{pmatrix}$

C. $\begin{pmatrix}0 & 1 & 0\\ \frac{\sqrt{2}}{2} & 0 & -\frac{\sqrt{2}}{2}\\ \frac{\sqrt{2}}{2} & 0 & \frac{\sqrt{2}}{2}\end{pmatrix}$　　D. $\begin{pmatrix}0 & 1 & 0\\ \frac{\sqrt{2}}{2} & 0 & -\frac{\sqrt{2}}{2}\\ -\frac{\sqrt{2}}{2} & 0 & \frac{\sqrt{2}}{2}\end{pmatrix}$

二、判断题

1. 已知向量 $\boldsymbol{\alpha}=(1,4)^{\mathrm{T}}$，$\boldsymbol{\beta}=(-1,1)^{\mathrm{T}}$，则 $[\boldsymbol{\alpha},\boldsymbol{\alpha}+\boldsymbol{\beta}]=7$.（　　）

2. n 阶方阵 $\boldsymbol{A}$ 为正交矩阵的充分必要条件是它的行或列向量组是正交向量组．（　　）

3. 已知 $\boldsymbol{A},\boldsymbol{B}$ 是 n 阶正交矩阵，则 $\boldsymbol{A}+\boldsymbol{B}$ 也是 n 阶正交矩阵．（　　）

三、填空题

1. 向量 $\boldsymbol{\alpha}=(1,-2,2)^{\mathrm{T}}$，则它的单位向量是__________.

2. 向量 $\boldsymbol{\alpha}=(1,-2,0,-4)^{\mathrm{T}}$，则它的长度 $\|\boldsymbol{\alpha}\|=$__________.

3. 设向量 $\boldsymbol{\alpha}=(1,3,0)^{\mathrm{T}}$，$\boldsymbol{\beta}=(3,-2,1)^{\mathrm{T}}$，则 $[\boldsymbol{\alpha},2\boldsymbol{\alpha}-\boldsymbol{\beta}]=$ ____________.

4. 若 $\boldsymbol{A}$ 是正交矩阵，则 $|\boldsymbol{A}|=$ ____________.

四、解答题

1. 已知向量 $\boldsymbol{\alpha}=(1,1,-1)^{\mathrm{T}}$，$\boldsymbol{\beta}=(1,-2,0)^{\mathrm{T}}$，$\boldsymbol{\gamma}=(-3,2,6)^{\mathrm{T}}$，求：

(1) $\|\boldsymbol{\alpha}\|$, $\|\boldsymbol{\beta}\|$, $[\boldsymbol{\alpha},\boldsymbol{\beta}]$; (2) $[\boldsymbol{\alpha},\boldsymbol{\gamma}]$, $[\boldsymbol{\alpha},\boldsymbol{\beta}+\boldsymbol{\gamma}]$; (3) $\|\boldsymbol{\alpha}+\boldsymbol{\beta}\|$, $\|\boldsymbol{\alpha}+\boldsymbol{\beta}-2\boldsymbol{\gamma}\|$.

2. 已知向量 $\boldsymbol{\alpha}_1=(1,2,1)^{\mathrm{T}}$，$\boldsymbol{\alpha}_2=(1,0,-1)^{\mathrm{T}}$，求 $\boldsymbol{\alpha}_3$，使得 $\boldsymbol{\alpha}_1,\boldsymbol{\alpha}_2,\boldsymbol{\alpha}_3$ 成为 $\mathbf{R}^3$ 的一组正交向量组.

3. 将向量组 $\boldsymbol{\alpha}_1=(1,0,1)^{\mathrm{T}}$，$\boldsymbol{\alpha}_2=(1,2,3)^{\mathrm{T}}$，$\boldsymbol{\alpha}_3=(1,1,0)^{\mathrm{T}}$ 化为标准正交向量组.

五、证明题

已知向量组 $\boldsymbol{\alpha}_1=(1,-1,-1,1)^{\mathrm{T}}$，$\boldsymbol{\alpha}_2=(1,0,0,1)^{\mathrm{T}}$，$\boldsymbol{\alpha}_3=(0,-1,1,0)^{\mathrm{T}}$，$\boldsymbol{\alpha}_4=(1,1,1,1)^{\mathrm{T}}$，证明：$\boldsymbol{\alpha}_1,\boldsymbol{\alpha}_2,\boldsymbol{\alpha}_3,\boldsymbol{\alpha}_4$ 是一组正交向量组.

六、实验题

1. 已知 $\boldsymbol{\alpha}=(1,1,2,-1)^{\mathrm{T}}$，$\boldsymbol{\beta}=(1,-2,3,5)^{\mathrm{T}}$，用 MATLAB 软件求解：

(1) $[\boldsymbol{\alpha},\boldsymbol{\beta}]$; (2) $\|\boldsymbol{\alpha}\|$; (3) $\|\boldsymbol{\beta}\|$; (4) $[2\boldsymbol{\alpha}-\boldsymbol{\beta},\boldsymbol{\alpha}+3\boldsymbol{\beta}]$; (5) $\|3\boldsymbol{\alpha}-4\boldsymbol{\beta}\|$.

2. 已知向量组 $\boldsymbol{\alpha}_1=(1,1,0,3)^{\mathrm{T}}$，$\boldsymbol{\alpha}_2=(1,0,-1,1)^{\mathrm{T}}$，$\boldsymbol{\alpha}_3=(0,1,1,1)^{\mathrm{T}}$，用 MATLAB 软件将 $\boldsymbol{\alpha}_1,\boldsymbol{\alpha}_2,\boldsymbol{\alpha}_3$ 化为标准正交向量组.

4.2 特征值与特征向量

【课前导读】

方阵的特征值与特征向量是线性代数的重要概念，它们在矩阵理论、数值分析与计算、信号系统与控制等工程技术领域有广泛应用. 本节主要通过几何案例引入特征矩阵、特征方程、特征多项式、特征值与特征向量的概念，进一步掌握特征值与特征向量的计算及其性质.

知识目标

(1) 理解特征值的定义；

(2) 掌握特征值与特征向量的计算；

(3) 学会利用行列式的性质求特征值；

(4) 掌握特征值的计算方法与技巧 .

能力目标

(1) 提高特征值与特征向量的计算能力；

(2) 探索特征值与特征向量概念的来龙去脉，注重几何与代数的转化能力；

(3) 提升运用数学软件 MATLAB 编程解递推数列的能力 .

素质目标

(1) 借助几何案例引入特征值与特征向量的概念，体现几何直观与抽象代数的有机融合；

(2) 通过数学家斐波那契的介绍，传播数学文化；

(3) 通过递推数列的通项公式求解问题，激发学生的探索精神 .

学习重点

(1) 特征值的概念；

(2) 特征多项式；

(3) 特征值的性质 .

学习难点

(1) 特征值与特征向量的求解；

(2) 特征向量的性质 .

4.2.1 特征值与特征向量概述

特征值与特征向量

【案例引入】向量的平行

给定线性变换 $\begin{cases} y_1 = 2x_1 + 3x_2, \\ y_2 = x_1, \end{cases}$ 令 $\boldsymbol{y} = \begin{pmatrix} y_1 \\ y_2 \end{pmatrix}$, $\boldsymbol{A} = \begin{pmatrix} 2 & 3 \\ 1 & 0 \end{pmatrix}$, $\boldsymbol{x} = \begin{pmatrix} x_1 \\ x_2 \end{pmatrix}$, 则矩阵形式为 $\boldsymbol{y} = \boldsymbol{Ax}$, 它的几何意义是什么？

取 $\boldsymbol{\alpha} = \begin{pmatrix} -2 \\ 1 \end{pmatrix}$, $\boldsymbol{\beta} = \begin{pmatrix} 3 \\ 1 \end{pmatrix}$, 则 $\boldsymbol{A\alpha} = \begin{pmatrix} 2 & 3 \\ 1 & 0 \end{pmatrix}\begin{pmatrix} -2 \\ 1 \end{pmatrix} = \begin{pmatrix} -1 \\ -2 \end{pmatrix}$, $\boldsymbol{A\beta} = \begin{pmatrix} 2 & 3 \\ 1 & 0 \end{pmatrix}\begin{pmatrix} 3 \\ 1 \end{pmatrix} = \begin{pmatrix} 9 \\ 3 \end{pmatrix} = 3\boldsymbol{\beta}$.

显然，$\boldsymbol{A\beta}$ 平行于 $\boldsymbol{\beta}$（见图 4-4）. 3 是方阵 $\boldsymbol{A}$ 的一个特征值，$\boldsymbol{\beta}$ 是方阵 $\boldsymbol{A}$ 的一个特征向量 .

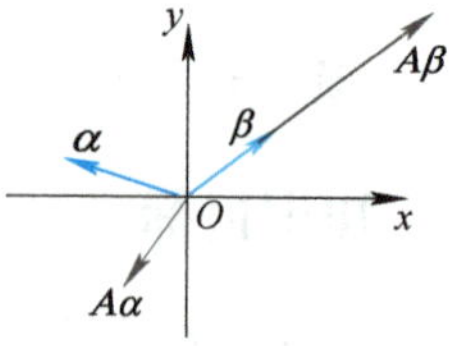

图 4-4

定义 设 $\boldsymbol{A}$ 是 n 阶方阵，若存在数 λ 及 n 维非零列向量 $\boldsymbol{x}$, 使 $\boldsymbol{Ax} = \lambda\boldsymbol{x}$, 则称 λ 为方阵 $\boldsymbol{A}$ 的特征值，$\boldsymbol{x}$ 为方阵 $\boldsymbol{A}$ 的对应于特征值 λ 的特征向量 .

上述引例中 $A=\begin{pmatrix}2&3\\1&0\end{pmatrix}$，3 是方阵 A 的特征值，$\beta=\begin{pmatrix}3\\1\end{pmatrix}$ 是 A 的对应于特征值 3 的特征向量．可验证 $\begin{pmatrix}2&3\\1&0\end{pmatrix}\begin{pmatrix}-1\\1\end{pmatrix}=-1\begin{pmatrix}-1\\1\end{pmatrix}$，说明 -1 是方阵 A 的特征值，$\alpha=\begin{pmatrix}-1\\1\end{pmatrix}$ 是 A 的对应于特征值 -1 的特征向量．

思考：已知一个方阵，如何求解它的特征值和特征向量？

启发：设 n 阶方阵 $A=(a_{ij})$，λ 是 A 的特征值，非零向量 x_0 为 A 的对应于特征值 λ 的特征向量，则

$$Ax_0=\lambda x_0 \Rightarrow \lambda x_0-Ax_0=O \Rightarrow (\lambda E-A)x_0=O.$$

回顾：齐次线性方程组 $(\lambda E-A)x_0=O$ 有非零解的充要条件是系数行列式等于零．

特征矩阵：$\lambda E-A=\begin{pmatrix}\lambda-a_{11}&-a_{12}&\cdots&-a_{1n}\\-a_{21}&\lambda-a_{22}&\cdots&-a_{2n}\\\vdots&\vdots&&\vdots\\-a_{n1}&-a_{n2}&\cdots&\lambda-a_{nn}\end{pmatrix}$.

特征方程：$|\lambda E-A|=\begin{vmatrix}\lambda-a_{11}&-a_{12}&\cdots&-a_{1n}\\-a_{21}&\lambda-a_{22}&\cdots&-a_{2n}\\\vdots&\vdots&&\vdots\\-a_{n1}&-a_{n2}&\cdots&\lambda-a_{nn}\end{vmatrix}=0$.

特征多项式：$f(\lambda)=|\lambda E-A|=\lambda^n-(a_{11}+a_{22}+\cdots a_{nn})\lambda^{n-1}+\cdots$.

特征值：特征方程 $f(\lambda_0)=|\lambda_0 E-A|=0$ 的根．

特征向量：齐次方程组 $(\lambda_0 E-A)x_0=O$ 的全部非零解 x_0.

> **注** n 阶方阵 A 在复数域内有 n 个特征值．

例 1　求方阵 $A=\begin{pmatrix}1&0\\2&3\end{pmatrix}$ 的特征值与特征向量．

解　由 $|\lambda E-A|=\begin{vmatrix}\lambda-1&0\\-2&\lambda-3\end{vmatrix}=(\lambda-1)(\lambda-3)=0$，则 A 的特征值 $\lambda_1=1$, $\lambda_2=3$.

当 $\lambda=1$ 时，则 $(E-A)x=O$,

$$E-A=\begin{pmatrix}0&0\\-2&-2\end{pmatrix}\to\begin{pmatrix}1&1\\0&0\end{pmatrix},$$

得基础解系 $\xi_1=\begin{pmatrix}-1\\1\end{pmatrix}$，故 A 对应于 1 的全部特征向量为 $c_1\xi_1$.

当 $\lambda=3$ 时，则 $(3E-A)x=O$,

$$3E-A=\begin{pmatrix}2&0\\-2&0\end{pmatrix}\to\begin{pmatrix}1&0\\0&0\end{pmatrix},$$

得基础解系 $\xi_2=\begin{pmatrix}0\\1\end{pmatrix}$, 故 $\boldsymbol{A}$ 对应于 3 的全部特征向量为 $c_2\xi_2$.

总结: 求 n 阶方阵 $\boldsymbol{A}$ 的特征值与特征向量的计算步骤为

Step1: 写出 n 阶方阵 $\boldsymbol{A}$ 的特征矩阵 $\lambda\boldsymbol{E}-\boldsymbol{A}$;

Step2: 求出 $\boldsymbol{A}$ 的特征方程 $|\lambda\boldsymbol{E}-\boldsymbol{A}|=0$ 的全部根 $\lambda_1, \lambda_2,\cdots, \lambda_n$, 即 $\boldsymbol{A}$ 的全部特征值;

Step3: 对 $\boldsymbol{A}$ 的每个特征值 $\lambda_i(i=1,2,\cdots,n)$, 求齐次线性方程组 $(\lambda_i\boldsymbol{E}-\boldsymbol{A})\boldsymbol{x}=\boldsymbol{O}$ 的基础解系, 即 $\boldsymbol{A}$ 的全部特征向量 $\xi_1, \xi_2,\cdots, \xi_n$.

4.2.2 特征值的性质

特征值的性质

引例 设 $\boldsymbol{A}=\begin{pmatrix}a_{11} & a_{12}\\a_{21} & a_{22}\end{pmatrix}$, 则 $\boldsymbol{A}$ 的特征方程为

$$|\lambda\boldsymbol{E}-\boldsymbol{A}|=\begin{vmatrix}\lambda-a_{11} & -a_{12}\\-a_{21} & \lambda-a_{22}\end{vmatrix}=\lambda^2-(a_{11}+a_{22})\lambda+(a_{11}a_{22}-a_{12}a_{21})=0.$$

设 $\boldsymbol{A}$ 的两个特征值 λ_1 和 λ_2, 则由一元二次方程根与系数的关系有 $\lambda_1+\lambda_2=a_{11}+a_{22}$, $\lambda_1\lambda_2=a_{11}a_{22}-a_{12}a_{21}=|\boldsymbol{A}|$.

思考: 对 n 阶方阵 $\boldsymbol{A}$, 它的全部特征值与其迹 (方阵主对角线元素之和)、行列式有怎样的关系 ?

性质 1 设 $\boldsymbol{A}$ 是 n 阶方阵 , 它的 n 个特征值 $\lambda_1, \lambda_2, \cdots, \lambda_n$, 则

1) 设 $\lambda_1\lambda_2\cdots\lambda_n=|\boldsymbol{A}|$ (**特征值的乘积等于其行列式的值**);

2) 设 $\lambda_1+\lambda_2+\cdots+\lambda_n=a_{11}+a_{22}+\cdots+a_{nn}=\operatorname{tr}(\boldsymbol{A})$, 即 $\sum\limits_{i=1}^{n}\lambda_i=\sum\limits_{i=1}^{n}a_{ii}=\operatorname{tr}(\boldsymbol{A})$ (**特征值的和等于它的迹**).

例如, 设 $\boldsymbol{A}$ 是 3 阶方阵 , 它的特征值分别为 $\lambda_1=2, \lambda_2=-1, \lambda_3=3$, 则它的行列式的值是 $2\cdot(-1)\cdot3=-6$, 它的迹为 $\operatorname{tr}(\boldsymbol{A})=2+(-1)+3=4$.

例 2 已知 $\boldsymbol{A}=\begin{pmatrix}1 & -3 & 3\\3 & -5 & x\\6 & -6 & y\end{pmatrix}$ 有特征值 $\lambda_1=\lambda_2=-2, \lambda_3=4$, 求 $\boldsymbol{x}, \boldsymbol{y}$.

解 由性质 1 可知 , $-2+(-2)+4=1+(-5)+y$, 得 $y=4$.

又因为 $|\boldsymbol{A}|=\begin{vmatrix}1 & -3 & 3\\3 & -5 & x\\6 & -6 & y\end{vmatrix}=36+4y-12x=(-2)\cdot(-2)\cdot4$, 将 $y=4$ 代入得 $x=3$.

性质 2 设 $\boldsymbol{A}$ 是 n 阶方阵，它的特征值为 λ, 则

1) $k\lambda$ 是 $k\boldsymbol{A}$ 的特征值； 2) $\dfrac{1}{\lambda}$ 是 $\boldsymbol{A}^{-1}$ 的特征值；

3) λ^k 是 $\boldsymbol{A}^k$ 的特征值； 4) $\dfrac{|\boldsymbol{A}|}{\lambda}$ 是 $\boldsymbol{A}^*$ 的特征值 .

例 3 已知三阶方阵 $\boldsymbol{A}$ 的特征值分别为 1, 2, 3, 求 $6\boldsymbol{A}^{-1}$, $\boldsymbol{A}^3$, $\boldsymbol{A}^*$ 的特征值 .

解 由性质 2 可知，$6\boldsymbol{A}^{-1}$ 的特征值分别为 $6\cdot 1=6, 6\cdot\dfrac{1}{2}=3, 6\cdot\dfrac{1}{3}=2$.

$\boldsymbol{A}^3$ 的特征值分别为 $1^3=1,\ 2^3=8,\ 3^3=27$.

$|\boldsymbol{A}|=1\cdot 2\cdot 3=6$, 将 λ=1, 2, 3 分别代入 $\dfrac{|\boldsymbol{A}|}{\lambda}$ 得 $\boldsymbol{A}^*$ 的特征值为 $\dfrac{6}{1}=6,\ \dfrac{6}{2}=3,\ \dfrac{6}{3}=2$.

性质 3 设 $\boldsymbol{A}$ 是 n 阶方阵，它的特征值为 λ, 若 $f(\boldsymbol{A})$ 是 $\boldsymbol{A}$ 的 n 次矩阵多项式，即 $f(\boldsymbol{A})=a_0\boldsymbol{E}+a_1\boldsymbol{A}+\cdots+a_n\boldsymbol{A}^n$, 则 $f(\lambda)=a_0+a_1\lambda+\cdots+a_n\lambda^n$ 是 $f(\boldsymbol{A})$ 的特征值 .

例 4 已知三阶方阵 $\boldsymbol{A}$ 的特征值分别为 1, −1, 2, 且 $\boldsymbol{B}=2\boldsymbol{A}^3+2\boldsymbol{A}^2-\boldsymbol{E}$, 求：

1) $\boldsymbol{B}$ 的特征值； 2) $|\boldsymbol{B}|$.

解 1) 由题知，$f(\lambda)=2\lambda^3+2\lambda^2-1$, 将 $\boldsymbol{A}$ 的特征值 1, −1, 2 代入得 $\boldsymbol{B}$ 的特征值为

$$f(1)=3,\ f(-1)=-1,\ f(2)=23.$$

2) 由性质 1 可知，$|\boldsymbol{B}|=3\cdot(-1)\cdot 23=-69$.

4.2.3 能力拓展驿站

1. MATLAB 实验——方阵的特征值与特征向量

编程命令：[V D]=eig(A) % 求方阵的特征向量与特征值

例 5 用 MATLAB 软件求方阵 $\boldsymbol{A}=\begin{pmatrix}1 & -1 & 1\\ 2 & 4 & -2\\ -3 & -3 & 1\end{pmatrix}$ 的特征值与特征向量 .

输入命令：

```
A=[1 -1 1;2 4 -2;-3 -3 1]          % 输入方阵 A
[V D]=eig(A)                       % 求方阵的特征向量与特征值
```

输出结果：

```
V =
```

```
    0.4082  -0.7071  -0.2673
   -0.8165   0.7071   0.5345
    0.4082  -0.0000   0.8018
D =

    4.0000        0        0
         0   2.0000        0
         0        0   0.0000
```

即方阵的特征值分别为 4, 2, 0, 对应的特征向量分别为

$$\xi_1=\begin{pmatrix}1\\-2\\1\end{pmatrix},\quad \xi_2=\begin{pmatrix}-1\\1\\0\end{pmatrix},\quad \xi_3=\begin{pmatrix}-1\\2\\3\end{pmatrix}.$$

注 三个不同的特征值对应的特征向量线性无关.

2. 应用案例——数列的通项公式

(1) 问题描述

数列通项满足条件：$a_n=4a_{n-1}+a_{n-2}-16a_{n-3}+12a_{n-4}$，$n\geqslant 4$, 且 $a_0=1$，$a_1=-3$，$a_2=2$，$a_3=1$, 试求通项 a_n.

(2) 问题分析

给定的数列满足递推关系式，需要将它转化为方程组的形式，即

$$\begin{cases}a_n=4a_{n-1}+a_{n-2}-16a_{n-3}+12a_{n-4}\\a_{n-1}=a_{n-1}\\a_{n-2}=a_{n-2}\\a_{n-3}=a_{n-3}\end{cases} \tag{4-1}$$

令 $\boldsymbol{X}_n=\begin{pmatrix}a_n\\a_{n-1}\\a_{n-2}\\a_{n-3}\end{pmatrix}$ 为列向量，则线性方程组式 (4-1) 可化为矩阵方程 $\boldsymbol{X}_n=\boldsymbol{A}\boldsymbol{X}_{n-1}$, 其中

$$\boldsymbol{A}=\begin{pmatrix}4&1&-16&12\\1&0&0&0\\0&1&0&0\\0&0&1&0\end{pmatrix}.$$

(3) 模型建立与求解

通过问题分析可知，为了进一步求解数列通项 a_n，找到的递推关系为

$$\boldsymbol{X}_n=\boldsymbol{A}\boldsymbol{X}_{n-1}=\boldsymbol{A}^2\boldsymbol{X}_{n-2}=\cdots=\boldsymbol{A}^{n-3}\boldsymbol{X}_3.$$

因此，最后将数列通项 a_n 转化为矩阵 $\boldsymbol{A}^{n-3}$ 的求解. 设方阵 $\boldsymbol{A}$ 的特征值与特征向量分别为 λ 和 $\boldsymbol{\alpha}$, 运用 MATLAB 的特征值函数命令 eig 编程如下：

输入命令：

```
A=sym([4 1 -16 12;1 0 0 0;0 1 0 0;0 0 1 0]);     % 输入数列矩阵 A
[P V]=eig(A)                                       % 求矩阵 A 的特征值
```

输出结果：

```
P =                          V =

    [ 1, 8, 27, -8]          [ 1, 0, 0, 0]
    [ 1, 4, 9, 4]            [ 0, 2, 0, 0]
    [ 1, 2, 3, -2]           [ 0, 0, 3, 0]
    [ 1, 1, 1, 1]            [ 0, 0, 0, -2]
```

因此，特征向量分别为 $\boldsymbol{\alpha}_1=\begin{pmatrix}1\\1\\1\\1\end{pmatrix}$，$\boldsymbol{\alpha}_2=\begin{pmatrix}8\\4\\2\\1\end{pmatrix}$，$\boldsymbol{\alpha}_3=\begin{pmatrix}27\\9\\3\\1\end{pmatrix}$，$\boldsymbol{\alpha}_4=\begin{pmatrix}-8\\4\\-2\\1\end{pmatrix}$，特征值分别为 $\lambda_1=1$，$\lambda_2=2$，$\lambda_3=3$，$\lambda_4=-2$.

根据特征值与特征向量的性质，令 $\boldsymbol{P}=(\boldsymbol{\alpha}_1,\boldsymbol{\alpha}_2,\boldsymbol{\alpha}_3,\boldsymbol{\alpha}_4)$，$\boldsymbol{V}=\begin{pmatrix}1&&&\\&2&&\\&&3&\\&&&-2\end{pmatrix}$，则 $\boldsymbol{A}$ 可对角化（见 4.3.2 矩阵的对角化），即 $\boldsymbol{A}=\boldsymbol{PVP}^{-1}$. 进一步有，$\boldsymbol{A}^{n-3}=(\boldsymbol{PVP}^{-1})^{n-3}=\boldsymbol{PV}^{n-3}\boldsymbol{P}^{-1}$.

令 $\boldsymbol{X}_3=(1\quad 2\quad -3\quad 1)^{\mathrm{T}}$，则 $\boldsymbol{X}_n=\boldsymbol{PV}^{n-3}\boldsymbol{P}^{-1}\boldsymbol{X}_3$. 运用 MATLAB 的编程求解如下：

输入命令：

```
syms n
X_3=[1 2 -3 1]';
X_n=P*V^(n-3)*inv(P)* X_3
```

输出结果：

```
X_n =

    (81*3^(n - 3))/2 - 36*2^(n - 3) - (20*(-2)^(n - 3))/3 + 19/6
    (10*(-2)^(n - 3))/3 - 18*2^(n - 3) + (27*3^(n - 3))/2 + 19/6
    (9*3^(n - 3))/2 - 9*2^(n - 3) - (5*(-2)^(n - 3))/3 + 19/6
    (5*(-2)^(n - 3))/6 - (9*2^(n - 3))/2 + (3*3^(n - 3))/2 + 19/6
```

通过 MATLAB 编程结果可知，数列的通项可表示为 $a_n=\dfrac{81}{2}\cdot 3^{n-3}-36\cdot 2^{n-3}-\dfrac{20}{3}\cdot(-2)^{n-3}+\dfrac{19}{6}$.

3. 拓展阅读——数学家斐波那契

斐波那契(见图 4-5),是中世纪意大利数学家,是西方第一个研究斐波那契数的人.他将现代书写数和乘数的位值表示法系统引入欧洲,在算术、代数、几何等方面有重要贡献,为后续数学家的研究奠定了坚实的基础.

图 4-5

斐波那契 1175 年出生于意大利比萨.他的父亲担任海关官员,因此斐波那契从小就随父亲旅居海外,又游历地中海沿岸诸国,接触到了阿拉伯世界先进的数学知识.

1202 年,27 岁的斐波那契将其所学写进《计算之书》,这本书包含了许多希腊、埃及、阿拉伯、印度、甚至是中国数学的相关内容,通过在记账、重量计算、利息、汇率和其他方面的应用,显示了新的数字系统的实用价值,影响并改变了欧洲数学的面貌和欧洲人的思想.

1220 年,斐波那契编写了《几何实践》,着重叙述希腊几何与三角术.1225 年,他编写了《平方数书》和《花朵》,前者专论二次丢番图方程,后者内容多为腓特烈二世宫廷数学竞赛问题.

1228 年,斐波那契修订《计算之书》,通过兔子繁殖的例子,引进了著名的"斐波那契数列",也叫"兔子数列"或黄金分割数列.该数列的初始值 $F(0)=1$, $F(1)=1$, 递推关系为 $F(n)=F(n-1)+F(n-2)$, 斐波那契数列通项为 $F(n)=\frac{1}{\sqrt{5}}\left[\left(\frac{1+\sqrt{5}}{2}\right)^n-\left(\frac{1-\sqrt{5}}{2}\right)^n\right]$.

斐波那契是一位将理论与实践完美结合的数学家,他的成就跨越时空,至今仍被人们广泛研究和应用.为了纪念他,每年的 11 月 23 日被定为"斐波那契日".同时,为推动斐波那契数列及其在现代物理、准晶体结构、化学等领域广泛应用的研究,美国数学会从 1963 年起出版了一份名为《斐波那契季刊》的数学杂志.

习题 4.2

一、选择题

1. 已知方阵 $\boldsymbol{A}=\begin{pmatrix}3 & -2\\ 1 & 0\end{pmatrix}$, 则它的特征值为(　　).

A. 1, 2　　B. −1, −2　　C. 1, −2　　D. −1, 2

2. 已知方阵 $\boldsymbol{A}$ 满足 $|\lambda\boldsymbol{E}-\boldsymbol{A}|=(\lambda-2)(\lambda+4)(\lambda-5)$, 则它的特征值分别为(　　).

A. 2, 4, 5　　B. −2, 4, −5　　C. −2, −4, −5　　D. 2, −4, 5

3. 二阶方阵 $\boldsymbol{A}$ 满足 $\boldsymbol{A}^2-3\boldsymbol{A}-4\boldsymbol{E}=\boldsymbol{O}$, 则它的特征值分别为(　　).

A. 1, 4　　B. −1, 4　　C. 1, −4　　D. −1, −4

4. 已知方阵 $\boldsymbol{A}$ 满足 $|\lambda\boldsymbol{E}-\boldsymbol{A}|=(\lambda-1)(\lambda-2)(\lambda-5)$, 则 $\boldsymbol{A}^{-1}+\boldsymbol{E}$ 的特征值分别为(　　).

A. $2, \frac{3}{2}, \frac{6}{5}$　　B. $1, 3, \frac{1}{5}$　　C. $2, \frac{1}{2}, \frac{6}{5}$　　D. $2, \frac{3}{2}, \frac{4}{5}$

5. (2025年考研真题) 设矩阵 $\boldsymbol{A}=\begin{pmatrix}1&2&0\\2&a&0\\0&0&b\end{pmatrix}$ 有一个正特征值和两个负特征值, 则(　　).

A. $a>4,\ b>0$　　B. $a<4,\ b>0$　　C. $a>4,\ b<0$　　D. $a<4,\ b<0$

二、判断题

1. 已知方阵 $\boldsymbol{A}^2=\boldsymbol{A}$, 则它的特征值为 1 或 −1.　　(　　)

2. 已知方阵 $\boldsymbol{A}=\begin{pmatrix}0&1\\1&0\end{pmatrix}$, 则它的特征多项式为 λ^2+1.　　(　　)

3. 已知方阵 $\boldsymbol{A}$ 满足 $|\lambda\boldsymbol{E}-\boldsymbol{A}|=(\lambda-1)^2(\lambda+2)$, 则它的特征值分别为 1,1,−2.　　(　　)

4. 设 $\boldsymbol{A}$ 的特征值为 λ, 则 $\boldsymbol{A}^{-1}$ 的特征值为 $\frac{1}{\lambda}$.　　(　　)

5. 设三阶方阵 $\boldsymbol{A}$ 的特征值分别为 −1, 0, 2, 则 $|\boldsymbol{A}^2+\boldsymbol{A}+\boldsymbol{E}|=6$.　　(　　)

三、填空题

1. 三阶方阵 $\boldsymbol{A}$ 满足 $|\boldsymbol{A}+2\boldsymbol{E}|=0$, 则它的一个特征值为__________.

2. 已知方阵 $\boldsymbol{A}$ 满足 $(\boldsymbol{A}+2\boldsymbol{E})(\boldsymbol{A}-3\boldsymbol{E})=\boldsymbol{O}$, 则它的特征值分别为__________.

3. 已知 $\boldsymbol{\xi}=(1,1,-1)^{\mathrm{T}}$ 是 $\boldsymbol{A}=\begin{pmatrix}2&-1&2\\5&m&3\\-1&n&-2\end{pmatrix}$ 的一个特征向量, 则 $m=$__________, $n=$__________.

4. 设四阶方阵 $\boldsymbol{A}$ 的特征值分别为 1, 2, 3, 4, 则 $\mathrm{tr}(\boldsymbol{A})=$__________.

5. 二阶方阵 $\boldsymbol{A}$ 满足 $\boldsymbol{A}^2-3\boldsymbol{A}+2\boldsymbol{E}=O$, 则 $|2\boldsymbol{A}^2-\boldsymbol{E}|=$__________.

6. 设三阶方阵 $\boldsymbol{A}$ 的特征多项式 $|\lambda\boldsymbol{E}-\boldsymbol{A}|=(\lambda+1)(\lambda-2)(\lambda-3)$, 则 $\mathrm{tr}(\boldsymbol{A}^{-1})=$__________.

四、解答题

1. 求下列方阵的特征值与特征向量:

(1) $\begin{pmatrix}1&3\\0&1\end{pmatrix}$;　(2) $\begin{pmatrix}2&6\\1&1\end{pmatrix}$;　(3) $\begin{pmatrix}1&4\\3&2\end{pmatrix}$;　(4) $\begin{pmatrix}3&1\\5&-1\end{pmatrix}$.

2. 求下列方阵的特征多项式、特征值与特征向量:

(1) $\begin{pmatrix}-2&1&1\\0&2&0\\-4&1&3\end{pmatrix}$;　(2) $\begin{pmatrix}-1&1&0\\-4&3&0\\1&0&2\end{pmatrix}$.

3. 设 $\boldsymbol{A}=\begin{pmatrix}3&3&-1\\a&-2&2\\3&b&-1\end{pmatrix}$，$\boldsymbol{A}$ 的一个特征向量为 $\boldsymbol{\xi}=(1,-2,3)^{\mathrm{T}}$，求 a 与 b 的值 .

4. 设 n 阶方阵 $\boldsymbol{A}$ 满足 $\boldsymbol{A}^2+k\boldsymbol{A}+3\boldsymbol{E}=\boldsymbol{O}$，且 $\boldsymbol{A}$ 的一个特征值是 1，求 k 的值 .

5. 已知方阵 $\boldsymbol{A}$ 的特征值分别为 $\lambda_1=1,\ \lambda_2=-2,\ \lambda_3=3$，且 $\boldsymbol{B}=2\boldsymbol{A}^3+\boldsymbol{A}-5\boldsymbol{E}$，求：

(1) $\boldsymbol{B}$ 的特征值； (2) $|\boldsymbol{B}|$； (3) $|\boldsymbol{B}^*|$.

6. 设三阶方阵 $\boldsymbol{A}=\begin{pmatrix}1&-1&0\\2&a&0\\4&2&1\end{pmatrix}$，且 $\boldsymbol{A}$ 的特征值分别为 $\lambda_1=1,\ \lambda_2=2$，求 a 与 λ_3 的值 .

7. 设三阶方阵 $\boldsymbol{A}$ 满足 $|\boldsymbol{A}+2\boldsymbol{E}|=0,\ \boldsymbol{A}\boldsymbol{A}^{\mathrm{T}}=4\boldsymbol{E}$，且 $|\boldsymbol{A}|<0$，求 $|\boldsymbol{A}|$ 及 $\boldsymbol{A}^*$ 的一个特征值 .

8. 设方阵 $\boldsymbol{A}=\begin{pmatrix}2&1&1\\1&2&1\\1&1&2\end{pmatrix}$，向量 $\boldsymbol{\alpha}=(1,m,1)^{\mathrm{T}}$ 是 $\boldsymbol{A}^{-1}$ 的一个特征向量，求 m 的值 .

9. (2024 年考研真题) 已知数列 $\{x_n\},\ \{y_n\},\ \{z_n\}$ 满足 $x_0=-1,\ y_0=0,\ z_0=2$，且

$$\begin{cases}x_n=-2x_{n-1}+2z_{n-1},\\y_n=-2y_{n-1}-2z_{n-1},\\z_n=-6x_{n-1}-3y_{n-1}+3z_{n-1}.\end{cases}$$

记 $\boldsymbol{\alpha}=\begin{pmatrix}x_n\\y_n\\z_n\end{pmatrix}$，当 $n\geqslant1$ 时，写出满足 $\boldsymbol{\alpha}_n=\boldsymbol{A}\boldsymbol{\alpha}_{n-1}$ 的矩阵 $\boldsymbol{A}$，并求 $\boldsymbol{A}^n$ 及 $x_n,\ y_n,\ z_n$.

10. (2025 年考研真题) 设 $\boldsymbol{A}=\begin{pmatrix}0&-1&2\\-1&2&1\\-1&-1&a\end{pmatrix}$，1 是 $\boldsymbol{A}$ 的特征多项式的重根 .

(1) 求 a 的值；

(2) 求所有满足 $\boldsymbol{A}\boldsymbol{\alpha}=\boldsymbol{\alpha}+\boldsymbol{\beta},\ \boldsymbol{A}^2\boldsymbol{\alpha}=\boldsymbol{\alpha}+2\boldsymbol{\beta}$ 的非零列向量 $\boldsymbol{\alpha},\ \boldsymbol{\beta}$.

五、实验题

1. 用 MATLAB 软件求解方阵 $\boldsymbol{A}=\begin{pmatrix}1&4\\3&2\end{pmatrix}$ 的特征值与特征多项式 .

2. 用 MATLAB 软件求解方阵 $\begin{pmatrix}-1&1&0\\-4&3&0\\1&0&2\end{pmatrix}$ 的特征值与特征多项式 .

3. 已知数列通项满足条件：$a_n=2a_{n-1}+a_{n-2}-2a_{n-3}$，$n\geqslant3$，且 $a_0=1,\ a_1=-2,\ a_2=3$，运用 MATLAB 软件求解通项 a_n.

4.3 相似矩阵

【课前导读】

相似是两个矩阵之间的一种变换，在二次型理论、数值分析、电路分析等方面有广泛的应用．通过相似变换得到的对角矩阵，在处理图形压缩感知的数据收集方面有重要应用．本节将介绍相似矩阵的概念及性质，通过矩阵的特征值与特征向量掌握矩阵对角化的判定方法与求解步骤．

知识目标

(1) 理解相似矩阵的定义；

(2) 掌握相似矩阵的性质；

(3) 理解矩阵对角化的判定准则；

(4) 学会矩阵对角化的求解方法．

能力目标

(1) 提高矩阵对角化应用和计算的能力；

(2) 增强微分方程组转化为矩阵对角化的能力；

(3) 提升运用 MATLAB 软件编程解决专业问题的能力．

素质目标

(1) 引入相似矩阵和对角化新知识，激发学生创新思维，通过类比变化发现本质；

(2) 通过矩阵的对角化在电路电压控制系统中的应用，增强学生运用数学方法进行建模解决专业问题的能力．

学习重点

(1) 相似矩阵的性质；

(2) 矩阵对角化的求解方法．

学习难点

(1) 相似矩阵与矩阵等价的关系；

(2) 矩阵对角化的判定．

相似矩阵概述

4.3.1 相似矩阵概述

回顾：矩阵 $\boldsymbol{A}$ 经过初等行与列变换得到新的矩阵 $\boldsymbol{B}$，则 $\boldsymbol{A}$ 等价于 $\boldsymbol{B}$，即存在可逆矩阵 $\boldsymbol{P}$，

Q, 使 $PAQ=B$.

思考：若 A,B 均为 n 阶方阵，且 $P=Q^{-1}$, 那么 A 与 B 有什么重要关系？

定义 1 设 A,B 为 n 阶方阵，如果存在可逆矩阵 P, 使得 $P^{-1}AP=B$, 则称 B 是 A 的相似矩阵，或称 A 与 B 相似，记作 $A\sim B$.

例如，$\begin{pmatrix}1&-1\\-1&2\end{pmatrix}^{-1}\begin{pmatrix}1&1\\0&1\end{pmatrix}\begin{pmatrix}1&-1\\-1&2\end{pmatrix}=\begin{pmatrix}-1&4\\-1&3\end{pmatrix}$, 故 $\begin{pmatrix}1&1\\0&1\end{pmatrix}\sim\begin{pmatrix}-1&4\\-1&3\end{pmatrix}$.

定理 1 设 A,B 为 n 阶方阵，$A\sim B$, 则

1) $|A|=|B|$;

2) $R(A)=R(B)$;

3) $|\lambda E-A|=|\lambda E-B|$;

4) A,B 有相同的特征值；

5) $\operatorname{tr}(A)=\operatorname{tr}(B)$.

证明 设 $A\sim B$, 即存在可逆矩阵 P, 使 $P^{-1}AP=B$, 故

1) $|B|=|P^{-1}AP|=|P^{-1}|\cdot|A|\cdot|P|=|A|$;

2) 由 $A\sim B$, 知 $A\xrightarrow{\text{初等变换}}B$, 故 $R(A)=R(B)$;

3) $\lambda E-B=\lambda E-P^{-1}AP=P^{-1}(\lambda E-A)P$, 即 $\lambda E-A\sim\lambda E-B$, 由 1) 得 $|\lambda E-A|=|\lambda E-B|$. 由特征值的性质易知，它们的特征值和迹相同.

例 1 若 $A=\begin{pmatrix}22&31\\-12&x\end{pmatrix}$, $B=\begin{pmatrix}1&2\\3&4\end{pmatrix}$, 且 $A\sim B$, 求 x.

解 由 $A\sim B$, 故 $\operatorname{tr}(A)=\operatorname{tr}(B)$, 有 $22+x=1+4$, 则 $x=-17$.

例 2 矩阵 A 与 B 相似，$B=\begin{pmatrix}1&-1&1\\0&3&2\\0&0&2\end{pmatrix}$, 求 $|A|$.

解 由 $A\sim B$, 故 $|A|=|B|$, 则 $|A|=|B|=6$.

例 3 已知 $A=\begin{pmatrix}-2&0&0\\2&x&2\\3&1&1\end{pmatrix}$, $B=\begin{pmatrix}-1&0&0\\0&2&0\\0&0&y\end{pmatrix}$, 且 $A\sim B$, 求 x,y.

解 由 $A\sim B$, 有 $\operatorname{tr}(A)=\operatorname{tr}(B)$, 即 $-2+x+1=-1+2+y$.

因为 A,B 具有相同的特征值，则 $|-E-A|=0$, 即

$$\begin{vmatrix}1&0&0\\-2&-1-x&-2\\-3&-1&-2\end{vmatrix}=2x=0,$$

解得 $x=0$, $y=-2$.

4.3.2 矩阵的对角化

矩阵的对角化

思考：矩阵运算中，对角矩阵运算很简便，是否每个方阵都能相似于对角矩阵？

定义 2 若存在可逆矩阵 $\boldsymbol{P}$，使 $\boldsymbol{P}^{-1}\boldsymbol{A}\boldsymbol{P}=\boldsymbol{\Lambda}$ 为对角矩阵，则称 $\boldsymbol{A}$ 为相似对角矩阵，即 $\boldsymbol{A}$ 可对角化，记作 $\boldsymbol{A}\sim\boldsymbol{\Lambda}$.

例 4 已知 $\boldsymbol{A}=\begin{pmatrix}1 & -1\\ 2 & 4\end{pmatrix}$，$\boldsymbol{P}=\begin{pmatrix}-1 & 1\\ 1 & -2\end{pmatrix}$，验证：$\boldsymbol{A}$ 可对角化.

证明 $|\boldsymbol{P}|=\begin{vmatrix}-1 & 1\\ 1 & -2\end{vmatrix}=1\neq 0$，故 $\boldsymbol{P}$ 为可逆矩阵，且 $\boldsymbol{P}^{-1}=\begin{pmatrix}-2 & -1\\ -1 & -1\end{pmatrix}$.

由 $\boldsymbol{P}^{-1}\boldsymbol{A}\boldsymbol{P}=\begin{pmatrix}-2 & -1\\ -1 & -1\end{pmatrix}\begin{pmatrix}1 & -1\\ 2 & 4\end{pmatrix}\begin{pmatrix}-1 & 1\\ 1 & -2\end{pmatrix}=\begin{pmatrix}2 & 0\\ 0 & 3\end{pmatrix}=\boldsymbol{\Lambda}$，则 $\boldsymbol{A}$ 可对角化.

思考：如何判定 n 阶矩阵 $\boldsymbol{A}$ 相似于对角矩阵？

对角化条件：设存在可逆矩阵 $\boldsymbol{P}$，使得 $\boldsymbol{P}^{-1}\boldsymbol{A}\boldsymbol{P}=\boldsymbol{\Lambda}$，即 $\boldsymbol{A}\boldsymbol{P}=\boldsymbol{P}\boldsymbol{\Lambda}$，其中，

$$\boldsymbol{\Lambda}=\begin{pmatrix}\lambda_1 & & & \\ & \lambda_2 & & \\ & & \ddots & \\ & & & \lambda_n\end{pmatrix}.$$

令 $\boldsymbol{P}=(\boldsymbol{p}_1,\boldsymbol{p}_2,\cdots,\boldsymbol{p}_n)$，$\boldsymbol{p}_1$，$\boldsymbol{p}_2$，…，$\boldsymbol{p}_n$ 是 $\boldsymbol{P}$ 的列向量组. 由 $\boldsymbol{A}\boldsymbol{P}=\boldsymbol{P}\boldsymbol{\Lambda}$ 得

$$\boldsymbol{A}(\boldsymbol{p}_1,\boldsymbol{p}_2,\cdots,\boldsymbol{p}_n)=(\boldsymbol{p}_1,\boldsymbol{p}_2,\cdots,\boldsymbol{p}_n)\begin{pmatrix}\lambda_1 & & & \\ & \lambda_2 & & \\ & & \ddots & \\ & & & \lambda_n\end{pmatrix}.$$

由 $(\boldsymbol{A}\boldsymbol{p}_1,\boldsymbol{A}\boldsymbol{p}_2,\cdots,\boldsymbol{A}\boldsymbol{p}_n)=(\lambda_1\boldsymbol{p}_1,\lambda_2\boldsymbol{p}_2,\cdots,\lambda_n\boldsymbol{p}_n)$，即 $\boldsymbol{A}\boldsymbol{p}_i=\lambda_i\boldsymbol{p}_i\ (i=1,2,\cdots,n)$. 显然，$\boldsymbol{p}_i\neq\boldsymbol{0}$.

观察：λ_i 为 $\boldsymbol{A}$ 的特征值，$\boldsymbol{p}_i$ 为 $\boldsymbol{A}$ 的对应于特征值 λ_i 的特征向量.

定理 2 n 阶矩阵 $\boldsymbol{A}\sim\boldsymbol{\Lambda}=\begin{pmatrix}\lambda_1 & & & \\ & \lambda_2 & & \\ & & \ddots & \\ & & & \lambda_n\end{pmatrix}$ 的充分必要条件是 $\boldsymbol{A}$ 有 n 个线性无关的特征向量.

从定理 2 可以看出，矩阵的对角化求解转化为求解它的特征值与特征向量问题.

总结：n 阶矩阵 $\boldsymbol{A}$ 相似于对角矩阵 $\boldsymbol{\Lambda}$ 的具体计算步骤为

Step1: 写出 n 阶方阵 $\boldsymbol{A}$ 的特征矩阵 $\lambda\boldsymbol{E}-\boldsymbol{A}$;

Step2: 求出 $\boldsymbol{A}$ 的特征值 λ_1，λ_2，…，λ_n;

Step3: 对 $\boldsymbol{A}$ 的每个特征值 λ_i，求齐次线性方程组 $(\lambda_i\boldsymbol{E}-\boldsymbol{A})\boldsymbol{x}=\boldsymbol{O}$ 的基础解系，即 $\boldsymbol{A}$ 的对

应于 λ_i 的线性无关特征向量；

Step4: 由基础解系组成的可逆矩阵 $\boldsymbol{P}=(\boldsymbol{p}_1,\boldsymbol{p}_2,\cdots,\boldsymbol{p}_n)$，有

$$\boldsymbol{P}^{-1}\boldsymbol{AP}=\boldsymbol{\varLambda}=\begin{pmatrix}\lambda_1 & & & \\ & \lambda_2 & & \\ & & \ddots & \\ & & & \lambda_n\end{pmatrix}.$$

例 5 已知 $\boldsymbol{A}=\begin{pmatrix}1 & 0\\ 2 & 3\end{pmatrix}$，判定 $\boldsymbol{A}$ 能否对角化.

解 由 4.2 特征值与特征向量的例 1 可知，$\boldsymbol{A}$ 的特征值为 $\lambda_1=1,\ \lambda_2=3$，对应的特征值的特征向量分别为 $\boldsymbol{p}_1=\begin{pmatrix}-1\\ 1\end{pmatrix}$，$\boldsymbol{p}_2=\begin{pmatrix}0\\ 1\end{pmatrix}$.

易知 $\boldsymbol{P}=(\boldsymbol{p}_1,\boldsymbol{p}_2)=\begin{pmatrix}-1 & 0\\ 1 & 1\end{pmatrix}$ 线性无关．因此，矩阵 $\boldsymbol{A}$ 可对角化.

例 6 已知 $\boldsymbol{A}=\begin{pmatrix}1 & 2 & 0\\ 2 & 1 & 0\\ -2 & a & 3\end{pmatrix}$，当 a 为何值时，$\boldsymbol{A}$ 可对角化？

解 由 $|\lambda\boldsymbol{E}-\boldsymbol{A}|=\begin{vmatrix}\lambda-1 & -2 & 0\\ -2 & \lambda-1 & 0\\ 2 & -a & \lambda-3\end{vmatrix}=(\lambda-3)\begin{vmatrix}\lambda-1 & -2\\ -2 & \lambda-1\end{vmatrix}=(\lambda+1)(\lambda-3)^2=0$，

则 $\boldsymbol{A}$ 的特征值 $\lambda_1=-1,\ \lambda_2=\lambda_3=3$.

当 $\lambda_2=\lambda_3=3$ 时，则 $(3\boldsymbol{E}-\boldsymbol{A})\boldsymbol{x}=\boldsymbol{O}$.

$$3\boldsymbol{E}-\boldsymbol{A}=\begin{pmatrix}2 & -2 & 0\\ -2 & 2 & 0\\ 2 & -a & 0\end{pmatrix}\to\begin{pmatrix}1 & -1 & 0\\ 0 & 2-a & 0\\ 0 & 0 & 0\end{pmatrix},$$

当 $a=2$ 时，$R(3\boldsymbol{E}-\boldsymbol{A})=1$，基础解系含 2 个向量等于特征值的重数．即 $a=2$ 时，$\boldsymbol{A}$ 可对角化.

思考：为什么不考虑 $\lambda_1=-1$？

4.3.3 能力拓展驿站

1. MATLAB 实验

(1) 矩阵的相似

例 7 用 MATLAB 软件验证存在一个可逆矩阵 $\boldsymbol{P}=\begin{pmatrix}1 & 1\\ 1 & -5\end{pmatrix}$，使得矩阵 $\boldsymbol{A}=\begin{pmatrix}3 & 1\\ 5 & -1\end{pmatrix}$ 与

矩阵 $\boldsymbol{B}=\begin{pmatrix}4 & 0\\ 0 & -2\end{pmatrix}$ 是相似矩阵.

输入命令:

```
P=[1 1;1 -5];                    % 输入矩阵 P
det(P)                           % 求 P 的行列式
A=[3 1;5 -1];                    % 输入矩阵 A
inv(P)*A*P                       % 验证 A 的相似矩阵 B
```

输出结果:

```
ans =

    -6

ans =

    4.0000    0.0000
    0.0000   -2.0000.
```

实验结果表明:矩阵 $\boldsymbol{A}$ 与矩阵 $\boldsymbol{B}$ 是相似矩阵.

(2) 矩阵的对角化

例 8 用 MATLAB 软件判定矩阵 $\boldsymbol{A}=\begin{pmatrix}1 & -1 & 1\\ 2 & 4 & -2\\ -3 & -3 & 5\end{pmatrix}$ 是否可对角化.

输入命令:

```
A=[1 -1 1; 2 4 -2; -3 -3 5]      % 输入矩阵 A
[V D]=eig(A)                     % 求方阵的特征向量与特征值
rank(V)                          % 求特征向量矩阵 V 的秩
```

输出结果:

```
V =

   -0.8111   -0.2673    0.1141
    0.3244    0.5345    0.6431
   -0.4867   -0.8018    0.7572

D =

    2.0000         0         0
         0    6.0000         0
         0         0    2.0000

ans =

    3
```

实验结果表明:3 个特征向量是线性无关的,则 $\boldsymbol{A}$ 可对角化.

2. 应用案例——电路电压与微分方程组

(1) 问题描述

已知电路图(见图4-6),电容器 C_1 和 C_2 两端的电压分别为 $u_1(t)$ 和 $u_2(t)$,电容 $C_1=0.5\text{F}$, $C_2=0.25\text{F}$,电阻 $R_1=2\Omega$,$R_2=4\Omega$,初始电压分别为 $u_1(0)=2\text{V}$,$u_2(0)=10\text{V}$,求电压 $u_1(t)$ 和 $u_2(t)$.

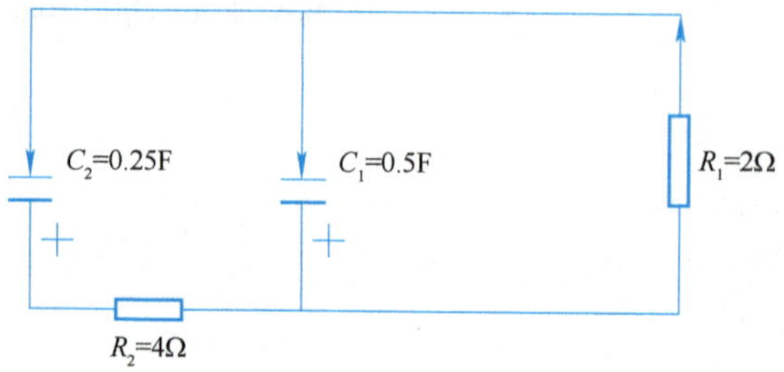

图 4-6

(2) 问题分析

设电压为 $u_1, u_2, \cdots, u_n$ 是 t 的可导函数,电路中电压计算的数学模型为一阶常系数齐次线性微分方程组

$$\begin{cases}\dfrac{du_1}{dt}=a_{11}u_1+a_{12}u_2+\cdots+a_{1n}u_n,\\ \dfrac{du_2}{dt}=a_{21}u_1+a_{22}u_2+\cdots+a_{2n}u_n,\\ \qquad\vdots\\ \dfrac{du_n}{dt}=a_{n1}u_1+a_{n2}u_2+\cdots+a_{nn}u_n.\end{cases}$$

令 $\boldsymbol{U}=(u_1,u_2,\cdots,u_n)^{\mathrm{T}}$,$\boldsymbol{A}=\begin{pmatrix}a_{11}&a_{12}&\cdots&a_{1n}\\a_{21}&a_{22}&\cdots&a_{2n}\\\vdots&\vdots&&\vdots\\a_{n1}&a_{n2}&\cdots&a_{nn}\end{pmatrix}$,$\dfrac{d\boldsymbol{U}}{dt}=\left(\dfrac{du_1}{dt},\dfrac{du_2}{dt},\cdots,\dfrac{du_n}{dt}\right)$,则

$$\frac{d\boldsymbol{U}}{dt}=\boldsymbol{AU} \tag{4-2}$$

设方阵 $\boldsymbol{A}$ 的特征值分别为 $\lambda_1, \lambda_2, \cdots, \lambda_n$,其对应线性无关的特征向量为 $\boldsymbol{p}_1, \boldsymbol{p}_2, \cdots, \boldsymbol{p}_n$.

令 $\boldsymbol{P}=(\boldsymbol{p}_1,\boldsymbol{p}_2,\cdots,\boldsymbol{p}_n)$,则 $\boldsymbol{P}^{-1}\boldsymbol{AP}=\boldsymbol{\Lambda}=\begin{pmatrix}\lambda_1&&&\\&\lambda_2&&\\&&\ddots&\\&&&\lambda_n\end{pmatrix}$.

令 $\boldsymbol{U}=\boldsymbol{PX}$,结合式(4-2)及 $\boldsymbol{AP}=\boldsymbol{P\Lambda}$,则

$$P\frac{\mathrm{d}X}{\mathrm{d}t}=APX=P\Lambda X.$$

因为 P 可逆，故 $\frac{\mathrm{d}X}{\mathrm{d}t}=\Lambda X$，即

$$\begin{pmatrix}\frac{\mathrm{d}x_1}{\mathrm{d}t}\\ \frac{\mathrm{d}x_2}{\mathrm{d}t}\\ \vdots\\ \frac{\mathrm{d}x_n}{\mathrm{d}t}\end{pmatrix}=\begin{pmatrix}\lambda_1 & & & \\ & \lambda_2 & & \\ & & \ddots & \\ & & & \lambda_n\end{pmatrix}\begin{pmatrix}x_1 & & & \\ & x_2 & & \\ & & \ddots & \\ & & & x_n\end{pmatrix},$$

则 $\frac{\mathrm{d}x_i}{\mathrm{d}t}=\lambda_i x_i$，它的通解为 $x_i=c_i\mathrm{e}^{\lambda_i t}$，故微分方程组的通解为

$$U=PX=(p_1,p_2,\cdots,p_n)\begin{pmatrix}c_1\mathrm{e}^{\lambda_1 t}\\ c_2\mathrm{e}^{\lambda_2 t}\\ \vdots\\ c_n\mathrm{e}^{\lambda_n t}\end{pmatrix}$$

$$=c_1p_1\mathrm{e}^{\lambda_1 t}+c_2p_2\mathrm{e}^{\lambda_2 t}+\cdots+c_np_n\mathrm{e}^{\lambda_n t}.$$

(3) 模型建立与求解

根据电路电压的基尔霍夫电压定律，问题中的电压满足齐次线性微分方程组

$$\begin{cases}C_1R_2\frac{\mathrm{d}u_1}{\mathrm{d}t}+\frac{R_1+R_2}{R_1}u_1-u_2=0,\\ C_2R_2\frac{\mathrm{d}u_2}{\mathrm{d}t}-u_1+u_2=0.\end{cases}$$

将 $C_1=0.5\,\mathrm{F}$, $C_2=0.25\,\mathrm{F}$，电阻 $R_1=2\,\Omega$, $R_2=4\,\Omega$ 代入并转化为矩阵形式

$$\begin{pmatrix}\frac{\mathrm{d}u_1}{\mathrm{d}t}\\ \frac{\mathrm{d}u_2}{\mathrm{d}t}\end{pmatrix}=\begin{pmatrix}-1.5 & 0.5\\ 1 & -1\end{pmatrix}\begin{pmatrix}u_1\\ u_2\end{pmatrix}.$$

运用 MATLAB 编程求解：

输入命令：

```
A=[-1.5 0.5;1 -1]                % 输入方阵 A
[V D]=eig(A)                     % 求方阵的特征向量与特征值
```

输出结果：

```
V =

      -0.7071   -0.4472
       0.7071   -0.8944
```

```
D =

   -2.0000         0
         0   -0.5000
```

通过 MATLAB 编程结果可知，方阵的特征值分别为 $\lambda_1=-2$, $\lambda_2=-0.5$, 对应的特征向量分别为

$$p_1=\begin{pmatrix}-1\\1\end{pmatrix},\quad p_2=\begin{pmatrix}1\\2\end{pmatrix}.$$

因此，方程组的通解为

$$\begin{pmatrix}u_1\\u_2\end{pmatrix}=c_1 p_1 e^{\lambda_1 t}+c_2 p_2 e^{\lambda_2 t}=c_1\begin{pmatrix}-1\\1\end{pmatrix}e^{-2t}+c_2\begin{pmatrix}1\\2\end{pmatrix}e^{-0.5t}.$$

将初始电压 $u_1(0)=2\text{V}$, $u_2(0)=10\text{V}$ 代入，满足 $c_1\begin{pmatrix}-1\\1\end{pmatrix}+c_2\begin{pmatrix}1\\2\end{pmatrix}=\begin{pmatrix}2\\10\end{pmatrix}$, 解得

$$c_1=2,\ c_2=4,$$

则电压矩阵形式为 $\begin{pmatrix}u_1\\u_2\end{pmatrix}=2\begin{pmatrix}-1\\1\end{pmatrix}e^{-2t}+4\begin{pmatrix}1\\2\end{pmatrix}e^{-0.5t}=\begin{pmatrix}4e^{-0.5t}-2e^{-2t}\\8e^{-0.5t}+2e^{-2t}\end{pmatrix}$.

因此，电容器两端的电压分别为 $u_1(t)=4e^{-0.5t}-2e^{-2t}$, $u_2(t)=8e^{-0.5t}+2e^{-2t}$.

注

当时间 t 趋向无穷时，电容器 C_1 和 C_2 两端的电压分别为 $u_1(t)$ 和 $u_2(t)$ 均趋向零，即两个电容器的电压随着时间增加最终衰减为零．

习题 4.3

一、选择题

1. 已知矩阵 $A=\begin{pmatrix}22&31\\-12&a\end{pmatrix}$, $B=\begin{pmatrix}1&2\\3&4\end{pmatrix}$, 且 A 与 B 相似，则 a=(　　).

A. 17　　B. −17　　C. 15　　D. −15

2. 已知 A 与 B 相似，下列说法错误的是 (　　).

A. $|\lambda E-A|=|\lambda E-B|$　　B. $\text{tr}(A)\neq\text{tr}(B)$

C. $|A|=|B|$　　D. A 与 B 具有相同的特征向量

3. 已知 A 与 B 相似，下列说法错误的是 (　　).

A. A 与 B 的特征值相同　　B. A 与 B 的行列式不同

C. $\boldsymbol{A}$ 与 $\boldsymbol{B}$ 的迹相同　　D. $\boldsymbol{A}$ 与 $\boldsymbol{B}$ 的秩相同

4. 已知 $\boldsymbol{A}=\begin{pmatrix}1&1\\0&1\end{pmatrix}$, $\boldsymbol{B}=\begin{pmatrix}-1&4\\-1&3\end{pmatrix}$, 下列可逆矩阵（　）满足 $\boldsymbol{P}^{-1}\boldsymbol{A}\boldsymbol{P}=\boldsymbol{\Lambda}$.

A. $\begin{pmatrix}1&1\\1&2\end{pmatrix}$　B. $\begin{pmatrix}1&-1\\1&2\end{pmatrix}$　C. $\begin{pmatrix}1&-1\\-1&2\end{pmatrix}$　D. $\begin{pmatrix}1&-1\\1&-2\end{pmatrix}$

5. 已知 $\boldsymbol{A}=\begin{pmatrix}-2&0&0\\2&x&2\\3&1&1\end{pmatrix}$, $\boldsymbol{B}=\begin{pmatrix}-1&0&0\\0&2&0\\0&0&y\end{pmatrix}$, 且 $\boldsymbol{A}\sim\boldsymbol{B}$, 则 x,y 分别为（　）.

A. $x=0,y=-2$　B. $x=0,y=2$　C. $x=-2,y=0$　D. $x=2,y=0$

二、判断题

1. 已知 $\boldsymbol{A}$ 与 $\boldsymbol{B}$ 相似，则 $|\lambda\boldsymbol{E}-\boldsymbol{A}|=|\lambda\boldsymbol{E}-\boldsymbol{B}|$.（　）

2. 已知 $\boldsymbol{A}=\begin{pmatrix}1&1\\0&1\end{pmatrix}$, $\boldsymbol{B}=\begin{pmatrix}-1&4\\-1&3\end{pmatrix}$, 则 $\boldsymbol{A}$ 与 $\boldsymbol{B}$ 相似 .（　）

3. n 阶矩阵 $\boldsymbol{A}$ 相似于对角矩阵的充要条件是 $\boldsymbol{A}$ 有 n 个线性无关的特征向量 .（　）

4. 已知矩阵 $\boldsymbol{A}=\begin{pmatrix}-1&4&-2\\-3&4&0\\-3&1&3\end{pmatrix}$, 则矩阵 $\boldsymbol{A}$ 可对角化 .（　）

5. 如果 n 阶方阵 $\boldsymbol{A}$ 有 n 个互异的特征值 $\lambda_1,\lambda_2,\cdots,\lambda_n$, 则 $\boldsymbol{A}$ 与对角矩阵 $\boldsymbol{\Lambda}=\mathrm{diag}(\lambda_1,\lambda_2,\cdots,\lambda_n)$ 相似 .（　）

6. 已知 $\boldsymbol{\alpha}=(1,1,-1)^{\mathrm{T}}$ 是 $\boldsymbol{A}=\begin{pmatrix}2&-1&2\\5&m&3\\-1&n&-2\end{pmatrix}$ 的一个特征向量，则 $\boldsymbol{A}$ 可对角化 .（　）

三、解答题

1. 已知 $\boldsymbol{A}=\begin{pmatrix}-3&2\\-2&2\end{pmatrix}$, $\boldsymbol{B}=\begin{pmatrix}-2&0\\0&1\end{pmatrix}$, $\boldsymbol{P}=\begin{pmatrix}2&1\\1&2\end{pmatrix}$, 验证：$\boldsymbol{P}^{-1}\boldsymbol{A}\boldsymbol{P}=\boldsymbol{B}$, 即 $\boldsymbol{A}$ 与 $\boldsymbol{B}$ 相似 .

2. 已知矩阵 $\boldsymbol{A}=\begin{pmatrix}-1&4&-2\\-3&4&0\\-3&1&3\end{pmatrix}$, (1) 判断 $\boldsymbol{A}$ 是否可对角化；(2) 若 $\boldsymbol{A}$ 可对角化，求可逆矩阵 $\boldsymbol{P}$, 使得 $\boldsymbol{P}^{-1}\boldsymbol{A}\boldsymbol{P}=\boldsymbol{\Lambda}$.

3. 已知向量 $\boldsymbol{A}=\begin{pmatrix}1&-1&1\\2&4&-2\\-3&-3&x\end{pmatrix}$, $\boldsymbol{B}=\begin{pmatrix}2&0&0\\0&2&0\\0&0&y\end{pmatrix}$, 且 $\boldsymbol{A}\sim\boldsymbol{B}$, 求 x,y 的值 .

4. 已知 $A=\begin{pmatrix}2&-1&2\\5&m&3\\-1&n&-2\end{pmatrix}$ 的一个特征向量 $\alpha=\begin{pmatrix}1\\1\\-1\end{pmatrix}$，(1) 求 m，n 的值及与 α 所对应的特征值；(2) 讨论 A 是否可对角化．

5. 已知三阶方阵 A 的特征值分别为 $\lambda_1=1$，$\lambda_2=1$，$\lambda_3=2$，对应的特征向量分别为 $\xi_1=(0,0,1)^{\mathrm{T}}$，$\xi_2=(-1,1,0)^{\mathrm{T}}$，$\xi_3=(-2,1,1)^{\mathrm{T}}$，求矩阵 A.

6. 已知三阶方阵 $A=\begin{pmatrix}0&0&1\\1&1&m\\1&0&0\end{pmatrix}$，试问 m 为何值时，矩阵 A 可对角化？

7. (2023 年考研真题) 设矩阵 A 满足 $A\begin{pmatrix}x_1\\x_2\\x_3\end{pmatrix}=\begin{pmatrix}x_1+x_2+x_3\\2x_1-x_2+x_3\\x_2-x_3\end{pmatrix}$，求：

(1) A;　(2) 可逆矩阵 P 及对角矩阵 Λ，使得 $P^{-1}AP=\Lambda$.

四、实验题

利用 MATLAB 软件求一阶常系数齐次线性微分方程组 $\begin{cases}\dfrac{\mathrm{d}y_1}{\mathrm{d}t}=4y_1+6y_2,\\\dfrac{\mathrm{d}y_2}{\mathrm{d}t}=-3y_1-5y_2,\\\dfrac{\mathrm{d}y_3}{\mathrm{d}t}=-3y_1-6y_2+y_3\end{cases}$ 的通解．

4.4 实对称矩阵的对角化

【课前导读】

实对称矩阵是矩阵理论中一种非常重要的矩阵．在并非所有矩阵可对角化的情况下，实对称矩阵一定可对角化．本节将介绍实对称矩阵的性质，给出实对称矩阵可对角化的过程，并介绍矩阵的对角化在离散动力系统（如人口迁移动力系统）中的应用．

知识目标

(1) 理解实对称矩阵的性质；

(2) 掌握实对称矩阵对角化的充要条件；

(3) 掌握实对称矩阵对角化的方法．

能力目标

(1) 提高矩阵对角化应用和计算的能力；

(2) 增强运用 MATLAB 软件编程的能力 .

素质目标

(1) 强化实对称矩阵的对角化计算，培养学生的动手意识；

(2) 创设人口迁移动力模型应用案例，让学生主动了解人口数量、分布等对教育、就业、医疗、公共基础设施等政策体系以及经济发展的影响 .

学习重点

(1) 实对称矩阵的性质；

(2) 实对称矩阵对角化的计算 .

学习难点

正交矩阵的求解 .

4.4.1　实对称矩阵的性质与对角化求解

实对称矩阵的性质与对角化求解

思考：并非所有的矩阵都与对角矩阵相似，是否存在一类矩阵一定可对角化？

回顾：实对称矩阵——n 阶方阵 $\boldsymbol{A}$ 满足 $\boldsymbol{A}=\boldsymbol{A}^{\mathrm{T}}$.

性质 1　实对称矩阵 $\boldsymbol{A}$ 的特征值都是实数 .

例 1　已知实对称矩阵 $\boldsymbol{A}=\begin{pmatrix}1 & 2\\ 2 & 1\end{pmatrix}$，求它的特征值 .

解　由 $|\lambda\boldsymbol{E}-\boldsymbol{A}|=\begin{vmatrix}\lambda-1 & -2\\ -2 & \lambda-1\end{vmatrix}=(\lambda-1)^2-4=\lambda^2-2\lambda-3=0$，则它的特征值为 $\lambda_1=3$，$\lambda_2=-1$.

性质 2　实对称矩阵 $\boldsymbol{A}$ 的对应于不同特征值的特征向量相互正交 .

证明　设 $\boldsymbol{A}$ 的两个特征值分别为 λ_1，λ_2，它们对应的特征向量分别为 $\boldsymbol{\alpha}_1$，$\boldsymbol{\alpha}_2$，则 $\boldsymbol{A}\boldsymbol{\alpha}_1=\lambda_1\boldsymbol{\alpha}_1$，$\boldsymbol{A}\boldsymbol{\alpha}_2=\lambda_2\boldsymbol{\alpha}_2$.

$$\boldsymbol{\alpha}_2^{\mathrm{T}}\boldsymbol{A}\boldsymbol{\alpha}_1=\boldsymbol{\alpha}_2^{\mathrm{T}}\lambda_1\boldsymbol{\alpha}_1=\lambda_1\boldsymbol{\alpha}_2^{\mathrm{T}}\boldsymbol{\alpha}_1,$$

$$\boldsymbol{\alpha}_2^{\mathrm{T}}\boldsymbol{A}\boldsymbol{\alpha}_1=\boldsymbol{\alpha}_2^{\mathrm{T}}\boldsymbol{A}^{\mathrm{T}}\boldsymbol{\alpha}_1=(\boldsymbol{A}\boldsymbol{\alpha}_2)^{\mathrm{T}}\boldsymbol{\alpha}_1=(\lambda_2\boldsymbol{\alpha}_2)^{\mathrm{T}}\boldsymbol{\alpha}_1=\lambda_2\boldsymbol{\alpha}_2^{\mathrm{T}}\boldsymbol{\alpha}_1.$$

作差：$(\lambda_1-\lambda_2)\boldsymbol{\alpha}_2^{\mathrm{T}}\boldsymbol{\alpha}_1=(\lambda_1-\lambda_2)[\boldsymbol{\alpha}_1,\boldsymbol{\alpha}_2]=0$.

由于 $\lambda_1\neq\lambda_2$，故内积 $[\boldsymbol{\alpha}_1,\boldsymbol{\alpha}_2]=0$，即 $\boldsymbol{\alpha}_1$ 与 $\boldsymbol{\alpha}_2$ 正交 .

例 2　已知 $\boldsymbol{A}=\begin{pmatrix}1 & 2\\ 2 & 1\end{pmatrix}$，验证其特征向量正交 .

证明 由例 1 可知，令 $|\lambda\boldsymbol{E}-\boldsymbol{A}|=0$，得其特征值为 $\lambda_1=3,\ \lambda_2=-1$.

当 $\lambda=3$ 时，则 $(3\boldsymbol{E}-\boldsymbol{A})\boldsymbol{x}=\boldsymbol{O}$，

$$3\boldsymbol{E}-\boldsymbol{A}=\begin{pmatrix}2&-2\\-2&2\end{pmatrix}\longrightarrow\begin{pmatrix}1&-1\\0&0\end{pmatrix},$$

得特征向量 $\xi_1=\begin{pmatrix}1\\1\end{pmatrix}$.

当 $\lambda=-1$ 时，则 $(-\boldsymbol{E}-\boldsymbol{A})\boldsymbol{x}=\boldsymbol{O}$，

$$-\boldsymbol{E}-\boldsymbol{A}=\begin{pmatrix}-2&-2\\-2&-2\end{pmatrix}\longrightarrow\begin{pmatrix}1&1\\0&0\end{pmatrix},$$

得特征向量 $\xi_2=\begin{pmatrix}-1\\1\end{pmatrix}$. 不难验证 $[\xi_1,\xi_2]=0$，故 $\boldsymbol{A}$ 的特征向量正交 .

思考：实对称矩阵 $\boldsymbol{A}$ 是否一定相似于对角矩阵？

定理 设 $\boldsymbol{A}$ 是 n 阶实对称矩阵，则存在正交矩阵 $\boldsymbol{Q}$，使

$$\boldsymbol{Q}^{-1}\boldsymbol{A}\boldsymbol{Q}=\boldsymbol{Q}^{\mathrm{T}}\boldsymbol{A}\boldsymbol{Q}=\boldsymbol{\Lambda}=\begin{pmatrix}\lambda_1&&&\\&\lambda_2&&\\&&\ddots&\\&&&\lambda_n\end{pmatrix}.$$

注

1) 实对称矩阵 $\boldsymbol{A}$ 一定可对角化；

2) 对角矩阵元素为 $\boldsymbol{A}$ 的特征值 .

问题：如何寻找正交矩阵 $\boldsymbol{Q}$，使实对称矩阵 $\boldsymbol{A}$ 可对角化？

联想：特征值、特征向量、两两正交 .

对角化方法：通过寻找正交矩阵 $\boldsymbol{Q}$ 化实对称矩阵 $\boldsymbol{A}$ 为对角矩阵 $\boldsymbol{\Lambda}$ 的具体计算步骤为

Step1: 求出 $\boldsymbol{A}$ 的全部特征值 $\lambda_1,\ \lambda_2,\ \cdots,\ \lambda_n$；

Step2: 对 $\boldsymbol{A}$ 的每个特征值 λ_i，求齐次线性方程组 $(\lambda_i\boldsymbol{E}-\boldsymbol{A})\boldsymbol{x}=\boldsymbol{O}$ 的基础解系，即 $\boldsymbol{A}$ 的对应于 λ_i 的线性无关特征向量；

Step3: 将对应特征值的特征向量进行施密特正交化；

Step4: 将 n 个正交特征向量单位化，得出正交矩阵 $\boldsymbol{Q}=(\boldsymbol{q}_1,\boldsymbol{q}_2,\cdots,\boldsymbol{q}_n)$，则

$$\boldsymbol{Q}^{-1}\boldsymbol{A}\boldsymbol{Q}=\boldsymbol{Q}^{\mathrm{T}}\boldsymbol{A}\boldsymbol{Q}=\boldsymbol{\Lambda}=\begin{pmatrix}\lambda_1&&&\\&\lambda_2&&\\&&\ddots&\\&&&\lambda_n\end{pmatrix}.$$

例 3 已知 $\boldsymbol{A}=\begin{pmatrix}4&2&2\\2&4&2\\2&2&4\end{pmatrix}$，求正交矩阵 $\boldsymbol{Q}$，使 $\boldsymbol{Q}^{-1}\boldsymbol{A}\boldsymbol{Q}=\boldsymbol{Q}^{\mathrm{T}}\boldsymbol{A}\boldsymbol{Q}=\boldsymbol{\Lambda}$ 为对角矩阵 .

解 $|\lambda\boldsymbol{E}-\boldsymbol{A}|=\begin{vmatrix}\lambda-4&-2&-2\\-2&\lambda-4&-2\\-2&-2&\lambda-4\end{vmatrix}=(\lambda-8)(\lambda-2)^2$,

则方阵 $\boldsymbol{A}$ 的特征值 $\lambda_1=8$, $\lambda_2=\lambda_3=2$.

1) 当 $\lambda_1=8$ 时，则 $(8\boldsymbol{E}-\boldsymbol{A})\boldsymbol{x}=\boldsymbol{O}$,

$$8\boldsymbol{E}-\boldsymbol{A}=\begin{pmatrix}4&-2&-2\\-2&4&-2\\-2&-2&4\end{pmatrix}\longrightarrow\begin{pmatrix}1&0&-1\\0&1&-1\\0&0&0\end{pmatrix},$$

得特征向量 $\xi_1=(1,1,1)^{\mathrm{T}}$.

2) 当 $\lambda_2=\lambda_3=2$ 时，则 $(2\boldsymbol{E}-\boldsymbol{A})\boldsymbol{x}=\boldsymbol{O}$,

$$2\boldsymbol{E}-\boldsymbol{A}=\begin{pmatrix}-2&-2&-2\\-2&-2&-2\\-2&-2&-2\end{pmatrix}\longrightarrow\begin{pmatrix}1&1&1\\0&0&0\\0&0&0\end{pmatrix},$$

得线性无关的特征向量 $\xi_2=(-1,1,0)^{\mathrm{T}}$，$\xi_3=(-1,0,1)^{\mathrm{T}}$.

由于 $[\xi_1,\xi_2]=0$, 则 ξ_1 与 ξ_2 正交 . 取 $\boldsymbol{\beta}_1=\xi_1$, $\boldsymbol{\beta}_2=\xi_2$.

将 ξ_2, ξ_3 正交化得

$$\boldsymbol{\beta}_3=\xi_3-\frac{[\xi_3,\boldsymbol{\beta}_2]}{[\boldsymbol{\beta}_2,\boldsymbol{\beta}_2]}\boldsymbol{\beta}_2=\begin{pmatrix}-1\\0\\1\end{pmatrix}-\frac{1}{2}\begin{pmatrix}-1\\1\\0\end{pmatrix}=\frac{1}{2}\begin{pmatrix}-1\\-1\\2\end{pmatrix}.$$

将 $\boldsymbol{\beta}_1$, $\boldsymbol{\beta}_2$, $\boldsymbol{\beta}_3$ 单位化得

$$\boldsymbol{q}_1=\frac{\boldsymbol{\beta}_1}{\|\boldsymbol{\beta}_1\|}=\begin{pmatrix}\frac{1}{\sqrt{3}}\\\frac{1}{\sqrt{3}}\\\frac{1}{\sqrt{3}}\end{pmatrix},\ \boldsymbol{q}_2=\frac{\boldsymbol{\beta}_2}{\|\boldsymbol{\beta}_2\|}=\begin{pmatrix}-\frac{1}{\sqrt{2}}\\\frac{1}{\sqrt{2}}\\0\end{pmatrix},\ \boldsymbol{q}_3=\frac{\boldsymbol{\beta}_3}{\|\boldsymbol{\beta}_3\|}=\begin{pmatrix}-\frac{1}{\sqrt{6}}\\-\frac{1}{\sqrt{6}}\\\frac{2}{\sqrt{6}}\end{pmatrix}.$$

令 $\boldsymbol{Q}=(\boldsymbol{q}_1,\boldsymbol{q}_2,\boldsymbol{q}_3)=\begin{pmatrix}\frac{1}{\sqrt{3}}&-\frac{1}{\sqrt{2}}&-\frac{1}{\sqrt{6}}\\\frac{1}{\sqrt{3}}&\frac{1}{\sqrt{2}}&-\frac{1}{\sqrt{6}}\\\frac{1}{\sqrt{3}}&0&\frac{2}{\sqrt{6}}\end{pmatrix}$，则 $\boldsymbol{Q}$ 为正交矩阵，且

$$Q^{-1}AQ=Q^{\mathrm{T}}AQ=\begin{pmatrix}\frac{1}{\sqrt{3}} & \frac{1}{\sqrt{3}} & \frac{1}{\sqrt{3}}\\ -\frac{1}{\sqrt{2}} & \frac{1}{\sqrt{2}} & 0\\ -\frac{1}{\sqrt{6}} & -\frac{1}{\sqrt{6}} & \frac{2}{\sqrt{6}}\end{pmatrix}\begin{pmatrix}4&2&2\\2&4&2\\2&2&4\end{pmatrix}\begin{pmatrix}\frac{1}{\sqrt{3}} & -\frac{1}{\sqrt{2}} & -\frac{1}{\sqrt{6}}\\ \frac{1}{\sqrt{3}} & \frac{1}{\sqrt{2}} & -\frac{1}{\sqrt{6}}\\ \frac{1}{\sqrt{3}} & 0 & \frac{2}{\sqrt{6}}\end{pmatrix}=\begin{pmatrix}8&&\\&2&\\&&2\end{pmatrix}.$$

注

实对称矩阵的不同特征值对应的特征向量必正交，故只需对属于同一特征值的线性无关的特征向量进行正交化.

4.4.2 能力拓展驿站

1. MATLAB 实验

实对称矩阵的对角化

例 4 用 MATLAB 软件求正交矩阵 $\boldsymbol{Q}$ 和对角矩阵 $\boldsymbol{\Lambda}$，将实对称矩阵 $\boldsymbol{A}=\begin{pmatrix}3&2&4\\2&0&2\\4&2&3\end{pmatrix}$ 对角化为 $\boldsymbol{\Lambda}$.

输入命令：

```
A=[3 2 4;2 0 2;4 2 3]           % 输入方阵 A
[V D]=eig(A)                    % 求方阵的特征向量与特征值
```

输出结果：

```
V =

   -0.4862   -0.5649    0.6667
   -0.4834    0.8095    0.3333
    0.7279    0.1602    0.6667

D =

   -1.0000         0         0
         0   -1.0000         0
         0         0    8.0000
```

实验结果表明：对角矩阵和正交矩阵分别为

$$\boldsymbol{\Lambda}=\begin{pmatrix}-1&&\\&-1&\\&&8\end{pmatrix},\ \boldsymbol{Q}=\begin{pmatrix}-0.4862&-0.5649&0.6667\\-0.4834&0.8095&0.3333\\0.7279&0.1602&0.6667\end{pmatrix}.$$

2. 应用案例——人口迁移动力系统模型

(1) 问题提出

假设一个大城市中的总人口是固定的，人口的分布则因居民在市区和郊区之间迁徙而变化，每年有 6% 的市区居民搬到郊区，而有 2% 的郊区居民搬到市区．假设开始时有 30% 的居民住在市区，70% 的居民住在郊区．问：

1) 10 年后市区与郊区的居民人口比例是多少？

2) 30 年、40 年后市区与郊区的居民人口比例是多少？

(2) 问题分析

设大城市的总人口数为 a, 则起始时市区居民人口数是 $0.3a$, 郊区居民人口数是 $0.7a$. 设第 n 年市区居民人口数为 x_n, 郊区居民人口数是 y_n, 那么第 $n+1$ 年市区居民人口数为 x_{n+1}, 郊区居民人口数是 y_{n+1}. 根据每年 6% 的市区居民搬到郊区，2% 的郊区居民搬到市区，如何建立市区居民与郊区居民的数学表达式？

(3) 模型建立与求解

根据上述分析建立人口迁移的数学模型为

$$\begin{cases} x_{n+1}=0.94x_n+0.02y_n, \\ y_{n+1}=0.06x_n+0.98y_n. \end{cases}$$

设 $\boldsymbol{X}_n=\begin{pmatrix} x_n \\ y_n \end{pmatrix}$, $\boldsymbol{A}=\begin{pmatrix} 0.94 & 0.02 \\ 0.06 & 0.98 \end{pmatrix}$. 根据矩阵的乘法，有

$$\boldsymbol{X}_{n+1}=\begin{pmatrix} x_{n+1} \\ y_{n+1} \end{pmatrix}=\begin{pmatrix} 0.94 & 0.02 \\ 0.06 & 0.98 \end{pmatrix}\begin{pmatrix} x_n \\ y_n \end{pmatrix}=\boldsymbol{A}\boldsymbol{X}_n,$$

$$\boldsymbol{X}_n=\boldsymbol{A}\boldsymbol{X}_{n-1},\cdots,\ \boldsymbol{X}_n=\boldsymbol{A}^n\boldsymbol{X}_0.$$

令 $\boldsymbol{X}_0=\begin{pmatrix} 0.3a \\ 0.7a \end{pmatrix}=a\begin{pmatrix} 0.3 \\ 0.7 \end{pmatrix}$, 根据递推法可知，$\boldsymbol{X}_n=a\begin{pmatrix} 0.94 & 0.02 \\ 0.06 & 0.98 \end{pmatrix}^n\begin{pmatrix} 0.3 \\ 0.7 \end{pmatrix}$.

运用 MATLAB 编程求解 10 年、30 年、40 年后市区与郊区的居民人口比例如下：

输入命令：

```
A=[0.94 0.02;0.06 0.98];          % 输入矩阵 A
B=[0.3;0.7];                      % 初始矩阵 B
X_10=A^10*B,                      % 求 10 年后市区与郊区的居民人口比例
X_30=A^30*B,                      % 求 30 年后市区与郊区的居民人口比例
X_40=A^40*B,                      % 求 40 年后市区与郊区的居民人口比例
```

输出结果：

```
X_10 =          X_30 =          X_40 =
```

0.2717	0.2541	0.2518
0.7283	0.7459	0.7482

综上所述，经过长时间的人口迁移，市区与郊区的居民人口比例趋于稳定，基本维持在 1∶3.

习题 4.4

一、选择题

1. 设有正交矩阵 $\boldsymbol{Q}$ 满足 $\boldsymbol{Q}^{-1}\boldsymbol{A}\boldsymbol{Q}$ 为对角矩阵，且 $\boldsymbol{A}=\begin{pmatrix}2&2&-2\\2&5&-4\\-2&-4&5\end{pmatrix}$，则 $\boldsymbol{Q}$=(　　).

A. $\begin{pmatrix}-\frac{2}{\sqrt{5}}&\frac{2}{3\sqrt{5}}&\frac{1}{3}\\\frac{1}{\sqrt{5}}&\frac{4}{3\sqrt{5}}&\frac{2}{3}\\0&\frac{5}{3\sqrt{5}}&-\frac{2}{3}\end{pmatrix}$　　B. $\begin{pmatrix}\frac{2}{\sqrt{5}}&\frac{2}{3\sqrt{5}}&\frac{1}{3}\\\frac{1}{\sqrt{5}}&\frac{4}{3\sqrt{5}}&\frac{2}{3}\\0&\frac{5}{3\sqrt{5}}&-\frac{2}{3}\end{pmatrix}$

C. $\begin{pmatrix}\frac{2}{\sqrt{5}}&\frac{2}{3\sqrt{5}}&\frac{1}{3}\\\frac{1}{\sqrt{5}}&\frac{4}{3\sqrt{5}}&\frac{2}{3}\\0&\frac{5}{3\sqrt{5}}&\frac{2}{3}\end{pmatrix}$　　D. $\begin{pmatrix}-\frac{2}{\sqrt{5}}&\frac{2}{3\sqrt{5}}&\frac{1}{3}\\\frac{1}{\sqrt{5}}&\frac{4}{3\sqrt{5}}&\frac{2}{3}\\0&\frac{5}{3\sqrt{5}}&\frac{2}{3}\end{pmatrix}$

2. 实对称矩阵 $\boldsymbol{A}=\begin{pmatrix}2&-2&0\\-2&1&-2\\0&-2&0\end{pmatrix}$，则满足 $\boldsymbol{P}^{\mathrm{T}}\boldsymbol{A}\boldsymbol{P}$ 为对角矩阵的正交矩阵 $\boldsymbol{P}$=(　　).

A. $\begin{pmatrix}-\frac{2}{3}&\frac{2}{3}&\frac{1}{3}\\\frac{1}{3}&-\frac{2}{3}&\frac{2}{3}\\\frac{2}{3}&\frac{1}{3}&\frac{2}{3}\end{pmatrix}$　　B. $\begin{pmatrix}\frac{2}{3}&\frac{2}{3}&\frac{1}{3}\\-\frac{1}{3}&\frac{2}{3}&\frac{2}{3}\\\frac{2}{3}&\frac{1}{3}&\frac{2}{3}\end{pmatrix}$

C. $\begin{pmatrix}-\frac{2}{3}&\frac{2}{3}&\frac{1}{3}\\-\frac{1}{3}&\frac{2}{3}&\frac{2}{3}\\\frac{2}{3}&\frac{1}{3}&\frac{2}{3}\end{pmatrix}$　　D. $\begin{pmatrix}-\frac{2}{3}&\frac{2}{3}&\frac{1}{3}\\-\frac{1}{3}&-\frac{2}{3}&\frac{2}{3}\\\frac{2}{3}&\frac{1}{3}&\frac{2}{3}\end{pmatrix}$

二、判断题

1. 实对称矩阵 $\boldsymbol{A}$ 对应不同特征值的特征向量两两是正交的． (　　)

2. 对任意的 n 阶实对称矩阵 $\boldsymbol{A}$，都存在一个 n 阶正交矩阵 $\boldsymbol{Q}$，使得 $\boldsymbol{Q}^{-1}\boldsymbol{A}\boldsymbol{Q}=\boldsymbol{Q}^{\mathrm{T}}\boldsymbol{A}\boldsymbol{Q}=\operatorname{diag}(\lambda_1,\lambda_2,\cdots,\lambda_n)$． (　　)

3. 已知 n 阶实对称矩阵 $\boldsymbol{A}$，则它的特征值是实数． (　　)

三、解答题

1. 已知 $\boldsymbol{A}=\begin{pmatrix}2&2&-2\\2&5&-4\\-2&-4&5\end{pmatrix}$，求正交矩阵 $\boldsymbol{Q}$，使得 $\boldsymbol{Q}^{-1}\boldsymbol{A}\boldsymbol{Q}=\boldsymbol{Q}^{\mathrm{T}}\boldsymbol{A}\boldsymbol{Q}$ 为对角矩阵．

2. 设实对称矩阵 $\boldsymbol{A}=\begin{pmatrix}2&-2&0\\-2&1&-2\\0&-2&0\end{pmatrix}$，求正交矩阵 $\boldsymbol{P}$，使得 $\boldsymbol{P}^{\mathrm{T}}\boldsymbol{A}\boldsymbol{P}$ 为对角矩阵．

3. (2025 年考研真题) 已知矩阵 $\boldsymbol{A}=\begin{pmatrix}4&1&-2\\1&1&1\\-2&1&a\end{pmatrix}$ 与 $\boldsymbol{B}=\begin{pmatrix}k&0&0\\0&6&0\\0&0&0\end{pmatrix}$ 合同．

(1) 求 a 的值及 k 的取值范围；

(2) 若存在正交矩阵 $\boldsymbol{Q}$，使得 $\boldsymbol{Q}^{\mathrm{T}}\boldsymbol{A}\boldsymbol{Q}=\boldsymbol{B}$，求 $\boldsymbol{Q}$ 及 k.

四、实验题

用 MATLAB 软件求正交矩阵 $\boldsymbol{Q}$ 和对角矩阵 $\boldsymbol{\Lambda}$，使得实对称矩阵 $\boldsymbol{A}=\begin{pmatrix}2&2&-2\\2&5&-4\\-2&-4&5\end{pmatrix}$ 可对角化为 $\boldsymbol{\Lambda}$.

第 5 章

二 次 型

二次型理论起源于解析几何发展过程中二次曲线或二次曲面的化简问题，需要通过坐标旋转变换化为标准的二次曲线或者二次曲面方程，建立二次型与实对称矩阵的对应关系．二次型理论不仅是刻画二次曲线、二次曲面几何不变量与多变量最值理论等的重要工具，而且在传输优化、信号处理、市场经济、多目标规划等理论与实际问题中应用广泛．

本章首先借助一般的二次曲线化为椭圆的几何案例，引出二次型的定义、二次型的矩阵与秩、二次型的标准形．其次，介绍用正交变换法、配方法将二次型化为标准形的计算，并通过惯性定理讨论正、负惯性指数，符号差的计算，揭示二次型的几何不变性．最后，介绍正定、负定矩阵的概念及判定方法，重点讨论利用顺序主子式判定正定矩阵的方法与计算．每节的能力拓展驿站包含 MATLAB 实验、应用案例或拓展阅读等内容，有助于提升数学应用能力、传播数学文化．

5.1 二次型及其矩阵

【课前导读】

中学阶段的平面解析几何中，二次曲线的类型是几何中的重要研究对象，它们的标准方程都是平方和或者平方差的结构，当遇到交叉项存在时，需要转化为二次齐次平方多项式的形式．本节将介绍二次型的基本概念、二次型矩阵及秩的计算．

知识目标

(1) 理解二次型的概念；

(2) 掌握二次型的矩阵和秩；

(3) 理解二次型的标准形的概念．

能力目标

(1) 注重二次型转化为矩阵的能力；

(2) 培养学生运用 MATLAB 软件编程绘图的能力．

素质目标

(1) 借助平面解析几何的二次曲线引入二次型的概念，激发学生的学习兴趣；

(2) 通过二次椭圆曲线的几何案例，注重培养学生几何与代数的有机融合；

(3) 通过数学家陈省身的介绍，传播数学文化．

学习重点

(1) 二次型的系数与矩阵的对应规律；

(2) 二次型的秩的求解．

学习难点

二次型的表示形式．

5.1.1 二次型及其矩阵概述

二次型及其矩阵概述

【案例引入】平面二次曲线

研究平面解析几何的曲线性质，经常遇到下列二次曲线

$$ax^2+2bxy+cy^2=1 \tag{5-1}$$

选择适当的坐标旋转变换

$$\begin{cases} x = x'\cos\theta - y'\sin\theta \\ y = x'\sin\theta + y'\cos\theta \end{cases} \tag{5-2}$$

把方程化为标准形

$$mx'^2 + ny'^2 = 1 \tag{5-3}$$

观察： 式 (5-1) 的左端是变量 x, y 含交叉项的二次齐次多项式；式 (5-2) 是可逆正交线性变换；式 (5-3) 的左端是式 (5-1) 的左端只含平方项的二次齐次标准形.

定义 1　含有 n 个变量 $x_1, x_2, \cdots, x_n$ 的二次齐次多项式

$$\begin{aligned} f(x_1,x_2,\cdots,x_n) = {} & a_{11}x_1^2 + a_{12}x_1x_2 + a_{13}x_1x_3 + \cdots + a_{1n}x_1x_n + \\ & a_{21}x_2x_1 + a_{22}x_2^2 + a_{23}x_2x_3 + \cdots + a_{2n}x_2x_n + \cdots + \\ & a_{n1}x_nx_1 + a_{n2}x_nx_2 + a_{n3}x_nx_3 + \cdots + a_{nn}x_n^2 \end{aligned}$$

称为 n 元二次型，简称二次型；a_{ij} 称为二次型的系数.

注

当 a_{ij} 为实数时，f 称为实二次型.

例如，$f(x_1,x_2,x_3) = 3x_1^2 + x_3^2 + 2x_1x_2 + 4x_1x_3 - 6x_2x_3$ 为三元二次型.

定义 2　仅含有平方项的二次型

$$f(y_1,y_2,\cdots,y_n) = d_1y_1^2 + d_2y_2^2 + \cdots + d_ny_n^2$$

称为二次型的标准形.

例如，$f(y_1,y_2,y_3,y_4) = 3y_1^2 + y_2^2 - 5y_3^2 - 4y_4^2$ 为四元二次型的标准形.

思考： 二次型是乘积的和式，是否可以用矩阵表示？如何表示？

令 $\boldsymbol{X} = \begin{pmatrix} x_1 \\ x_2 \\ \vdots \\ x_n \end{pmatrix}$，$\boldsymbol{A} = \begin{pmatrix} a_{11} & a_{12} & \cdots & a_{1n} \\ a_{21} & a_{22} & \cdots & a_{2n} \\ \vdots & \vdots & & \vdots \\ a_{n1} & a_{n2} & \cdots & a_{nn} \end{pmatrix}$.

定义 3　令 $a_{ij} = a_{ji}$，即 $\boldsymbol{A}$ 是 n 阶实对称矩阵，则

$$f(x_1,x_2,\cdots,x_n) = (x_1,x_2,\cdots,x_n)\begin{pmatrix} a_{11} & a_{12} & \cdots & a_{1n} \\ a_{21} & a_{22} & \cdots & a_{2n} \\ \vdots & \vdots & & \vdots \\ a_{n1} & a_{n2} & \cdots & a_{nn} \end{pmatrix}\begin{pmatrix} x_1 \\ x_2 \\ \vdots \\ x_n \end{pmatrix} = \boldsymbol{X}^{\mathrm{T}}\boldsymbol{A}\boldsymbol{X}$$

称为二次型的矩阵表示，$\boldsymbol{A}$ 为二次型矩阵.

定义 4　二次型矩阵 $\boldsymbol{A}$ 的秩称为二次型的秩.

例如，式 $f(x_1,x_2,\cdots,x_n) = \boldsymbol{X}^{\mathrm{T}}\boldsymbol{A}\boldsymbol{X}$ 中，$\boldsymbol{A} = \begin{pmatrix} 1 & 1 \\ 2 & 3 \end{pmatrix}$ 的秩为 2，则二次型的秩为 2.

思考：若给定二次型，如何写出它的矩阵？有什么特点？

通过二次型的定义与矩阵关系，不难发现，有如下规律：

1) 二次型矩阵的对角线元素 a_{ii} 是二次型中平方项 x_i^2 的系数；

2) 二次型矩阵的其余元素 a_{ij} 是交叉项 $x_i x_j$ 系数的一半．

例 1 写出二次型 $f(x_1,x_2,x_3)=3x_1^2+x_3^2+2x_1x_2+4x_1x_3-6x_2x_3$ 的矩阵．

解 对角线元素依次为 3, 0, 1; 其余元素为 $a_{12}=1$, $a_{13}=2$, $a_{23}=-3$.

故二次型 f 的矩阵是 $\boldsymbol{A}=\begin{pmatrix}3 & 1 & 2\\ 1 & 0 & -3\\ 2 & -3 & 1\end{pmatrix}$.

例 2 已知二次型 $f(x_1,x_2,x_3)=x_1^2+x_2^2+ax_3^2+4x_1x_2+6x_2x_3$ 的秩为 2, 求 a 的值．

解 由题知，二次型 f 的矩阵为 $\boldsymbol{A}=\begin{pmatrix}1 & 2 & 0\\ 2 & 1 & 3\\ 0 & 3 & a\end{pmatrix}$.

由二次型 f 的秩为 2 可知，矩阵 $\boldsymbol{A}$ 的秩 $R(\boldsymbol{A})=2$.

因此，$|\boldsymbol{A}|=\begin{vmatrix}1 & 2 & 0\\ 2 & 1 & 3\\ 0 & 3 & a\end{vmatrix}=\begin{vmatrix}1 & 2 & 0\\ 0 & -3 & 3\\ 0 & 3 & a\end{vmatrix}=\begin{vmatrix}-3 & 3\\ 3 & a\end{vmatrix}=-3a-9=0$.

故 $a=-3$.

5.1.2 能力拓展驿站

1. 应用案例——二次椭圆曲线

例 3 设二次曲线的方程为 $2x_1^2-4x_1x_2+5x_2^2=1$，试确定它的几何形状．

解 设函数 $f(x_1,x_2)=2x_1^2-4x_1x_2+5x_2^2$，将 $f(x_1,x_2)$ 化为

$$\begin{aligned}f(x_1,x_2)&=2x_1^2-4x_1x_2+5x_2^2=2(x_1^2-2x_1x_2+x_2^2)+3x_2^2\\&=2(x_1-x_2)^2+3x_2^2.\end{aligned}$$

令 $\begin{cases}y_1=x_1-x_2,\\ y_2=x_2,\end{cases}$ 则 $f(y_1,y_2)=2y_1^2+3y_2^2$.

因此，原二次曲线的方程 $2x_1^2-4x_1x_2+5x_2^2=1$ 经过线性变换后，可以转化为 $2y_1^2+3y_2^2=1$，它表示平面上的椭圆方程，即 $2x^2+3y^2=1$.

MATLAB 软件图像绘制编程命令如下：

输入命令：

```
theta = linspace(0, 2*pi, 100);          % 参数角度
a = 2^(-1/2);                            % 椭圆的长轴
b = 3^(-1/2);                            % 椭圆的短轴
```

```
x = a * cos(theta);                 % 椭圆 x 轴的坐标
y = b * sin(theta);                 % 椭圆 y 轴的坐标
length=1;                           % 输入长度为 1
[X Y]=meshgrid(x,y);                % 生成二维曲线
plot(x, y,'r');                     % 绘制椭圆曲线 ,r 为红色
hold on                             % 保持原图形不变
plot([-length,length],[0 0],'g-');  % 绘制 x 轴为绿色
plot([0 0],[-length,length],'g-');  % 绘制 y 轴为绿色
axis equal;                         % 设置坐标轴比例相同，以便正确显示椭圆的形状
xlabel('X');                        % 标记 X 轴
ylabel('Y');                        % 标记 Y 轴
title(' 二次椭圆曲线 ')              % 添加标题
legend('2x^2+3y^2=1')               % 添加图例标签
grid on
```

输出二次椭圆曲线图形如图 5-1 所示.

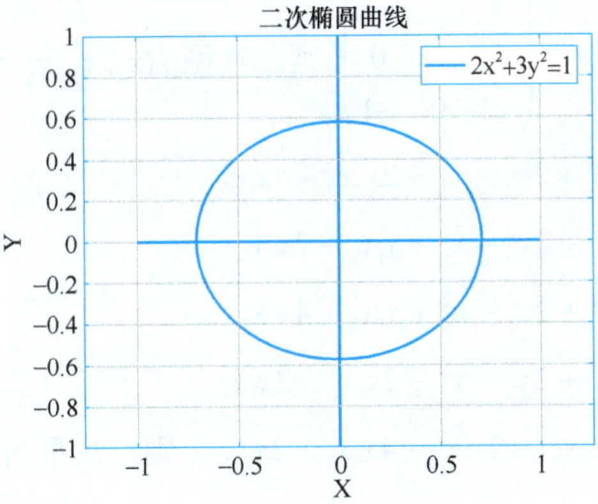

图 5-1

2. 拓展阅读——数学家陈省身

陈省身，1911 出生于浙江嘉兴秀水县，中国数学家，20 世纪最伟大的几何学家之一，被誉为“整体微分几何之父”. 他是美国国家科学院院士、第三世界科学院创始成员、英国皇家学会国外会员、意大利国家科学院外籍院士、法国科学院外籍院士、中国科学院首批外籍院士.

陈省身在微分几何方面的成就尤为突出. 他给出了高维 Gauss-Bonnet（高斯－博内）公式的内蕴证明，被通称为 Gauss-Bonnet-Chern（高斯－博内－陈公式）；他提出的“Chern Class（陈类）”，成为经典杰作；他发展了纤维丛理论，并引入陈类，由此创立了整体微分几何，其影响遍及数学的各个领域；他建立了高维复流形上的值分布理论，包括 Bott-Chern（博特－陈）定理；他为广义的积分几何奠定基础，获得基本运动学公式；他所引入的陈类与 Chern-Simons（陈－西蒙斯）微分式，已深入数学以外的其他领域，成为理论物理的重要工具.

2004 年，国际天文学会将中国天文台发现的永久小行星命名为“陈省身星”以表彰他的杰出贡献. 他的一句名言“我们需要数学，我们欣赏数学”，激励着我国早日由数学大国

成为数学强国.

习题 5.1

一、选择题

1. 设二次型 $f(x_1,x_2)=2x_1^2-4x_1x_2+3x_2^2$，则二次型 $f(x_1, x_2)$ 的矩阵 $\boldsymbol{A}$=(   ).

A. $\begin{pmatrix} 2 & -4 \\ -4 & 3 \end{pmatrix}$　　B. $\begin{pmatrix} 2 & -2 \\ -2 & 3 \end{pmatrix}$

C. $\begin{pmatrix} 3 & -4 \\ -4 & 2 \end{pmatrix}$　　D. $\begin{pmatrix} 3 & -2 \\ -2 & 2 \end{pmatrix}$

2. 已知二次型的矩阵 $\boldsymbol{A}=\begin{pmatrix} 3 & 1 & -2 \\ 1 & 2 & 0 \\ -2 & 0 & -1 \end{pmatrix}$，则二次型 $f(x_1, x_2, x_3)$=(   ).

A. $f(x_1,x_2,x_3)=3x_1^2+2x_2^2-x_3^2+2x_1x_2-4x_1x_3$

B. $f(x_1,x_2,x_3)=3x_1^2+2x_2^2-x_3^2+x_1x_2-2x_1x_3$

C. $f(x_1,x_2,x_3)=3x_1^2+2x_2^2-x_3^2+x_1x_2-4x_1x_3$

D. $f(x_1,x_2,x_3)=3x_1^2+2x_2^2-x_3^2+2x_1x_2-2x_1x_3$

3. 已知二次型 $f(x_1,x_2,x_3)=2x_1x_2-4x_1x_3+2x_2x_3$，则二次型的矩阵 $\boldsymbol{A}$=(   ).

A. $\begin{pmatrix} 0 & 1 & -2 \\ 1 & 0 & 2 \\ -2 & 2 & 0 \end{pmatrix}$　　B. $\begin{pmatrix} 0 & 2 & -4 \\ 2 & 0 & 2 \\ -4 & 2 & 0 \end{pmatrix}$

C. $\begin{pmatrix} 0 & 2 & -2 \\ 2 & 0 & 2 \\ -2 & 2 & 0 \end{pmatrix}$　　D. $\begin{pmatrix} 0 & 1 & -2 \\ 1 & 0 & 1 \\ -2 & 1 & 0 \end{pmatrix}$

4. 已知二次型 $f(x_1,x_2,x_3)=x_1^2+x_2^2+ax_3^2+4x_1x_2+6x_2x_3$ 的秩为 2，则 a 的值是 (   ).

A. −3　　B. 2　　C. 3　　D. −2

二、判断题

1. 二次型 $f(x_1,x_2)=2x_1^2-4x_1x_2+3x_2^2$，则二次型 $f(x_1, x_2)$ 的矩阵的秩为 2.　　(   )

2. 二次型矩阵 $\boldsymbol{A}=\begin{pmatrix} 3 & 1 & -2 \\ 1 & 2 & 0 \\ -2 & 0 & -1 \end{pmatrix}$，则二次型 $f=3x_1^2+2x_2^2-x_3^2+x_1x_2-2x_1x_3$.　　(   )

3. 二次型 $f(x_1,x_2,x_3)=\boldsymbol{X}^{\mathrm{T}}\begin{pmatrix}1&1&2\\-3&-1&0\\4&2&2\end{pmatrix}\boldsymbol{X}$ 的矩阵为 $\begin{pmatrix}1&-1&3\\-1&-1&1\\3&1&2\end{pmatrix}$.　　(　　)

三、解答题

1. 已知二次型 $f(x_1,x_2,x_3)=x_1^2+2x_2^2+4x_3^2+2x_1x_2-4x_1x_3+2x_2x_3$ ，求：

(1) 二次型的矩阵；　(2) 二次型的秩.

2. 若二次型 $f(x_1,x_2,x_3)=x_1^2+ax_2^2+x_3^2+2x_1x_2+4x_2x_3$ 的秩为 2, 求 a 的值.

3. 写出二次型 $f(x_1,x_2,x_3)=\boldsymbol{X}^{\mathrm{T}}\begin{pmatrix}1&1&2\\-3&-1&0\\4&2&2\end{pmatrix}\boldsymbol{X}$ 的矩阵，并求二次型的秩.

4. 设二次曲线的方程为 $x_1^2-4x_1x_2+2x_2^2=1$,

(1) 试确定它的几何形状；　(2) 用 MATLAB 软件画出它的图形.

5.2 二次型的标准形

【课前导读】

在第 4 章介绍了实对称矩阵的对角化，而二次型与实对称矩阵是一一对应的. 二次型的标准形变换前后的矩阵存在一种关系：合同. 借助合同变换，本节将介绍用正交变换法和配方法化二次型为标准形的方法与技巧.

知识目标

(1) 理解合同矩阵的概念；

(2) 理解二次型转化为标准形的关系.

能力目标

(1) 提升学生运用正交变换法化二次型为标准形的计算能力；

(2) 培养学生运用 MATLAB 软件编程化二次型为标准形的能力；

(3) 树立数学建模意识，注重数学建模思想全过程的渗透能力.

素质目标

(1) 采用类比正交变换法与配方法化二次型为标准形，启迪学生条条大道通罗马；

(2) 通过空间曲面类型的几何案例，注重培养几何与代数的有机融合；

(3) 通过数学家苏步青的介绍，传播数学文化.

学习重点

(1) 化二次型为标准形的正交变换法；

(2) 化二次型为标准形的配方法.

学习难点

(1) 合同矩阵、相似矩阵、等价矩阵的关系；

(2) 用正交变换法化二次型为标准形.

合同矩阵

5.2.1 合同矩阵

思考：存在可逆矩阵 $\boldsymbol{P}, \boldsymbol{Q}$, 满足 $\boldsymbol{PAQ}=\boldsymbol{B}$, 如果 $\boldsymbol{P}=\boldsymbol{Q}^{\mathrm{T}}$, 那么 $\boldsymbol{A}$ 与 $\boldsymbol{B}$ 存在什么关系？

定义 设 $\boldsymbol{A}, \boldsymbol{B}$ 为 n 阶方阵，若存在可逆矩阵 $\boldsymbol{C}$, 使

$$\boldsymbol{C}^{\mathrm{T}}\boldsymbol{AC}=\boldsymbol{B},$$

则称 $\boldsymbol{A}$ 与 $\boldsymbol{B}$ 合同或 $\boldsymbol{A}$ 合同于 $\boldsymbol{B}$, 记作 $\boldsymbol{A} \simeq \boldsymbol{B}$.

例 1 已知 $\boldsymbol{A}=\begin{pmatrix}1&2\\2&3\end{pmatrix}$, $\boldsymbol{B}=\begin{pmatrix}1&0\\0&-1\end{pmatrix}$, $\boldsymbol{C}=\begin{pmatrix}1&-2\\0&1\end{pmatrix}$, 验证 $\boldsymbol{A}$ 合同于 $\boldsymbol{B}$.

证明 由 $|\boldsymbol{C}|=\begin{vmatrix}1&-2\\0&1\end{vmatrix}=1$ 可知，$\boldsymbol{C}$ 是可逆矩阵.

$$\boldsymbol{C}^{\mathrm{T}}\boldsymbol{AC}=\begin{pmatrix}1&0\\-2&1\end{pmatrix}\begin{pmatrix}1&2\\2&3\end{pmatrix}\begin{pmatrix}1&-2\\0&1\end{pmatrix}=\begin{pmatrix}1&0\\0&-1\end{pmatrix}=\boldsymbol{B},$$ 则 $\boldsymbol{A}$ 合同于 $\boldsymbol{B}$.

线性变换：变量 $x_1, x_2, \cdots, x_n$ 与变量 $y_1, y_2, \cdots, y_n$, 称

$$\begin{cases} x_1=c_{11}y_1+c_{12}y_2+\cdots+c_{1n}y_n, \\ x_2=c_{21}y_1+c_{22}y_2+\cdots+c_{2n}y_n, \\ \quad\vdots \\ x_n=c_{n1}y_1+c_{n2}y_2+\cdots+c_{nn}y_n \end{cases}$$

是从 $x_1, x_2, \cdots, x_n$ 到 $y_1, y_2, \cdots, y_n$ 的线性变换.

令 $\boldsymbol{X}=\begin{pmatrix}x_1\\x_2\\\vdots\\x_n\end{pmatrix}$, $\boldsymbol{C}=\begin{pmatrix}c_{11}&c_{12}&\cdots&c_{1n}\\c_{21}&c_{22}&\cdots&c_{2n}\\\vdots&\vdots&&\vdots\\c_{n1}&c_{n2}&\cdots&c_{nn}\end{pmatrix}$, $\boldsymbol{Y}=\begin{pmatrix}y_1\\y_2\\\vdots\\y_n\end{pmatrix}$, 则 $\boldsymbol{X}=\boldsymbol{CY}$.

1) 当 $\boldsymbol{C}$ 是可逆矩阵，称 $\boldsymbol{X}=\boldsymbol{CY}$ 是可逆线性变换；

2) 当 $\boldsymbol{C}$ 是正交矩阵，称 $\boldsymbol{X}=\boldsymbol{CY}$ 是正交线性变换.

思考：对二次型 $f(x_1, x_2, \cdots, x_n)$，如何寻找可逆线性变换 $\boldsymbol{X}=\boldsymbol{CY}$，使 $f(x_1, x_2, \cdots, x_n)$ 化为标准形？

启发：$f(x_1,x_2,\cdots,x_n)=\boldsymbol{X}^{\mathrm{T}}\boldsymbol{AX}$ 经过线性变换 $\boldsymbol{X}=\boldsymbol{CY}$，$f(x_1,x_2,\cdots,x_n)=\boldsymbol{X}^{\mathrm{T}}\boldsymbol{AX}=(\boldsymbol{CY})^{\mathrm{T}}\boldsymbol{ACY}=\boldsymbol{Y}^{\mathrm{T}}(\boldsymbol{C}^{\mathrm{T}}\boldsymbol{AC})\boldsymbol{Y}=\boldsymbol{Y}^{\mathrm{T}}\boldsymbol{BY}$.

不难发现，$\boldsymbol{C}^{\mathrm{T}}\boldsymbol{AC}=\boldsymbol{B}$，即 $\boldsymbol{A}$ 与 $\boldsymbol{B}$ 合同.

定理 1 可逆线性变换后的二次型矩阵与原二次型的矩阵合同.

定理 2 二次型 $f=\boldsymbol{X}^{\mathrm{T}}\boldsymbol{AX}$ 经过可逆线性变换 $\boldsymbol{X}=\boldsymbol{CY}$ 得 $f=\boldsymbol{Y}^{\mathrm{T}}\boldsymbol{BY}$，则

1) $\boldsymbol{B}$ 是实对称矩阵； 2) $R(\boldsymbol{A})=R(\boldsymbol{B})$.

证明 1) 二次型矩阵 $\boldsymbol{A}$ 是实对称矩阵，则 $\boldsymbol{A}^{\mathrm{T}}=\boldsymbol{A}$. 因为 $\boldsymbol{A}$ 合同于 $\boldsymbol{B}$，则 $\boldsymbol{C}^{\mathrm{T}}\boldsymbol{AC}=\boldsymbol{B}$. 故 $\boldsymbol{B}^{\mathrm{T}}=(\boldsymbol{C}^{\mathrm{T}}\boldsymbol{AC})^{\mathrm{T}}=\boldsymbol{C}^{\mathrm{T}}\boldsymbol{A}^{\mathrm{T}}(\boldsymbol{C}^{\mathrm{T}})^{\mathrm{T}}=\boldsymbol{C}^{\mathrm{T}}\boldsymbol{AC}=\boldsymbol{B}$，则 $\boldsymbol{B}$ 是实对称矩阵.

2) 因为 $\boldsymbol{C}$ 是可逆矩阵，且 $\boldsymbol{C}^{\mathrm{T}}\boldsymbol{AC}=\boldsymbol{B}$，即 $\boldsymbol{A}$ 等价于 $\boldsymbol{B}$，故 $R(\boldsymbol{A})=R(\boldsymbol{B})$.

5.2.2 用正交变换法化二次型为标准形

用正交变换法化二次型为标准形

回顾：二次型 $f=\boldsymbol{X}^{\mathrm{T}}\boldsymbol{AX}$ 化为标准形，等价于二次型矩阵 $\boldsymbol{A}$ 合同于一个对角矩阵，即存在可逆矩阵 $\boldsymbol{C}$，使 $\boldsymbol{C}^{\mathrm{T}}\boldsymbol{AC}=\boldsymbol{\Lambda}$. 在第 4.4 节中，二次型矩阵 $\boldsymbol{A}$ 是实对称矩阵，则存在正交矩阵 $\boldsymbol{Q}$，使 $\boldsymbol{Q}^{-1}\boldsymbol{AQ}=\boldsymbol{Q}^{\mathrm{T}}\boldsymbol{AQ}=\boldsymbol{\Lambda}$.

定理 3 任意 n 元实二次型 $f=\boldsymbol{X}^{\mathrm{T}}\boldsymbol{AX}$，都可经过正交变换 $\boldsymbol{X}=\boldsymbol{CY}$，化为标准形

$$f=\lambda_1 y_1^2+\lambda_2 y_2^2+\cdots+\lambda_n y_n^2=\boldsymbol{Y}^{\mathrm{T}}\begin{pmatrix}\lambda_1 & & & \\ & \lambda_2 & & \\ & & \ddots & \\ & & & \lambda_n\end{pmatrix}\boldsymbol{Y}.$$

式中，$\lambda_1, \lambda_2, \cdots, \lambda_n$ 为 $\boldsymbol{A}$ 的全部特征值.

定理 3 表明，用正交变换化二次型为标准形的具体计算步骤：

Step1: 写出二次型 f 的矩阵 $\boldsymbol{A}$；

Step2: 求出 $\boldsymbol{A}$ 的全部特征值 $\lambda_1, \lambda_2, \cdots, \lambda_n$ 及对应于 λ_i 的线性无关特征向量；

Step3: 将所求特征向量进行施密特正交化后进行单位化；

Step4: 写出正交矩阵 $\boldsymbol{Q}$，使 $\boldsymbol{Q}^{-1}\boldsymbol{AQ}=\boldsymbol{Q}^{\mathrm{T}}\boldsymbol{AQ}=\boldsymbol{\Lambda}=\begin{pmatrix}\lambda_1 & & & \\ & \lambda_2 & & \\ & & \ddots & \\ & & & \lambda_n\end{pmatrix}$；

Step5: 令 $\boldsymbol{X}=\boldsymbol{QY}$，则二次型化为标准形

$$f=\boldsymbol{Y}^{\mathrm{T}}\boldsymbol{\Lambda Y}=\lambda_1 y_1^2+\lambda_2 y_2^2+\cdots+\lambda_n y_n^2.$$

例 2 求一个正交变换 $\boldsymbol{X}=\boldsymbol{QY}$，化二次型 $f(x_1,x_2,x_3)=x_1^2+2x_2^2+x_3^2-2x_1x_3$ 为标准形.

解 由题知，二次型的矩阵 $A=\begin{pmatrix}1&0&-1\\0&2&0\\-1&0&1\end{pmatrix}$，

$$|\lambda E-A|=\begin{vmatrix}\lambda-1&0&1\\0&\lambda-2&0\\1&0&\lambda-1\end{vmatrix}=(\lambda-2)\begin{vmatrix}\lambda-1&1\\1&\lambda-1\end{vmatrix}=\lambda(\lambda-2)^2,$$

则 A 的特征值 $\lambda_1=0,\lambda_2=\lambda_3=2$.

1) 当 $\lambda_1=0$ 时，则 $(0E-A)x=O$.

$$0E-A=\begin{pmatrix}-1&0&1\\0&-2&0\\1&0&-1\end{pmatrix}\longrightarrow\begin{pmatrix}1&0&-1\\0&1&0\\0&0&0\end{pmatrix}.$$

得特征向量 $\xi_1=(1,0,1)^{\mathrm{T}}$.

2) 当 $\lambda_2=\lambda_3=2$ 时，则 $(2E-A)x=O$.

$$2E-A=\begin{pmatrix}1&0&1\\0&0&0\\1&0&1\end{pmatrix}\longrightarrow\begin{pmatrix}1&0&1\\0&0&0\\0&0&0\end{pmatrix}.$$

得线性无关的特征向量 $\xi_2=(0,1,0)^{\mathrm{T}}$，$\xi_3=(-1,0,1)^{\mathrm{T}}$.

易验证 $[\xi_1,\xi_2]=0$，$[\xi_2,\xi_3]=0$，故 ξ_1，ξ_2，ξ_3 两两相互正交.

接下来，将 ξ_1，ξ_2，ξ_3 进行单位化，得

$$\eta_1=\frac{\xi_1}{\|\xi_1\|}=\begin{pmatrix}\frac{1}{\sqrt{2}}\\0\\\frac{1}{\sqrt{2}}\end{pmatrix},\ \eta_2=\frac{\xi_2}{\|\xi_2\|}=\begin{pmatrix}0\\1\\0\end{pmatrix},\ \eta_3=\frac{\xi_3}{\|\xi_3\|}=\begin{pmatrix}-\frac{1}{\sqrt{2}}\\0\\\frac{1}{\sqrt{2}}\end{pmatrix}.$$

取 $Q=\begin{pmatrix}\frac{1}{\sqrt{2}}&0&-\frac{1}{\sqrt{2}}\\0&1&0\\\frac{1}{\sqrt{2}}&0&\frac{1}{\sqrt{2}}\end{pmatrix}$，通过正交变换 $X=QY$，二次型 $f(x_1,x_2,x_3)$ 化为标准形，则

$$f(y_1,y_2,y_3)=0y_1^2+2y_2^2+2y_3^2.$$

5.2.3 用配方法化二次型为标准形

用配方法化二次型为标准形

回顾：中学阶段学过配完全平方式，如何将一般的二次多项式配方为平方和或平方差的形式？

完全平方式：$a^2\pm 2ab+b^2=(a\pm b)^2$

例如，对 $x^2+4xy+6y^2$ 进行配方，写成平方和的形式．

显然，$x^2+4xy+6y^2=[x^2+4xy+(2y)^2]-4y^2+6y^2$
$$=(x+2y)^2+2y^2.$$

观察：配方项是交叉项除 x 外一半的平方．

思考：能否借助配方法将一般的二次型化为标准形？下面通过例题介绍两种化二次型为标准形的配方方法．

1. 含有平方项的配方

例 3 用配方法将 $f(x_1,x_2,x_3)=x_1^2+2x_2^2+x_3^2-2x_1x_2+4x_1x_3$ 化为标准形．

解
$$\begin{aligned}f(x_1,x_2,x_3)&=x_1^2+2x_2^2+x_3^2-2x_1x_2+4x_1x_3\\&=x_1^2-2x_1(x_2-2x_3)+(x_2-2x_3)^2-(x_2-2x_3)^2+2x_2^2+x_3^2\\&=(x_1-x_2+2x_3)^2+x_2^2+4x_2x_3-3x_3^2\\&=(x_1-x_2+2x_3)^2+(x_2^2+4x_2x_3+4x_3^2)-4x_3^2-3x_3^2\\&=(x_1-x_2+2x_3)^2+(x_2+2x_3)^2-7x_3^2.\end{aligned}$$

令 $\begin{cases}y_1=x_1-x_2+2x_3,\\y_2=x_2+2x_3,\\y_3=x_3,\end{cases}$ 即 $\begin{cases}x_1=y_1+y_2-4y_3,\\x_2=y_2-2y_3,\\x_3=y_3.\end{cases}$ 这是一个可逆线性变换 $\boldsymbol{X}=\boldsymbol{C}\boldsymbol{Y}$,

可逆线性变换矩阵为 $\boldsymbol{C}=\begin{pmatrix}1&1&-4\\0&1&-2\\0&0&1\end{pmatrix}$,

故二次型对应的标准形为
$$f=y_1^2+y_2^2-7y_3^2.$$

2. 仅有交叉项的配方

例 4 用配方法将 $f(x_1,x_2,x_3)=x_1x_2+x_1x_3+x_2x_3$ 化为标准形．

解 因 f 中不含平方项，只含有交叉项，故作可逆线性变换 $\begin{cases}x_1=y_1+y_2,\\x_2=y_1-y_2,\\x_3=y_3,\end{cases}$ 即 $\boldsymbol{X}=\boldsymbol{C}_1\boldsymbol{Y}$,

其中 $\boldsymbol{C}_1=\begin{pmatrix}1&1&0\\1&-1&0\\0&0&1\end{pmatrix}$.

将 f 转化为含平方项，有
$$f(y_1,y_2,y_3)=y_1^2-y_2^2+2y_1y_3.$$

因为上式有交叉项，还可进一步配方，得
$$f(y_1,y_2,y_3)=(y_1^2+2y_1y_3+y_3^2)-y_2^2-y_3^2=(y_1+y_3)^2-y_2^2-y_3^2.$$

令$\begin{cases} z_1 = y_1 + y_3, \\ z_2 = y_2, \\ z_3 = y_3, \end{cases}$ 即$\begin{cases} y_1 = z_1 - z_3, \\ y_2 = z_2, \\ y_3 = z_3. \end{cases}$

设 $\boldsymbol{Y}=\boldsymbol{C}_2\boldsymbol{Z}$, 则 $\boldsymbol{C}_2 = \begin{pmatrix} 1 & 0 & -1 \\ 0 & 1 & 0 \\ 0 & 0 & 1 \end{pmatrix}$.

故二次型对应的标准形为 $f = z_1^2 - z_2^2 - z_3^2$. 所用可逆线性变换为 $\boldsymbol{X}=\boldsymbol{CZ}$, 故可逆线性变换矩阵为

$$\boldsymbol{C} = \boldsymbol{C}_1\boldsymbol{C}_2 = \begin{pmatrix} 1 & 1 & 0 \\ 1 & -1 & 0 \\ 0 & 0 & 1 \end{pmatrix}\begin{pmatrix} 1 & 0 & -1 \\ 0 & 1 & 0 \\ 0 & 0 & 1 \end{pmatrix} = \begin{pmatrix} 1 & 1 & -1 \\ 1 & -1 & -1 \\ 0 & 0 & 1 \end{pmatrix}.$$

5.2.4 能力拓展驿站

1. MATLAB 实验——化二次型为标准形

例 5 已知 $f(x_1,x_2,x_3) = 2x_1^2 + x_2^2 - 4x_1x_2 - 4x_2x_3$, 用 MATLAB 软件将其化为标准形, 并写出所用的正交变换.

输入命令:

```
A=[2 −2 0; −2 1 −2; 0 −2 0];          % 输入二次型矩阵 A
format rat                              % 输出有理分式
[Q,V]=eig(A)                            % 求矩阵 A 的特征值与特征向量
```

输出结果:

```
Q =

     −1/3        2/3        −2/3
     −2/3        1/3         2/3
     −2/3       −2/3        −1/3

V =
    −2          0          0
     0          1          0
     0          0          4
```

实验结果表明: 二次型的标准形为 $f(y_1,y_2,y_3) = -2y_1^2 + y_2^2 + 4y_3^2$, 所用的正交变换矩阵为

$$\boldsymbol{Q} = \begin{pmatrix} -\frac{1}{3} & \frac{2}{3} & -\frac{2}{3} \\ -\frac{2}{3} & \frac{1}{3} & \frac{2}{3} \\ -\frac{2}{3} & -\frac{2}{3} & -\frac{1}{3} \end{pmatrix}.$$

2. 应用案例——空间曲面

(1) 问题提出

已知函数 $f(x,y,z)=x^2+3y^2+az^2+2xy-2xz-6yz$，根据 a 的不同取值，讨论空间曲面 $f(x,y,z)=1$ 表示哪种曲面？

(2) 问题分析

在高等数学的空间向量与解析几何中，假设三维空间中包含 x, y, z 三个变量，有下列三种类型的空间曲面：

1) 椭圆柱面：$$\frac{x^2}{a^2}+\frac{y^2}{b^2}=1;$$

2) 椭球面：$$\frac{x^2}{a^2}+\frac{y^2}{b^2}+\frac{z^2}{c^2}=1;$$

3) 单叶双曲面：$$\frac{x^2}{a^2}+\frac{y^2}{b^2}-\frac{z^2}{c^2}=1.$$

(3) 模型建立与求解

根据上述三种空间曲面方程，需要将问题中的二次型化为标准形进行空间曲面类型的分析 .

$$\begin{aligned}f(x,y,z)&=x^2+3y^2+az^2+2xy-2xz-6yz\\&=x^2+2x(y-z)+(y-z)^2+2y^2-4yz+2z^2+(a-3)z^2\\&=(x+y-z)^2+2(y-z)^2+(a-3)z^2.\end{aligned}$$

令 $X=x+y-z$, $Y=y-z$, $Z=z$, 故 $f(X,Y,Z)=X^2+2Y^2+(a-3)Z^2$.

接下来，对参数进行如下讨论：

1) 当 $a>3$ 时，$f(X,Y,Z)=1$ 表示椭球面；取 a=6 时，$f(X,Y,Z)=1$ 表示方程为 $X^2+2Y^2+3Z^2=1$ 的椭球面 .

MATLAB 软件图像绘制编程命令如下：

输入命令：

```
syms X Y Z                                   % 定义变量
fimplicit3(@(X,Y,Z)X.^2+2*Y.^2+3*Z.^2-1)     % 输入椭球面方程
X=@(u,v)cos(v).*cos(u);                      % 椭球面横轴 X 的参数表示
Y=@(u,v)sqrt(1/2)*cos(v).*sin(u);            % 椭球面纵轴 Y 的参数表示
Z=@(u,v)sqrt(1/3)*sin(v);                    % 椭球面 Z 轴的参数表示
fmesh(X,Y,Z,[0,2*pi,-pi,pi])                 % 三维图形绘制命令
xlabel('X');                                 % 标记 X 轴
ylabel('Y');                                 % 标记 Y 轴
zlabel('Z');                                 % 标记 Z 轴
title(' 椭球面 ')                             % 标题为椭球面
legend('X^2+2Y^2+3Z^2=1')                    % 标记图例
```

输出的椭球面图像如图 5-2 所示 .

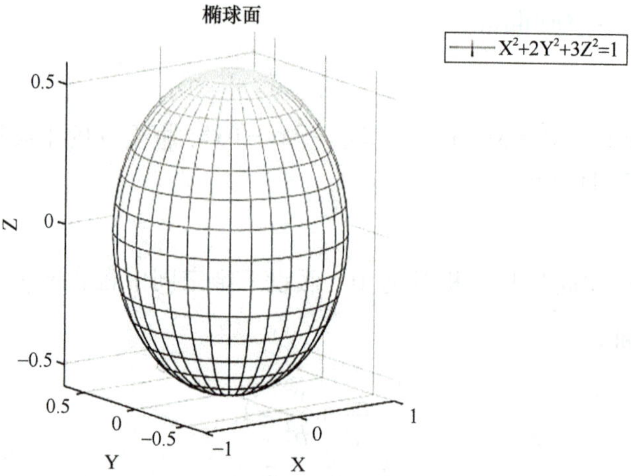

图 5-2

2) 当 a=3 时，$f(X,Y,Z)=1$ 表示椭圆柱面，即 $X^2+2Y^2=1$.

MATLAB 软件图像绘制编程命令如下：

输入命令：

```
syms X Y Z u v                                % 定义变量
X=@(u,v)cos(u);                               % 椭圆柱面横轴 X 的参数表示
Y=@(u,v)2^(-1/2)*sin(u);                      % 椭圆柱面纵轴 Y 的参数表示
Z=@(u,v)v;                                    % 椭圆柱面 Z 轴的参数表示
fmesh(X,Y,Z,[0,2*pi,-pi,pi])                  % 三维图形绘制命令
xlabel('X');                                  % 标记 X 轴
ylabel('Y');                                  % 标记 Y 轴
zlabel('Z');                                  % 标记 Z 轴
title(' 椭圆柱面 ')                            % 标题为椭圆柱面
legend('X^2+2Y^2=1')                          % 标记图例
```

输出的椭圆柱面图像如图 5-3 所示.

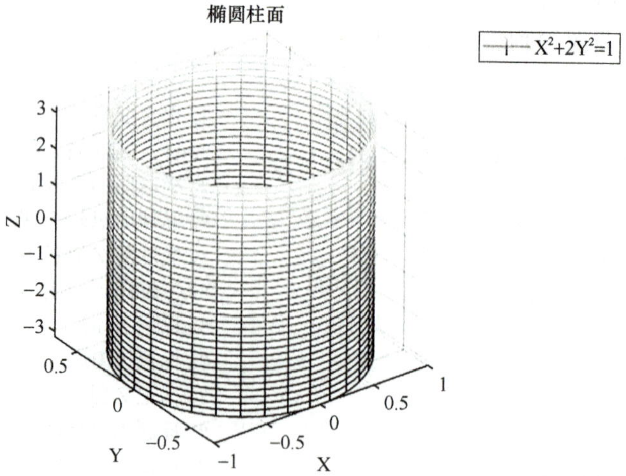

图 5-3

3) 当 $a<3$ 时，$f(X,Y,Z)=1$ 表示单叶双曲面；取 $a=\dfrac{29}{10}$ 时，$f(X,Y,Z)=1$ 表示方程为 $X^2+2Y^2-\dfrac{Z^2}{10}=1$ 的单叶双曲面.

MATLAB 软件图像绘制编程命令如下：

输入命令：

```
syms X Y Z u v                                  % 定义变量
fimplicit3(@(X,Y,Z)X.^2+2*Y.^2-Z.^2/10-1)       % 输入单叶双曲面方程
X=@(u,v)cosh(v).*cos(u);                        % 单叶双曲面横轴 X 的参数表示
Y=@(u,v)sqrt(1/2)*cosh(v).*sin(u);              % 单叶双曲面纵轴 Y 的参数表示
Z=@(u,v)sqrt(10)*sinh(v);                       % 单叶双曲面 Z 轴的参数表示
fmesh(X,Y,Z,[0,2*pi,-pi,pi])                    % 三维图形绘制命令
xlabel('X');                                    % 标记 X 轴
ylabel('Y');                                    % 标记 Y 轴
zlabel('Z');                                    % 标记 Z 轴
title(' 单叶双曲面 ')                             % 标题为单叶双曲面
legend('X^2+2Y^2-Z^2/10=1')                     % 标记图例
```

输出的单叶双曲面图像如图 5-4 所示.

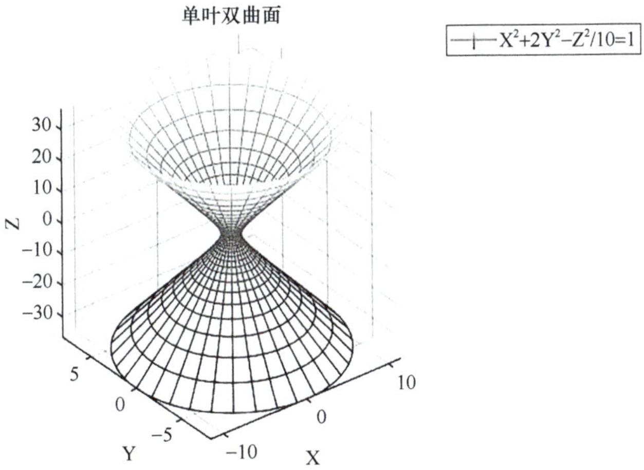

图　5-4

3. 拓展阅读——数学家苏步青

苏步青（1902—2003 年），浙江温州平阳人，中国科学院院士，中国著名的数学家、教育家，中国微分几何学派创始人，被誉为“东方国度上灿烂的数学明星”“东方第一几何学家”“数学之王”.

苏步青主要从事微分几何学和计算几何学等方面的研究，在仿射微分几何学和射影微分几何学研究方面取得出色成果，在一般空间微分几何学、高维空间共轭理论、几何外形设计、计算机辅助几何设计等方面取得突出成就.

从 1927 年起，苏步青在国内外发表数学论文 160 余篇，出版了 10 多部专著，创立了在国际几何学界享有崇高声誉的浙江大学微分几何学学派，即陈苏学派．1946 年出版的专著《射影曲面概论》，1956 年，获得新中国第一次颁发的国家自然科学奖，嘉奖在“K 展空间微分几何学”方面的研究成果．

2003 年 8 月，国际工业与应用数学联合会 (ICIAM) 决定设立“ICIAM 苏步青奖”，奖励在数学对经济腾飞和人类发展的应用方面做出贡献的个人．2012 年 9 月，苏步青铜像揭幕仪式在复旦大学子彬院前举行，该铜像由谷超豪、胡和生、李大潜、洪家兴四位院士提议设立．

习题 5.2

一、选择题

1. 若二次型 $f(x_1,x_2)=x_1^2-4x_1x_2+ax_2^2$ 能化为标准形，则（　　）.

A. $a=1$　　B. $a=2$　　C. $a=3$　　D. $a=4$

2. 已知二次型矩阵 $\boldsymbol{A}=\begin{pmatrix}1 & 3\\ 0 & 2\end{pmatrix}$，则它的标准形是（　　）.

A. $f=y_1^2+2y_2^2$　　B. $f=y_1^2-2y_2^2$

C. $f=-y_1^2+2y_2^2$　　D. $f=-y_1^2-2y_2^2$

二、判断题

1. 标准二次型 $f(y_1,y_2,\cdots,y_n)=\lambda_1y_1^2+\lambda_2y_2^2+\cdots+\lambda_ny_n^2$，则 $\lambda_i>0$.　　（　　）

2. 二次型 $f(x_1,x_2)=x_1^2+x_2^2-2x_1x_2$，则它的标准形为 $f(y_1,y_2)=y_1^2+y_2^2$.　　（　　）

3. 若矩阵 $\boldsymbol{A}$ 与 $\boldsymbol{B}$ 等价，则 $\boldsymbol{A}$ 与 $\boldsymbol{B}$ 一定合同．　　（　　）

三、解答题

1. 用配方法将下列二次型化为标准形，并求所用的变换矩阵：

(1) $f(x_1,x_2)=x_1^2+3x_2^2-4x_1x_2$;

(2) $f(x_1,x_2,x_3)=x_1^2+3x_2^2-2x_3^2-4x_1x_2+2x_2x_3$;

(3) $f(x_1,x_2,x_3)=x_1x_2+x_1x_3-4x_2x_3$;

(4) $f(x_1,x_2,x_3)=x_1^2+x_2^2-2x_3^2-4x_1x_2+2x_1x_3+2x_2x_3$.

2. 用正交变换法将下列二次型化为标准形，并求所用的变换矩阵：

(1) $f(x_1,x_2)=x_1^2-2x_2^2-4x_1x_2$;

(2) $f(x_1,x_2,x_3)=2x_1^2+x_2^2-4x_1x_2-4x_2x_3$.

3. 已知二次型 $f(x_1,x_2,x_3)=2x_1^2+3x_2^2+3x_3^2+mx_2x_3$，且 $m>0$，通过正交变换法化为标准形 $f(y_1,y_2,y_3)=y_1^2+2y_2^2+5y_3^2$．求：(1) m 的值；　(2) 所用的正交变换矩阵．

4. 已知二次型 $f(x_1,x_2,x_3)=x_1^2+2x_2^2+x_3^2-2x_1x_3$，若二次曲面方程 $f(x_1,x_2,x_3)=1$，

(1) 求一个正交变换化 $f(x_1,x_2,x_3)$ 为标准形；

(2) 说明该曲面的类型；

(3) 用 MATLAB 软件绘制出它的图形．

5. (2024 年考研真题) 设矩阵 $\boldsymbol{A}=\begin{pmatrix}0&1&a\\1&0&1\end{pmatrix}$，$\boldsymbol{B}=\begin{pmatrix}1&1\\1&1\\b&2\end{pmatrix}$，二次型 $f=\boldsymbol{X}^{\mathrm{T}}\boldsymbol{B}^{\mathrm{T}}\boldsymbol{A}\boldsymbol{X}$，已知方程组 $\boldsymbol{A}\boldsymbol{X}=\boldsymbol{O}$ 的解是 $\boldsymbol{B}^{\mathrm{T}}\boldsymbol{X}=\boldsymbol{O}$ 的解，但两个方程组不同解．求：

(1) a, b 的值；　(2) 求正交矩阵 $\boldsymbol{Q}$ 满足 $\boldsymbol{X}=\boldsymbol{Q}\boldsymbol{Y}$，将 $f(x_1,x_2,x_3)$ 化为标准形．

5.3 惯性定理与二次型的规范形

【课前导读】

通过不同的线性变换合同矩阵，二次型的标准形也不同，但是二次型的标准形所含的正负项数保持不变，即不同二次型的标准形存在共性．本节通过惯性定理给出正、负惯性指数和符号差的定义，进一步介绍二次型的规范形及唯一性表示．

知识目标

(1) 理解二次型的正、负惯性指数和符号差；

(2) 掌握惯性定理的内容；

(3) 学会判断二次型的正、负惯性指数．

能力目标

(1) 加强惯性定理内在数学逻辑本质的理解能力；

(2) 提升学生二次型正、负惯性指数认识与计算的能力．

素质目标

(1) 通过数学家西尔维斯特的介绍，传播数学文化；

(2) 通过二次型的规范形与惯性定理，揭示空间图形的几何不变性．

学习重点

(1) 二次型的正、负惯性指数和符号差的求解；

(2) 二次型的规范形的确定．

学习难点

惯性定理的理解．

惯性定理与二次型的规范形

5.3.1 惯性定理

思考：对二次型 $f(x_1,x_2,\cdots,x_n)=\boldsymbol{X}^{\mathrm{T}}\boldsymbol{A}\boldsymbol{X}$ 所用的可逆线性变换不同，则化成的标准形一般不同．但对同一个二次型，不同的标准形有什么共同特性？

例如，二次型 $f(x_1,x_2,x_3)=\boldsymbol{X}^{\mathrm{T}}\boldsymbol{A}\boldsymbol{X}$ 经可逆线性变换化为下列形式的标准形：

标准形①：$f(y_1,y_2,y_3)=y_1^2-4y_2^2+6y_3^2$;

标准形②：$f(z_1,z_2,z_3)=z_1^2-z_2^2+6z_3^2$;

标准形③：$f(u_1,u_2,u_3)=u_1^2-u_2^2+u_3^2$.

观察：三种标准形的共同特点：含非零平方项项数不变，均为 3 项；含"+"2 项，"−"1 项，正负号项数不变．

定理 1（惯性定理）　设实二次型 $f(x_1,x_2,\cdots,x_n)=\boldsymbol{X}^{\mathrm{T}}\boldsymbol{A}\boldsymbol{X}$ 的秩为 r，通过两种可逆线性变换 $\boldsymbol{X}=\boldsymbol{C}_1\boldsymbol{Y}$ 和 $\boldsymbol{X}=\boldsymbol{C}_2\boldsymbol{Z}$ 分别把它化为两种标准形：

$$f=\lambda_1y_1^2+\lambda_2y_2^2+\cdots+\lambda_py_p^2-\lambda_{p+1}y_{p+1}^2-\cdots-\lambda_ry_r^2\ (\lambda_i>0,\ i=1,2,\cdots,r);$$

$$f=\mu_1z_1^2+\mu_2z_2^2+\cdots+\mu_qz_q^2-\mu_{q+1}z_{q+1}^2-\cdots-\mu_rz_r^2\ (\mu_i>0,\ i=1,2,\cdots,r);$$

则 $p=q$.

正惯性指数：含"+"号项的个数 p;

负惯性指数：含"−"号项的个数 $r-p$;

符号差：正惯性指数与负惯性指数的差 $|r-2p|$.

例 1　设四阶实对称矩阵二次型 $\boldsymbol{A}$ 的特征值为 3,2,−1,4，求二次型 $f=\boldsymbol{X}^{\mathrm{T}}\boldsymbol{A}\boldsymbol{X}$ 的正惯性指数、负惯性指数、符号差．

解　由二次型的标准形与实对称矩阵特征值的关系可知，二次型 $f=\boldsymbol{X}^{\mathrm{T}}\boldsymbol{A}\boldsymbol{X}$ 的标准形为 $f=3y_1^2+2y_2^2-y_3^2+4y_4^2$，故 $f=\boldsymbol{X}^{\mathrm{T}}\boldsymbol{A}\boldsymbol{X}$ 的正惯性指数为 3，负惯性指数为 1，符号差为 2.

注

二次型的正负惯性指数与实对称矩阵特征值的正负个数一一对应．

例 2　设二次型 $f(x_1,x_2,x_3)=x_1^2-ax_2^2+x_3^2+2x_1x_2-2ax_1x_3-2x_2x_3$ 的正、负惯性指数都是 1，求参数 a.

解　由 $f=\boldsymbol{X}^{\mathrm{T}}\boldsymbol{A}\boldsymbol{X}$ 的正、负惯性指数都是 1，可知二次型 $f=\boldsymbol{X}^{\mathrm{T}}\boldsymbol{A}\boldsymbol{X}$ 的标准形对应的对角矩阵元素有一个为零，即 $\boldsymbol{A}$ 的特征值为零．根据特征值的性质，$\boldsymbol{A}$ 的行列式为零，则

$$|\boldsymbol{A}|=\begin{vmatrix}1 & 1 & -a\\ 1 & -a & -1\\ -a & -1 & 1\end{vmatrix}=a^3+a-2=0,$$

解得 $a=1$.

5.3.2 二次型的规范形

探索：设二次型的标准形 $f(x_1,x_2,x_3,x_4)=x_1^2-4x_2^2+3x_3^2-9x_4^2$，作可逆线性变换 $\begin{cases}x_1=y_1,\\ x_2=y_3,\\ x_3=y_2,\\ x_4=y_4,\end{cases}$

即交换正负项的顺序，不改变正负惯性指数，二次型化为 $f=y_1^2+3y_2^2-4y_3^2-9y_4^2$；作可逆线性变换 $\begin{cases}z_1=y_1,\\ z_2=\sqrt{3}y_2,\\ z_3=2y_3,\\ z_4=3y_4,\end{cases}$ 则二次型化为 $f=z_1^2+z_2^2-z_3^2-z_4^2$.

不难发现，上式中的平方项系数只有 1 或 −1，而且系数是唯一的．

定义 将 n 元二次型化为标准形后，可交换正负项的次序（作可逆线性变换），化标准形为 $f=d_1y_1^2+d_2y_2^2+\cdots+d_py_p^2-d_{p+1}y_{p+1}^2-\cdots-d_ry_r^2$ $(d_i>0,\ i=1,2,\cdots,r)$.

作可逆线性变换 $\begin{cases}z_1=\sqrt{d_1}y_1,\\ z_2=\sqrt{d_2}y_2,\\ \quad\vdots\\ z_r=\sqrt{d_r}y_r,\end{cases}$

称 $f=z_1^2+z_2^2+\cdots+z_p^2-z_{p+1}^2-\cdots-z_r^2$ 为二次型的规范形，且唯一．

定理 2 任何二次型都可通过可逆线性变换化为规范形，且规范形是由二次型本身唯一确定的，与所作可逆线性变换无关．

定理 2 表明，化二次型 f 为规范形的基本步骤为

Step1: 采用配方法或正交变换法，将二次型化为标准形；

Step2: 作可逆线性变换，交换标准形的正负项次序；

Step3: 作可逆线性变换，使得二次型的系数均为 1 或 −1;

Step4: 写出二次型的规范形．

例 3 将二次型 $f(x_1,x_2,x_3)=x_1^2+2x_2^2+x_3^2-2x_1x_2+4x_1x_3$ 化为规范形，并求二次型的正、负惯性指数、符号差．

解 采用配方法化二次型为标准形（见 5.2.3 用配方法化二次型为标准形的例 3)，有

$$f=y_1^2+y_2^2-7y_3^2.$$

令 $\begin{cases} z_1=y_1, \\ z_2=y_2, \\ z_3=\sqrt{7}y_3, \end{cases}$ 故二次型的规范形为

$$f=z_1^2+z_2^2-z_3^2.$$

不难发现，二次型的正、负惯性指数分别为 2 和 1，符号差为 1．

5.3.3 能力拓展驿站

拓展阅读——数学家西尔维斯特

图 5-5

西尔维斯特（见图 5-5)，1814 年 9 月 3 日出生于伦敦，1897 年 3 月 15 日逝世于伦敦，是一位英国杰出的数学家，代数学的奠基人之一．

西尔维斯特主要致力于抽象代数和群论等基础数学的研究，在数学基本理论、群论、代数几何等方面都有重要贡献．他发明了“无理数学”，建立了代数无理数的概念和递归无理数的理论．他还提出了最小表示定理和广义不变量理论等代数群方面的基本概念，并在此领域做出了重要贡献．

1880 年，英国皇家学会授予西尔维斯特科学研究最高的奖章——科普利奖章．1901 年，为了纪念西尔维斯特设立了授予数学研究的西尔维斯特奖章．

习题 5.3

一、选择题

1. 设二次型 $f(x_1,x_2)=x_1^2-4x_1x_2-2x_2^2$，则 $f(x_1,x_2)$ 的正、负惯性指数分别为（　　）．

A. 1, 1　　B. 1, 0　　C. 2, 0　　D. 0, 1

2. 设二次型 $f(x_1,x_2,x_3)=3x_1^2-2x_2^2+7x_3^2$，则二次型 $f(x_1,x_2,x_3)$ 的符号差是（　　）．

A. 0　　B. 1　　C. 2　　D. 3

3. 二次型 $f(x_1,x_2,x_3,x_4)=2x_1^2+(a-5)x_2^2-x_3^2+3x_4^2$ 的符号差是 1，则 $a=$（　　）．

A. 2　　B. 3　　C. 4　　D. 5

二、判断题

1. 二次型的正、负惯性指数与实对称矩阵的特征值的正负一一对应.（ ）

2. 二次型 $f(x_1,x_2,x_3,x_4)=x_1^2-5x_2^2-4x_3^2+6x_4^2$，则它的正惯性指数是 2.（ ）

3. 二次型 $f(x_1,x_2,x_3)$ 的矩阵为 $\begin{pmatrix}1 & -1 & 0\\ -1 & 1 & 1\\ 0 & 1 & 2\end{pmatrix}$，则它的正惯性指数为 1.（ ）

三、填空题

1. 已知四阶方阵 $\boldsymbol{A}$ 的特征值分别为 3,−1,4,6, 则它的符号差是________.

2. 二次型 $f(x_1,x_2,x_3,x_4)=x_1^2+2x_2^2-4x_3^2+6x_4^2$，则它的正惯性指数是________，负惯性指数是________，符号差是________.

3. 二次型 $f(x_1,x_2,x_3)=x_1^2+3x_2^2-2x_3^2-4x_1x_2+2x_2x_3$，则它的正惯性指数是________.

4. 二次型 $f(x_1,x_2,x_3,x_4)=x_1^2+(a-1)x_2^2+4x_3^2+2x_4^2$ 的符号差是 3, 则 $a=$________.

5. 三阶方阵 $\boldsymbol{A}$ 的三个特征值均大于 0, 则二次型的规范形为________.

四、解答题

1. 将二次型 $f(x_1,x_2,x_3)=x_1^2+2x_2^2+4x_3^2+2x_1x_2-4x_1x_3+2x_2x_3$ 化为规范形，并求其正、负惯性指数及符号差.

2. 已知二次型 $f(x_1,x_2,x_3)=x_1^2+ax_2^2+2x_3^2+2x_1x_2+4x_2x_3$, 它的正、负惯性指数均为 1, 求 a 的值.

3. (2023 年考研真题) 二次型 $f(x_1,x_2,x_3)=(x_1+x_2)^2+(x_1+x_3)^2-4(x_2-x_3)^2$, 求 $f(x_1, x_2, x_3)$ 的规范形.

5.4 正定二次型

【课前导读】

二次型的有定性在空间二次曲面的判定过程中非常重要，在微观经济学分析领域也有重要应用. 本节将介绍二次型有定性的类型：正定矩阵、负定矩阵、半正定矩阵、半负定矩阵，重点给出正、负定矩阵的判定方法.

知识目标

(1) 理解正、负定二次型的概念；

(2) 掌握正定二次型的判定方法；

(3) 理解顺序主子式的概念；

(4) 学会利用顺序主子式判定正、负定二次型.

能力目标

(1) 强化二次型的有定性在经济管理问题中的应用能力；

(2) 拓展正、负定二次型的解决优化问题的能力；

(3) 提升学生运用 MATLAB 软件编程判定二次型有定性的能力.

素质目标

(1) 引出多种判定二次型正定性和负定性的方法，提高学生的数学实践能力；

(2) 采用某手机销售利润与成本案例，提醒学生注重合理消费；

(3) 通过数学家黑塞的介绍，传播数学文化.

学习重点

(1) 二次型正定的判别方法；

(2) 顺序主子式判定二次型的有定性.

学习难点

二次型正定的判定方法.

正定二次型

5.4.1 二次型的有定性

思考： 对于函数，给定自变量范围，可以判断函数的正负值. 类似地，二次型 $f(x_1,x_2,\cdots,x_n)=\boldsymbol{X}^{\mathrm{T}}\boldsymbol{A}\boldsymbol{X}$ 是否恒为正数或者负数，如何定义二次型的正负？

定义 1 设二次型 $f(x_1,x_2,\cdots,x_n)=\boldsymbol{X}^{\mathrm{T}}\boldsymbol{A}\boldsymbol{X}$，如果对任意 $\boldsymbol{X}\neq\boldsymbol{O}$ 都有

$$f(x_1,x_2,\cdots,x_n)=\boldsymbol{X}^{\mathrm{T}}\boldsymbol{A}\boldsymbol{X}>0,$$

称 f 为正定二次型，相应的 $\boldsymbol{A}$ 称为正定矩阵，记作 $\boldsymbol{A}>0$.

定义 2 如果任意 $\boldsymbol{X}\neq\boldsymbol{O}$ 都有 $f<0$，称 f 为负定二次型，相应的矩阵 $\boldsymbol{A}$ 称为负定矩阵记作 $\boldsymbol{A}<0$.

例如，$f(x_1,x_2,x_3)=x_1^2+5x_2^2+2x_3^2$ 为正定二次型；$f(x_1,x_2,x_3)=-3x_1^2-x_2^2-4x_3^2$ 为负定二次型.

定义 3 如果对任意 $\boldsymbol{X}\neq\boldsymbol{O}$ 都有 $f\geqslant 0$，称 f 为半正定二次型，相应的矩阵 $\boldsymbol{A}$ 称为半正定矩阵.

例如，$f(x_1,x_2,x_3)=x_1^2+x_2^2$.

定义 4 如果对任意 $\boldsymbol{X}\neq\boldsymbol{O}$ 都有 $f\leqslant 0$, 称 f 为半负定二次型，相应的矩阵 $\boldsymbol{A}$ 称为半负定矩阵.

例如，$f(x_1,x_2,x_3)=-x_2^2-4x_3^2$.

注 二次型的正（负）定、半正（负）定统称为二次型及其矩阵的有定性.

5.4.2 正定二次型的判定

思考： 对二次型的标准形，由平方项系数的特点可判别有定性. 对于一般的二次型，该如何判定它的有定性？

定理 1 n 元实二次型 $f(x_1,x_2,\cdots,x_n)=\boldsymbol{X}^{\mathrm{T}}\boldsymbol{A}\boldsymbol{X}$ 正定的充分必要条件是其标准形的 n 个系数均为正值.

证明 存在可逆线性变换 $\boldsymbol{X}=\boldsymbol{C}\boldsymbol{Y}$, 使

$$f(x_1,x_2,\cdots,x_n)=\boldsymbol{X}^{\mathrm{T}}\boldsymbol{A}\boldsymbol{X}=(\boldsymbol{C}\boldsymbol{Y})^{\mathrm{T}}\boldsymbol{A}\boldsymbol{C}\boldsymbol{Y}=\boldsymbol{Y}^{\mathrm{T}}(\boldsymbol{C}^{\mathrm{T}}\boldsymbol{A}\boldsymbol{C})\boldsymbol{Y}=\boldsymbol{Y}^{\mathrm{T}}\boldsymbol{\Lambda}\boldsymbol{Y},$$

化为标准形 $f=\lambda_1y_1^2+\lambda_2y_2^2+\cdots+\lambda_ny_n^2=\boldsymbol{Y}^{\mathrm{T}}\begin{pmatrix}\lambda_1 & & & \\ & \lambda_2 & & \\ & & \ddots & \\ & & & \lambda_n\end{pmatrix}\boldsymbol{Y}$.

当 $\boldsymbol{X}\neq\boldsymbol{O}$ 时，$\boldsymbol{Y}\neq\boldsymbol{O}$, 则 $\lambda_1y_1^2+\lambda_2y_2^2+\cdots+\lambda_ny_n^2>0\Leftrightarrow\lambda_i>0$，即结论得证.

推论 1 n 元实二次型 $f=\boldsymbol{X}^{\mathrm{T}}\boldsymbol{A}\boldsymbol{X}$ 正定的充分必要条件是正惯性指数等于 n.

推论 2 n 元实二次型 $f=\boldsymbol{X}^{\mathrm{T}}\boldsymbol{A}\boldsymbol{X}$ 正定的充分必要条件是 $\boldsymbol{A}$ 的特征值 $\lambda_i>0$.

推论 3 n 元实二次型 $f=\boldsymbol{X}^{\mathrm{T}}\boldsymbol{A}\boldsymbol{X}$ 正定的充分必要条件是 $\boldsymbol{A}$ 合同于单位矩阵，即存在可逆矩阵，使得 $\boldsymbol{A}=\boldsymbol{C}^{\mathrm{T}}\boldsymbol{C}$.

推论 4 n 元实二次型 $f=\boldsymbol{X}^{\mathrm{T}}\boldsymbol{A}\boldsymbol{X}$ 正定，则 $|\boldsymbol{A}|>0$.

例 1 已知矩阵 $\boldsymbol{A}=\begin{pmatrix}t & 1\\ 2 & 1\end{pmatrix}$ 是正定矩阵，求 t 满足什么条件？

解 由推论 4 可知，$|\boldsymbol{A}|=\begin{vmatrix}t & 1\\ 2 & 1\end{vmatrix}=t-2>0$, 故 $t>2$.

例 2 判断二次型 $f(x_1,x_2,x_3)=6x_1^2+5x_2^2+7x_3^2-4x_1x_2+4x_1x_3$ 的正定性.

解 采用特征值法判定.

$$|\lambda E-A|=\begin{vmatrix}\lambda-6 & 2 & -2\\ 2 & \lambda-5 & 0\\ -2 & 0 & \lambda-7\end{vmatrix}=(\lambda-3)(\lambda-6)(\lambda-9).$$

令$|\lambda E-A|=0$, 得A的特征值$\lambda_1=3$, $\lambda_2=6$, $\lambda_3=9$. 因三个特征值都大于零，故二次型是正定的.

5.4.3 顺序主子式

思考：一般情况下，借助二次型矩阵的特征值或将二次型化为标准形来判别正定性比较麻烦，是否可以直接利用二次型的矩阵判定其正定性？

定义 5 设n阶矩阵$A=(a_{ij})_{n\times n}$，A的子式

$$|A_k|=\begin{vmatrix}a_{11} & a_{12} & \cdots & a_{1k}\\ a_{21} & a_{22} & \cdots & a_{2k}\\ \vdots & \vdots & & \vdots\\ a_{k1} & a_{k2} & \cdots & a_{kk}\end{vmatrix}\ (k=1,2,\cdots,n)$$

称为矩阵A的k阶顺序主子式.

例如，已知$A=\begin{pmatrix}1 & -1 & 2\\ 5 & 4 & 3\\ 1 & 0 & 1\end{pmatrix}$，一阶顺序主子式$|A_1|=1$，二阶顺序主子式$|A_2|=\begin{vmatrix}1 & -1\\ 5 & 4\end{vmatrix}=9$，

三阶顺序主子式$|A_3|=\begin{vmatrix}1 & -1 & 2\\ 5 & 4 & 3\\ 1 & 0 & 1\end{vmatrix}=-2$.

定理 2 n元实二次型$f(x_1,x_2,\cdots,x_n)=X^{\mathrm{T}}AX$正定的充分必要条件是$A$的各阶顺序主子式$|A_k|>0\ (k=1,2,\cdots,n)$.

注

利用顺序主子式判别二次型的正定，必须依次由低阶到高阶，且都大于零.

例 3 已知二次型$f(x_1,x_2,x_3)=x_1^2+4x_2^2+3x_3^2+2tx_1x_2+2tx_1x_3+2x_2x_3$，当$t$满足什么条件时，二次型$f$正定.

解 二次型矩阵$A=\begin{pmatrix}1 & t & t\\ t & 4 & 1\\ t & 1 & 3\end{pmatrix}$. 显然，$|A_1|=a_{11}=1>0$.

二阶顺序主子式：$|A_2|=\begin{vmatrix}1 & t\\ t & 4\end{vmatrix}=4-t^2>0$, 故$-2<t<2$.

三阶顺序主子式：$|A_3|=\begin{vmatrix}1&t&t\\t&4&1\\t&1&3\end{vmatrix}=11-5t^2>0$，故 $-\dfrac{\sqrt{55}}{5}<t<\dfrac{\sqrt{55}}{5}$.

由此得出 $-\dfrac{\sqrt{55}}{5}<t<\dfrac{\sqrt{55}}{5}$.

5.4.4 负定二次型的判定

负定二次型

观察：二次型 $f(x_1,x_2,x_3)=-3x_1^2-x_2^2-4x_3^2$，不难发现，平方项系数全部是负值，类似于正定二次型的判定方法，可借助其标准形系数判定负定二次型.

定理 3 n 元实二次型 $f(x_1,x_2,\cdots,x_n)=\boldsymbol{X}^{\mathrm{T}}\boldsymbol{A}\boldsymbol{X}$ 负定的充分必要条件是其标准形的 n 个系数均为负值.

推论 5 n 元实二次型 $f=\boldsymbol{X}^{\mathrm{T}}\boldsymbol{A}\boldsymbol{X}$ 负定的充分必要条件是负惯性指数等于 n.

推论 6 n 元实二次型 $f=\boldsymbol{X}^{\mathrm{T}}\boldsymbol{A}\boldsymbol{X}$ 负定的充分必要条件是 $\boldsymbol{A}$ 的特征值 $\lambda_i<0$.

推论 7 n 元实二次型 $f=\boldsymbol{X}^{\mathrm{T}}\boldsymbol{A}\boldsymbol{X}$ 负定的充分必要条件是 $\boldsymbol{A}$ 合同于负单位矩阵，即存在可逆矩阵，使得 $\boldsymbol{A}=-\boldsymbol{C}^{\mathrm{T}}\boldsymbol{C}$.

在学习了顺序主子式的内容后，可以简洁有效地判定负定二次型.

定理 4 n 元实二次型 $f(x_1,x_2,\cdots,x_n)=\boldsymbol{X}^{\mathrm{T}}\boldsymbol{A}\boldsymbol{X}$ 负定的充分必要条件是 $\boldsymbol{A}$ 的各阶顺序主子式满足 $(-1)^k|\boldsymbol{A}_k|>0\ (k=1,2,\cdots,n)$.

注

判别二次型的负定，奇数阶顺序主子式小于零，偶数阶顺序主子式大于零.

例 4 已知二次型 $f(x_1,x_2,x_3)=-x_1^2-x_2^2-5x_3^2+2tx_1x_2+2x_1x_3$，当 t 满足什么条件时，二次型 f 负定.

解 二次型矩阵 $\boldsymbol{A}=\begin{pmatrix}-1&t&1\\t&-1&0\\1&0&-5\end{pmatrix}$. 显然，$(-1)^1|\boldsymbol{A}_1|=-a_{11}=1>0$.

$(-1)^2|\boldsymbol{A}_2|=\begin{vmatrix}-1&t\\t&-1\end{vmatrix}=1-t^2>0$，故 $-1<t<1$.

$(-1)^3|\boldsymbol{A}_3|=-\begin{vmatrix}-1&t&1\\t&-1&0\\1&0&-5\end{vmatrix}=4-5t^2>0$，故 $-\dfrac{2\sqrt{5}}{5}<t<\dfrac{2\sqrt{5}}{5}$.

由此得出 $-\dfrac{2\sqrt{5}}{5}<t<\dfrac{2\sqrt{5}}{5}$.

5.4.5 能力拓展驿站

1. MATLAB 实验

(1) 特征值判定正定矩阵

例 5 用 MATLAB 软件判定矩阵 $\boldsymbol{A}=\begin{pmatrix}2&2&-2\\2&5&-4\\-2&-4&5\end{pmatrix}$ 的正定性.

输入命令:

```
A=[2 2 -2; 2 5 -4; -2 -4 5]          % 输入方阵 A
eig(A)                               % 求方阵 A 的特征值
```

输出结果:

```
ans =

      1
      1
     10
```

实验结果表明:矩阵 $\boldsymbol{A}$ 的特征值为 1,1,10, 均大于零,故矩阵 $\boldsymbol{A}$ 是正定矩阵.

(2) 顺序主子式判定正定矩阵

例 6 用 MATLAB 软件判定矩阵 $\boldsymbol{A}=\begin{pmatrix}3&0&3\\0&1&2\\3&-2&8\end{pmatrix}$ 的正定性.

输入命令:

```
A=[3 0 3;0 1 2;3 -2 8];              % 输入方阵 A
A1=det(A(1,1))                       % 求一阶顺序主子式 A1
A2=det(A(1:2,1:2))                   % 求二阶顺序主子式 A2
A3=det(A)                            % 求三阶顺序主子式 A3
```

输出结果:

```
A1 =          A2 =          A3 =

     3             3            27
```

实验结果表明:$\boldsymbol{A}$ 的三个顺序主子式分别为 3,3,27, 均大于零,故矩阵 $\boldsymbol{A}$ 是正定矩阵.

2. 应用案例——华为手机的市场经济利润与成本

(1) 问题提出

A、B、C 为我国的三大互联网公司,开发了三个电子商务平台,人们可以通过这三个平台购买商品.假设某款手机产品在这三个平台售卖,售卖量分别为 x_1, x_2, x_3, 售价分别为 y_1, y_2, y_3, 三个平台的需求函数分别为 $y_1=45-2x_1-x_2-2x_3$, $y_2=62-2x_1-4x_2-4x_3$,

$y_3=80-3x_1-x_2-5x_3$, 该手机的成本函数是 $C(x_1,x_2,x_3)=3+4x_1+2x_2+5x_3$. 试分析当三个平台的售卖量是多少时，总利润最大？

(2) 问题分析

在高等数学课程中学习过多元函数，设 n 元实函数 $f(x_1,x_2,\cdots,x_n)$ 连续，存在二阶连续偏导数 $\dfrac{\partial^2 f}{\partial x_i^2}$，$\dfrac{\partial^2 f}{\partial x_i \partial x_j}$，且满足 $\dfrac{\partial f}{\partial x_i}=0$ 的解为 $\boldsymbol{X}_0$, 定义黑塞矩阵为

$$\boldsymbol{A}=\left.\begin{pmatrix} \dfrac{\partial^2 f}{\partial x_1^2} & \dfrac{\partial^2 f}{\partial x_1 \partial x_2} & \cdots & \dfrac{\partial^2 f}{\partial x_1 \partial x_n} \\ \dfrac{\partial^2 f}{\partial x_2 \partial x_1} & \dfrac{\partial^2 f}{\partial x_2^2} & \cdots & \dfrac{\partial^2 f}{\partial x_2 \partial x_n} \\ \vdots & \vdots & & \vdots \\ \dfrac{\partial^2 f}{\partial x_n \partial x_1} & \dfrac{\partial^2 f}{\partial x_n \partial x_2} & \cdots & \dfrac{\partial^2 f}{\partial x_n^2} \end{pmatrix}\right|_{X_0}.$$

一般情况下，设 n 元实函数 $f(x_1,x_2,\cdots,x_n)$ 连续，且存在二阶连续偏导数，判定函数 $f(x_1,x_2,\cdots,x_n)$ 的极大值与极小值的具体方法如下：

1) 求出函数 $f(x_1,x_2,\cdots,x_n)$ 关于每个变量的一阶偏导数 $\dfrac{\partial f}{\partial x_i}$；

2) 令 $\begin{cases} \dfrac{\partial f}{\partial x_1}=0, \\ \dfrac{\partial f}{\partial x_2}=0, \\ \vdots \\ \dfrac{\partial f}{\partial x_n}=0, \end{cases}$ 解方程组求出驻点 $\boldsymbol{X}_0$;

3) 求出函数 $f(x_1, x_2, \cdots, x_n)$ 关于每个变量的二阶偏导数，将驻点 $\boldsymbol{X}_0$ 代入记为

$$a_{ii}=\left.\frac{\partial^2 f}{\partial x_i^2}\right|_{X_0},\ a_{ij}=\left.\frac{\partial^2 f}{\partial x_i \partial x_j}\right|_{X_0};$$

4) 写出含有数值的黑塞矩阵

$$\boldsymbol{A}=\begin{pmatrix} a_{11} & a_{12} & \cdots & a_{1n} \\ a_{21} & a_{22} & \cdots & a_{2n} \\ \vdots & \vdots & & \vdots \\ a_{n1} & a_{n2} & \cdots & a_{nn} \end{pmatrix}.$$

注

黑塞矩阵主要有三个特点：

1) 它是一个对称矩阵；

2) 它的主对角线上的元素是二阶偏导数，代表函数在自变量各个方向的曲率；

3) 非主对角线上的元素是混合偏导数，代表函数在自变量不同方向上的相关程度.

5) 判定矩阵 $\boldsymbol{A}$ 的正定性：

①当 $\boldsymbol{A}$ 正定时，则函数 $f(x_1, x_2, \cdots, x_n)$ 在 $\boldsymbol{X}_0$ 处取得极小值；

②当 $\boldsymbol{A}$ 负定时，则函数 $f(x_1, x_2, \cdots, x_n)$ 在 $\boldsymbol{X}_0$ 处取得极大值；

③当 $\boldsymbol{A}$ 不定时，则无法判定函数 $f(x_1, x_2, \cdots, x_n)$ 的极值性.

(3) 模型的建立与求解

根据经济学原理，总利润等于总收益减去总成本. 总收益函数等于单价乘以需求函数，可以表示为 $P(x_1,x_2,x_3)=x_1y_1+x_2y_2+x_3y_3$，因此，目标函数的总利润 $R(x_1, x_2, x_3)$ 为

$$\begin{aligned}R(x_1, x_2, x_3) &= P(x_1, x_2, x_3) - C(x_1, x_2, x_3)\\ &= x_1y_1+x_2y_2+x_3y_3-(3+4x_1+2x_2+5x_3)\\ &= x_1(45-2x_1-x_2-2x_3)+x_2(62-2x_1-4x_2-4x_3)+x_3(80-3x_1-x_2-5x_3)\\ &\quad -(3+4x_1+2x_2+5x_3)\\ &= 41x_1-2x_1^2-3x_1x_2-5x_1x_3+60x_2-4x_2^2-5x_2x_3+75x_3-5x_3^2-3\ .\end{aligned}$$

1) 一阶偏导数为 $\begin{cases}\dfrac{\partial R}{\partial x_1}=41-4x_1-3x_2-5x_3,\\ \dfrac{\partial R}{\partial x_2}=60-3x_1-8x_2-5x_3,\\ \dfrac{\partial R}{\partial x_3}=75-5x_1-5x_2-10x_3.\end{cases}$ 令 $\begin{cases}\dfrac{\partial R}{\partial x_1}=0,\\ \dfrac{\partial R}{\partial x_2}=0,\\ \dfrac{\partial R}{\partial x_3}=0,\end{cases}$ 则线性方程组为

$$\begin{cases}4x_1+3x_2+5x_3=41,\\ 3x_1+8x_2+5x_3=60,\\ 5x_1+5x_2+10x_3=75.\end{cases}$$

2) MATLAB 软件编程求解驻点的命令为

输入命令：

```
A=[4 3 5;3 8 5;5 5 10];            % 输入系数矩阵 A
B=[41 60 75]';                     % 输入常数矩阵 B
X0=inv(A)*B                        % 求解驻点 X0
```

输出结果：

```
X0=

        1.0000    4.0000    5.0000
```

3) 二阶偏导数分别为

$$\frac{\partial^2 R}{\partial x_1^2}=-4,\quad \frac{\partial^2 R}{\partial x_2^2}=-8,\quad \frac{\partial^2 R}{\partial x_3^2}=-10,$$

$$\frac{\partial^2 R}{\partial x_1 x_2}=-3,\quad \frac{\partial^2 R}{\partial x_1 x_3}=-5,\quad \frac{\partial^2 R}{\partial x_2 x_3}=-5.$$

则在点 $\boldsymbol{X}_0=(1,4,5)$ 的黑塞矩阵为

$$\boldsymbol{A}=\begin{pmatrix}-4 & -3 & -5\\ -3 & -8 & -5\\ -5 & -5 & -10\end{pmatrix}.$$

4) MATLAB 软件编程求各阶顺序主子式的命令为

输入命令：

```
A=[−4 −3 −5; −3 −8 −5; −5 −5 −10];        % 输入矩阵 A
A1=det(A(1,1))                            % 求一阶顺序主子式 A1
A2=det(A(1:2,1:2))                        % 求二阶顺序主子式 A2
A3=det(A)                                 % 求三阶顺序主子式 A3
```

输出结果：

```
A1 =        A2 =        A3 =

   −4          23          −80
```

根据负定矩阵的判定准则可知，矩阵是负定矩阵，故利润函数 $R(x_1, x_2, x_3)$ 在驻点 (1,4,5) 处取得最大值为 325.

3. 拓展阅读——数学家黑塞

图 5-6

黑塞（见图 5-6），德国数学家，1898 年出生于卡塞尔．

黑塞的主要贡献在代数和数论方面．他首先发展了局部类域论，研究了上同调群和类域论的关系．在代数数域中，他研究了对于幂剩余记号的互反律、范数剩余及其记号、希尔伯特范数记号、代数数域的算术等课题．此外，他提出了黑塞原理，并利用这个原理解决了二次型的有理等价问题和证明了范数定理．他的著作有《类域论报告》《数论讲义》等．

在数学优化领域，以他名字命名的黑塞矩阵的应用极为广泛．①优化算法：黑塞矩阵被广泛应用于凸优化、非凸优化、变分问题等算法中，用来估计二次型函数的特点，以便求得最优解；②数值分析：在数值方法中，黑塞矩阵是微分方程求解、数学建模、科学计算等方面的重要工具；③物理学和工程学：黑塞矩阵在控制论、量子力学、牛顿力学等领域中有广泛的应用，如动态系统分析、结构优化设计等．

黑塞矩阵也被广泛应用于机器学习中．①特征选择：黑塞矩阵可以帮助选择最具影响

力的特征变量，以便构建更好的模型；②参数优化：在神经网络、SVM 等算法中，黑塞矩阵可以帮助优化参数，提高算法的性能；③局部变换：在图像处理、物体识别等领域中，黑塞矩阵可以用于局部变换，以便提取更多有用的信息.

习题 5.4

一、选择题

1. 设二次型 $f(x_1,x_2)=x_1^2-4x_1x_2+5x_2^2$, 则二次型 $f(x_1,x_2)$ 是（　　）.

A. 正定二次型　　B. 半正定二次型　　C. 负定二次型　　D. 半负定二次型

2. 设 $\boldsymbol{A}=\begin{pmatrix}1 & t\\ t & 1\end{pmatrix}$ 是正定矩阵，则（　　）.

A. $-1<t<1$　　B. $t>1$　　C. $t<-1$　　D. $t<-1$ 或 $t>1$

3. 设矩阵 $\boldsymbol{A}=\begin{pmatrix}2-m & -1\\ 8 & m\end{pmatrix}$，且 $\boldsymbol{A}$ 是负定矩阵，则（　　）.

A. $-2<m<4$　　B. $2<m<4$　　C. $-4<m<2$　　D. $-4<m<-2$

4. 设 $\boldsymbol{A}$ 是 n 阶实对称矩阵，且二次型 $f=\boldsymbol{X}^{\mathrm{T}}\boldsymbol{A}\boldsymbol{X}$ 正定，则下列结论错误的是（　　）.

A. $\boldsymbol{A}$ 是的全部特征值大于零

B. $\boldsymbol{A}$ 的全部顺序主子式大于零

C. $\boldsymbol{A}$ 的主对角线上全部元素均大于零

D. $\boldsymbol{A}$ 合同于单位矩阵

二、判断题

1. 若 $|\boldsymbol{A}|>0$, 则 $\boldsymbol{A}$ 是正定矩阵.（　　）

2. 二次型 $f(x_1,x_2)=2x_1^2-6x_1x_2+3x_2^2$ 是正定二次型.（　　）

3. 已知 $\boldsymbol{A},\boldsymbol{B}$ 均是 n 阶正定矩阵，则 $\boldsymbol{A}+\boldsymbol{B}$ 也是正定矩阵.（　　）

4. 设 $\boldsymbol{A}=\begin{pmatrix}1 & 2 & 3\\ 2 & 1 & 1\\ 1 & 0 & 4\end{pmatrix}$, 则 $\boldsymbol{A}$ 是正定矩阵.（　　）

5. 设 n 阶实对称矩阵 $\boldsymbol{A}$ 正定的充分必要条件是 $\boldsymbol{A}$ 与单位矩阵相似.（　　）

三、填空题

1. 已知 $f(x_1,x_2,x_3)=5x_1^2+x_2^2+2x_3^2$, 则它是________二次型（正定、半正定）.

2. 设 $\boldsymbol{A}$ 是二阶对称矩阵，$f(x_1,x_2)=ax_1^2+2x_1x_2+x_2^2$ 是正定二次型，则________.

3. 设 $\boldsymbol{A}=\begin{pmatrix}1 & 4 & -1\\ -1 & 0 & 2\\ 2 & 1 & 1\end{pmatrix}$，则它的二阶顺序主子式是________，三阶顺序主子式是________.

4. 设 $\boldsymbol{A}=\begin{pmatrix}t-3 & 2\\ 2 & t\end{pmatrix}$ 是正定矩阵，则________.

四、解答题

1. 判定二次型 $f(x_1,x_2,x_3)=x_1^2+2x_2^2-3x_3^2+4x_1x_2+2x_2x_3$ 是否为正定二次型.

2. 设二次型 $f(x_1,x_2,x_3)=x_1^2+x_2^2+5x_3^2+ax_1x_2-2x_1x_3+4x_2x_3$ 是正定二次型，求 a 的取值范围.

3. 已知 $\begin{pmatrix}4-m & 1 & 0\\ 1 & 1 & 0\\ 0 & 0 & m+5\end{pmatrix}$ 为正定矩阵，求 m 的值.

4. 已知二次型 $f(x_1,x_2,x_3)=2x_1^2+3x_2^2+3x_3^2+4x_2x_3$，求：

(1) 利用顺序主子式判定其有定性；　(2) 当 $f(x_1,x_2,x_3)=1$ 时属于哪类曲面？

5. (2025年考研真题) 设 $\boldsymbol{A}=\begin{pmatrix}1 & 2\\ -2 & a\end{pmatrix}$，$\boldsymbol{B}=\begin{pmatrix}1 & 0\\ 1 & a\end{pmatrix}$，若 $f(x,y)=|x\boldsymbol{A}+y\boldsymbol{B}|$ 是正定二次型，求 a 的取值范围.

五、证明题

1. 已知二次型 $f(x_1,x_2,x_3)=2x_1^2+2x_1x_2+x_2^2+x_3^2$，证明：$f$ 是正定二次型.

2. 已知矩阵 $\boldsymbol{A}=\begin{pmatrix}-4 & 1 & 1\\ 1 & -4 & 1\\ 1 & 1 & -4\end{pmatrix}$，证明：$\boldsymbol{A}$ 是负定二次型.

六、实验题

1. 用 MATLAB 软件通过特征值判定矩阵 $\boldsymbol{A}=\begin{pmatrix}6 & -2 & 2\\ -2 & 5 & 0\\ 2 & 0 & 7\end{pmatrix}$ 的正定性.

2. 用 MATLAB 软件通过顺序主子式判定矩阵 $\boldsymbol{A}=\begin{pmatrix}6 & -2 & 2\\ -2 & 5 & 0\\ 2 & 0 & 7\end{pmatrix}$ 的正定性.

3. 利用数学建模的思想求解市场经济利润问题：

给定三个有一定需求关系的市场，它们由一个供货商供货，三个市场的供应量分别为 a_1，a_2，a_3，三个市场对应的需求函数分别为 $d_1=14-2a_1-a_2-a_3$，$d_2=24-2a_1-4a_2-2a_3$，$d_3=36-2a_1-4a_2-6a_3$，成本函数为 $C=3+2(a_1+a_2+a_3)$. 问：当三个市场的供应量分别为多少时，可使供货商的总利润最大？

参 考 文 献

[1] LAY D, LAY S, MCDONALD J. 线性代数及其应用(原书第5版) [M]. 刘深泉, 张万芹, 陈玉珍, 等译 . 北京 : 机械工业出版社 , 2018.

[2] 陈怀琛 . 实用大众线性代数 (MATLAB 版) [M]. 西安 : 西安电子科技大学出版社 , 2014.

[3] 郭文艳 , 王小侠 , 李灿 , 等 . 线性代数应用案例分析 [M]. 北京 : 科学出版社 , 2019.

[4] 李乃华 , 安建业 , 罗蕴玲 , 等 . 线性代数及其应用 [M]. 2 版 . 北京 : 高等教育出版社 , 2016.

[5] 杨威 . 满分线性代数 (慕课版) [M]. 西安 : 西安电子科技大学出版社 , 2021.

[6] 李继根 . 线性代数及其 MATLAB 实验 [M]. 上海 : 华东师范大学出版社 , 2017.

[7] 王定江 . 线性代数 [M]. 北京 : 科学出版社 , 2015.

[8] 朱海燕 . 线性代数课程思政教学案例集 [M]. 杭州 : 浙江大学出版社 , 2022.

[9] 陈建龙 , 周建华 , 张小向 , 等 . 线性代数 [M]. 3 版 . 北京 : 科学出版社 , 2023.

[10] 陈怀琛 . 论工科线性代数的现代化与大众化 [J]. 高等数学研究 , 2012,15(2):34-39.

[11] 杨梅 , 江明华 , 黄艳 . 线性代数与概率统计 [M]. 北京 : 高等教育出版社 , 2022.